Tyaka Poetica

Memwa, kwonik, powetik e meditasyon sou Ayiti, Donald Trump, deliryòm lapwisans ak iwoni egzistansyèl

—Esè, Powèm ak Memwa—

Swivi pa yon anèks franse
Suivi d'une annexe française

Trilingual Press
PO Box 391206, Cambridge, MA 02139
Tel. 617-331-2269
Imèl: trilingualpress@tanbou.com

Konpozisyon Tipografik / Composition typographique :
David Henry, www.davidphenry.com

ISBN 13: 978-1-936431-37-3
ISBN 10: 1-936431-37-8
Library of Congress Control Number : 2021940516

Oktòb/Octobre 2021

Foto sou kouvèti a : yon pati boulva Memoryal (Memorial Drive) nan Kanmbridj, Masachousèt (Etazini) an plen pandemi Kovid-19 an 2020. —*foto pa otè a*

Tyaka Poetica

*Memwa, kwonik, powetik e meditasyon sou Ayiti,
Donald Trump, deliryòm lapwisans
ak iwoni egzistansyèl*

—Esè, Powèm ak Memwa—

Swivi pa yon anèks franse
Suivi d'une annexe française

Trilingual Press, Cambridge, Massachusetts (USA)

Lòt liv pa menm otè a / Autres livres du même auteur

Sèl pou dezonbifye Bouki (essais en haïtien / esè ann ayisyen, Trilingual Press, Boston, 2016).

La Parole indomptée / Memwa Baboukèt (essais en français et en haïtien / esè an franse e ann ayisyen, l'Harmattan, Paris, 2015).

Poetica Agwe : Essais, poèmes et témoignages / Esè, powèm e temwayaj (français, anglais & haïtien / franse, angle e ayisyen, Trilingual Press, Boston, 2013).

In the Beast's Alley—Poems of conscience (poèmes en anglais, photo-illustrations de / powèm ann angle, foto-ilistrasyon pa Patrick Sylvain, Trilingual Press, Boston, 2010).

Critique de la francophonie haïtienne (essais en français et en haïtien / esè an franse e ann ayisyen, l'Harmattan, Paris 2007).

The Vodou Gods' Joy / Rejwisans lwa yo (poèmes en anglais et en haïtien / powèm an angle e ann ayisyen, Tambour, Boston, 1997).

The Dream of Being (poèmes en anglais co-écrit avec / powèm ann angle koekri ak Gary Hicks, New Strategy Book, Boston 1991).

La présidence d'Aristide : Entre le défi et l'espoir (essais en français et en haïtien / esè an franse e ann ayisyen, New Strategy Books, Boston 1990).

Cri de rêve (poèmes en français et en haïtien / powèm an franse e ann ayisyen, New Strategy Book, Boston 1986).

Liv ki edite oswa koedite pa otè a / Ouvrages édités ou co-édités par l'auteur

The Anthology of Liberation Poetry (anthologie de poèmes en anglais co-éditée avec / antoloji powèm ann anglè koedite avèk Jill Netchinsky, Trilingual Press, Boston 2012).

Les Voix du Soleil : Anthologie des écrivains haïtiens publiés dans la revue Tanbou (anthologie trilingue—français, anglais et haïtien / antoloji an twa lang—franse, angle & ayisyen, TP, Boston 2009).

Poets Against the Killing Fields, (anthologie de poèmes en anglais co-éditée avec / antoloji powèm ann angle koedite avèk Jill Netchinsky et Brenda Walcott, Trilingual Press, Boston 2012).

Remèsiman :

–Pou madanm mwen Jill Netchinsky pou tout konsèy li ban mwen yo ak pou solidarite e akèy kritik li pa janm manke bay lide tèt-chaje m yo.

–Pou Frantz Latour ak Charlot Lucien pou jenewozite èd koreksyon yo fè nan sèten tèks franse yo, e pou Emmanuel Védrine pou sèten tèks ayisyen yo.

Mwen gen gratitid ak lamitye etènèl pou chak grenn nan yo.

Entwodiksyon

Tyaka literè kòm yon estil rechèche

Lektè ak lektris yo ap apèsi nou fè nan liv sila a yon melanj de jan ak tematik ki parèt pafwa toudisan. Mwen regrèt pou m di yo se yon estil mwen ekspwèseman chache. Mwen rele l estil *tyaka*, ke m plizoumwen adopte depi yon sèten tan, e ke m aplike deja nan de nan liv mwen pibliye deja yo : *Poetica Agwe* (2010) ak *La Parole indomptée / Memwa Baboukèt* (2015).

Premye a se yon liv an twa lang (franse, angle e ayisyen) ki gen ladann plizyè ti esè kout sou jewopolitik, neokolonyalism, kèk powèm, kèk souvnans memoryèl, elatriye. Dezyèm lan se yon liv ki gen ladan li de liv, avèk kwazman tematik ak jan (esè, powèm, pwofil ekriven, tematik sou angajman literati, sou konsistans ideyolojik, sou baboukèt lapawòl, elatriye).

Kouwè *tyaka*—yon manje ayisyen ki fèt de melanj mayi, pwa, krèm joumou, lèt kokoye, vyann, epis, elatriye, pou konpoze yon repa koupe-dwèt—, mwen vle melanje engredyan diferan e ki aparamman pa ale ansanm pou kwit yon pwodui final ki gen yon estetik ak yon flavè varye ki mete an valè chak grenn engredyan yo pandan y ap pwojte konpleksite kalite ansanm lan.

Lide *tyaka* a vini nan lespri m daprè Labib, yon liv ki gen yon konpleksite ak eklektism tètchaje men ki gade toudmèm yon sèten estrikti ansanm, menm si li pa toujou ann amoni. Kouwè astwofizisyen yo avanse, Kosmos la genyen yon sipèestrikti ki endepandan de espès imen an e ki relye tout bagay ansanm, e li fèt plis avèk kawo, enprediktiblite, kontenjans, ke ak sètitid inebranlab. *Tyaka* a, si yo prepare l selon règleman ekilib engredyan ki konpoze l yo, se yon repa fòtifyan, kouwè tou kapab ye yon liv ki reyini diferan aspè ak ang eskperyans lavi.

Nou tout fè pati yon tijan de yon *Totalite rasanblè*, menm si nou plase plis atansyon n ak fokalizasyon n sou patikilarite nou ak endividyalite nou. Lafrans komemore an me 2018 senkantyèm anivèsè evennman Me-1968 yo. Se te pandan adolesans mwen. Byenke m te fèt e t ap viv nan Pòtoprens pandan evennman eklatan e fantastik sa yo, mwen te aplodi yo e twouve yo gen yon frechè rejwisan, dotanpli mwen t ap konfwonte, kouwè tout jèn jeneraysyon m yo nan bò kote lanmè Karayib sila a, mond fèmen, menasan, represif diktati Papa Dòk la, avèk tonton-makout li yo, dwèt yo toujou pre gachèt revolvè '45 oswa Uzi yo a.

Jenès pa n lan tou t ap rebele nan fason pa li, avèk mini-djaz nou yo, avèk imitasyon n de mòd parizyen e etazinyen yo. Gras ak redoubleman represyon divalyeris la kont swadizan menas kominis, ki te alimante pa lagè Vyetnam lan ki t ap brile vif alepòk la, rejim Papa Dòk la pa t bay disidans okenn chans. Sa yo ki te eseye fini sis pye anba tè oswa kwoupi nan kacho Fò Dimanch.

Tyaka se yon ti jan tout sa, e plis ke sa : li se emosyon m ak esperyans endividyèl mwen ansanm ak *koneksyon* mwen, nou ta ka di, avèk totalite eksperyans èt imen yo, nan sans Edouard Glissant konsevwa li. De dimansyon sa yo de mwen-menm-nan-lemond ak mwen-menm-endividi-otonòm reprezante isit la nan kèk fason. Si nou ka konpare tèks avèk optik oswa avèk reyon solèy, mwen ta di *tyaka* se tankou yon kaleyidoskòp oswa yon akansyèl ki konpoze de anpil koulè diferan men ki fòme alafen yon inite esplandid e mèveye. Se omwen sa m swete.

***

Tèks pi devan yo se *esè* yo ye, nan sans primè mo a, sètadi kou tantativ pou m konprann reyalite bagay ki alantou m yo, vwamenm pwopozisyon sibjektif ki envite moun nan diskisyon. Malgre angwas li devan yon prezan ki trè enstab, pèp ayisyen an kontinye ap lite pou yon demen ki miyò. Se *rezilyans* fame pèp la, men se pi kòrèkteman yon *sajès* ki ede l konprann ke konba pou lajistis, pou ekite ak diyite moun se yon bagay ki dire endefiniman e ke jenerasyon yo, chak grenn ladan yo, dwe renouvle yo e adapte yo nan pwòp tan istorik pa yo.

Koutje an revè mwen voye sou Oksidan an pa soti sèlman de yon raj kont zak babari ak degradasyon èt imen moun ap fè onon « libète » pou antrepriz, pou posede bagay ki te dwe bagay tout moun, oswa onon « sekirite », dènye mo paspatou sa a vin tounen lakrèm pretèks pou jistifye zaksyon ki pi orib Leta pwotektè ap koze ansanm ak reklamasyon otorite ak fòs ki pi orib yo pou veye lòd sosyal la, ki vin deplizanpli pi militarize e fachize nan Etazini sèdènye tan. Se egalman yon rejeksyon fòs sa yo, ki rive enstore yon sitiyasyon kote yon polisye nan nenpòt kèl minisipalite, piti kou gran, ka tiye avèk enpinite nenpòt kèl moun ras nwa.

Dekalaj ant de reyalite nou pale de li pi devan an esplike tou gwo konba evanjelis konsèvatè ak entegris relijye yo ap mennen kont avòtman, ke yo denonse kou yon krim kont sentete lavi, alòske menm milye sa yo pa fè anyen pou yo soutni moun ki deja ap viv e ki nan difikilte : moun pòv, sanzabri, manman selibatè, ansyen prizonye, moun « ki gen koulè », imigran ki pa dokimante, elatriye.

***

Pwosesis finalizasyon liv sila a kòmanse pandan epòk eleksyon prezidansyèl primè yo nan Etazini an 2016, rive nan katriyèm ane prezidans Donald Trump lan an 2020, yon epòk ki alafwa wè pèse misye, nominasyon li kou kandida Pati repibliken an, eleksyon li, epi prezidans dezolab li a. Nou konnen kouman konplezans, lachte ak abdikasyon klas politik e entelektyèl alman an te fasilite monte o pouvwa rejim nazi a an 1933, men moun pa twò konnen ke sa ka rive tou nenpòt ki kote jounen jodi a, kouwè nou wè nan ane 2016 nan Etazini kote elektora a lese yo pran lòlòj li (zonbifye se yon pi bon mo) avèk demagoji yon antreprenè anbisye, eritye richès papa li.

Mwen te pibliye sou *Facebook* nan ivè 2016 yon powèm ann angle « The Tragic Waltz of the Wicked Eagles / Waltz trajik malfini deprave yo » kote mwen deplore tout venerasyon yo t ap bay pawòl tèt anba Trump yo. Mwen fè apèl sitou ak konsyans kritik popilasyon an, mwen mande l pou l pa kite fachis yo pase : *They shall not pass!* « Yo pa dwe pase ! », mwen rele.

Yon moun pa ka pa pale de « fenomèn Trump » la nan yon koleksyon esè ak powèm ki ekri nan ane 2016–2020 yo nan Etazini. Se te kòmsi ou ta pale de Sad nan prizon Bastille san w pa mansyone Revolisyon Fransèz a. Mwen ekri yon long esè an janvye 2017 pou m pale de arivay evennman an, men mwen sèten ap vin gen anpil lòt kesyon ak refleksyon k ap vin konsantre sou kalite « non-abityèl », gen moun ki di « fenomenal », ka detid Trump lan.

Pou m eseye konprann Trump, mwen aplike osijè li sa mwen rele a *antwopoloji revèse* oswa *envèse*, sètadi yon rega ki diferan de sa Oksidan pote sou tèt li a, yon rega diferan de pwòp imaj de li menm li reflekte nan inivè nasisis li a. Sa, mwen menm, mwen wè nan swadizan fenomèn Trump la, se fayit ak demisyon de tout yon klas politik ki vin sou ladefansiv akoz de konbin ak vorasite yon prens privileje sistèm kapitalis k ap triyonfe a. Li pa pè avili sistèm lan paske kapitalism triyonfan li reprezante a ap mennen bann lan.

Prezidans Trump lan ap vin konnen kou yon vòltaj kontinyèl eskandal ak zaksyon enkonpetan ki defye konpreyansyon nasyon etazinyen an. Pou nou menm yo ki konnen awogans fiston fanmi nouvo rich sila a ki meprize bòn ak jeran lakou k ap ede l yo, e ki te kontinye akize senk ti jènjan Nwa de vyòl sou yon tifi blanch alòske lajistis etazinyen te deja deklare yo inosan ; wi, pou nou menm yo ki te obsève miraj ilizyonis kanpay Trump lan te egzèse lakay yon sèten elektora ke sistèm lan two kraze pou yo te ka wè konsekans chwa yo fè de Trump lan, wi nou konprann kriz k ap rive kounye a te yon evantyalite ki klè, li se soupwodui yon kozalite ki te ka mennen sèlman nan katastwòf.

Etazini ap konfwonte jounen jodi a toujou ak yon demon ki ba li yon sèl altènativ : oswa li kontinye demantibilasyon sistèm dwa a jiska vin enpoze diktati yon sèl moun (kouwè Trump te eseye a), oswa li reprann kap li. Kriz enstitisyonèl oswa konstitisyonèl etazinyen an, ki te agrave pa abi san rete Trump te fè de sistèm de dwa a, vin rezoud nan afimasyon Leta de dwa a, e sa te ede gras ak rezistans popilasyon an ansanm ak vijilans medya yo, jounalis yo ak jij kouraje yo. Gras ak rezistans li kont otoritarism, peyi a ap vin rejwenn ekilib demokratik li e nou espere l ap vin tire tou yon leson pozitif de lannwit penib istwa sila a. Men menas yo toujou la e reyèl.

***

Kanta lit liberasyon ayisyen an, li ap dewoule jounen jodi a sou plizyè teren e sou plizyè ang. Li dewoule byennantandi, dabò ann Ayiti kote pèp la ap konfwonte ak yon boujwazi patripòch, reyaksyonè, totalman endiferan ak malè pèp la, ki alye l ak enperyalism ewo-etazinyen an, ki limenm nan tou pa l an kwalezo avèk gouvènman santral la, yon gouvènman ki espesyalis nan montre sa l pa ye.

Lit liberasyon ayisyen an ap dewoule tou sou teren idantite kiltirèl e lengwistik la kote, malgre gran konba gason ak fanm vayan, pami yo Iv Dejan ak disip *kreyolis* li yo ap mennen, minorite ki annamoure pou franse yo poko vle de bon gre pèdi privilèj yo estime ki vin pou yo daprè dwa yo.

Mwen toujou ap espere ke se sèlman yon kesyon de tan anvan chato simagri ki fèt ak katon sa yo vin delapide e ke klate limyè vin pote sou michan lenjistis lengwistik—ke pa brimad, meprizasyon e enferyorizasyon—lang ayisyen an te e ap kontinye jous jounen jodi a viktim bò kote lelit politik e entelektyèl yo ki, jwenn avèk enperyalism kiltirèl Lafrans, tire privilèj, prestij ak pwomosyon sosyal de li.

Solisyon pwoblematik sila a, nan kondisyon sa a, parèt klè pou nou : valorizasyon lang matènèl ayisyen an, non pa nan dezavantaj franse, men nan yon vizyon liberasyon k ap rann li alafwa egalego avèk franse e ki ap tabli li kou enstwiman predileksyon devlopman ekonomik Ayiti.

***

Nan dimil ane, moun ap pale ankò de evennman etazinyen yo nan ane 2016–2021 yo, kote ou wè youn apre lòt eleksyon de fanm, Hilary Clinton ak Kamala Harris—youn Blanch youn Nwa—respektivman kou kandida ala prezidans de youn nan de gran pati politik nan Etazini e kou vis-prezidant eli tout peyi a ; envestiti Donald Trump kòm kandida, epi eleksyon li ala prezidans nan Etazini ; ansanm ak tout pakou, alafwa glisan, lamayòtik, boufon e trajik ki vin apre a—san retire natirèlman endiferans ak fayit kriminèl Trump afiche vizavi pandemi Kovid-19 lan ke zanmi m Frantz Latour kalifye de « krim kont limanite ».

Moun ap pale de sa, paske sa k te rive nan tan sila a pa t nan lòd odinè reyalite moun te abitye a, ni o nivo diskou administratif, ni o nivo reprezantasyon politik. Nan yon deba televize pandan eleksyon primè yo pou envestiti repibliken an, Jeb Bush, youn nan kandida repibliken yo, lanse mo sila yo : « Donald, ou p ap ka mache kò ou pou al prezidan avèk ensilt sa yo ! » Anfèt, se egzakteman sa ki vin rive : avèk ensilt sible, entimidasyon, devalorizasyon karaktè rival li yo ak denonsyasyon yo kou enkapab enkirab, Trump te vin kreye yon efè ezitasyon ak enkyetid entimidan nan tout sosyete a, tandiske, bò kote pa yo e ak kè kontan, sipotè li yo aplodi li kòm moun k ap kraze mouda lelit nan kot ès ak kot wès Etazini yo (Kalifòni/Nouyòk-Wachintonn).

An verite, peyi sila a pi mwayennaje ke w t a panse, si ou jije l daprè akonplisman teknolojik li. Isit la, genyen oratè ak administratè enfliyan ki kwè evolisyon ak rechofman klimatik se fab yo ye e ke Etazini se « yon vil briyan sou yon tèt mòn » *("the shining city on the hill")*, daprè pwopagann Ronald Reagan ki te parafraze Jezikri.

***

Nan liv sila a, mwen eseye tou kaptire pwoblematik egzistansyèl, sosyoekonomik, politik e moral k ap sakaje epòk nou an e ki anpeche rejwisans anpirik lavi nou. Epi chèche tou nannan pwofondè rasin yo ki ini nou youn ak lòt e ki idantifye nou antanke èt ki panse, ki kreye itopi e ki kapab reyalize li.

Nan tèks nan fen liv la ki titre « Etazini anfas doub kriz KOVID-19 ak kontestasyon kont rasism sistemik » la, mwen fè yon toudorizon sou de kriz sa yo ki akable Etazini apati mas 2020 jiska jounen jodi a (mas 2021). Iripsyon pwoblematik sa yo devwale tandans fachis yon sèten klas ak yon sèten milye politik nan peyi Etazini, ansanm ak posiblite solidarite ant diferan gwoup sosyal e rasyal yo pou chanje lavi. *Chanje lavi,* se menm tèm lan ak souwè nou evoke nan yon tèks pi devan an sou pwoblematik Ayiti a. Nou swete lektè ak lektris yo yon bon lekti.

—*Tontongi,* Boston, mas 2021

Anvan-koze

Temwayaj, kwonik ak memwa pi devan yo soti de refleksyon pwòp eksperyans pa m de reyalite Etazini ak Ayiti a ; yo pa gen pretansyon objektivite ni rigè yon istoryen. Laplipa fè mwen relate yo te difize nan jounal, nan medya sosyal yo, nan tout kalite liv, elatriye, tandis ke gen lòt, patikilyèman sila yo ki gen rapò ak lavi pèsonèl mwen, ki nan domèn memwa, domèn vivans sibjektif mwen. Mwen *re-trete* yo tout isit la daprè griy evalyasyon ak apreyansyon mwen mwen fè avantaje m antanke imigran ki soti nan tyèsmond lan k ap viv o Zetazini. E tou antanke Ayisyen ki gen yon sèten istwa.

Konsa, nou dwe wè, alafwa kwonik yo, powèm yo ak ti retou nan memwa nou pibliye isit la kou eleman ankèt yon ekspedisyon antwopolojik an revè ; yo tabli tèt yo kou otan de *done* obsèvasyon anpirik ak temwayaj sou yon mond ki refèmen sou limenm—Etazini—, men ki ouvri an menm tan an pwòp chan depasman ak transandans pa l.

Se kidonk yon rega *revèse* oswa *envèse*, retounen de Sid ale Nò, ki branche sou li. Se tout lekontrè antwopoloji tradisyonèl la ki se esansyèlman yon diskou ak *rega* otosantre de Oksidan blan sou pèp ak kilti li jije ki zòt e enferyè yo. Kounye a se yon lòt rega k ap *wè*, k ap *penetre* vwayè penetran privilejye a, yon rega ki se pa, kouwè Frantz Fanon ta di, « yon konsyans de limenm », ni yon refleksyon pwòp megalomani pa l, men yon rega « zòt », yon rega ki atrape reyalite zòt dominatè a avèk zye ki gen doub vizyè, ki rich de yon pèspektiv obsèvasyon miltipolè, si m ta parafraze C.L.R. James osijè konesans moun nan esklavaj nan Sen-Domeng yo de de reyalite : reyalite pa li ak reyalite mèt la.

Natirèlman, rega sa a, koutje sa a pa sèlman yon koutje Nò sou Sid, li se tou yon koutje sou nou menm, yon koutje sou sa m panse de moun mwen konnen, fanmi, zanmi, aktè politik e kiltirèl yo.

Premye pati

Ane Trump yo nan Etazini

kwonik tan an

Yon fenèt louvri sou rèy Neron Tèt Mato

I. De premye ane administrasyon Trump lan (2017–2019)

Nan moman m ap ekri tèks sila a, sètadi diran ane 2017–2019 ki vin apre inogirasyon Donald Trump kòm 45èm prezidan Etazini, degrenngolad emosyonèl misye depase an plizyè vitès alafwa prediksyon kritik li yo e esperans sipotè li yo ; li sèvi ak tolerans sistèm lan pou blayi kawo kou ba tèt li pwoteksyon. Pawòl Jeb Bush la, konkiran Trump pou envestiti Pati repibliken an an 2016, ki te di vinisman Trump nan prezidans lan ap lage peyi a nan deblozay, pa t two lwen laverite. Eksepte, materyalizasyon prediksyon deblozay la te yon evantyalite ke Trump te delibereman vle ansanm ak alye li Steve Bannon, gwo predikatè yon ekstrèm dwat k ap reviv.

Mwen gen enpresyon tout moun nan Etazini, nan moman kòmansman rèy Trump kounye a, ap mande tèt yo ki lè kochma sa a ap fini ? Moun leve nan kabann chak jou avèk antisipasyon Trump pral twite yon atak kèlkonk kont yon *lennmi* li chwazi nan moman an menm, oswa kont yon vilen li deziye davans men ki familye ak konfigirasyon reprezantasyonèl li bay tèt li de layèn li santi kont lòt moun. Nan kèlke mo nou ka di, prezidans sila a soti nan kategori absib men konsekans dirab li sou avni eksperyans demokratik peyi a poko konplete menm si yo deja fè dega.

Menm si li klè envestigasyon pwokirè espesyal la sou konplisite kanpay Trump lan avèk Larisi pou manipile eleksyon prezidansyèl 2016 la nan Etazini nan benefis misye ap kontinye avèk vigè, mwen kòmanse pèdi pasyans sou lantè li pou l abouti, yon lantè ki lese, an reyalite, yon timoun tibilan ap fè dezòd nan yon sal ki chaje ak biblo frajil.

Apre l li twit veksan Trump ekri sou li yo ansanm ak vòltij move san Trump yo ki koze yon eta enstabilite pèmanan, vwa menm laperèz, san retire jefò manm kabinè li yo pou yo netralize l oswa dòlote l, senatè repibliken Eta Tennesse, Bob Corker, poutan yon ansyen alye Trump, denonse misye e di li fè Mezon Blanch lan vin tounen yon « gadri pou granmoun ». Senatè a di Trump se yon menas pou sekirite nasyonal Etazini, patikilyèman lè w gade twit loraj gwonde misye ekri kont lidè Nò-Koreyen an, Kim Jong-Un, yon nonm ki enprediktib kouwè Trump. Yon lòt senatè repibliken, Jeff Flake, di menm bagay la sou Trump.

Bò kote pa m, sa m te twouve plis etonan, se vilnerablite sistèm politik etazinyen an fas ak tip atak kouwè atak Trump yo ak alye li yo. Lefèt ke yon moun si kanay kouwè Trump, yon *moron* oswa yon *dotard* kou li, te ka vin prezidan Etazini, sa montre anpil defo nan fòtitid moral sistèm lan, e blayi o gran jou imoralite li ak koripsyon li[1].

Natirèlman, nou ka konsole nou lè n wè sistèm lan li menm ofri pwòp defans pa l kont deriv totalitè oswa senpleman otoritè, kouwè nou te wè sa rive, premyèman, nan opozisyon fawouch sosyete sivil la te kenbe kont pwogram politik Trump la, epi dezyèmman nan aktivism pou defann dwa pouvwa jidisyè a te montre lè li te rive bloke direktiv prezidansyèl Trump yo ki te vle anpeche resòtisan sèt peyi mizilman nan Mwayen Oryan ak ann Afrik pou yo vin sou teritwa Etazini. Se te san dout premye fwa Trump te reyalize ke pouvwa prezidansyèl li a pa san limit.

Pou sa k gen pou wè ak dezakò ant Trump e lidè Koredi-Nò a, Kim Jong-Un, se byen iwonik ke Etazini, youn nan de pi grann pwisans nikleyè dimond, fè de aspirasyon nikleyè Nò-Koreyen yo yon pwoblèm, patikilyèman soti bò kote yon peyi kou Etazini kote posesyon zam lagè pa popilasyon an se yon relijyon nasyonal, ki ankouraje pa yon sendika moun ki posede zam afe, li menm tou alye ak konplèks militaro-endistriyèl la ak endistri sekirite a, yo tout rive pyeje konsyans peyi a nan jakèt konseptyèl Dezyèm amandman konstitisyon Etazini an, ki fè yon alizyon vag sou dwa pou yon milis an rezistans posede zam, yon atik pwopagann machann zam yo fè tounen an vèsè relijye.

Natirèlman, miz ann akizasyon ansyen direktè kanpay prezidansyèl Trump la, Paul Manafort ak de lòt èd kanpay la, Rick Gates e George Papadopolous, pou konspirasyon kont Etazini vin chanje sitiyasyon an e montre severite ankèt la.

Malgre tandans nòmalizasyon Trump dis mwa o pouvwa ka favorize, li toujou rete vre genyen nèg sila a alatèt Leta ki pi pwisan nan lemond, ki an posesyon kòd nikleyè ki ka detwi planèt nou an plizyè fwa, se yon pwopozisyon ki trè enkyetan. Kouman yon tip ki montre tout siy foli sa a e ki, an plis, dezonore prezidans lan o pwen manman kache timoun pou yo pa wè misye nan televizyon nan salon an, rete prezidan Etazini pou tout tan sa a ? Se yon kesyon fenomenoloji politik ap kontinye debat lontan apre Trump ale.

Aprèmidi a, pandan m ap konvèse avèk zanmi m Aldo Tambellini sou zanfans li nan Itali anba Mussolini e anba kout bonbadman Alye yo ki terifye popilasyon an, mwen pa t ka anpeche m panse, aprè tou Trump poko kòmanse yon lagè e ke yon dejeneresans moral mwens chè e gen mwens konsekans ke lansman yon lagè. Èske sa se vre ? Se pa vrèman sèten. Paske nou poko konnen kounye a kantite domaj vinisman Trump ap genyen sou long tèm sou fabrik miltietnik, miltirasyal e miltikonfesyonèl peyi a, e sou enpak negatif politik anti-imigrasyon li genyen sou plizyè milyon fanmi...

Avrèdi, yon leson nou deja aprann de prezidans Trump lan (ak prezidans Michel Martelly a ann Ayiti anvan li), se vilnerabilite enstitisyon politik yo, keseswa isit nan Etazini, ann Ayiti oswa lòt kote, devan zaksyon konsète demagòg ak milye enfliyan yo, epitou ak deriv bò bagay ki pi ba, pi inimen, pi malpwòp e pi mechan ki fè pati afèk ak enpilsyon nou. Moun te konn sa deja, omwen depi vinisman rejim esklavajis la, rejim nazi, rejim Apatheid, rejim Divalyeris yo oswa rejim Pòl Pòt la. Men lè nou wè lonbray fachism ap blayi nan orizon peyi Etazini apre gran konba ki te mennen la pou dwa sivik ak respè pou diyite èt imen, sa fè mal. Se patikilyèman dekourajan lè n wè regresyon an ap layite zèl li chak jou Bondye mete.

Byen erezman, vwal dezespwa ak dekourajman an lwen pou l vin total ; kote nou wè yon Trump vini, gen plizyè santèn vwa ki leve pou di misye se yon lamayòt pou woule, anpil vwa leve pou kriye *"No Trump! No KKK! No Fascist USA!"* (Non ak Trump ! Non ak Ku Klux Klan ! Non ak fachism nan Etazini !)

Byen erezman tou nan peyi Trump lan, genyen tou anpil moun k ap manifeste pou di lavi moun nwa vo menm bagay ke lavi moun blan. *"Black Lives Matter!"*, yo rele. *"No justice! No Peace!"* (Si pa gen lajistis ! Pa ka gen lapè !), lòt voye monte. Eslogan sa yo vle di ke opresyon lòt moun, pa lefèt ke l mete an relasyon èt imen ki ontolojikman otonòm e egal an dwa natirèl youn parapò ak lòt, sa fè l chaje risk pou oprese a tou li menm. Lefèt ke l kreye yon klima vyolans ak entimidasyon, sistèm opresyon an lejitime menm lè a tou pwòp negasyon pa li, sètadi tout zaksyon ki kontre li, ke l swa vyolan oswa non-vyolan, ki chèche tabli ekilib la. Mwen gen menm dwa a kalite lavi ke ou menm. Espas la dwe pataje ant nou. Se yon kesyon de nesesite animal.

Se sa Jean-Paul Sartre te fè alizyon avè l nan prefas liv Frantz Fanon an *Les Damnés de la terre*, lè misye di : « Dezi asasinay k ap monte nan kè m lan ke [kolon yo] pa toujou rekonèt la, se pa dabò vyolans *pa yo* a, se vyolans pa nou an, ki retounen, ki grandi e ki ap dechire yo a. (…) Vyolans ou pa ka reprime sila a, [Fanon] montre li pafètman, se pa yon tanpèt absid ni tou rezireksyon ensten sovaj, ni menm yon efè resantiman : se èt imen li menm k ap vin reprann tèt li. Laverite sa a nou te konnen li, men nou vin bliye li : okenn dousè pa ka efase mak vyolans : se vyolans sèlman ki ka detwi li. E kolonize a ak vin geri de nevwòz kolonyal la sèlman lè l chase kolon an pa lèzam.[2] »

Gen yon kote prèske komik, ou ta di menm sireyèl, ki vin parèt si ou gade avèk yon sèten distans politik etazinyen e kouman Trump pratike pouvwa a. Pa egzanp, diran tout semèn pase a medya yo pa sispann pale de arestasyon twa asosye kanpay prezidansyèl Trump lan e jan yo trete yo kouwè kriminèl gran chimen, san konte sispektasyon ki kouvwi Trump li menm konsènan enplikasyon li nan konspirasyon kont Etazini. Epi, tou konsa, yo anonse, kòm si pa t gen anyen nan sa, ke menm Donald Trump sa a pral reprezante Etazini nan yon long vwayaj aletranje kote l pral vizite senk peyi azyatik (Japon, Kore-di-Sid, Lachin, Vyetnam e Filipin). Yo previ ap gen okazyon pou pwovokasyon bò kote tou lè de peyi ki an dispit yo : Kore-di-Nò ak Etazini. Anka yon pwovokasyon bò kote Kore-di-Nò ki pa gen ladann yon atak dirèk kont Etazini oswa kont alye l yo, èske moun ap asepte obeyi a yon lòd atak bò kote Trump pou itilize zam nikleyè kont Kore-di-Nò ? Ki mezi ki previ pou pran pou anpeche l fè l ?

Pandan w ap li fraz sa a, kesyon sa a deja depase, men l te vrèman enkyetan lè w reyalize yo te lese sivivans planèt la ak sivivans tout espès imen an repoze nan men yon *moron*, yon nonm ensanse, yon tèt mato nan zafè Leta. Yon nonm ke yo sispekte de antrepriz reyèl de konspirasyon kont Etazini. E si, pou bwouye tout kat, misye ta lanse yon lagè kont Iran oswa Kore-di-Nò ? Èske gen yon moun la pou di l : « Non, Son Ekselans, atak sila a pa jistifye pa fè ou koz sitiyasyon an prezante a » ?

An brèf, si nou konte blasfèm oswa swadizan aberasyon Trump egzibe vizavi tradisyon fonksyonnman sistèm politik etazinyen an, li parèt etonan yo lese l nan tèt moun k ap dirije peyi a pandan tout tan sa a. Kouwè anpil kritik remake, rèy Trump lan pa yon rèy *nòmal*. Ensilt ak jouman kont rival li yo oswa kont moun li deziye kou lennmi li nan moman an, manipilasyon li de prejije etnik e rasyal nan peyi a pou fè plezi ak sipòtè li yo e divize peyi a, mank de anpati, de santiman pou soufrans lòt moun ki gen mwens chans ke li menm, atak li yo kont fanm, san retire yon anrejistreman videyo ki montre li ap iwonize fanm li te abize e imilye, inyorans total li de zafè Leta e egzibisyon enbesilite li kouwè yon tit laglwa, anbrasman devègonde li de ideyoloji sipremasis moun blan an, atak li kontinyèlman mennen kont moun

Tyaka Poetica

pòv, kont imigran ki pa blan, atak visye li yo kont atlèt nwa etazinyen yo ki ap pwoteste kont asasinay enpini moun nwa pa polisye rasis yo, vilgarite li e absans de okenn santiman anvè emosyon lòt moun, tout bagay sa yo se otan de bagay negatif ki t ap anpeche tout lòt moun pou vin nan tèt majistrati Leta. Kouman Trump rive konbat tout *repoussoirs*, tout bay negatif sa yo, e vin genyen prezidans la ?

Se petèt isit la kesyon entèvansyon Larisi a vin antre an je. Efektivman, nan ekleraj revelasyon sou fo kont Facebook e Google gouvènman ris la ouvri pou l ka manipile eleksyon prezidansyèl Etazini an an 2016, plis demach e zaksyon pratik li pran pou materyalize yon rezilta ki satisfè li, yon moun gen dwa afime ke eleksyon Trump lan ilejitim paske li te ede pa zaksyon desizif aktè etranje.

Kouman, vrèman, korije yon sitiyasyon kote yon pwisans etranje ki rival ou rive òganize eleksyon yon prezidan ki t ap otreman inaseptab pou popilasyon an ? Natirèlman, si w gade sitiyasyon an sou yon diferan ang, ou ka di rival Trump lan, Hilary Clinton, yon fanm Ayisyen yo rayi akoz de abi pouvwa li te fè lè l te sekretè d Eta Obama pandan eleksyon prezidansyèl ayisyen an an 2010-2011, yon fanm Vladimir Poutin rayi tou akoz soutyen li (ansanm ak soutyen resous Depatman d Eta a) pou yon opozisyon byen chofe kont reyeleksyon li an 2011, wi ou ka di manmzèl byen merite revè meday li a. Yo rele sa jistis powetik bò isit la. Se byen yon iwoni istwa ke menm Hilary Clinton sa a ki te manipile eleksyon prezidansyèl ayisyen yo an 2011 pou enpoze Michel Martelly nan dezyèm tou a vin, senk an apre, viktim de yon manipilasyon elektoral pa Ris yo.

Grann antre fanm yo : Revandikasyon pou rebat kat la

Sito mwa novanm ak desanm 2017 la rive, envestigasyon an vin pran yon lòt vitès avèk yon *viraj* irevèsib ki siyifi li pa pè travèse Ribikon an, sètadi pran yon vwa san retou : nou wè sa nan arestasyon kat nan prensipal konplis konspirasyon an

(George Papadopolous, Rick Gates, Paul Manafort, Micheal Flynn). An n remake ke dewoulman san zatann sa a kowennside ak vinisman mouvman « Me too » a (« Mwen menm tou ») nan Etazini (ekivalan mouvman franse a « Balance ton porc »), ki denonse endiferans ak mank de swivi bò kote administrasyon Leta ak kòporasyon yo vizavi derespektasyon seksyèl kont fanm nan milye travay yo e kont agresyon seksyèl kont fanm nan sosyete a an jeneral. An gwo, se yon trè bon devlopman sou rèy Trump lan, yon nonm ki montre chak jou detestasyon li pou fanm, yon ventèn ladan yo akize l de derespektasyon seksyèl.

Malerezman, nan Zetazini entansyon ak koz ki pi nòb yo ka chanje souvan an kalkilasyon mesken pou objektif ki kontradiktwa. Kou pa egzanp repibliken yo ki sipòte kandidati Roy Moore la pou senatè Alabama menm si yon douzèn fanm akize l de rapò seksyèl avèk yo lè yo te ti jèn fi, e li yon pwokirè Leta aje 32 ane. Rezonnman Pati repibliken an sè ke avèk kounye a yon majorite mens de 52 kont 48 senatè nan Sena a, yo pa vle pran chans pèdi yon syèj repibliken, kèlkelanswa repiyan kandida a ta ye...

Bò kote demokrat yo, yo mèt kanpe sou pyedestal moral jan yo vle lè yo sakrifye kolèg yo Al Franken—ke kèk fanm te akize de derespektasyon seksyèl lè l t ap travay kòm komedyen—, sa pa anpeche yo parèt kou ipokrit. 35 nan 48 kolèg senatè ak senatris demokrat li yo denonse senatè Franken piblikman e mande pou li bay demisyon li. Yon nonm ki two diy pou asepte imilyasyon kolèg li yo fè l sibi a, li deside demisyone. Kont objeksyon sipòtè l yo ki pouse l pou l pa vin tounen mouton sakrifisyèl demokrat yo, dotanplu, kouwè prezantatè MSNBC a, Lawrence O'Donell montre, *high moral ground* demokrat yo egzibe a pa t vrèman si pi aprè tou : li konpare denonsyasyon Al Franken an pou krim endiskresyon seksyèl avèk anbrasad pa menm senatè ak senatris sa yo de senatè Bob Menendez ki fèk sove menm lè a de yon pwosè kote yo te akize l de koripsyon ak movèz anplwa fonksyon li. Jiri a pa t ka deside e ka a rete anba posiblite yo ka rejije l. Okenn moun pa t mande demisyon Menendez paske senpleman, kouwè O'Donell te siyale, si demokrat yo pouse Menendez demisyone, se gouvènè repibliken Nwoujèze a, Chris Christie, ki ap nome ranplasman li nan Sena a, tandiske destitisyon Al Franken toujou rezève dwa gouvènè demokrat Eta Minesota pou li ranplase l ak yon lòt demokrat, kidonk san okenn enpak negatif sou ekilib pouvwa nan Sena federal la.

Kri tandrès kè ki pi pasyonèl osijè kesyon derespektasyon ak agresyon seksyèl kont fanm vini souvan, patikilyèman kantilsaji politisyen gason yo, de sa yo ki te peche anpil nan lavi yo. Yon bagay Freud ta rele, si l t ap analize li « revèsman yon pwojeksyon ». De tout fason, nou gen devan nou yon sitiyasyon kote bezwen pirifikasyon sosyete a—apre yon ane de salte trumpyen—fè l manipile bezwen lejitim yon politik liberasyon ak egalite seksyèl fanm yo o pwofi yon objektif ideyolojik sispèk, omwen ki mande kesyonnman. Se byen domaj ke yon koz ki si enpòtan pou konpletid èt imen kou lit pou respè dwa inalyenab fanm genyen pou trètman egal avèk gason, patikilyèman dwa pou moun trete l avèk respè, san retire *envyolabilite* kò li, jodi a ap met anba sèvis chantaj politik ak yon ajanda elektoral rediksyonis.

Bò kote pa m, mwen panse ke se sèlman lè nou aboli *epistemè* patriyakal ki egziste jodi a ke nou ap rive dechouke izaj pouvwa lòm mal la (ke l se pouvwa politik, ekonomik, militè, familyal oswa relijye), pou satisfaksyon pilsyon seksyèl li. Difèt ke yo bay mèt *ensklave* a dwa pou li posede *ensklave* a, li itilize prewogatif sa a pou l fè bagay sa yo *tou*. Atribisyon dwa de chè a ale lamen nan lamen avèk abizasyon li. Kidonk, li pa etonan nan sosyete kapitalis la—kote yo konsidere *epistemè* kapitalis la kou fenomèn « sivilizasyonèl » ki p ap janm chanje—, travay moun vin devalorize plis kouwè yon fonksyon nan yon lojik sosyetal predetèmine ki bay plis valè a posesyon e otosatisfaksyon san wont ke kòm mwayen pou depase oswa senpleman jere espas egzistansyèl la.

Mwen gen sètennman anpil bagay mwen gen pou m di pi devan an sou prezidans etranj Donald Trump lan, yon prezidans ki pi *non-prezidansyèl* yon moun ka imajine ; men pou kounye a, mwen souliye plizyè trè lakay li ki konstan e ki montre karaktè l : li deteste minorite etniko-rasyal yo oswa ki pa blan yo nan Etazini e li aliyen l sou tout pozisyon ki an favè moun rich ak endistri yo nan sen Pati repiblken an ; li montre yon sèten senpati anvè ideyoloji sipremasis moun blan an ki prekonize separasyon ras yo ; Trump rayi Mizilman e li konsidere yo kouwè babaryen ; li meprize fanm e li wè yo tout kou objè plezi li.

An plen nan foli Trump yo, elektè ak elektris nan Eta Alabama yo te sen despri ase jounen 12 desanm 2017 pou yo eli demokrat Doug Jones, olyede Roy Moore, nan syèj vid nan Sena federal la. Roy Moore, kandida repibliken an, se yon sidis byen ganmen ki kwè lesklavaj te yon bon bagay paske panse sou lafanmi te swadizan pi fò lè sa a. Misye konsidere atanta teworis 11 septanm 2001 yo kou yon bagay Lapwovidans te vle paske Etazini « lejitime sodomi ak avòtman ». Jan de pawòl sa yo pa t anpeche l sepandan genyen eleksyon primè repibliken an. Menm nan depravite epòk trumpyen an, pozisyon Roy Moore yo konsidere kou « pwazon ». Men eskandal ki vin pete apre vin twò cho pou l reziste : plis ke yon douzèn fanm akize l de molestasyon oswa li te chache pouswiv yo seksyèlman lè yo te adolesan.

De tout fason, pandan ke yon sektè etablisman Pati repibliken an kondane Moore, yon lòt sektè ap fè siyal bay votè yo, pami yo Trump li menm, pou yo vote pou Moore, menm si se sèlman pou konsève syèj repibliken an nan Sena a. Malgre tout sa yon moun ta ka di sou li, Trump te rete konsistan avèk tèt li. Malgre tout dega potansyèl sipò l pou Moore te ka koze a kapital politik li, li apwiye li avèk yon degre angajman ki te sipran anpil moun. Yon moun ka konprann sa sou yon plan sikolojik. Antanke li menm yon moun yon bon kantite fanm te akize de derespektasyon oswa agresyon seksyèl pandan eleksyon prezidansyèl la, ensten natirèl misye te dispoze l pou li idantifye l avèk akize-agresè a. Menm si gen yon kote nan mwen ki admire konsistans afinite lojik sa a, li repiye m li anplwaye l pou fè eli yon nonm si *ekzekrab*, si repiyan kouwè Moore.

Avrèdi, an tèm de sa ki rive, de *happening*, de rivasyon fenomenolojik, nouvo elan mouvman revandikasyon feminis pou egalite politik e sosyal la se yon devlopman ki bon pou koz la difèt ke l postile ke fanm, antanke èt imen, gen dwa pou l atann li ak yon trètman egal e diy nan sosyete a, keseswa nan sen fanmi li oswa kote l ap travay.

Sepandan, pou li reyisi, mouvman liberasyon fanm lan dwe atake estrikti ekonomik pouvwa gason ak sistèm patriyakal la an jeneral. Pou kisa pouvwa sa a konstitye, kiyès ki benefisye de li, e kiyès ki gen enterè pou konsève li, tout sa se kesyon ki dwe poze. Se te vizyon Simone de Beauvoir, ki te wè fanm ansanm ak gason angaje nan yon kontra solidarite pou alafwa siviv ansanm kontenjans lavi e reziste fòs k ap *reyifye*, chozifye, moun nan sistèm kapitalis dominan an. Agresyon seksyèl oswa derespektasyon seksyèl nan kondisyon sa yo fè pati de privilèj ke moun pwisan yo bay tèt yo nan pouswit pwofi ak avantaj. Yon dwa yo rekonèt tèt yo menm nan lespas entelektyèl prive moun yo domine yo.

Pou nou menm yo ki rejte òtodoksi *panse inik* nan dewoulman lavi chak jou nou, gen yon kote atiran nan refi repibliken yo pou yo asepte pozisyon demokrat yo ak yon majorite laj opinyon piblik sou eleksyon prezidansyèl 2016 la, pi patikilyèman sou nosyon ke li te manipile pa Larisi. Se byen remakab, espesyalman nan yon peyi kou Etazini kote adopsyon *panse inik se* yon egzèsis enstensif. Atak kont sistèm de dwa a pa vin toujou de lennmi li, kou nou wè avèk ki ezans sèten pwogresis ki sipòte mouvman « Me too » a jwenn ak opinyon nasyonal etazinyen pou l defè youn nan atik ki pi sakre nan sistèm dwa peyi a, sètadi dwa li rekonèt ak chak moun pou l gen lajistis deliberativ e enpasyal—*due process*. Yon tandans ki gen efè malere ki fè anpil kritik, pami yo yon kolektif de san fanm an Frans, ki denonse mouvman « Me too » a ak ekivalan li an Frans « Balance ton porc[3] » kou yon mouvman anti-gason k ap pouswiv ajanda pa li, ki pa gen anyen a wè ak liberasyon fanm de opresyon pouvwa gason.

Pou sosyete defann tèt li e aji kont ideyoloji anti-feminis prekonize pa Donald Trump lan ak sipòtè l yo, fòk li pre pou l venk egalman panse inik prekonize pa sektè moun swadizan « eklere » yo : moun sa yo ki kontwole non sèlman mas medya yo men tou ekonomi globalis la.

Rive pase yon ane

Vè zòn janvye 2018, sètadi mwa premye anivèsè Trump o pouvwa, misye vin tounen deja sa Etazinyen yo rele yon objè ize. Avèk pasaj lalwa sou enpo a ki ogmante ankò plis richès moun ki pi rich yo, yon lalwa repibliken yo nan Kongrè a te bezwen siyati Trump anpil pou li, anpil moun te atann yo ak yon posti mwen toleran de yo anvè Trump. Efektivman, anpil obsèvatè, aktivis, kritik e jounalis rete toujou sezi pa lefèt ke Trump ka fè tout sa l fè yo avèk yon enpinite si total. Yon enpinite ki fè l parèt kou yon moun enpèmeyab ki pa ka touche pa okenn kritik oswa zaksyon kontrè kont li. Dènye « endiskresyon » l pou mwa sa a gen ladan yo deziyasyon li de 15 000 Ayisyen ki benefisye de pwogram TPS la (viza estati tanporè) kou moun ki fè sida, kèk jou apre li karakterize Ayiti, El Salvadò ak tout kontinan Afrik la kou peyi « twou kaka ». Se menm moun sa a, prezidan Etazini d Amerik, yon pitit moun rich ki gen papa li yo te arete nan ane 1927 nan yon manifestasyon Ku Klux Klan nan Nouyòk, ki di « te gen moun de byen nan tou lè de kote » pami kontenjan neo-nazi ki desann sou vil Charlottesville jou 13 dawout 2017, nan Eta Vijini, pou defann kenbe estati Robert Lee a, lidè sidis la ki te defann sistèm esklavajis la nan lagè sesesyon an, ak gwoup moun manifestan ki te desann nan lari pou opoze yo a.

Kèk analiz ki fèt sou *pattern*, oswa abitid fonksyonnman Trump, endike ke l aliyen li toujou, san okenn jèn, sou pozisyon ki pi rasis nan yon diskisyon, pa egzanp li gen yon tandans envètere pou l atake moun nwa oswa manm minorite etnik yo. Ale de mouvman *birthism* la (fos rimè Donald Trump pwopaje ke Barack Obama pa t fèt Etazini), rive ak pawòl sal li di kont Ayisyen yo, an pasan nan jou lansman kanpay prezidansyèl li a kote li lonje dwèt li sou Meksiken e denonse yo kou kadejakè ak kriminèl, pa gen okenn dout Trump se yon rasis koryas. Li kritike, ensilte, iwonize, e imilye prèske tout antite etnik e non blan ki konpoze fabrik nasyonal Etazini an : Latino-ameriken, Mizilman, Nwa, Arab, Jwif, Azyatik, fanm, andikape, elatriye. Yon demografi ki parèy ak griy aseptabilite nazi hitleryen yo te etabli a. Lè n wè Trump vin jistifye neo-nazi yo ki desann sou Charlottesville la, sa pa siprenan pou moun ki wè *pattern* sa a. Prezidan sila a, yon nonm ki pa t dwe janm vin okipe yon fonksyon konsa, konpare resamman, sou yon ton menas, asenal nikleyè peyi Etazini avèk pa Kore-di-Nò e di : « Bouton nikleyè pa m lan pi gwo ke pa w la, e li mache byen. »

Lè m ap li resamman otobiyografi Rudolf Hoess, ansyen kòmandan Auschwitz la, te ekri lè l te nan prizon pou krim de gè pa Tribinal Nuremberg la, mwen pa t ka anpeche m fè analoji ant de epòk yo : 1933–1945 e 2016–2018. Nan premye ka a, kouwè Istwa vin evantyèlman ekspoze e konbat li, nou gen devan nou yon ideyoloji malisye e malfezan ki eksprime ouvètman tandans rayisman e ekstèminasyonis li genyen anvè lòt èt imen e ki itilize enstitisyon politik ak fòs absoli Leta yo pou materyalize aspirasyon l yo. Alafwa deklarasyon pwogramatik e desizyon pratik administrasyon Trump lan montre yon sèten resanblans avèk pwogram nazi a, eksepte, kouwè Rudolf Hoess regrete nazi yo pa t fè, Trump ap chache akonpli yo avèk mwayen « pasifik »…

De reyalite opoze

Lè liv Michael Wolff la, *Fire and Fury* : *Inside the Trump White House* [« Dife ak firè anndan Mezon Blanch la »], vin parèt, eskandal yo sanble ap vide youn apre lòt, avèk yon akimilasyon ki bay tèt vire[4]. Liv la depenn administrasyon an selon laprès te toujou depenn li, avèk fwa sa a revelasyon ak sitasyon dirèk de ansyen (ak prezan) fonksyonè ki te gen privilèj aksè ak prezidan an. Youn nan deklarasyon ki te pi chokan liv la fè se lè l di Steve Bannon kalifye kou yon bagay ki « trèt » e « antipatriyotik » reyinyon sekrè ant moun ki pwòch ak Trump (Donald Trump Jinyò, Jared Kushner e Paul Manafort) avèk yon delegasyon Ris pou konplote ansanm yon estrateji pou avili kanpay Hilary Clinton lan. Soti nan bouch Bannon, yon ansyen konfidan e estratejis prensipal dabò pou kanpay prezidansyèl la, epi pou administrasyon Trump la, li klè deklarasyon sa a te anmègde Trump anpil e bay envestigasyon pou krim pwokirè espesyal Mueller ap pouswiv la plis jarèt. Sa esplike tou gwosè fachri reyaksyon Trump lan ki itilize enfliyans li pou pouse *Breitbart* revoke Bannon e bayè de fon yo pou koupe tout fon yo t ap ba li.

Pou yon moun ka byen analize polarite radikal ki egziste ant yon kote pozisyon sipòte Trump yo ak alye l yo nan Pati repibliken an e nan Kongrè a, e yon lòt kote pozisyon demokrat yo ak majorite moun ki pa renmen Trump yo, sou kesyon entèferans Ris yo nan eleksyon prezidansyèl etazinyen an an 2016, nou ka refere ak kesyon Edgar Morin poze a lè li mande tèt li « èske reyalite a imajinè ? » Epi, baze l sou rechèch nan mikwofizik ki konsidere kawo kòm pati nòmal lòd fonksyonnman kosmik la, li soutni posiblite « konstwiksyon reprezantasyon reyalite a pa lespri », selon enonsyasyon Jean-Louis Le Moigne yo[5].

Premye pozisyonan nan polarite a kwè fèmman pa lefèt ke yo sibvèti mach nòmal pwosesis elektoral Etazini an, Ris yo ak alye yo nan kanpay Trump lan komèt yon krim grav kont sekirite nasyonal Etazini ; tandiske dezyèm pozisyonan yo gen konviksyon ke ensinyasyon sou entèferans Ris yo se *fake news*, yon bann manti, envante pa moun ki rayi Trump pou delejitime eleksyon an.

Rive yon sèten pwen, apre plis ke uit mwa nan ankèt pwokirè espesyal Mueller a, e lè yo wè boulon an ap sere deplizanpli e menase non sèlman prezidans Trump lan, men tou egalman enterè ekonomik ki makonnen nan twou nwa trumpyen an, patizan Trump yo nan Kongrè a, pami yo Devin Nunes, lidè komisyon sou ransèyman Kongrè a, alye yo ak Mezon Blanch la e fè tout sa yo kapab pou diskredite e siprime ankèt pwokirè espesyal la. Repibliken pro-Trump sa yo—ansanm ak animatè ajans près televize Fox News yo, pòt-pawòl de fakto yo—non sèlman rejte akizasyon e prezantasyon fè yo, men tou yo akize FBI, depatman Lajistis ak demokrat yo de mefè kriminèl poutèt yo te itilize enfòmasyon ki sot nan « dosye » Christopher Steele la, ansyen ajan ransèyman angle e ekspesyalis nan zafè louch Ris yo, pou fè jij bay yo otorizasyon pou siveye Carter Page, yon konseye kanpay Trump la, yon nonm moun te lontan devwale, menm anvan arivay « dosye » a, kou yon ajan sekrè pou Larisi.

Konpòtman etranj prezidan komisyon ransèyman Kongrè a, Devin Nunes, fè pati de pratik reyalite paralèl lan nan lefèt ke l egzibe o gran jou zaksyon moun pa t ap espere de yon komisyon ki gen wòl sipèvizyon zaksyon Egzekitif la. Prezidan komisyon an aji kòmsi li se espyon o sèvis Trump ; li pase bay Trump tout enfòmasyon komisyon an grape nan ankèt la. Premye zaksyon li te poze, ki te fè anpil moun leve sousi yo, se lè l te ale nan Mezon Blanch lan, avèk medya nan pouswit li, sipozeman pou l enfòme Trump sou enfòmasyon ke Mezon Blanch li menm te ba li ki te swadizan montre konplisite administrasyon Obama a nan siveyans ilegal anplwaye kont kanpay Trump lan !

Epizòd sa a te fè Nunes sètoblije rekize tèt li de tout zafè ki touche ak envestigasyon sou entèvansyon Larisi a. Men misye pa t janm vrèman rekize tèt li. Pi devan, li itilize pouvwa li antanke prezidan komisyon a (menm rekize) pou l kreye yon fo dosye kont FBI ak depatman Lajistis e fè sikile yon memorandòm ki swadizan anliste tout movèz zaksyon enstitisyon Leta sa yo fè kont Trump. Finalman, avèk otorite pa l ansanm ak otorite lòt manm repibliken nan Kongrè a, li deklare envestigasyon an konplete e fini, epi l pwodui yon rapò ki dechaje Trump totalman, epi li konkli ke pa gen okenn « kolizyon » ant kanpay Trump lan ak Larisi. Yon blanchiman total. Eksepte ke rapò sila a se yon madigra politik ke idyo sèlman ak sipòtè Trump yo ki pi fanatize te pran oserye. Ojis, se te entansyon yo menm : bay sa yo rele bò isit la vyann wouj ak sipòtè fanatize Trump yo ki reprezante 30% totalite votè yo, men ant 80%-90% baz votè Pati repibliken an, yon gwoup demografik Trump plis enterese satisfè…

Wi, nou an fas dyalite de mond dyametralman opoze nan jan trumpis yo apèsevwa reyalite a. Efektivman, lè w ap gade emisyon televizyon *Fox News* yo kote Sean Hannity defann administrasyon Trump lan avèk anpil vigè nou konnen l yo, yon moun ka sezi pa kantite de dekalaj, de diferans de pèsepsyon, ki egziste ant de konfigirasyon reyalite sila yo. Kouman yon peyi ki lwanje tèt li si tèlman kou peyi ki pi eklere nan lemond kapab lese l tonbe nan grap inyorans ak obskirite sila a ?

Yon egzanp dyalite reyalite sa a gen a wè ak foli pou zam afe. Jou menm 14 fevriye 2018 dènye lè yon asasen, ame de yon mitrayèt AR-15, touye 17 elèv e blese plizyè douzèn lòt nan lekòl Marjory Stoneman Douglas High School nan vil Parkland, an Florida, prezantatris Fox News la, Laura Ingraham, difize yon emisyon ak yon envite ki konplimante kalite menm mitrayèt sa a e pase nan tenten senatè Chris Murphy ki mande pou yo vote yon lalwa ki entèdi zam sa a.

Yon moun ta espere enkilpasyon trèz Ris pa pwokirè espesyal Mueller jou 16 fevriye 2018 pou konspirasyon « pou kreye diskòd nan Etazini e mine konfyans piblik nan demokrasi » ap vin met fen nan dout patizan Trump yo genyen osijè lejitimite envestigasyon an ke yo rele yon « fabrikation ». Pa ditou.

Èske Trump se yon cheval de Twa ?

Mwen pa t ap janm panse mwen ta gen kè fè mal pou FBI, men se jisteman sa m santi lè m wè move trètman Donald Trump ap fè l sibi pandan envestigasyon sou entèvansyon

Larisi nan eleksyon prezidansyèl 2016 etazinyen an. Aswè a, 16 mas 2018, nou aprann ke yo fèk revoke Andrew McCabe, sou-direktè FBI la, daprè lòd Trump, egzekite pa minis Lajistis la *(Attorney General)* Jeff Sessions, siperyè yerachik li, sèlman de jou avan dat ofisyèl pou misye pran pansyon l apre 21 ane sèvis.

Malgre rezon legalis yo avanse pou jistifye revokasyon an, li klè zaksyon sila a motive pa volonte malfektasyon Trump pou li fè McCabe peye pou lefèt ke l te kenbe djanm pou l konbat depredasyon Trump yo, patikilyèman jefò misye pou l anplwaye FBI, prensipal fòs polis federal la, o sèvis represyon moun ki kont li ak sabotaj envestigasyon sou Larisi a.

Lè yon moun ap viv tan prezan prezidans Trump lan nan Etazini (prentan 2018), ou santi w ap viv yon bagay ki dwòl, eksepsyonèl, entrigan, sòt de evennman yon moun ka atann li de yon repiblik grahamgreenèsk, kouwè moman mwen te viv, lè m te adolesan ann Ayiti, kan Papa Dòk te egzekite disnèf ofisye lame e site non yo nan radyo, misye rele non yo a wot vwa : « Ofisye ABC ! » epi l reponn li menm : « Absan ! » ; « Ofisye DEF ! » : « Absan ! » ; « Ofisye GHI ! » : « Absan ! » Li fè sa youn apre lòt pandan disnèf fwa. Menm nan laj jèn mwen te ye a, mwen te panse konbyen espektak sa a te ka di pou fanmi ak zanmi kondane yo egzekite yo ki t ap tande.

Se vre Trump poko rive jiska egzekite fizikman okenn moun pou kounye a, men lè w santi gwosè layèn, fristrasyon ak enkriminasyon ki nouri zaksyon li, ansanm ak detachman pwofon, *asenpatik,* misye genyen vizavi sò gwoup etnik ki pa blan yo, e tou tout moun li konsidere kou lennmi li, ou ta di retni misye pou l egzekite moun gen plis a wè a mank otorite pou l fè l ke yon chwa moral.

Mwen gen plizyè ane m ap swiv pakou Donald Trump e misye toujou montre posti ak fason awogan pitit moun rich ; jan de posti ki vle di e siyale ke l enpòtan, ke l gen privilèj anpil moun pa genyen, e ke sa ba l dwa pou yo trete l diferamman, avèk reverans moun dwe l.

Genyen twa eskandal ke m note nan vinisman Trump o pouvwa : 1) lefèt menm li vin rive o pouvwa ; 2) relativman grann kantite votè ki adere ak pwogram politik rasis e anti-etranje Trump yo ; 3) vilnerabilite sistèm demokratik rekoni yo devan deriv fachis. Dènye konsta sila a pa two etranj ke sa si nou sonje avèk kì rapidite e fasilite relatif repiblik Weimar la ak Linyon Sovyetik te aneyanti... Se vre Linyon Sovyetik pa t yon demokrasi rekoni, men se te yon sistèm politik lejitim ki te ankre nan peyi a e ki te anchaj desten li pou prè twaka syèk.

Genyen bagay vrèman etranj, dwòl, bagay yon moun pa t ka panse yon ane edmi de sa, k ap rive jodi a nan Etazini (2018). Bagay yo gwo, lè n wè yo nan kontèks tan an : yon prezidan etazinyen ki ouvètman rasis, ki egzibe senpati pou Ku Klux Klan ak neo-nazi, ki atake enstitisyon Leta federal yo, ki fè ti dife vole pou sitwayen yo goumen ant yo, ki melanje biznis prive li ak enterè Leta, ki revoke sekretè d Eta li avèk yon twit *(tweet)*, ki anplwaye menm sekretè d Eta sa a sou rekòmandasyon Moskou e ki revoke li apre l kritike Moskou pou ajisman li ann Anglete, yon peyi alye ; yon prezidan ki peye yon vedèt pònografik 130 000 dola pou l kenbe silans li sou yon lyezon adiltè yo te genyen e ki menase li de repèkisyon si li pa kenbe pawòl li, e ki anplis òganize yon konminezon pou yon zanmi li, pwopyetè *National Enquirer*, yon magazin espesyalize nan istwa louch, pou l achte pou 150 000 dola yon menm istwa avèk yon modèl pou yo ka sèten istwa sa a pa janm soti deyò (yo rele sa nan biznis sa a *catch and kill*, trape e tiye) ; yon prezidan ki montre yon layèn patikilye kont Ayiti, yon peyi li kalifye de « twou kaka », e ki di reprezantativ nan Kongrè Maxime Walters gen yon kosyan entelektyèl ki ba paske l se yon moun nwa ; yon prezidan ki pran gran plezi pou l imilye manm kabinè li yo ak tout moun li konsidere ki pi ba ke li an jeneral, e ki toujou jwenn yon move ti non sal pou l bay tout moun li konsidere ki ostil ak li ; yon prezidan ki fè move san kouwè timoun, ki deside ogmante tarif sou fè ak aliminyòm yon jou swa li annwiye, e ki te fè menm bagay, yon ane de sa, lè l te retire Etazini nan Akò Pari a (yon trete inivèsèl sou chanjman klimatik ki regwoupe 196 peyi).

Èske Trump se yon cheval de Twa—oswa yon prezidan manchuryen—Ris yo plante pou boulvèse demokrasi etazinyen an ? Anpil moun poze tèt yo kesyon sa a. Lè nou analize pwoblèm ekonomik Trump te genyen yo anvan l vin prezidan, chanjman favorab fòtin li ki kowennside avèk biznis li avèk Ris yo, restriksyon inebranlab li montre pou l pa kritike Poutin, pinisman li bay sa yo ki kritike Larisi, plis anpil lòt konpòtman dwòl li montre vizavi envestigasyon an, anpil moun rive nan konklizyon sa a, ann atandan prèv legal ki vin konfime li. Osijè kesyon sa, an nou site yon twit de ansyen direktè CIA a, John Brennan, ki, fache akoz de twit Trump ekri yo apre l te revoke Andrew McCabe la, misye ekri, adrese dirèkteman ak Trump : « Lè tout moun vin konnen lajè venalite, depravasyon moral ak koripsyon politik ou yo, w ap vin pran plas ou merite kou yon demagòg dezonore nan poubèl istwa. Ou ka chache blame Andy McCabe jan w vle, men ou pa ka detwi Etazini… Etazini ap vin triyonfe sou ou. »

Follow the money

Aswè a, madi 8 me 2018, Trump parèt sou televizyon e deklare l ap retire Etazini nan akò sou zam nikleyè li te fè ak Iran an, malgre objeksyon lòt siyatè akò yo (Lafrans, Larisi, Lachin, Angletè ak Lalmay), ki endike yo pral, yo menm, kontinye onore akò a. Nonm solitè a se Etazini d Amerik, ki jodi a ap dirije pa yon manyak. Yon manyak ki gen yon predipozisyon rasis, zenofòb ak yon ajanda kawotik, an plis—yon bagay ki miltipliye degre danjewozite pwopozisyon genyen nèg sa a alatèt Leta.

Genyen plizyè teyori sou ki rezon ki motive desizyon Trump lan. Youn ladan yo estipile ke avèk menas li ka reprann sanksyon kont Iran yo, Trump ouvri yon nouvo mache pou « lobbying » devan administrasyon l lan pa konpayi k ap vin chache eksepsyon pou yo ka kontinye fè biznis ak Iran. Kidonk, anpil okazyon pou grate-pat…

Genyen yon lòt teyori ki bay enpòtans ak abitid Trump genyen pou l lanse yon seri de twit tètchaje oswa inisyativ dwòl pou l diminye enpak negatif revelasyon nan medya yo ki pa favorab ak li. Nan dènye ka sa a, gen moun ki espekile ke l ta vle toufe *breaking news*, dènye nouvèl ki pete menm sware a osijè 500 milyon dola ki vèse pa yon oligak ris—Victor Vekselberg—nan bank yon konpayi, Essential Consultants-LLC, ki kontwole pa Michael Cohen, avoka prive Trump lan ki sou envestigasyon kriminèl pa otorite federal nan Nouyòk yo. Gen kat konpayi (Columbus Nova, AT&T, Novartis ak Korea Aerospace Industries) ki vèse yon total de 4 430 000 dola ak fo konpayi Cohen lan, e se nan fon sa yo Cohen te tire 130 000 dola a pou l peye Stormy Daniels, vedèt pònografik la, pou l pa pale sou lyezon li te gen avèk Trump lan.

Si espekilasyon sa yo korèk—e yo korèk nan 95% ka konsènan Trump—, fon sa yo ki vèse nan konpayi kokiy Cohen lan an reyalite se a trump yo destinen. Kidonk yon sibtèfij, yon trik. Pwoblèm lan sèke trik sa a ka kache yon aktivite louch ki vyole lalwa sou lavant aksè a prezidan an oswa sou blanchiman lajan, osnon tou lalwa sou finansman kanpay elektoral.

Sepandan, genyen yon remak pa kolonèl Lawrence Wilkerson, ansyen chèf kabinè ansyen sekretè d Eta Colin Powell, nan yon entèvyou li bay Chris Hayes nan estasyon televizyon kable MSNBC ki fè nou reflechi anpil. Ansyen wo fonksyonè sila a, ki konnen tout konsekans grav yon erè jijman sou lagè ak lapè ka genyen antanke pwomotè lagè kont Irak la an 2003, ba nou avètisman kont plizyè siy endikatè lagè ki enkyete li : « Nikki Haley, neo-konsèvatè *par excellence* sa a, nan LONI, John Bolton antanke konseye nan Sekirite nasyonal, tout sa se siy lagè ; n ap mache sou menm chimen nou te pran osijè Irak, fwa sa a se Iran. »

—« Pou kisa ou di sa ? » Chris Hayes mande l.

—« Paske, misye reponn, mwen panse Netanyahu vle l, e Izrayèl deja lanse misil sou Siri. (…) Yo vle pou Pèsyen

[Iranyen] yo pa la ankò an tèm de menas, sitou lè yo enfiltre Siri nan degre yo fè l la. Mwen ka konprann enkyetid estratejik Izrayelyen yo. Men yo pa vle fè l pou kont yo, yo konnen y ap vin anbale la jan yo te anbale an 82 lè yo te anvayi Liban. Yo vle pou nou dedwane yo e yo wè nou kou sèl pwisans ki kapab efektye yon chanjman rejim rapid ann Iran, keseswa pa mwayen bonbadman oswa envazyon, oswa tou lè de ansanm, e se sa yo vle kounye a. Mwen pa panse prezidan sa a vle sa, men y ap pouse li fè sa. »

Poutan, fokon ki renmen lagè yo ak militan ekstrèm dwat etazinyen yo, ki jwenn yon nouvo vi nan òbit Trump, ap rejwi nan lide yon lagè kont Iran. Men sa m te di sou sa nan yon atik mwen te pibliye yon mwa apre vinisman Trump o pouvwa : « Pou Iran li menm, anvan menm li rive o pouvwa, Trump te deja adopte yon ton belisis (pro lagè) anvè li, e deklare ke l te kont akò nikleyè administrasyon Obama a te negosye avèk Iran an e senk lòt pwisans mondyal (Larisi, Lachin, Wayòm-Ini, Lafrans ak Lalmay). Si nou ta kwè nan teyori prekonize pa William Strauss ak Neil Howe, direktè konsyans Steve Bannon, nan liv yo *Quatrième Tournant* [ki di toujou gen yon lagè devastan chak 80 ane], pou fè materyalize sik echeyans chak katreven ane a e akonpli prediksyon (oswa pwofesi) a, fòk gen lagè avèk Lachin ak "yon peyi nan Mwayen Oryan ». Nan kontèks jewopolitik tan kounye a, nou ka mete Lachin ak Kore-di-Nò nan kategori "Lachin" idantifye pa Strauss e Howe a, e nan kategori "Mwayen Oryan" an nou ka mete Iran. Sa ki enkyetan an, byennantandi, se nan ki mezi teyorisyen dezas-kou-posiblite-pwovidansyèl sa yo (kouwè neokonsèvatè ki prekonize lagè kont Irak la an 2002), nan ki mezi yo kapab enfliyanse materyalizasyon yon vrè lagè ant Etazini e Lachin/Kore-di-Nò ? Se yon enkyetid ki enpòtan.[6] »

An n espere sa p ap yon pwofesi, nan sans yon bagay ki anonse, men ki poko vini, men ki ap vini avèk letan... An n espere ke lespri ki pi lisid yo ap vin entèveni pou bloke arivay katastwòf la...

Envestige envestigasyon a : an wout pou yon gouvènman yon sèl moun ?

De prensipal akolit Trump yo nan Kongrè a, Devin Nunes ak Trey Gowdy, tou de nan tèt de komisyon enpòtan Chanm reprezantan an (respektivman komisyon ransèyman ak sipèvizyon), sèvi ak gwo pozisyon yo a pou yo sabote envestigasyon sou entèvansyon Ris yo nan eleksyon prezidansyèl Etazini yo. Apre echèk yon seri de mannigèt pou manipile ankèt pwokirè espesyal la, dènye trik yo jwenn se envestige envestigasyon an, nou ta ka di.

Imajine yon akize oswa yon sispèk ki mande pwokirè k ap ankete sou koupabilite li nan yon zafè : « Mwen mande pou ou fè m konnen kiyès ki ba w enfòmasyon sou mwen yo ! » Se egzakteman sa Donald Trump fè nan yon twit li ekri 21 me 2018 : « Mwen mande la a, e m pral fè sa demen ofisyèlman, pou depatman Lajistis egzaminen si FBI/DOJ (depatman Lajistis) te enfiltre oswa siveye kanpay Trump lan pou rezon politik—epitou si moun ki afilye ak administrasyon Obama a pa t fè yon demann oswa rekèt nan sans sa a ! »

Nan menm sware a, menm si se te yon dimanch, vis-minis Lajistis la (Deputy Attorney General), Rod Rosenstein, reponn Trump e di l li refere demann li a bay Enspektè jeneral la pou l ankete. Menm li pa rete la, li asepte pou l rankontre avèk yon reprezantan Trump ansanm ak akolit li yo Devin Nunes ak Trey Gowdy, pou l satisfè demann enfòmasyon Trump la, konsa li vyole koutim ak pwotokòl an vigè nan depatman Lajistis la. Evidamman, kouwè nou ta atann nou, Donald Trump sanble deside pou li lite kont envestigasyon an e itilize tout pouvwa pozisyon li ba li yo pou bi sa a.

Apre li revoke, souvan avèk èd yon twit *(tweet)*, prèske tout kabinè orijinal li a, san retire sekretèd Eta a, de premye konseye espesyal li yo, plis anpil lòt èd ki pwòch ak li, Trump deside, vè zòn mwa mas 2018, pou l pa ankonbre tèt li avèk okenn konseye e aji sèl, li prefere pran konsèy ak enspirasyon de gwo dyolè Fox News yo, estasyon televizyon kable ekstrèm-dwat la, pou gide li nan zafè Leta yo…

Selon manyè trumpyen li a, gwo dram diplomatik misye lanse jou jounen 9 mas 2018 la tonbe kou yon loraj : yon delegasyon ofisyèl Sid-Koreyen woplase anonse, nan lakou Mezon Blanch lan, yon somè nan de mwa ant Trump e Kim Jong-Un, lidè Koreyen-di-Nò a. Lemond antye resevwa nouvèl sa a avèk yon lajwa ansoudin men ki toudmèm konsolan, etandone de mesye sa yo te prèske vin pran lòt nan kòlèt avèk zam nikleyè kòm apui.

Sòt de chanjman ide Trump sa a se teyat, petèt menm youn nan ajitasyon nwaj li yo—efè ilizyon miraj twit li yo—pou l bwouye tout kat e detounen atansyon moun sou pwoblèm politik ak pwoblèm legal li yo. Evidamman, ankèt zafè « Russogate » la agase Trump, e li wè l byen kou menas egzistansyèl li poze pou prezidans li a. Santiman *doom* sa a, santiman malè ki pa lwen sa a, pa janm kite apreyansyon Trump e sa eksplike nihilism ki akonpaye anpil nan zaksyon li yo. Se pa sètèn si gangsterism, awogans nouvo rich ak sikopatoloji Trump yo pa yon atou nan sètèn sikonstans. Aprè tou, yon ideyològ byenpansan ki konn egzakteman ki sa li vle ka pi danjre ke yon jemanfoutis (je-m'en-foutiste) ki rejte tout detèminasyon moral. Men sepandan, tip de nihilism Trump afiche a, menm si l pa baze sou okenn konviksyon filozofik, li preferab konpare ak yon ideyològ rijid ki enspire pa Bondye oswa pa obligasyon nasyonalis pou sove lapatri.

Lè nou gade tout zak negatif Trump yo—kou pa egzanp retirasyon Etazini de akò nikleyè avèk Iran an oswa ouvèti ofisyèl anbasad Etazini an nan Jerizalèm, yon desizyon gratis ki koze yon kriz ak nouvo masak Palestinyen pa Izrayèl, oubyen tou retirasyon Etazini kou manm Komisyon dwa èt imen nan LONI. E lè nou gade sitou tolerans Kongrè a de malfektasyon moral ak koripsyon Trump yo (yo fèmen zye jiskisi sou krim politik ak lòt krim evidan li koze), nou ka site yon atik nan *Le Nouveau magazine littéraire* kote otè a konpare Trump ansanm ak boufon ki gen pouvwa avèk karaktè fiksyon Ubu liv Alfred Jarry a : « Trump—kouwè Ubu—devore sistèm ki pèmèt li rive nan Mezon Blanch la, e anyen p ap ka sove nou de dezespwa paske sistèm lan se nou. Sistèm lan se vot la, e elektè yo se nou.[7] »

Pami dènye zaksyon mechanste Trump yo genyen aplikasyon politik separasyon fòse fanmi refijye latino-ameriken ki vini sou fwontyè meksiken an nan Teksas ak Kalifòni yo, yon politik ki fè moun sonje ak politik Nazi yo pandan Dezyèm gè mondyal la.

Pou sa ki konsène ankèt « Russogate » la li menm, tout moun gen enpresyon (lè w gade kantite ofisyèl ke yo deja arete ak lòt yo yo di ki se objè envestigasyon), ke se yon kesyon de tan pou l vin atenn sèk familyal Trump lan, san retire Trump li menm. Amwenske yo ta fè yon *cover-up* nan dènye minit oswa deprave totalman Leta de dwa a, anpil moun espere pwokirè espesyal la ap vin prezante bay Kongrè yon lis plizoumwen konplè de tout krim, krim politik oswa krim finansye, Trump ak asosye l yo komèt. Anpil moun ap atann yo tou (tèks sila a finalize vè zòm mitan mwa me 2018), a nouvo boulvèsman k ap vin teste fòtitid sistèm lan, paske Trump pa tip de moun k ap ankese kou san l pa reyaji…

Poutan li difisil pou wè Trump soti gayan nan fen ankèt la, etandone ke menm repibliken nan Kongrè a, patikilyèman nan Sena a, kòmanse reyalize michan gwosè krim Trump yo ak asosyasyon-konplisite l avèk Larisi : nan de rapò yo pibliye menm jou a (15 me 2018) komisyon jidisyè ak komisyon ransèyman Sena a vin konkli Larisi te efektivman entèvni nan eleksyon prezidansyèl Etazini an an 2016 pou l kraze Hilary Clinton e voye Trump monte. Sa ankèt la ret pou l detèmine, se gwosè konplisite kanpay Trump lan nan entèferans Larisi a ak lòt krim ki atache avèk li.

Lè yon moun panse yo tande ase pawòl idyotik ak remak rasis, zenofobik Trump yo, toudenkou vin parèt, san w pa atann, yon bagay ou t ap atann ou de yon timoun ki fèk vin aprann pale oubyen yon vyeya ki nan estad final senilite, oswa tou de yon rasis tandans sipremasis blan. Yon ideyoloji ki veritableman etazinyen e ki alimante plis pa resantiman ak santiman rejeksyon—kidonk de *alyenasyon*—, ke pa revanch istorik e santiman siperyorite, kou nan ka Nazi yo.

Epoutan, remak Trump fè 11 janvye 2018 yo kote li karakterize Ayiti ak tout kontinan Lafrik la kou peyi « twou kaka » te twouble m pwofondeman akoz alafwa foste yo, insilt initil yo kont yon grann kategori èt imen, epitou akoz de gratuite yo. Kouman yon moun konbat kont prezidan pwisans nasyonal ki pi gran nan lemond si ou pa gen mwayen ki koresponn ak li ? Nan absans mwayen sa a, mwen ekri, kòm repons ak Trump, powèm « Ayiti se pa sa ou di a, Misye Tèt-Mato », ki pibliye pi devan nan liv sa a.

Pou ki peyi prezidan etazinyen an ap travay ?

Vedèt prezantatris chèn televizyon kable MSNBC a nan Etazini, Rachel Maddow, te atire atansyon nou sou konviksyon prèske inivèsèl nan milye ransèyman Etazini yo ke Ris yo konpwomèt (oswa detounen) Trump e ap file fisèl li anba chal ; anpil nan zaksyon l yo montre sa a, san retire jefò li yo pou l netralize ankèt la. Avrèdi, nou pa dwe kondane yon nonm ki wè yon siklòn ap vini oswa ki menase pa michan fòs advès, pou li chache sove po li. Se yon bagay ki enstenktif. Mwen te ka san dout fè menm bagay la tou. Men, kouwè awogans ak tandans magouyè Napoleon Bonaparte te fè ali alyene tout Ewòp tou-pwisan, Trump ap fini avèk yon layite pwotektè pwisan etablisman politik la k ap vin gwoupe bò kacho prizon li pou fete defèt li.

Maddow te di yon jou—m ap paragrafe yon ti jan isit la—meyè fason pou detèmine si Trump an « kolizyon » avèk Ris yo, se analize non pa bagay li *te* fè pandan kanpay prezidansyèl la, men pito veye pou wè si zaksyon li fè *apre* eleksyon li a e pandan prezidans li a sèvi enterè estratejik Vladimir Poutin ak Larisi.

Efektivman, san antre nan detay detèminatif patikilye yo—ke m pa konnen de tout fason—, genyen tout yon lis desizyon administrasyon Trump lan pran ki sigjere yon klè patipri senpatik vizavi Larisi ak Poutin an patikilye. Pami zaksyon yo, genyen : refizay pou l aplike sanksyon yo Kongrè a te vote pou pini Larisi pou entèferans li nan eleksyon prezidansyèl etazinyen yo ; kerèl divizyon e san fondman avèk alye tradisyonèl Etazini yo ; diminisyon angajman Etazini nan Siri e avètisman li bay Larisi (ak Siri) pou yo degèpi nan kote nan Siri yo ta pral bonbade yo kòm reprezay kont atak a zam chimik kont popilasyon sivil la ; denonsasyon repete Trump yo kont kloz finansman Otan yo ; fo kriz sou tarif li inisye avèk alye tradisyonèl kouwè Lafrans ak Kanada, san retire jouman yo li lanse kont premye minis kanadyen an Justin Trudeau lavèy reyinyon Gwoup sèt peyi yo.

An n souliye an pasan ke byenke rekriminasyon Trump yo sou dezekilib echanj tarif yo avèk peyi konsène yo ta ka lejitim, tout alye Etazini depi lontan, Pou kisa li pa t anplwaye yon ton pi kòdyal pou l eksprime yo ? Li mande pou yo reyadmi Larisi nan Gwoup sèt la (G-7), yon demann ki te etone anpil moun etandone misye se moun ankèt pwokirè espesyal la vize e sispekte de konplisite avèk Ris yo ! An plis li refize siyen kominike komen an, yon pwotokòl abityèl ki an vigè depi fondasyon gwoup la 45 an de sa. Èske sa se randman, dividand cheval Twa (Troie) a ? Divizyon Otan ak Inyon ewopeyèn lan se yon michan objektif politik etranje Poutin, espesyalman apre aneksyon Krime e reyaksyon kolè asosyasyon sa yo ki vin apre l la. Ke Trump aji antan ke ajan sekrè pou fè avanse enterè Larisi nan Etazini oswa li fè li san l pa konnen paske l motive pa enpilsyon enpasyan, ojis se menm bagay : zaksyon l sèvi objektivman enterè estratejik Larisi.

Mwen pa yon moun ki rayi Larisi, e sa pa branle m ditou si Etazini ta rapwoche l ak Larisi ; an reyalite, mwen plis panse sa ta yon bon bagay nan li menm. Men, lè w egzaminen pakèt siy yo ak imaj relaks minis zafè etranje ris la, *Sergei Lavrov*, ak anbasadè ris la nan Wachintonn, Sergey Kislyak, k ap poze pou foto an konpayi Trump nan biwo Ovale Office la lelendmen revokasyon direktè FBI la James Comey pa Trump, nan moman menm Comey t ap ankete alegasyon entèferans Ris yo nan eleksyon prezidansyèl etazinyen an, mwen te santi yon sèten jèn anpatik pou patriyòt etazinyen yo e m di tèt mwen : Trump ap pase peyi a ak opinyon piblik nan kaka devan zye tout moun, kouwè pou l ta di yo : « Wi, mwen an konplisite e an konivans avèk Ris yo, e pa gen anyen ou ka fè kont sa ! » Santiman m pou patriyòt etazinyen yo fè m gen yon anvi fò ki pran mwen pou m ta di, kouwè Robert de Niro di nan prezantasyon l lan nan Tony Awards la : « Fuck you, Trump ! » (« Ale w nan mèd, Trump ! »).

Mwen jwenn toudmèm yon ti rekonfò nan panse ke sosyete etazinyen an se yon sosyete ki dinamik e konplèks, e ke menm si de tanzantan nan istwa li montre predispozisyon pou isteri regresif, li montre tou, istorikman, li kapab fè grann plonje nan enkoni lè enperatif moral yo egzije l. Mwen jwenn tou rekonfò lè m wè pami tout diferan gwoup ki fòme fabrik nasyonal etazinyen an genyen yon pliralite oswa minorite sibstansyèl ki enkyete pa menm kesyonnman ki enkyete m yo e ki wè « fenomèn Trump » la non pa kou yon divètisman espektak men kou yon menas ouvè, eskandalèz oswa anbachal, kont desans ak etik byenseyans lavi chak jou, kont obligasyon respè yon moun dwe yon lòt èt imen, kèlkelanswa ran li, klas li, ras li oswa nyans koulè po figi li. Rasism se jisteman enstwimantalizasyon inyorans kont enperatif sa a ak entansyon pou eskli lòt moun de yon sèten espas oswa pou diminye enpòtans ak dwa yo nan ekilib pouvwa nan sosyete a. Trump se enkanasyon enstwimantalizasyon sa a. Tout istwa familyal ak pèsonèl li mennen li nan wòl ak reprezantasyon sa a.

Kesyon ki deja poze a e ki dwe eklèsi pandan mwa k ap vini la yo se kesyon : Èske nou vrèman avèg devan sa nou wè Donald Trump ak administrasyon l lan reyèlman ye e reprezante ? Si se pa vre, ki sa moun k a fè pou bare wout ak yo e pou pa nòmalize yo ? Gen atwosite ki vin nan lavi ke nou pa dwe janm asepte. Hitler te youn ladan yo ; Trump se yon lòt. Erezman Trump pa yon nonm ki renmen fè lagè kouwè Hitler ; men ensansiblite misye anvè etik e anvè senp desans rann li otan danjere, menm si se sèlman potansyèlman akoz layèn li ankouraje nan sen nasyon etazinyen an, san retire nan relasyon chak jou ant endividi e ant gwoup yo ki vin deplizanpli enkyetan, antagonis, malveyan.

Pou yon kritik sistèm kapitalis globalis la ki gen tandans rejte an gwo, pa reflèks, mank òtodoksi oswa konfòmism Trump lan osijè li k a parèt atiran dotanpli misye asezonnen li ak yon fo popilism milyadè ki pretann li pran akè kondisyon dezavantaje moun yo eskli nan sistèm lan pou l ka pi byen mistifye yo e kenbe yo nan plas yo.

Kesyon konivans Trump avèk politik etranjè Poutin lan— kouwè pa egzanp atitid antagonis misye anvè alye yo—se yon bagay yon moun ka konprann byen etandone Poutin te ede misye vin o pouvwa, epi kouwè mwen te di pi devan an, rapwochman avèk Poutin lan te ka yon bagay ki bon nan li menm si se te pou eseye lòt bagay kan sèten bagay p ap mache. Pwoblèm lan sèke apwòch Trump nan politik pa soti de yon refleksyon rasyonèl sou enterè etazinyen e sou sa ki anje, men pito de « ensten » misye ke l panse ki enfayib. Senk jou anvan somè Trump lan avèk lidè Nò-Koreyen an Kim Jong-Un, lè yon jounalis mande l kouman l ap prepare pou gran rankont sila a, misye reponn li tout lavi li se yon preparasyon pou sa : « Mwen pa kwè mwen dwe prepare anpil. Se yon kesyon de atitid. Se yon kesyon de fè bagay yo avanse. (…) M ap konnen nan premye minit lan si Kim Jong-Un serye », misye di, prezante tèt li kouwè yon sikològ an chèf !

Pou n retounen sou nosyon Trump kou yon cheval Twa plase pa Ris yo nan matris Etazini an, e nan limyè sa ankèt pwokirè espesyal la devwale jiskisi, mwen dakò ak vwa sa yo nan konsyans pwofon Etazini an ki mande pou gen yon politik netwayaj ak pwopagasyon total pou tout bagay ki gen a wè ak Trump e ak konpwomisyon anbachal li yo. Mwen ta renmen fini kesyon sou si wi ou non Trump se yon *asset*, yon ajan sekrè Ris yo, avèk konkou remak de ofisyèl ki panse e ki peze mo yo lè yo ap pale. Apre l fin obsève demann Trump yo e atitid jeneral misye nan diskisyon yo pandan reyinyon Gwoup sèt la nan Kanada jou 8 e 9 jen 2018, prezidan Inyon ewopeyèn lan, Donald Tusk, deklare : « Sa ki enkyete m plis, sepandan, se lefèt ke lòd entènasyonal la ki fonde sou règ vin jodi a konteste. E se ase etonan se pa sispèk abityèl yo ki konteste li, men achitèk prensipal e pwotektè li : Etazini. » Yon lòt moun ki te reyaji kont denatirasyon sa yo se senatè demokrat Jeff Merkley ki, apre l fin swiv dewoulman rankont Gwoup sèt la, rezime santiman li nan yon twit : « Oke, vrèman : kisa Poutin genyen sou Trump ? Larisi atake eleksyon nou, anvayi Ukrèn, masakre yon pakèt Siryen inosan, epoutan Trump ap kontinye fè travay Larisi pandan l ap alyene alye nou yo ki kole zèpòl ak zèpòl ak nou. Pou ki peyi prezidan ameriken an ap travay ? »

Boufonnri oswa madigradri layèn Trump yo fè anpil plezi ak baz li a ki gen ladan li alafwa moun yo eskli nan sistèm lan, *wakies* tètchaje (moun ki pa gen tèt yo twò dwat yo), rasis de souch yo, sipèrich yo ki te vorasman benefisye de koupaj taks Trump te fè Kongrè a vote a. Natirèlman, mank de òtodoksi (oswa konfòmism) Trump lan ansanm ak madigradri li yo kapab tou gen ladan yo posiblite ak okazyon pou fè bagay ki nèf, nouvo, kouwè nou wè nan rankont li avèk lidè Nò-Koreyen an e konpliman jantiyès li montre anvè li, yon evolisyon ki evidamman preferab konpare ak menas destriksyon nikleyè li te fè kont Kore-di-Nò yo pa gen lontan de sa.

Pa gen okenn dout louvèti sila a oswa reseptivite Trump ak louvèti pasifik tou de Kore yo fè pati de cho *reality TV* l la sou plan jewopolitik, men si tentennad espektakilè sa a ta sèvi koz lapè ak koz aseptans Zòt, mwen ka sèlman swete l siksè. Moun ki pi vilen pami nou yo kapab fè zèv redanmsyon, menm si avèk Trump se lontan twò bonè pou ta panse sa.

Lakou siprèm sèvi kòm enstwiman trumpism lan

Nan tan fachism an tranzisyon sila a nan Etazini, si w t ap konte sou Lakou siprèm lan pou l defann Leta de dwa a, w ap byen desi. Apre ke jij Antonin Scalia vin kite enstitisyon venerab e pafwa enpèmeyab sila a, Pati repibliken an, ki gen majorite nan Kongrè a, te reyisi bloke nominasyon Obama te fè de Merrick Garland kou ranplasman li, yo pran pretèks swadizan pwoksimite eleksyon yo pou sa, menm si eleksyon yo te fikse pou plis ke uit mwa apre. Pwiske syèj la te ret vakan, Trump vin nonmen yon moun pa li pou okipe li : jij Neil Gorsuch, yon konsèvatè totalkapital ki gen yon atitid moun emab.

Si ou mete twa desizyon Lakou siprèm lan fèk sot pran yo—li gen dezòmè yon majorite konsèvatè de senk kont kat—nan kontèks presedan aryèplan sa a, tout bagay vin pi klè osijè pèvèsyon Leta de dwa a administrasyon Trump lan ansanm ak sikofant li yo nan Lakou siprèm lan ak nan Kongrè a ap maniganse an.

Twa desizyon yo se : andòsman entèdiksyon administrasyon Trump lan fè a kont moun ki soti de sèten peyi mizilman pou yo pa antre nan Etazini ; 2) bay travayè sektè piblik otorizasyon pou yo pa peye kontribisyon bay sendika yo ; 3) deklarasyon l ke Leta Kalifòni pa ka egzije « sant gwosès pou ka kritik » ki gen oryentasyon relijye yo pou yo bay fanm enfòmasyon sou fason pou yo tèmine gwosès yo.

Desizyon Lakou siprèm sila yo montre a tout moun ki vle konnen ke konsèvatè yo deside pou yo itilize majorite fonksyonèl yo gen nan Lakou siprèm lan pou yo akonpli pwogram antipèp e anti-libète piblik yo an ki privilejye anrichisman kontinyèl moun rich yo o depan epanwisman egzistansyèl tout lasosyete. Desizyon sila yo, si moun pa amande oswa rektifye yo, ap vin koze anpil domaj konsiderab nan fabrik demokratik et miltikonfesyonèl peyi a. Vini tou nan aryèplan reprenay fòs ekstrèm-dwat la (kouwè nou te wè nan preeminans T-Party a oswa nan gwosè opozisyon kont pwogram asirans-sante Obama te met sou pye a, oswa tou nan monte rasism lan kòm reyaksyon ak eleksyon premye Nwa kòm prezidan), eleksyon Trump lan kreye opòtinite ideyal pou materyalize gran rèv fachis etazinyen an, kontwòl Lakou siprèm lan sèvi l kou enstwiman e ba li mwayen pou l fè l pa vwa fasad legal.

Natirèlman, anonsman retrèt jij Anthony Kennedy a, nèg ki « swing vote » nan Lakou siprèm lan—sètadi vot li fè panche balans la yon bò oswa yon lòt nan de pòl ideyolojik yo—, pa pwomèt yon avni jwaye pou libète piblik yo. Nan kondisyon sila yo, li pa difisil pou nou antisipe pakèt batay ranje sou kesyon pwoteksyon dwa fanm yo genyen pou fè avòtman oswa pwoteksyon lwa kont diskriminasyon rasyal e seksyèl yo oswa kont inegalite politik yo.

Antouka, si pou n jije daprè vijilans ak apreyansyon yon majorite sibstansyèl popilasyon an montre vizavi rejim rasis Trump lan ansanm ak deriv fachis li yo, pa gen okenn dout pèp etazinyen an ap prezan nan gran rendevou li genyen avèk Istwa a.

Somè Èlsenki 16 jiyè 2018 la

Nan tout move pawòl ak zak eskandalèz Trump yo, pèfòmans misye nan somè nan Èlsenki a avèk Poutin pran san dout distenksyon, e de lwen, kou yon zak makyavelik, paske li itilize yon somè entènasyonal, kote zye lemond antye te fikse sou li, pou l trayi peyi li e aji kòmsi sa pa t vle di anyen. Efektivman, jounen 16 jiyè 2018 sila a ap vin asireman klase kou yon dat inoubliyab nan istwa diplomasi entènasyonal ak trayizon antipatriyotik nan Etazini : Trump pran pozisyon ouvètman pou Moskou nan asèsyon depatman Lajistis Wachintonnn ak Kongrè a ke Larisi entèveni nan eleksyon prezidansyèl Etazini yo an 2016, li deklare li kwè sou pawòl demanti Poutin yo.

Sezisman te reyaksyon medya yo ak popilasyon an an jeneral, sezisman devan espektak abèsman peyi yo devan Larisi, anba limyè zye lemond antye. Jounal *Washington Post* la make sa nan yon tit klè e presi : *Trump just colluded with Russia. Openly* (« Trump fèk sot konplote avèk Larisi. Ouvètman. ») Apre l fin kritike tout pèfòmans Trump lan pandan somè a, jounal la fini editoryal la, ki siyen pa tout komite editoryal la, avèk mo tranchan sila yo : « Nan Èlsenki, Mesye Trump ensiste ke "pa t gen kolizyon (konplo)" avèk Larisi. Epoutan, lefèt ke l refize rekonèt bagay ki parèt klè yo nan konpòtman Larisi, pandan ke l ap diskredite sistèm jidisyè pwòp peyi l, Mesye Trump anfèt vin ouvètman an kolizyon avèk chèf kriminèl yon pwisans ostil. »

Vini touswit apre somè Otan an nan Briksèl kote Trump te reprimande kolèg li yo pou feblès kotizasyon yo nan finansman enstitisyon an—apre l te fin imilye otès li, premye minis Theresa May, nan Lond yon jou apre—, somè Èlsenki a vin parèt kou yon vrè estrateji detounman maniganse pa Trump ak Poutin pou sibvèti enterè Etazini.

Ankò yon fwa ansyen direktè CIA a, John Brennan, lanse yon kanno avèk yon twit *(tweet)* : « Konferans pou laprès Trump lan nan Èlsenki atenn e depase nivo "gwo krim ak mefè". Li pa t anyen mwens ke trayizon. Non sèlman kòmantè Trump yo te enbesil, men misye antyèman nan pòch Poutin. Repibliken patriyòt yo : Kote nou ? » Menm repibliken yo, ki t ap sere pou Trump jiskisi, jwenn ak moun k ap kritike l yo.

De jou apre konferans Èlsenki a, jounal *New York Times* rapòte ke delegasyon direktè FBI, Ransèyman nasyonal (National Intelligence), CIA ak ajans Sekirite nasyonal la *(National Security Agency)* ki te vizite Trump nan rezidans li nan Nouyòk, de semèn avan inogirasyon li, pou enfòme l sou eta sekirite nasyonal Etazini, te prezante ba li, prèv alamen, enplikasyon dirèk Vladimir Poutin nan konbinezon pou pirate eleksyon prezidansyèl Etazini yo : « Trump te resevwa enfòmasyon otman konfidansyèl ki endike prezidan ris la, Vladimir Poutin, te pèsonèlman bay lòd atak entenèt konplèks yo pou enfliyanse eleksyon amerikèn yo an 2016 », jounal la ekri. Revelasyon sa a devwale bay gran piblik la ke Trump gen plis ke yon ane edmi l ap ba l manti lè l ensiste ke Ris yo pa gen anyen a wè ak eleksyon etazinyen yo. Zak sa a li menm deja vin yon krim sipresyon laverite an konplisite avèk yon pwisans etranje.

Somè Èlsenki a, an Fennland, ap ret san dout nan memwa nasyon etazinyen an—kouwè dayè tout prezidans Trump lan—yon dat estimab, vwa menm yon chanjman pèspektiv, yon *game changer* sou fason pou gade Trump ansanm ak politik etranje li.

Efektivman, semèn sila a ki kòmanse avèk ensilt Trump yo anvè chanselyèz alman an Angela Merkel nan somè Otan an nan Briksèl, an pasan pa move pa misye yo nan Lond, epi siy respè restavèk li montre anvè Poutin nan Èlsenki, te yon gwo kalvè pou peyi a. Enkilpasyon pa pwokirè espesyal la de 12 ofisye ris pou koz piratri elektwonik yon semèn anvan somè Èlsenki a te pouse kèk sipòtè Trump yo konseye li pou l ranvwaye somè a. Pou tout prezidan *nòmal* sa t ap yon bon konsèy, men pou yon Trump ki renmen fè kontwovès, li pa wè gen okenn pwoblèm nan sa.

Alafendèfen, somè a vin rive yon dezas alafwa pou Trump e pou nasyon etazinyen an. Somè sa a—se sèl Istwa k ap vin di li—ap gen posibleman yon byenfè ki devwale bay yon piblik nayif vrè figi Trump layite o gran jou. Pou premye fwa yon bon kantite konjenè repibliken li yo pran distans yo vizavi Trump, jan de atachman majik ki te lye yo ap deplizanpli delye. Pitipiti, peyi a ap vin tire konklizyon ke, petèt, alegasyon ki avanse nan dosye Christopher Steele la, ka aprè tou fonde nan reyalite.

Trump jiska mentnan (jiyè 2018) se yon *drag*, yon tray kochma o ralanti pou sosyete etazinyen an antanke inite nasyonal. Pou kisa peyi a pa leve kont misye avèk plis fòs ke manifestasyon de mas okazyonèlman ki manke sans ijans sikonstans lan ak danje a merite ?

Pou di laverite, Donald Trump, istwa misye, vorasite fanmi li, mizojini (rayisman fi) misye, panchan rasis li yo ak afinite pronazi fanmi l yo, tout sa se bagay ki te deja byen konnen depi lontan. Etablisman politik la ak Kongrè a an patikilye te ka swa modere misye swa ranvèse li si enterè yo te kòmande li. Anpil moun espere rapò evantyèl ankèt pwokirè espesyal la ap vin revele si mank aksyon pa manm Kongrè yo pa gen a wè ak enplikasyon yo nan konbinezon Larisi a, kouwè entwodiksyon NRA a (sendika posedan zam afe) nan ankèt la siyale l la. Lè n konnen ke NRA finanse yon bon kantite nan palmantè etazinyen yo (plis repibliken ke demokrat sè dènye tan), posiblite sa a dwe konsidere.

Pou kounye a, konfizyon dyalojik ant laverite ak kontrè li—manti—ap ankre plis nan sosyete etazinyen an avèk plis fòs. Ansanm ak tou zak vyolans kont moun ki parèt « imigran » yo, agresè yo santi yo ankouraje pa pawòl layèn k ap sot nan bouch kòmandan an chèf la. Lè w ap gade repòtaj rezo televizyon Fox News la, pèspektiv totalman divèjan, opoze, li genyen sou konklizyon de plis yon douzèn ajans ransèyman nan Etazini ak ann Ewòp—ladan yo CIA, M16 angle a ak AIVD Peyi-Ba a—, ki di Larisi te entèfere nan eleksyon prezidansyèl etazinyen yo an 2016, nou gen dwa pou n enkyete, pou pa lontan nou ta espere, sou lavni demokrasi etazinyen an, kèlke enpafè li ka ye.

An n espere tou ke gras ak rezistans konbine popilasyon sivil la, medya plizoumwen objektif yo ak pouvwa jidisyè a (pouvwa lejislatif la kounye a anba kontwòl repiblikan yo), jefò Trump ak sanzave li yo p ap rive enpoze non sèlman yon inivè paralèl, men tou yon konfizyon nan *antandman* moun kote yo pa ga distenge laverite de mansonj, *news* de *fake-news*.

Yon lòt dimansyon pou nou ye

Nan jounen 30 jen 2018, apre ke yo te fin wè ak pwòp zye yo imaj timoun yo separe de paran yo e plase nan kaj konsantrasyon, imaj ki fè yo sonje ak yon tan orib nan istwa dimond, Etazinyen yo—ke imaj yo te fè wè chimen ekstrèm yon politik kontwòl imigrasyon ki baze sou zenofobi ak layèn kont moun—desann nan lari an mas pou pwoteste. Chaje ak moun e kouvri tout senkant Eta federasyon etazinyen yo, manifestasyon yo te eksitan nan rejeksyon yo de administrasyon Trump lan ansanm ak tout sa li reprezante. Anpil nan yo fè alizyon, nan eslogan ak pankat yo, ak ankèt k ap mennen an e ak iwoni yon prezidan ki ka vin jije kou kriminèl k ap lige yon kwazad kont swadizan « imigran ilegal », ke l akize ki lakoz tout malè peyi a.

Gen yon refren yon chante regrete Manno Charlemagne entèprete ki di « Èske Kristòf Kolon te gen *alien card* ? » An verite se yon kesyon ki te ka poze osijè yon pakèt nan zansèt etablisman politik, entelektyèl e ekonomik peyi a, omwen apati premye jenerasyon an. Se yon sitiyasyon ki byen dwòl si nou konsidere li sou yon plan rasyonèl. Ki kritè valab, sou yon ontolojik dwa yon Èt, ki sipòte apwopriyasyon espas natirèl la ak sèten moun e eskli lòt moun ? Manifestan 30 jen yo te byen konprann sa, yo menm yo ki ensiste ke imigrasyon fè pati de idantite nasyon an, yo rele : « Okenn èt imen pa ilegal ! » oubyen tou « He ! He ! Imigran, nou tout byenveni ! »

Sa te efektivman rekonfòtan pou wè tout moun sa yo nan mitan vil Boston samdi ansoleye sila a. Yo regwoupe yo dabò an rasanbleman sou plas Meri vil Boston an kote oratè yo denonse politik imigrasyon administrasyon an, epi foul la, antouzyas e anime, anvayi lari sou kote yo e rele a wot vwa kont mechanste yo, anpil bandwòl raple moun yo fantòm laterè separasyon timoun yo evoke nan emosyon moun. Gen anpil lòt manifestan k ap fredone chan defyans, e k ap rele *"Hey! Hey! Donald Trump has got to go!"* (« He ! He ! Donald Trump dwe al fè wout li ! »

Òganism federal ki rele Immigration and Customs Enforcement an (ICE), ki an chaj aplikasyon e kontwòl imigrasyon ak ladwann e ki akwonim li siyifi *glas* ann angle, te pi gran vilen manifestan yo. Metòd kriyèl li yo ansanm ak pasyon l pou l aplike enstwiksyon zenofòb administrasyon an plase li nan premye ran rayisman piblik la, omwen pou manifestan sila yo ki pran a kè soufrans sè yo ak frè yo, kretyenvivan kou yo, ki ap andire tout malfektasyon sa yo.

Mwen toujou renmen bèl fas Etazini sa a, fas Doktè Jekyll li a nan binarite l avèk Misye Hyde la, nèg mechan an[8]. Miltirasyal, avèk yon grann majorite Blan, manifestasyon yo te miltijenerasyonèl tou, avèk yon grann kantite timoun de de sèks yo.

Pou nou menm yo ki ap viv nan moman kounye a yon ane edmi sou rejim Trump la, manifestasyon sila yo, avèk apèl pou solidarite invèsèl ak imigran yo, ba nou yon okazyon pou n reve de yon demen meyè, de yon mond san Trump, de yon mond ki reziste atirans malefik Trump lan e ki opoze ak li yon lòt fason pou n viv ansanm, yon lòt dimansyon pou nou ye.

Fen an anonse tèt li nan orizon an

An verite, fason « prezidan » sa a opere tonbe nan domèn gangsterism pi, kouwè nou wè nan plizyè desizyon l ak zaksyon l pandan prezidans li a jis kounye a (septanm 2018). Fason an katimini, alimante anba tab, li makwojere, avèk sètennman èd jeni dimal k ap travay pou li yo, demisyon jij Lakou siprèm Anthony Kennedy menm anvan lè retrèt li te rive, ak nomination jij Brett Kavanaugh pou ranplase l ; evokasyon pa misye pouvwa prezidansyèl pou l refize louvri bay Kongrè a dosye pwofesyonèl Kavanaugh ; refi majorite repiblikan an nan Kongrè a pou bay komisyon jidisyè a dokiman ki nesesè pou evalye nominasyon an, tout bagay sa yo, pa efè konbine, fè parèt yon prezidan ki aktivman angaje nan sibvèsyon sistèm dwa ak lalwa peyi a. Lè n konnen Trump te seleksyone Kavanaugh paske misye te pibliye opinyon sou jirispridans ki soutni nosyon yon prezidans toupwisan, k ap fonksyone endepandan de nòm demokratik yo ki sipoze e klèman di tout sitwayen pasib anba rigè lalwa, nou ka konprann ke se pa yon koyennsidans tout bagay sanble ap byen mache pou mouvman konsèvatè a nan Etazini. Anfèt, yon rapò resan ki sikile nan medya yo te devwale jan de etrangleman militan e sistematik mouvman sa a elabore pou l remodele politik etazinyen nan yon manyè radikalman fondamantal, selon imaj ideyal esklizyonis ekstrèm-dwat patènalis, mizojin, rasis e reyaksyonè a ki, detanzantan vin aktive nan istwa peyi a.

Gen kèk kritik ki resevwa avèk amizman dènye twouvay pwopagandis Trump lan lè l kontinye ap di yo pa ka plase nan *impeachment* yon prezidan « ki ap fè yon bon travay », li site kwasans ekonomik la ak nivo ba chomaj la kou sipò pou deklarasyon l lan. Efektivman, deklarasyon sa a se leitmotiv pi resan nan diskou Trump sèdènye tan, malgre objeksyon ekonomis yo ki fè remake pant favorab ekonomi an an tèm kwasans ak nivo chomaj sa a se gras ak politik ekonomik de... predesesè l e bèt nwa l : Barack Obama ! Se yon reyisit nou pa konnen Pou kisa administrasyon Obama a pa t egzibe plis kou yon siksè, se petèt paske yo te santi movèz konsyans pa lefèt ke yo te sove sistèm kapitalis lan ansanm ak gwo bankye e espekilatè Wall Street yo avèk li, dotanpli moun sa yo ap refè jodi a menm pratik *bubble economics* yo ki te koze kriz 2007–2008 la. Apwopriyasyon pa Trump de eritaj Obama sila a se yon bagay ki byen dwòl efektivman pa lefèt ke l sanble plase administrasyon l lan kou yon antitèz prèske otomatik de administrasyon Obama a, keseswa nan domèn politik sosyal, edikasyon, politik etranje, ekolojik, militè, oswa nan domèn estil, aparans.

Yon lòt move kote gran « siksè » ekonomik sa a alafwa ekonomis ak fanmi ki viv e soufri anba li souliye, se dabò *inachèvman* estatistik fleri sou chomaj la—ki pa pran an konsiderasyon moun ki travay toupiti yo ansanm ak chomè yo senpleman pa konte yo—, e sitou miraj ki maske « nivo anplwayman wo » an difèt ke salè moun touche nan travay sa yo pa reponn ak bezwen yo. Anpil ladan yo anplwaye swa a tan pasyèl, swa a tan plen ki mal peye e ki pa kouvri lavi chè a k ap galope monte. Se byen iwonik toudmèm yon administrasyon ki bati idantite l ann opozisyon ekstrèm ak administrasyon Obama a ap itilize jodi a siksè oswa fri politik ekonomik li pou l jistifye egzistans li !

Nan moman kounye a, sètadi fen ete 2018, kote Etazini ap viv, kouwè ansyen direktè CIA John Brennan di, twazyèm kriz ki pi konsekansyèl nan istwa li—de premye yo se lagè lendepandans la ak lagè sivil la—, nou konprann byen, pou administrasyon Trump lan, se yon kesyon de sivivans, sivivans yon animal yo bare, ki kwense ant lamò ak atak, ant reziyasyon a sò legal, fatidik ki ap tann li oswa lanse yon jwèt zo, oswa yon jwèt zo ki sekonde pa yon pouvwa prezidansyèl pwisan ki, menm lè y ap siveye l, toujou rete konstitisyonèlman laj. Kwense ant opsyon ale jiskobou banditism administratif e biwokratik la oswa jwe jwèt legalite enstitisyonèl e demokratik la pandan l ap eseye sibvèti li. Gran merit sistèm politik etazinyen an, ke Tocqueville te deja remake, se pwoteksyon l kont tirani yon sèl moun nan konble l ak yon rezo de kont-pouvwa lokal e rejyonal ki kapab gen ramifikasyon sou tout teritwa nasyonal la e ki depase kad tout pouvwa inik. Sètensi Trump ka twite oswa denigre moun jan l vle, men ankèt pwokirè espesyal la ap kontinye san lage e l deja voye plizyè koupab nan prizon. Si Trump ta rive revoke manda pwokirè espesyal la, ankèt la ap kontinye pa mwayen pouvwa Eta yo, ki endepandan de pouvwa federal la nan domèn kriminalite dwa komen, kouwè nou wè sa nan doub ankèt pwokirè espesyal la ak pa Eta Nouyòk la nan ka Paul Manafort ak Michael Cohen lan.

Jounen 5 septanm 2018 la, menm nan yon orizon ki chaje ak istwa moun pa t ap tann, istwa san presedan, gen yon kout zeklè ki blayi : yon atik opinyon ki soti nan *New York Times* ki entitile *"I Am Part of the Resistance Inside the Trump Administration"* kote otè a, anonim, di li se manm yon rezistans nan sen administrasyon Trump lan ! *Bombshell*, nouvèl-bonm gwo sipriz sila a eksploze pandan dezyèm jounen odisyon jij Brett Kavanaugh a nan Kongrè kote fwa sa yo t ap fikse atansyon sou lefèt ke misye te mande anvan devan yon lòt komisyon pandan yon lòt odisyon pou ratifikasyon. Otè atik *New York Times* la denonse Trump kou yon enkapab, yon deranje, yon nonm « amoral » ki pa konprann anyen nan choz piblik e ke moun dwe dòlote nan Mezon Blanch la pou l pa kase biblo yo. Otè a endike ke se sekirite nasyonal Etazini menm ki anje ke li menm ak ko-ekipye li yo ap defann nan moman an menm kont imatirite mantal e pwofesyonèl Donald Trump. Opinyon editoryal sa a, oswa *op-ed*, kouwè yo rele l bò isit la, parèy ak yon kominike yon jent militè ki entèvni pou ranvèse yon tiran foli atake !

An n remake ke otè anonim lan itilize mo « *amoralite* » pou li deziye Donald Trump ; se yon tèm trè di soti nan bouch yon wo fonksyonè Leta osijè chèf d Eta an fonksyon an. Li mil fwa pi repiyan ke tèm « *imoralite* » a. Efektivman yon « imoral » konnen byen preskripsyon moralite yo e chwazi pou l inyore yo, e lefèt ke l konnen yo genyen yon pakèt chans li ka aplike yo nan sitiyasyon eksepsyonèl ki enterese l, tandiske « amoral » la li se yon eleman sikolojiko-patolojik oswa sosyo-patolojik ki jeneralman pa ka geri ke ou dwe toujou doute ni entansyon li, ni motif li ak rezonnman l. M ap chematize isit la, men de trè pèsonalite sa yo trè diferan youn ak lòt, e m twouve sa siyifikatif ke otè *op-ed* la itilize tèm deskriktif patikilye sa a pou Trump, yon tèm anpil nan nou, kritik yo, gen nan lespri nou lè nou wè apwoch, reyaksyon ak ajisman misye vizavi yon bon kantite sijè, sitiyasyon ak evennman ki rive pandan prezidans li a e anvan, yon trè otè *op-ed* la souliye lè li di osijè Trump : « Nenpòt moun ki travay ak misye konnen li pa atache ak okenn prensip premye de disènman ki gide jan l pran desizyon. »

Kèlkelanswa dewoulman final kriz kounye a, se klè sosyete sivil la nan majorite l deja pran pozisyon pou yon gouvènman apre oswa anti-Trump, kouwè anpil sonday opinyon endike ki anrejistre yon majorite kontinyèl ki an favè kontinyasyon ankèt pwokirè espesyal la jiskaske laverite vin devwale oubyen ki di yo pa favorab ak pèfòmans li oswa bilan sa l fè kòm prezidan. Move moman sila a nan istwa peyi a, kouwè Etazini konnen anpil nan yo, ap pase se sèten e peyi a ap vin redirije atansyon li sou ideyal ki fonde kreyasyon l yo ansanm ak sou desizyon ak oryantasyon politik ki kapab soulaje malèz ak malè sosyo-ekonomik e egzistansyèl yon grann pati popilasyon li an, anfèt yon majorite ekrazant moun ki vin swa petri nan yon travay egzijan, swa ki gen tèt chaje devan lavi chak jou, devan estrès ki akonpaye yon travay ki mal peye, swa senpleman moun ki tonbe nan chomaj ki koze pa izin ak fabrik pwodiksyon ki fèmen, pa delokalizasyon travay (yo voye aletranje), pa dominasyon grandisan otomatism ak entelijans atifisyèl, pa ekonomi-bidon an ki redui abitrèman kantite travay ki nesesè pou sosyete fonksyone kòmsadwa e ki devalye an menm tan valè travay moun fè, o pwofi yon ti minorite vwayou ki jwenn e jwi redevans dwa e ki pase ant yo mwayen pou yo *gaming*, manevre sistèm lan, souse avif lasosyete[9].

Se enteresan pou wè kouman de reyalite politik etazinyen yo—reyalite trumpyen an ak reyalite nasyon an tout antye—ap rivalize nan tan reyèl, nan yon sòt dyalektik pèvè, pou enpoze vèsyon respektif pa yo. Alòske pati reyalite nasyon ap tann vèdik Mueller a pou retounen peyi a pami peyi nòmal e sivilize, Trump li menm kwè ke cham pèsonèl li ak leve-kanpe agresif patizan li yo ap retire l nan tchouboum, nasisism li anpeche l konsevwa li se senpleman yon jibye nan lafirè legalitè pwokirè espesyal la.

    Genyen yon bagay sèten kritik remake apre piblikasyon *op-ed* anonim nan *New York Times* lan : atansyon medya yo fikse sou devine idantite otè deklarasyon an, men non pa sou kontni deklarasyon an, sou sa li siyifi e Pou kisa li pibliye. Mezon Blanch konnen l ap gen anpil pou l genyen si konvèsasyon an santre sou idantite moun lan e non pa sou kontni mesaj la. Bagay yo etan konsa : apèl ki lanse devan nasyon an tout antye pa yon gwoup sitwayen konsène pou alète li sou yon ka klinik ki mande yon entèvansyon ijan, se yon bagay ki gen yon pakèt enpòtans. Yon « cri de cœur » kouwè kòmantatè CNN, David Gergen, di, pou sove peyi a de yon pi gran dezas. Yon *cri de cœur,* men tou e sitou yon kri dalam pou fè yon bagay pou debarase peyi a de grann peril sila a.

Mond mongonmen Trump lan

Si Istwa ap vin dekouvri yon *tipping point,* yon pwen kote degrenngolad administrasyon Trump lan pa ka retounen dèyè, kenzèn ki kòmanse vandredi 10 out la rive nan vandredi 24 out la ap distenge l kou moman kote sant nève nasyon etazinyen an vin deside li gen ase de Trump e ke lè a rive pou misye kraze rak. Se vre pèsonn pa t di sa egzakteman, men anpil moun te konprann ke gen yon bagay ki dwe chanje e ke sa yo ki gen kouraj pou yo fè l dwe eksprime yo ouvètman.

    Ki sa ki pwovoke touni sa a ? Yon grap ensidan, chak grenn ladan yo t ap eskanlèz e koz boulvèsman nan tout lòt administrasyon ki pa administrasyon Trump lan, men efè akimilatif yo vin koze yon sòt degou nan opinyon piblik. Se konsa nou wè yon melanj de diferan ofisye ak ofisyèl wo grade nan lame ak milye ransèyman yo, anpil manm Kongrè retrete, direktè editoryal jounal ki pa t gen lontan te rival, ki fè soti editoryal kolektif kont Trump, politisyen ki pa an fonksyon, elatriye, k ap mande si prezidan an gen tout fèy li pou l sèvi peyi a. Gen moun òdinè ki bouche zye ak zòrèy pitit yo lè yo wè Trump nan televizyon. Genyen menm Patti Davis, pitit fi ansyen prezidan Ronald Reagan, yon gwo potanta nan milye repibliken yo, ki ouvè bouch li pou l di ke Trump inaseptab.

Ensidan nou mansyone yo ale de revelasyon ansyen konseyèz e ko-vedèt televizyon prezidan an, Amorosa Marigault-Newman, ki akize Trump de rasism ak vileni e ki difize anrejistreman sou tep ki montre Trump ap bay manti, youn nan tep yo fè tande madanm Eric Trump, Laura Trump, k ap eseye pouse Amorosa asepte yon òf de 180 000 dola pa an, ekivalan salè li te konn touche lè l te nan Mezon Blanch la, avèk entansyon byen parèt pou fè l fèmen bouch li e anpeche l revele bay piblik la eksperyans malerez li te fè nan administrasyon an antanke yon fanm nwa sipòtè Trump ; postay yon twit vanjans pa Trump kote li trete Amorosa de « chyèn » epi emosyon jeneral sa koze ; konklizyon rekizitwa, epi vèdik koupab pwosè pou fwòd labank ak fwòd enpo kont ansyen chèf kanpay prezidansyèl Trump la, Paul Manafort, ki layite o gran jou lenj sal li yo, san retire anonsman pa tribinal federal Nouyòk la, nan menm jou a, ki montre ansyen avoka Trump la, Michael Cohen, ki plede koupab de uit chay akizasyon pou fwòd enpo, fwòd elektoral ak fwòd labank, pami yo gen de akizasyon ki di li komèt yo « an kowòdinasyon e sou dyreksyon yon kandida federal ofisyèl » ke tout moun konnen ki se Trump.

Akoz de asosyasyon l avèk Trump, anpil moun te vle diskalifye temwayaj Amorosa yo. Se yon atitid ki pa konsekan. Kouman yon moun ka kolekte enfòmasyon sou rival oubyen lennmi l yo si se pa nan bouch entim oswa kolaboratè yo ? Nan sans sa a, nou pa dwe diskredite temwayaj Amorosa yo akoz de santiman negatif fanatik *reality TV* yo genyen anvè li...

Kouwè mwen di pi wo a, se efè akimilatif malvèsasyon Trump yo k ap vin koze pèt misye alafen, pa okenn grenn nan yo, kèlkeswa gwosè li. Moun pa t byen wè deziyasyon yon fanm nwa kou yon chyèn, menm pami sipòtè Trump nan Establishman an. Nou konnen sa sa siyifi nan imajinè peyi Etazini. Anpil moun te denonse sa kòm yon zak flagran rasis Trump la, kòmsi yon moun te bezwen ret tann yon enyèm ensilt Trump pou wè klè nan yon nonm ki deklare manifestasyon Ku Klux Klan pou plante layèn pami gwoup etno-rasyal ki konpoze sosyete Etazini yo se menm ak kont-manifestan yo ki desann nan lari nan Charlottesville pou pwoteste kont mesaj layèn ak divizyon KKK ap simayen yo, yon mesaj anplis nou ka wè aboutisman li nan raj ekstèminasyon Nazi yo deplwaye.

Kenzèn sa a te gen tou yon deklarasyon absid de Rudy Guiliani ki, kòm pou elaji nosyon *Kellyanne Conway a ki ta vle fè konnen genyen* « fè altènatif » oswa pa Donald Trump lan ki di « sa ou wè a, sa ou li a, se pa sa ki pase », postile yon nouvo kredo ki di « laverite pa laverite », ann alizyon ak vèsyon fè Donald Trump rekonèt yo parapò ak vèsyon pwokirè espesyal la !

Pami pèsonalite ki te pran pozisyon kont Trump pandan kenzèn sa a, genyen amiral Marin etazinyen, William McRaven, ki te sipèvize misyon pou asasinen Oussama Ben Laden lan an 2011, donk yon nonm ki jwi de yon gran prestij nan sen etablisman sekirite a. Atik misye soti nan *Washington Post* 16 dawout 2018 la kote li mande, an reyaksyon a revokasyon pa Trump de abilite pou John Brennan resevwa sekrè sekirite, pou Trump revoke pwòp abilite sekrè sekirite pa li a, te koze yon pakèt emosyon, men yon rezime de sa l ekri an : « Mwen t ap konsidere kou yon onè si ou revoke sekrè sekirite pa m lan tou, pou m te ka ajoute non mwen nan lis gason ak fanm ki pran pozisyon kont prezidans ou a. » Misye kontinye : « Atravè zak ou poze yo, ou jennen nou devan zye timoun nou, ou imilye nou sou sèn mondyal la, epi sa k pi mal la, ou divize nou antanke nasyon. » Jou apre a, plizyè dizèn ansyen ofisyèl ki plase wo nan yerachi a siyen tou deklarasyon solidarite avèk Brennan kote yo denonse politik Trump lan kou iresponsab e nwizib pou sekirite nasyonal Etazini.

Redaktè jeneral CNN, Chris Cillizza, rezime malfektasyon Trump yo nan yon atik ki parèt sou sit ekri estasyon an ki titre *"Can the Republican Party survive Donald Trump?"* (èske Pati repibliken an ka siviv ak Donal Trump ?), rezime a fè tout bilan malsite Trump yo : « Zak Trump yo antanke prezidan kreye yon tès moral ki klè : èske w konplis ak li oswa kont li ? Trump ale si tèlman lwen—demagoji rasyal ak ensilt, abi pouvwa, apèzman diktatè, nepotism ak koripsyon familyal, enkonpetans kriyan, mepri pou Leta de dwa a, trayizon enstitisyon piblik yo, malonète epik, brigandism otoritè... lis la pa janm fini—ke misye domaje enstitisyon piblik yo e deprave prezidans Etazini an.[10] »

Lis Cillizza a byen long vre, men èske l te koze okenn endiyasyon nan popilasyon an ? Èske l pa two chita nan lakou fèmen medya yo ak kritik entelektyèl yo olye de mas pèp la kote zaksyon Trump yo gen plis konsekans ? Se yon trajedi Etazini te vin fè esperyans administrasyon Trump la, menm jan se te yon trajedi pèp women an te konnen Newon pandan trèz an. Ak plis ke de mil ane de distans, li pwouve e konfime ke enstitisyon politik yo, kèlkeswa pwisans yo genyen, toujou ret vilnerab anba priz yon tiran oswa yon nonm deranje...

Avrèdi, menm apre plizyè deseni obsèvasyon politik Etazini, mwen pa t janm panse m ap vin konnen yon administrasyon oswa pi kòrèkteman yon rejim kou rejim Trump lan, jan l egziste a e manifeste nan tan reyèl istorik. Nan jefò m pou m byen konprann « fenomèn Trump » lan ak senpati ouvèt misye montre pou Ku Klux Klan e neo-nazi oswa *white nationalists* yo, mwen li de liv ki retrase atwosite nazism la kont Jwif yo ak lòt gwoup yo li jije endezirab pandan Dezyèm gè mondyal la. Premye liv la se otobiyografi kòmandan kan konsantrasyon Auschwitz la, Rudolf Hoess, nou mansyone pi wo a, ke misye ekri pandan l t ap tann santans li nan prizon Nuremberg la ; lòt liv la se yon resi, *Treblinka*, ki ekri kouwè temwayaj istorik pa ekriven Jean-François Steiner ki te pèdi papa li nan depòtasyon[11].

De liv sa yo ede m wè « fenomèn Trump » lan non pa daprè *reality TV*, daprè espektak oswa kou yon bagay ki depase nou, men daprè ang *posiblite* egzistans lemal nan mond nou an epitou konbyen sa nesesè pou moun konbat li ouvètman, pou ekspoze li sou plas piblik. Lè w gade daprè pèspektiv kòmandan Auschwitz la, lemal se yon obligasyon sivik, vwa menm yon bagay ki nesesè pou atenn grandè etènèl zansèt yo ; lè w wè l daprè pèspektiv depòte ak prizonye kan konsantrasyon yo oswa desandan yo, lemal se yon endiyite kont ideyal imanis la, yon pèvèsyon transandans Egzistans. Konbat li vin yon obligasyon moral.

Gen kèk kritik ki di repibliken nan Kongrè yo se moun ki kapon ki abdike responsablite yo kòm reprezantan pèp la e kòm gadyen entegrite demokratik nasyon Etazini ; mwen menm mwen replike pou m di mwen rekonèt yo yon fonksyon ki pi pwozayik : reprezantan fidèl nouvo Pati repibliken an ki, depi ane swasant yo chwazi yon politik antipopilè e, pi presizeman yon « estrateji bòs zòn sid » ke non kode l la siyifi yon estrateji manipilasyon diferans koulè po, ak diferans sosyal e kiltirèl yo pou divize peyi a e pran pouvwa a ak èd mistifikasyon e *enbesilizasyon* yon pati popilasyon an, souvan majorite a menm ki, lwen pou yo ta solidarize yo avèk frè e sè malè yo pou konfwonte politik ekonomik chèf endistri ak posedan yo k ap fè yo vin pi pòv, y ap dechire youn ak lòt sou kesyon koulè po moun ak « kilti ». Se estrateji rasis sa a moun kouwè Barry Goldwater, Richard Nixon, Ronald Reagan ak George H. Bush te adopte nan ane 1960, 1970 e 1980 yo e ke Donald Trump anplwaye pou l pran pouvwa a, kouwè nou te wè nan obstinasyon misye pou l denye Barak Obama nasyonalite etazinyen pandan tou lè de tèm li fè o pouvwa a.

Se pa san rezon pandil ideyolojik Etazini an ap balanse de dwat a goch nan mitan tou lè de pati ki kontwole pouvwa a ann altènans depi repiblik la te fèk fèt menm si anba lòt non. Menm lè se te repibliken yo, avèk Abraham Lincoln kòm lidè, ki te pouse e defann koz emansipasyon *ensklave* nwa yo pandan epòk anvan Lagè sesesyon an e apre, pandan ke demokrat yo t ap defann *statu quo* a, sa vin chanje pandan ane revandikasyon pou dwa sivik Nwa yo nan ane 1960 yo, repibliken yo vin reyalize yo ka pran avantaj de pwoblèm rasyal yo, sètadi fè ti dife vole e koutize panchan rasis Blan yo, patikilyèman Blan nan Sid yo, pou yo pran pouvwa a. Se nouvo reyalite sa a n ap viv depi lè a. Se konsa, paradoksalman, nou konfigire klivaj dwat kont goch la jodi a kote repibliken yo idantifye ak dwat tandiske demokrat yo idantifye ak goch, omwen nan majorite sitiyasyon.

Peyi Etazini dwe vin rive nan konklizyon ke Trump se pwodui yon sistèm politik ki reglemantèman kowonpi kote nenpòt nan de pati yo gen dwa pou yo pwopaje ide esklizyonis, vwa menm ekstèminatris, ki denye a Zòt—oswa reprezantasyon yo fè yo de Zòt—dwa pou yo viv nan otantisite ak libète. Ne mare gòdyen ak defi peyi Etazini jodi a, se kouman pou depase epistemè tribalis politik li a.

Lè wè l apati pèspektiv Trump ak elektè li yo, lemal—mezire ak lonn teworizasyon migran ak imigran yo, ensilt alawonnbadè kont kontradiktè yo, dezimanizasyon Zòt, pèvèsyon reyalite objektif la ak fè objektif yo, elatriye—, wi, lemal pou yo, se non sèlman imigran yo, men tou moun tout koulè ki pa blan, lemal pou yo tou se Leta de dwa a, regilasyon pou bank yo ak pwoteksyon anviwonnman ekolojik la, lit kont inegalite yo, elatriye. Zòt, Zòt pa yo a, se yon Zòt siblime nan angwas, yon Zòt denatire de imanite primal li, yon Zòt reklasifye nan abstraksyon demans ideyolojiko-mantal, yon Zòt yo fè Zòt.

Afè Kavanaugh a ak doub dinamik pèvè a

Jij Brett Kavanaugh te inaseptab pou sa yo ki gen akè Leta de dwa oswa jan moun isit la di ann angle *rule of law* a, byen anvan misye te vin objè akizasyon pou agresyon seksyèl. Pou yon grann majorite opinyon moun sou kesyon an, yo te deja wè misye kou lanj destwiksyon o sèvis konsèvatism etazinyen an ki gen pou misyon pou revèse sa konsèvatè yo konsidere kou monopòl ideyoloji liberal la genyen sou konsyans sitwayen yo, yon ideyoloji yo jije ki two toleran anvè dwa minorite etno-rasyal e seksyèl yo ak anvè fanm yo.

Kouwè jan Etazini te fè nan lepase lè li te itilize feblès Larisi pòs-sovyetik pou l enpoze deplwayman Otan jiska fwontyè Larisi yo, repibliken yo itilize majorite yo genyen nan de chanm Kongrè a pou enpoze volonte yo sou demokrat yo. Sa te rive pi espesifikman avèk ratifikasyon Neil Gorsuch la, premye jij Donald Trump te nonmen an pou ranplase syèj Antonin Scalia a ki te ret vakan lontan apre lanmò misye. Repibliken yo ki majoritè nan Sena a refize konsidere jij Barack Obama te nonmen an : Merrick Garland. Oubyen ankò vot sou lalwa sou rediksyon enpo a, *tax cut* la, ki se efektivman yon poulèt ak zè dò yo te gratisman bay bous ki pi gonfle nan milye eze etazinyen yo. Nan tou lè de ka yo, repibliken nan Sena yo sèvi ak majorite kontwolan yo a pou chanje règ jwèt la, patikilyèman règ sou 60 vwa ki nesesè a pou chanje règ yo, pami yo sa yo rele *Filibuster* a, se dimimisyon li ki rann posib ratifikasyon jij Gorsuch nan Lakou siprèm lan.

Genyen de (2) absolitism k ap pran youn ak lòt nan kòlèt nan deba sou ratifikasyon jij Brett Kavanaugh a, chak nan yo ap fè tèt li pase kou yon inivèsalism, chak nan yo reklame inelyabilite pozisyon libète orijinal respektif yo. Nan kan Trump lan ak asosye l yo, tout moun konprann se pa prensip yo ki konte, men lavikta a tout pri, lavikta yon gayan *(winner)* a tout pri. Pou demokrat yo yo menm, yo pouse prensip yo jiska karikati.

Efektivman, si nou adopte prensip *gayan* a tout pri a e toujou, nou vin neglije asireman lòt prensip ki enpòtan ki soti de yon pèspektiv diferan, de yon pèspektiv ki rann enperatif pou moun tann yon bra solidarite a yon lòt moun, yon èt imen, ki ap fè fas ak malè e advèsite. Yon jès de èt imen ak èt imen, yon sèten *atitid* pou moun ye e viv ke m rankontre toupatou mwen viv, ann Ayiti kou an Frans ak nan Etazini, souvan nan milye moun ki pi senp yo. Lè m t ap grandi ann Ayiti, kanmarad mwen avèk mwen, ansanm ak anvironnman sosyal mwen, te toujou trè kontan lè nou rankontre yon etranje, nwa oswa blan. Yon jou youn nan vwazen nou prezante nou ak yon Trinidadyen ; nou tout te eksite wè li e entwodui misye a lòt moun nan vwazinaj la, avèk enterè, kiryozite e respè. Nou te fè menm bagay la pou yon Alman nou te apèsi yon sware. Layèn pou Zòt pa yon santiman nou fèt avè l.

Echèk taktik demokrat yo kont ratifikasyon Kavanaugh a fè m panse ke petèt li t ap pi bon si yo te poze aksan sou pozisyon misye sou jirispridans dwa fanm, patikilyèman an relasyon ak libète fanm pou l repwodui, olye de depravasyon seksyèl misye ; oubyen tou sou konsepsyon chokan misye sou pouvwa toupwisan prezidans etazinyen an, yon konsepsyon ki byen tonbe lè nou konnen ke se yon kesyon ki soulve nan kriz politiko-enstitisyonèl aktyèl la.

Atak medyatik la kont Kavanaugh ak kont-atak repibliken yo pou pouse ratifikasyon li an te balanse ant yon dinamik pèvès doub ki benefisye altènativman tou lè de kan yo. Nan yon sèten moman, mwen te kwè m te rewè imaj yon dezyèm vèsyon odisyon Anita Hill la nan Sena a an 1991 lè l te akize nomine pou Lakou siprèm lan, Clarence Thomas, de derespektasyon seksyèl, e senatè ki nan kan Thomas yo, yon ranje gason blan ak min devoratè, k ap rele, malmennen e ensilte akizatris la avèk entansyon evidan pou yo imilye manmzèl. Fwa sa a, repibliken yo vle senpleman met baboukèt sou bouch akizatris Kavanaugh a, Doktè Christine Blasey Ford, ki di Kavanaugh te sipozeman fè atanta pou l vyole l yon jou swa nan yon fèt lè l te gen kenz an e li disèt an nan lise kote tou lè de te etidyan. Pwiske yo pa t kapab senpleman refize tande konplent Madam Ford yo, senatè yo rann li prèske enposib pou l pale ak yo. Finalman, lè presyon opinyon piblik pouse yo fè yon konpwomi ak li, senatè repibliken yo minimize tout jan yo kapab tan yo ba li a pou l prezante akizasyon an. Olye yo kesyone l yo menm, yo anplwaye yon fanm pou fè sa pou yo.

Lòt dinamik pèvès la nan deba sou ratifikasyon Kavanaugh a, se dispozisyon demokrat yo ak lennmi Trump yo pou yo renonse ak pwòp prensip ekite ak dwa yon akize kantilsaji pou yo eskore pwen kont advèsè yo. Se yon ti jan sa politik ye, mwen konnen, men kesyon pou konnen Pou kisa yon fot yon ti adolesan disèt tan komèt dwe pouswiv li nan tout longè lavi li se yon kesyon ki pa antinomik ak kesyon dwa viktim agresyon yo pou moun tande yo.

Nouvo reyon limyè sou dominasyon seksyèl fanm mouvman « Me too / Balance ton porc » a ap jenere a se yon bon bagay pou plizyè rezon, menm si se te sèlman paske l bay fanm yo yon zouti konseptyèl militan pou ranfòse demann ekite politik e sosyal yo nan sen *epistemè* patriyakal la ki objektifye yo seksyèlman e denye dwa fondamantal yo. Nan sans sa a, definitivman se yon pwogrè bò wout objektif liberasyon fanm, yon èt imen ki gen dwa fondamantal ki egalego e ki osi inalyenab ke dwa gason yo.

Se yon bon bagay nan li menm ke kontwovès sou agresyon seksyèl prezime Kavanaugh kont fanm yo lè l te yon ti adolesan pouse senatè yo reevalye enplikasyon kokennchenn pouvwa l ap vin genyen si l vin yon jij nan Lakou siprèm lan. Men fòk genyen tou yon pwosesis legal ki rekonèt dwa yon akize genyen pou *due process,* sètadi dwa li genyen pou l defann tèt li kont akizasyon yo e pou moun pa prezime li koupab anvan evalyasyon sa a. Yon evalyasyon tou k ap pran an konsiderasyon tout sistèm patriyakal ki an vigè a ki ankouraje e tolere konduit predasyon yo nan *moman* yo rive a. Malerezman sa y ap fè jodi a, se kondane endividi a e non pa sistèm patriyakal epistemik la ki ponn, kouve e ki nouri konpòtman agresif li a.

Efektivman, endiyasyon sosyete a sanble fokalize sou non pa yon sistèm patriyakal ki pwofondman mizojin (antifanm) ki met sou pye tout yon inivè konseptyèl ki dotanpli objektifye fanm yo ke l mete yo sou yon pyedestal ideyalize e seksyalize. Nan reyalite patriyakal sila a—ki totalman soutni pa prensip pwodiksyon kapitalis Herbert Marcuse te kritike a—, yon moun ka kondane fot ak fayit moral yon endividi pandan l lese entak enfraestrikti opresyon, ostrasism ak *alterizasyon* sistèm de klas ak yerachi sosyal valorizan an met sou pye a.

An tèm de ideyalizasyon valorizan, jodi a yon moun ka felisite tèt li e aplodi akonplisman mouvman « Me too / Balance ton porc » la, men mwen ta renmen tou pou li depase kad revandikasyon ideyèl e seksyèl sou dwa fanm yo e konsantre tou sou deniman dwa yo nan domèn pratik ki kondisyone kalite lavi yo. Pa egzanp, konpare ak anpil peyi nan Ewòp e Kanada, Etazini klase kou yon peyi anti-fanm e anti-fanmi an tèm de longè konje matènite ak konpansasyon peye yo bay tou lè de paran timoun yo oswa tou an tèm de egalite salè ant gason ak fanm (yon rasyo de yon dola pou yon gason e swasant-dis santim pou yon fanm k ap fè yon menm travay).

Sa nou vle di isit la se pa senpman souliye e denonse fot ak malfezans youn oswa lòt nan de pwotagonis pwoblematik la, men pito sigjere lòt posiblite refleksyon pou depase yo, lòt mwayen pou evalye fè yo ki sanble fasil men ki an reyalite egzije yon griy refleksyon pi konplèks pou byen konprann yo. Pa egzanp, jan sistèm lan te itilize zouti legalitè represyon seksyèl pou l te ostrasize Nwa yo ak rebelyon yo pandan e aprè epòk segregasyon la e apre, oswa tou de diferan tip pinisyon yo bay yon kondane si moun lan Nwa oswa Blan...

Lè OJ Simpson ak Bill Cosby ki parèt koupab evoke rasism pou yo diskredite miz an jijman yo, sa rezone tou natirèlman nan sen kominote nwa a ki te viv sitiyasyon rasism jidisyè kote akizasyon vyòl yon fanm blanch pa yon nonm nwa te trè kouramman kòlpote pou pini, disgrasye oswa elimine militan anti-rasis nwa yo. Swasant fanm leve kanpe pou akize Crosby de vyòl, se difisil pou moun pa pran yon tèl kantite an konsiderasyon, malgre santiman pitye pou wè misye redui ak sa. Menm si fòtin misye distenge l de yon Nwa òdinè, anpil moun mande tèt yo si yon nonm blan t ap gen menm sò a.

Menm lè dewoulman final afè a vin tounen an favè Kavanaugh, an n espere ke revandikasyon tou lè de kan yo nan sibstans yo—sètadi dwa yon viktim agresyon oswa derespektasyon seksyèl pou moun tande yo ak prensip presonpsyon inosans yon moun yo akize—, ka sove e onore. Prensip sa a te ratifye e afime pa atik 9 Deklarasyon dwa moun ak sitwayen ki te vote pa Konvansyon fransèz la nan mwa out 1789 e pita repwodui nan atik 11 Deklarasyon Inivèsèl Dwa Moun Òganizasyon Nasyonzini te vote an 1948 ki di klèman : « Tout moun yo akize de yon zak kriminèl prezime inosan jiskaske koupabilite li vin legalman tabli nan yon pwosè piblik kote yo asire tout garanti nesesè pou defans li te asire. Okenn moun p ap vin kondane pou zaksyon oswa omisyon ki, nan moman li te komèt yo a, pa t konsidere kou yon zak kriminèl pa dwa nasyonal oswa entènasyonal. Nan menm jan an tou, yo pa dwe bay moun lan yon pinisyon ki pi fò ke jan l te aplike nan moman zak kriminèl la te komèt. »

Byennantandi, dwa yon fanm genyen pou envyolabilite kò li e dwa pou moun pa abize li egalman rekoni pa Òganizasyon Nasyonzini ansanm ak konvansyon entènasyonal yo, san retire Konvansyon kont tòti ak lòt pèn e tretman kriyèl, enpitwayab oswa degradan an 1984 la ki gen Rekòmandasyon jeneral nimewo 19 ki kondane tout : « vyolans egzèse kont fanm paske li se fanm oswa ki touche espesyalman fanm. Li anglobe zak ki koze touman oswa soufrans fizik, mantal oswa seksyèl, menas pou koze zak sa yo, pou koze kontrent oswa privasyon libète. Vyolans ki fonde sou sèks moun ka vyole lòt dispozisyon patikilye Konvansyon an, menm si dispozisyon sa yo pa mansyone eksprèseman vyolans » (art. 6).

Natirèlman, se pa sèlman chat Nasyonzini an, ni Deklarasyon Inivèsèl sou dwa moun ki entèdi vyòl, agresyon oswa derespektasyon seksyèl kont fanm, men tou e sitou etik imanis ki dwe gouvène tout sosyete imen ki sivilize. Bèl prestans Doktè Christine Blasey Ford, akizatris Kavanaugh a, senplisite vwa li, grandèt entèlèk li, konfyans li nan memwa li ak imilite pou l avwe gen sèten detay li bliye, te kapte prèske invèsèlman senpati nasyon an. Èske sa endike Kavanaugh koupab pou otan ? Pa ditou. Men m twouve vèsyon fè yo Doktè Ford relate a byen kredib pa lefèt ke l deside denonse misye non pa diran odisyon pou ratifikasyon an, men lè l te wè non misye nan lis jij potansyèl yo ta nonmen.

Finalman, konsènan ratifikasyon jij Brett Kavanaugh nan Lakou siprèm Etazini an, sa ki pi sinik ant de absolitism yo—sa a ki kontwole levye alafwa prezidans ak Kongrè a—ranpòte goumen an. Tout rityèl fo ankèt sou akizasyon kont Kavanaugh yo, sanblan ezitasyon senatè « santris » yo kouwè Jeff Flake, Susan Collins, Lisa Murkowski ak Joe Manchin, sèman bòn volonte anpil moun jire yo, tout sa fè pati fabilasyon an. Objektif la se pa t pou detèmine laverite, men verifye lojik desizyonèl pwisans majorite a, pòte lavikta nan yon deba, pran revanch sou dezapwentman jij Robert Bork la, konsakre ejemoni repibliken yo pou de jenerasyon fiti[12].

Absolitism dwat trumpyen an oubyen ki pran avantaj de trumpism lan, vin rive pran lepa, mwen ta di, kont yon ideyal e yon pwojè egzistansyèl ki gen yon gran enpòtans pou ekilib sivilizasyonèl sosyete nou yo : liberasyon total fanm, ki gen ladann prensip egalite total ant mal ak femèl espès imen an, san konsiderasyon pou orijin jewografik yo ni koulè po yo.

Absolitism demokrat yo, ki koze yo echèk la nan konfwontasyon osijè konfimasyon Kavanaugh a, pouse yo nan erè pou kwè yo ka pretann yo pou rechèch lajistis kan yo te si prese, si dispoze pou yo jete e lese tonbe prensip presonpsyon inosans lan kan yo akize gason de enfraksyon oswa krim seksyèl. A yon sèten moman, nou te santi yon sòt de fèvè relijye nan lè a, ak akizasyon pou krim seksyèl ki soti nan bouch yon fanm kont yon gason vin konfere yon estati *enjijab* nan li menm, si n ka di, endepandan de merit fè yo, kòmsi yon fanm pa ka manti, kòmsi pa t janm egziste enstans kote yo te enjisteman akize gason de krim sa yo, alòske FBI te *weaponize*, enstrimantalize rezonans fò ak reyaksyon rejè tip de krim sa yo genyen nan sosyete a, kouwè nou te wè pandan lit pou dwa sivik Nwa yo nan ane swasant e swasant-dis yo.

Bò kote pa m, byenke mwen wè vèsyon fè Doktè Christine Blasey Ford yo pi kredib, mwen pa gen okenn mwayen pou m konnen si wi oswa non Kavanaugh reyèlman komèt krim yo te akize l la. Daprè enpresyon plizyè moun, akoz de *spin* medya ki soutni nominasyon l yo, yon moun ka panse akizatris la te prezante l *in extremis,* nan dènye minit, pou l vin depalfini nominasyon an, ki sigjere te gen yon konplo demokrat yo te konfyole kou dènye chans yo.

Ladwat trumpyen an pran ak de men ensidan Kavanaugh a pou l deklare tèt li kou defansè dwa moun, gason blan an patikilye, ki anba kou yon feminism ki dechennen. De la pou panse feminism lan pral chatre tout gason, gen yon distans tou piti. Menm jan FBI itilize fay nan temwayaj kèk nan akizatris Kavanaugh yo pou yo diskredite tout posiblite move konduit pa misye, repibliken yo fè menm bagay la de abandonnman pa demokrat yo de prensip presonpsyon inosans lan ak *due process* la pou yo prezante tèt yo kou chanpyon prendip sa yo menm si, nan ka Kavanaugh a, se yo menm, repibliken yo, ki pa t enterese ak yon ankèt apwofondi e serye sou alegasyon yo.

Avèk ratifikasyon Kavanaugh a nan Lakou siprèm lan, nou antre nan yon konjonkti ki danjre nan istwa Etazini ak politik li kote yon sèl pati—vwa menm franj pwoto-fachis li a—kontwole tout lòt pouvwa Leta yo. E egzanp eleksyon kontwovèse ane 2000 la pwouve nou repibliken yo pa timid pou yo pran avantaj de pouvwa konstitisyonèl yo genyen lè okazyon an prezante[13].

Demokrat yo jodi a (oktòb 2018), devan echèk yo sibi pou bloke ratifikasyon Kavanaugh a, plase espwa yo nan eleksyon pasyèl novanm 2018 yo pou reetabli plizoumwen ekilib nan balans rapò de fòs avèk repibliken yo. Men, m doute sa ap ase. Menm nan evantyalite viktwa demokrat yo pou pran Kongrè apre eleksyon pasyèl yo (ke yo rele *midterm elections),* mwen gen dout sa ap ase pou kontrekare pouvwa egzekitif la ki alye ak Lakou siprèm lan, yon pouvwa egzekitif ki anplis kowonpi e ki pa gen pwoblèm pou l pèvèti lwa ak enstitisyon Leta yo. Mwen doute anpil ke sèl vot sitwayen yo ap ase pou kontrekare machinasyon yon ekstrèm-dwat revanjis ki jodi a o pouvwa nan Etazini. Mwen doute anpil ke sèl pwotestasyon epizodik yo, ki souvan layite sou yon ane de distans, ap ase pou detounen vizyon totalitè ladwat la ki an fòs nan Etazini an. Pou gen vrè chanjman, mwen panse fòk genyen yon leve-kanpe kolektif, pèsistan, chak jou, kontinyèl, kouwè Franse yo konn fè sa si byen lè anje Leta de dwa demokratik la an danje.

Yon dènye mo sou deba osijè ratifikasyon Kavanaugh a : Demokrat yo komèt yon erè de jijman grav lè yo remonte jis nan ane adolesans li lè l te nan lise, trann-sis ane anvan, pou jije jij Kavanaugh. Men sa pa vle di ditou ke preferans presonpsyon yo an favè akizatris la se yon move bagay nan li menm. Se pwofesè Jill Netchinsky—ki twouve l se madanm mwen—ki edike m sou sibtilite preferans presonpsyon sa a. Li kritike agiman moun yo ki di ke politik redrèsman yo rele *affirmative action* an an favè Nwa ak fanm yo pou korije tò sistèm lan te koze yo nan tan pase se yon fòm rasism revèse. Jill itilize yon senp sistèm metodolojik : sa teyorisyen teyoloji liberasyon an rele yo « *opsyon preferansyèl pou moun pov* » la, sètadi solidarize yo avèk moun sa yo ki gen mwens pouvwa nan rapò de fòs la, keseswa nan rapò seksyèl yo ant gason dominan an nan epistemè patriyakal la ak fanm domine a, yon fanm yo plase nan yon ran enferyè ki dotanpli nòmalize ke li se souvan objè admirasyon kou manman ou amant ideyalize yo plase sou pyedestal nan ekzaltasyon siblim.

Komantatè televizyon CNN Van Jones, yon Etazinyen nwa, manm mouvman ide enfliyanse pa Obama a, refòmile konsèp mwen de « de absolitism » lan avèk konsèp « de kochma » nan reyèl politik etazinyen an ki te an konfwontasyon nan konfimasyon Kavanaugh a. « Genyen, Van Jones di, yon kolizyon ant de kochma. Yon kochma kote yo atake pitit fi nou e pèsonn pa kwè li, e yon lòt kochma kote yo akize pitit gason nou e pèsonn pa kwè li. » Jill Netchinsky kwè pwopozisyon sa a yon ti jan fose paske li tabli yon *ekivalans* ant de pwoblematik, ki pa, an reyalite, ekivalan youn ak lòt. « Nou dwe, manmzèl di, kontinye mentni presonpsyon inosans la ak *due process*, men etandone dekalaj pouvwa ant de pwotagonis yo—mal dominan an ak femèl domine a—, nou dwe bay plis pwa ak akizatris la akoz de pozisyon fèb li nan rapò pouvwa ant yo de a. Sa vo tou pou rapò pouvwa ant yon ouvriye ak *big boss* oswa gwo patron an », li konkli.

Vèdik eleksyon mi-manda yo

Jou 6 novanm 2018, kouwè sa te predi, demokrat yo genyen majorite syèj disponib nan eleksyon mitan-manda yo e yo nan wout pou yo reprann kontwòl Chanm reprezantan an avèk yon karantèn depite anplis ke repibliken yo. An reyalite, pou sila yo ki t ap tann yon « vag ble » demokrat, ti kras viktwa demokrat medya yo t ap rapòte yo nan sware eleksyon an te fè moun santi yo kou yon non-reyisit, vwa menm yon echèk. Jwenn anplis ak plizyè kanpay demokrat tout moun te fikse zye sou yo, kou pa egzanp kanpay pou senatè nan Tekzas ak Florid yo oswa tou kanpay pou gouvènè nan Eta Jòji ak Florid yo, swadizan *mixed results* oswa rezilta miks eleksyon mi-manda yo, bay moun yon ti gou anmè, espesyalman fayit demokrat yo pou yo pran Sena a.

Si nou kwè estatistik yo, demokrat yo resevwa plis pase 9 milyon vot an plis ke repibliken yo nan eleksyon mi-manda yo, men malgre sa yo pa gen majorite syèj nan Sena a, akoz an pati de lwa elektoral ki oblije ke se yon tyè nan senatè yo, oswa 33 nan yo, ki te disponib pou reyeleksyon, 26 ladan yo te demokrat, ki te yon gwo dezavantaj pou demokrat yo ane sa a. An n remake ke menm lwa elektoral sa bay chak Eta de senatè, se konsa yon ti Eta kouwè Vèmont oswa Wyoming gen menm kantite de (2) senatè ak Eta Kalifòni ki gen yon popilasyon 60 fwa pi gwo.

Lè n konsidere totalite vot demokrat yo ak eleksyon de plis ke yon santèn fanm ki pral antre nan nouvo Kongrè a (pami yo de mizilman fanm ak de Nativ Amerikèn eli pou premye fwa), demokrat yo gen anpil rezon pou yo rejwi.

Byenke viraj a goch 2018 la yon ti jan enferyè parapò ak sa ki te rive an 2006 la, dènye fwa demokrat yo te kontwole Chanm reprezantan an, sepandan eleksyon mi-manda 2018 yo ranmase plis viktwa kolateral antèm de gwosisman rejyon jewografik depi eleksyon mi-manda an novanm 1974 yo, ki te dewoule, an n raple nou, apre demisyon Nixon an septanm 1974 (an n remake tou viktwa pi resan demokrat yo pi piti ke pa repibliken yo an 2010).

Bòn nouvèl la kanmèm sè ke demokrat yo pran kontwòl yon pliralite administrasyon gouvènè Eta ki enpòtan nan men gouvènè repibliken nan Eta Konektikèt, Ilinwa, Kansas, Menn, Michigann, Nevada, Nouvo-Meksik ak Wiskonnsin.

Avrèdi, esperans elektè demokrat yo te byen wo, vwa menm demezire e yo pa t pran kont de reyalite peyi reyèl la. Kote yo espere yon vot raj anti-Trump, anti-bigotri e anti-rasis de mas menm nan mitan teritwa Trump yo, se yon konsta pi nyanse ki vin anrejistre. De kandida nwa ki te pi koni yo— Andrew Gillum ak Stacey Abrams, respektivman kandida pou gouvènè nan Jòji ak nan Florid, dènye a te an liy pou l vini premye fanm nwa nan Etazini ki nan tèt yon Eta—, pa t reyisi genyen kanpay yo. Avèk kout sipresyon vot ki gen ladann entimidasyon ak abi pouvwa Leta a ki kontwole pa repibliken, yo rive retounen Eta Jòji ak Florida nan tan rejim politik yo rele Jim Crow a : epòk segregasyon rasyal ki legalman an vigè depi ane 1870 jiska 1965 nan Eta nan sid yo kote dwa sivik moun Nwa te sistematikman foule anba pye e pa rekonèt, san retire dwa pou yo vote. Eleksyon sila a distenge tèt li nan plizyè aspè—patikilyèman nan lefèt ke minis Lajistis *(Attorney General)* an fonksyon nan Eta Jòji a, Brian Kemp, te li menm kandida pou gouvènè e vin eli gouvènè efektivman anba kout sipresyon vot Nwa yo !

Gran rèv egalite tout moun devan lalwa a te toujou rete yon rèv san reyalite ke Papa Fondatè yo yo menm te trayi lè yo te asepte eksepsyon lesklavaj la, pratik ki pi anti-egalitè si jamè te gen youn. Pou kounye a, tou lè de antipòd espas sosyo-politik etazinyen an kontinye ap angaje youn ak lòt nan negasyon mityèl yo. Fòk nou di tou rejè mityèl pi fasil ke defi pou simonte lakin ak inyorans ; analiz depaman ki akouche konklizyon prese-prese pi rapid pou l kousikwite lespri ke refleksyon ki pètinan.

Mwen menm tou, gen de lè mwen santi m te vle kwè a yon gran mouvman revòlt, prèske inivèsèl, nan tout nasyon an pou dekontamine e egzòsize lapès Trump lan, pirifye espas sosyal peyi a de atwosite epòk makab sa a kote yon Chèf d Eta li menm, nan ka sa a Donald Trump, ap fè tidife-vole e eksite diferan pati popilasyon peyi a pou yo goumen ant yo onon orijin rasyal, etnik, nasyonal, relijye e menm preferans seksyèl yo. Bagay sa a, nan esans li, se eleman ki pi twoublan nan kriz enstitisyonèl e egzistansyèl Etazini an jodi a : yon prezidan ki pèdi fèy li e ki ap pran plezi nan zaksyon ak koulè fachis e ki an plis amoral.

Malgre dominasyon demokrat yo lè yo t ap defriche vot yo ak nan kanpay ki te deja deside yo, naratif dominan nan medya yo, *spin* yo, te met aksan sou *mixed result*, swadizan rezilta pataje akoz de plis senatè kanpay repibliken yo te genyen nan eleksyon pou senatè yo, yon agiman ki te parèt pi lou akoz ke tout zaksyon final pou impeachment dwe gen de-tyè nan 100 senatè yo ki vote pou dechouke prezidan an.

Nan anpil konpetisyon yo te deklare repibliken kòm gayan—e ki vin montre se tou lekontrè ki rive—, yo kontinye pwopaje naratif *mixed result* la, kidonk yo ranfòse fo diskou malonèt sa a. Diskou sa a fè tou senpleman silans sou tout tip fwòd elektoral ak sipresyon vot patizan pati yo kòmèt, vot sa yo souvan anba kontwòl gouvènman repibliken gwo ponyèt ki pa timid ditou sou mwayen nesesè yo pou yo siprime vot yo jije endezirab yo kouwè vot Nwa yo ak lòt minorite ki defavorab sosyoekonomikman yo e ki gen tandans vote demokrat. Genyen tou byennantandi sa yo rele *gerrymandering* lan kote yo trase e twouve kou yon fwomaj swis sikonskripsyon ki sètèn y ap vote pou Pati repibliken an nan mitan yon layite elektè, majoritè, ki pi dispoze pou vote demokrat.

Malgre *spin* tyedè pou pwomote swadizan *mixed result* eleksyon mi-manda yo, genyen yon eleman enpòtan e nouvo ki entwodui nan ekwasyon politik Etazini an : desandelye fanm yo nan lidèchip dirijan peyi a e kontwòl pa demokrat yo de youn nan de chanm Kongrè a. Sa garanti yo dezòmè yon wòl desidè nan destine peyi a anba Trump.

Kouwè sa te predi tou, sito jou apre eleksyon mi-manda yo vini, Trump revoke minis Lajistis li, Jeff Sessions, ke Kongrè repibliken an te pwoteje jiskisi kont lafirè Trump ki pa kache layèn li genyen pou ankèt pwokirè espesyal la nan ki Sessions te rekize tèt li. Chwa Trump de Matthew Whitaker kòm minis Lajistis pa iterim *(acting Attorney General)*, olye de Rod Rosenstein, vis-minis Lajistis *(deputy Attorney General)*, kouwè règ siksesyon yo mande, alame anpil moun ki sonje Whitaker te deklare piblikman anvan kont nesesite pou gen ankèt pa yon pwokirè espesyal, misye te konplenn de kantite sijè ankèt la kouvri ak ensansiblite li vizavi prewogatif prezidansyèl Trump yo. An brèf, chwa presi sila a de moun ki pral sipèvize ankèt pwokirè espesyal la, ke Trump pa t menm bay tèt li lapenn pou l kache, parèt byen sispèk.

Anfèt, Trump, ap swiv fidèlman yon plan ke li trase pou tèt li sito ankèt Mueller a te kòmanse. Li sanble li di tèt li : pwiske ankèt pwokirè espesyal la ap vin revele zak malonnèt ak lòt krim finansye mwen komèt yo de tout fason, m ap fè tout sa k posib pa pouvwa fonksyon prezidan yo konfere mwen yo pou m paralize ankèt la e anpeche limyè vin fèt sou krim y ap konsidere yo. Se esansyèlman taktik Trump kounye a, ak Richard Nixon anvan li.

Eleksyon mi-manda 2018 yo ap vin desizif nan istwa Etazini difèt ke yo konsakre, menm nan jefò repibliken yo pou yo siprime vot Nwa yo, yon volonte majoritè tout nasyon an pou reziste rejim trumpis la. Rèy Leta de dwa a ak jistis egalite a se sèl baryè sivilizasyon èt imen an posede kont volonte dominasyon tiran yo ansanm ak ensètitid babari.

Mwen espere lektè ak lektris yo, lè yo ap li kwonik sila a sou premye de ane Donald Trump yo, pou yo retni leson ke aberasyon ki karakterize li yo sèlman montre kansè ki ap wonje sosyete etazinyen an depi premye jou nesans li. Chak jenerasyon, chak tanporalite istorik, chak etap sivilizasyon oswa epistemè gen pwòp obligasyon ak defi li. Anyen pa rezoud pou toujou, sitou pa konba pou diyite èt imen. Lapès Trump lan ap vin pase, kouwè te pase lapès frankis la, lapès nazi a, lapès divalyeris la oswa lapès apartheid la. Sepandan lapès, menm lè yo eradike li, eleman ki fòme l e konpoze l yo ka toujou reyaktive nan anviwònnman e kondisyon favorab. Konba pou yon lavi myò a se yon konba pou lavi e pou chak epòk istorik. Rezistans kont Trump lan montre jiskisi ke konsyans èt imen toujou ret veyadò.

« Kòmansman fen prezidans Trump lan » ?

Daprè Neal Katyal, ansyen Solisitè Jeneral *(Solicitor General)* pa iterim sou Obama, jounen 29 novanm 2018 la ap vin revele l kou « kòmansman fen prezidans Trump lan ». Nou sonje afimasyon sa a te soti nan bouch moun omwen twa fwa nan pase resan an, pi presizeman pandan Trump te revoke direktè FBI la James Comey an mas 2017, answit aprè rankont nan somè ant Trump ak Poutin lan nan Èlsenski an jiyè 2018—apre sa, nan kenzèn vandredi 10 dawout la rive nan vandredi 24 dawout, epi pandan piblikasyon yon editoryal anonim nan nimewo 5 septanm 2018 jounal *New York Times* ki deklare genyen yon rezistans òganize anndan Mezon Blanch lan.

Pou tout lòt prezidans nòmal, revelasyon nan papye tribinal ke kandida prezidansyèl alepòk la ansanm ak kanpay li te bay moun manti pandan sis mwa (janvye-jen 2016) sou relasyon ekonomik li genyen ak Larisi, sa t ap posibleman koze fen li, men nan yon peyi kote Trump ak gwo rezo medyatik li a ap akable moun sistematikman chak jou ak yon bann deklarasyon endiyan, desizyon enpansab ak eskandal youn apre lòt ki prèske iminize yo kont endiyasyon, nou doute yon revelasyon anplis ap fè okenn diferans, dotanpli nou konnen abilite enkonparab Trump genyen pou l siviv dezas politik tout lòt politisyen t ap vilnerab.

Yon nouvo reyalite tabli nan Kongrè a

Avrèdi, avèk kontwòl demokrat yo vin pran de Chanm Bas Kongrè a (oubyen Chanm Depite yo), gras ak eleksyon mi-manda novanm 2018 yo, gen yon nouvo reyalite ki dezòmè tabli nan politik etazinyen. Lè w gade jan Trump eseye kowonpi depatman Lajistis la lè l revoke minis Lajistis e ranplase l pa yon moun pa li, Matthew Whitaker, yon pwomosyon ke lejitimite konstitisyonèl li konteste pa plizyè senatè demokrat ak Attorney General trèz Eta, ou ka wè ofansiv pwokirè espesyal Mueller a jou 29 novanm 2018 la—menm jou otorite alman fè desandelye sou Deutsche Bank nan Frankfurt ann Almay, posibleman akoz de asosyasyon l avèk Trump, plis yon lòt desandelye nan biwo yon lòt asosye Trump nan Chikago, nan Etazini—kou endikasyon yon aksyon kowòdone pou ekspoze e plase Trump anba jijman.

Pwokirè espesyal la itilize sa yo rele bò isit la yon *"speaking indictment"* (yon enkilpasyon k ap pale ki eksplike, avèk detay an sipò, byenfonde enkilpasyon an san l pa devwale twòp bagay sou asenal enfòmatik li), kouwè nou te wè pa egzanp nan rekòmandasyon santans pou Michael Flynn, Michael Cohen ak Paul Manafort yo, pou li montre li genyen tout atou nan men li, san retire prèv irefitab li akimile yo pou l devwale, jije e kondane tout moun ki responsab nan konspirasyon kont Etazini an ak antrepriz kriminèl Kòporasyon Trump la.

Nan kòmansman desanm 2018 nou ye la a, genyen kèk siy ki fè nou kwè chato katon Trump lan pa lwen pou li kraze devan gwosè asanblay ak kantite enfraksyon, vyolasyon lwa ak nòm yo pwokirè jeneral la sanble l akimile nan pouswit Trump ak zafè louch li yo. Robert Mueller akse ekleraj li sou entèferans Larisi nan eleksyon prezidansyèl 2016 yo sou de pilye prensipal : 1) kolizyon kanpay, epi prezidans Trump lan avèk Larisi, yon advèsè jewopolitik, nan entansyon pou l deranje enstitisyon elektoral Etazini an ; 2) desizyon konsyan moun responsab yo pran pou yo kache l, kidonk komèt krim obstriksyon lajistis. Lè w jwenn ak sa karaktè prèske gangstèrik Kòporasyon Trump lan ki egziste depi plizyè dekad, plis amatèyism reprezantan ak lyetnan prensipal li yo, san retire awogans yo pou pretann yo siperyè tout moun—ki kache an reyalite yon ensekirite nan Nanm yo ak yon konplèks malsen ki gen koz li nan pase pro-nazi patriyach (granpè) Trump—, yon moun gen dwa dedui ke efektivman fen Trump pa lwen pou l rive. Amwenske, byennandi, li rive demantibile oswa netralize Leta de dwa a e enpoze yon solisyon favorab ak pwoblèm legal li yo, kouwè sa rive souvan nan peyi yo rele « repiblik fig-bannann » yo.

Sa pwobableman p ap rive nan Etazini nan konjonkti jounen jodi a, men lè w wè avèk ki fasilite ekstrèm-dwat obedyans sipremasis blan an kotwaye pouvwa siprèm peyi Etazini, nouvo jenerasyon aktivis ak militan pou defans dwa fondamantal ak dwa sivik moun yo gen anpil travay devan yo. Se yon goumen ki aktyèl, e sa ankourajan konnen nan eleksyon mi-manda 2018 yo, genyen plis ke nèf milyon elektè ak elektris anplis ki vote pou demokrat yo e pou platfòm anti-Trump la. E lè n konsidere grann kantite fanm ak reprezantan « minorite » etnik e rasyal yo ki pral antre nan nouvo Kongrè a, rezistans kont trumpism la fò e byen anvi.

Natirèlman, bagay yo ki vin avèk laviktwa sou trumpism la dwe gen ladann yon nouvo politik ki priyorize tolerans, egalite, respè pou entègrite moun, byennèt ak bonè sitwayen yo—nan sans tout abitan nan yon site—kou yon enperatif enkontounab pou dirijan politik yo e kou konduit etik sosyete a an jeneral. Rivasyon patoloji trumpyen an bay Etazini defi pou li repanse alafwa sètitid li yo sou demokrasi ansanm ak demon ki kontinye ap wonje l yo apre prè de syèk edmi egzistans li.

Jounen vandredi 7 desanm 2018 ap vin parèt kou yon jou ki pote ankò plis domaj bay Trump an tèm solidifikasyon legal akizasyon k ap kannale bò kote misye yo. Avèk èd deklarasyon jistifikatris ki akonpaye rekòmandasyon santans pou Michael Cohen lan, pwokirè Southern District New York yo endirèkteman akize Trump de de krim vyolasyon lalwa sou finansman kanpay prezidansyèl akoz de peyman li te dirije Cohen pou l bay modèl Karen McDougal ak vedèt pòno Stormy Daniels pou yo pa t pale sou relasyon seksyèl yo te genyen avèk Trump. Bò kote pa li, pwokirè espesyal Mueller trase nan rekòmandasyon santans pa li pou Cohen ak Paul Manafort yon tablo kote li sigjere gen tablisman yon antrepriz sistematik pa Trump ak asosye li pou yo kontounen lalwa etazinyen yo.

Efektivman, dokiman tribinal yo fè soti osijè santans Flynn, Manafort ak Cohen yo revele yon michan labirent kontak ant resòtisan Ris ak asosye Trump, pami yo yon pwopozisyon pou kreye yon « sinèji politik » ant de antite yo ki t ap melanje biznis e politik nan yon antrekwazman sinon yon senbyòz kote enterè endistri prive/Leta ris ak enterè endistri prive/Leta etazinyen ap nouri youn ak lòt nan benefis byennandi gwo bacha oligak yo ak milyadè tou lè de pati yo. Nan yon sans, trumpism lan, se lè kapitalism la rive nan estad nihilis, chozifyan an, sètadi kan relasyon ant travayè, machin ak chèf antrepriz la—oswa ak espekilatè Wall Street yo—vin medyatize pa enperatif destriktif pwofi ak tout pri ki fè pati entegral kapitalism lan. Nan ka sa a, èt imen an vin reyifye, chozifye, chanje nan eta objè materyèl, an valè echanj, tandiske gran ideyal yo sou demokrasi, lajistis, legalite fondatris e fondamantal èt imen vin redui ak kategori abstrè, ak yon senbòl *input*, ak yon *returner* randman envestisman lajan. Pou kèk nan pwotagonis privilejye yo, sa se menm yon jwèt, yon *game*, natirèlman pou tout lòt yo, patikilyèman pou moun pov yo ak sa yo ki vin tounen dechè yon kapitalism ki toujou ap triyonfe, se yon lòt istwa.

Emosyon m anfas Istwa m ap viv chak jou

Sò peyi a fè m tris nan tout mwèl Nanm mwen, li se peyi adopsyon m ak vivans mwen kontinyèlman depi karant an, ki se prè de tyè dire lavi m. Sa fè m mal wè l angonmen nan fachism idyotik ak nan pèvèsyon reyalite. Se vre Etazini se yon peyi enperyalis ki itilize michan resous ekonomik, politik, militè e medyatik li genyen yo pou li fasone yon bon pati lemond daprè imaj li, men li kreye tou yon espas libète ak yon milye rankont kote anpil konsyans nan lemond k ap chache yon chemen nouvo pou lavi yo vin jwenn pou pouswiv ideyal endividyèl e familyal yo, antouka yon espas lespwa ak refij.

Nou konnen imaj bèl ti vil k ap briye sou tèt mòn lan se yon mit biblik Ronald Reagan vin reenstwimantalize pou l vann bay piblik la pwogram politik antipopilè l la, men genyen tou anpil vrè klate lespwa ki, nan tout istwa peyi a, plonje sot nan tenèb pou montre chimen ki mennen nan somè pi elve solidarite èt imen. Mwen panse ak moun kouwè Tom Paine, Harriet Tubman, John Brown, Frederick Douglass, Angela Davis, Martin Luther King, Rosa Parks, Malcolm X, Jesse Jackson oswa César Chavez, yo tout lidè ki parye sou sa ki ini moun men pa sou sa ki separe yo kouwè malandren ki o pouvwa kounye a yo ap fè.

Donald Trump kidnape pouvwa a avèk èd anbachal e teknolojik Ris yo, ki pa t wè gen anyen mal nan rasism ak santiman pronazi l yo. Nan firè yo pou yo pran revanj sou plis ke yon dekad imilyasyon bò kote Oksidan, Etazini an patikilye, aprè disolisyon Linyon Sovyetik an 1991, diskou Vladimir Poutin sou restorasyon grandèt sovyeto-enperyal ris la vin gen rezonans pami popilasyon ris la apre ane gan-stèrik Boris Eltsine yo[14].

Kidonk, nou konprann byen apre jefò Hilary Clinton yo an 2011 pou li destabilize pouvwa li oswa tou apre reyaksyon ostil Barack Obama ak Ewòp kont entèvansyon l nan Ikrèn e kont aneksyon Krime a, ke Poutin p ap menaje anyen pou l remèt monnen l bay Etazini ak Ewòp. Sa eksplike tou poukisa Poutin ka jodi a non sèlman nonm ki pi ere nan lemond, men tou, kouwè yon espesyal CNN te titre, nonm ki pi pwisan.

Sa fè m mal pi patikilyèman lè m wè ki jan lachte moun ka tonbe ladann lè enterè mesken yo egzije l, kouwè nou ka wè nan atitid repiliken yo nan Kongrè a vizavi zak malonèt Trump yo. Malgre tout siy orib nan moman an, mwen poutan kenbe konfyans ke konjonkti trumpyen kounye a se yon bagay pasaje nan evolisyon matirite istorik peyi a e ke l ap vin reprann li pi fò e pi detèmine nan pouswit ideyal demokratik e egalitè li yo.

Se sèten manifestasyon de mas epizodik yo, byenke yo nesesè e endispansab pou alète konsyans kritik popilasyon an, yo pa ase pou fòse chanjman ki swete yo. Pou kounye a, kwak anyen poko sèten, orizon defèt Trump ak trumpism la se yon bagay ki inevitab. Antouka se sa mwen swete. Mwen swete tou, e sitou, apre lannwit enfami sa a fin pase, peyi a ap vin angaje l nan yon egzamen konsyans kolektif ak yon otokritik an pwofondè pou chache konnen ki faktè ak patoloji ki te rann posib vinisman Trump o pouvwa e pou kisa retorik layèn ak zenofobi li a gen kalte rezonans sa a nan popilasyon an. Fachism pa janm pa gen yon kote li soti, li toujou soti de yon milye tolerans ki kouve l ak estimilan sosyal e anviwonnmantal ki rann li operan. Reponsablite Ris yo nan pwopilsyon Trump o pouvwa se youn, men genyen tou responsablite rasism anbachal, tradisyonèl, enstitisyonèl la ki tou anpwazone relasyon sosyal yo e ki refite naratif yo rele « pòs-rasis » la. Barack Obama, estati « premye prezidan nwa » li, itilizasyon yo fè de li kou egzanp testaman diskou pòs-rasyal la te byen vle fè maske vrè reyalite peyi a, men anfèt, olye pou l ta favorize yon klima derasyalize, se tout lekontrè ki rive. Se kòmsi, pou l ka fòse agiman ke eleksyon Obama a te yon foli pasaje e eksepsyonèl, sistèm lan, lè l chwazi Donald Trump, te vle fè konprann ke anyen pa vrèman chanje avèk yon vizaj nwa nan Mezon Blanch la. Li te vle di ke pouvwa posedan ak kòporasyon yo rete pwisan e entouchab. Ke yon Donald Trump, yon nonm ki an plizyè okazyon kominike panchan senpatik li genyen pou ideyoloji sipremasis blan an e afiche ouvètman mizojini ak rasism li, te kapab vin prezidan Etazini—avèk èd Ris yo ou pa—sa di anpil sou dinamik nefas ki ann aksyon nan peyi a.

Kouwè nou ka konstate nan yon twit resan Trump te ekri sou baskètbòl sipèsta Lebron James : malfezan, plen vanjans, twit la atake karaktè James ak entèvyouvè l la Don

Lemon, de CNN, tou lè de moun nwa. Trump di tou lè de se inyoran e ke Lemon se nèg ki pi inyoran nan televizyon. An n remake, lè li refere l ak atlèt nwa yo, tankou Colin Kaepernick ki ajenou pandan im nasyonal etazinyen an ap chante pou l pwoteste kont vyolans polis kont moun nwa, e ak tout moun nwa an jeneral, Trump itilize tèm kouwè « estipid », « inyoran », « kosyan entelektyèl ba » elatriye, li anplwaye dènye tèm sa a osijè Congresswoman nwa Maxime Waters. Sa klè pou tout moun nonm sa a se yon rasis ki ap chache plis divize peyi a.

Sa rache kè mwen pou m wè yon peyi ki te yon lè objè esperans yon bon pati limanite k ap soufri a vin tounen jodi a yon repouswa e objè rizib nan lemond antye. Mwen konnen byen ke istwa peyi a se yon long altènans ant atirans bò kote emèvèyman bonte èt imen ak repliyans nan ensten malveyans ak esklizyon ki pi ba moun genyen, men viv li jodi a chak jou Bondye mete, se yon eksperyans ki fè mal anpil.

Erezman, Etazini, yon peyi dinamik si jamè te gen youn, pa rediktib a Trump ; li se tou peyi ki envante djaz e ki lanse gran boulvèsman pou konkèt sosyal yo, kouwè premye me travayè yo oswa jounen travay karantè a. Lit pou dwa ouvriye yo te si tèlman avanse isit la nan XIX^{èm} syèk la ke Marx ak Engels te espere premye revolisyon sosyalis t ap soti la. Etazini se tou peyi Thérèse Patricia Okoumou, jèn fanm nwa sila a ki, pou pwoteste kont trètman migran ak imigran yo pa administrasyon Trump la, grenpe monte Estati Libète a nan Nouyòk jounen 4 jiyè 2018, jou fèt endepandans nasyon Etazini, li te tire kouraj li de kantite milyon moun ki, samdi anvan an, te desann nan lari nan tout grann vil Etazini yo, enkyete pa imaj timoun yo te mete nan kaj pandan yo jete paran yo nan prizon. Manmzèl vle, nan jounen solanèl sila a, ke Dam Libète vin temwen lè l ap denonse atwosite gouvènman an.

Genyen tou Etazini moun kouwè Ann M. Donnelly, yon jij enkoni nan yon distri federal nan Bouklin, nan Nouyòk, ki bloke, aladematt de American Civil Liberties Union

(ACLU), e sou tout teritwa nasyonal la, lòd banisman sèt peyi mizilman Trump te bay la nan kòmansman prezidans li, manmzèl site « domaj ireparab » lòd la te koze. Genyen tou Etazini moun kouwè Bob Ferguson, pwokirè jeneral Eta Wachintonnn, ki itilize pouvwa yo atribye ak fonksyon li yo pou l bloke oswa defye, pa mwayen tribinal yo, plizyè mezi dezolab administrasyon Trump la, pami yo mezi banisman kont Mizilman yo, move trètman imigran yo oswa aksè ak machin ki fabrike zam afe.

Genyen tou Etazini avoka ak militan pou koz diyite ak dwa èt imen yo ki desann nan prese sou fontyè sid peyi a pou entèvni an favè migran yo ki ap fwi lapè ak opresyon e ke yo trete kou kriminèl yo, yo separe yo de pitit yo ke yo jete nan kaj kouwè animal. Se menm Etazini sa a, lòt fas peyi a, ki travay ansanm avèk jefò pou soulaje soufrans moun onon yon ideyal imanis ; wi se peyi sa a ke m fè rejij mwen, andeyò Ayiti, e ke nou tout dwe sove jodi a de nofraj Trump la.

Natirèlman, kouwè m te di nan yon lòt tèks, Etazini byen lwen pou l se zanj : « [Etazini se] peyi ki envante djaz, rap ak entènèt, e ki *tou* mennen yon lagè ekstèminasyon kont Natif Ameriken yo e kont Vyetnam ; peyi kote syantifik yo eksplore espas entèplanetè yo, e ki *tou* kwè nan ide ki pi senplis ki genyen ; peyi ki sèvi kom refij pou prèske tout pèp sou latè, e ki *tou* te detwi agrikilti Ayiti a e enpoze Michel Martelly kou prezidan ; peyi ki eli Barak Obama kou prezidan, e ki ba nou *tou* Donald Trump…[15] »

Kidonk, mwen ret konvenki—nan kalite m alafwa kòm powèt ki reve esplandè mèveye sa moun ye e kritik ki obsève pwosesis istorik la—, peyi a, avèk konsyans sa l ap pèdi si l pa fè anyen, ap vin redrese kap li e korije erè l fè nan kous la. Se avni demokratik li ki anje e pri a.

II. Zafè « Ukrainegate » lan ak pwosesis destitisyon an (impeachment)

Lè nou te kwè Trump te depase rekò bagay kondanab li fè, « li fè yon bagay ki jije si eskandalèz, si alaman, ke yon responsab depatman ransèyman di tèt li li dwe aji », pou m anplwaye fòmil CNN 30 septanm 2019 la itilize. Responsab y ap pale a se enspektè jeneral National Security Agency, Michael Atkinson, yon ofisyèl ki te anplwaye nan pozisyon an pa Trump ke yon denonsè piblik—*whistleblower*—te apwoche e enfòme de yon enksidan yon moun ki te obsève l an pèsonn te konfye l. Li twouve enfòmasyon an sifizamman enkyetan e kredib ke l alète ofisyèl an chanj depatman an, direktè pwovizwa Joseph Maguire. Daprè lalwa sou denonsè piblik (oswa lansè alèt) la, lefèt ke yo deziyen enksidan kòm « ijan » li ekzije pou yo alète Kongrè. Misye pa t fè sa. Li rapòte l de preferans bay... William Barr, minis Lajistis la e pwotektè Trump. Istwa sila ret nan tiwa pou kat semèn, jiskaske enspektè jeneral la avize chèmann komisyon jidisyè Chanm reprezantan an, Adam Schiff, ki mande direktè a pou l pataje kontni denonsyasyon an avèk Kongrè selon jan lalwa mande sa.

Daprè sa gran jounal kou *New York Times, Washington Post, Wall Street Journal* ak CNN rapòte jounen 24 septanm 2019—e konfime pa Trump limenm—, Trump te ofri nouvo prezidan Ukrèn lan, Volodymyr Zelensky, ann echanj deblokaj 400 milyon dola èd finansye, pou li « envestige » pitit ansyen vis-prezidan Joe Biden, Hunter Biden, an relasyon ak asosyasyon misye avèk yon antrepriz ukrenyen lè papa li te nan gouvènman an. Jounal *Wall Street Journal* rapòte ke Trump te dabò depeche avoka pèsonèl li Rudy Giuliani pou fè demach sa yo. Lè sa te echwe, Trump rele Zelensky nan telefòn pandan uit fwa pou fè presyon sou li pou l bay enfòmasyon ki domajab sou Hunter Biden ke anpil sondaj te plase papa li alatèt konpetisyon pou nominasyon demokrat la, kidonk advèsè prezime Trump nan eleksyon prezidansyèl 2020 an.

Apre yon reyinyon gwoup demokrat la nan Lachanm reprezantan te fikse nan aprèmidi 24 septanm 2019, Speaker oswa prezidant Lachanm lan, Nancy Pelosi, finalman deside bay akò li ak apèl—ki te vin deplizanpli irezistib—pou plase Trump nan estans destitisyon *(impeachment)* an. Nan yon diskou, li di Kongrè a dezòmè, ofisyèlman, ouvri yon « ankèt destitisyon » *(impeachment inquiry)*. Aparamman, dènye defi Trump lan te rann desizyon sa a inevitab. Pou demokrat yo, travèse Rubikon an deja rive...

Lelandmen anons sa a, Mezon Blanch la pibliye, anba presyon, transkripsyon apèl telefonik 25 jiyè 2019 la, ki te inisye pa Trump, avèk nouvo prezidan Ukrèn lan Vladimir Zelensky. Transkripsyon sa a—ke Mezon Blanch lan di se yon rezime konvèsasyon de prezidan yo—konfime repòtaj sou sijè a. Èd finansye a—ak montan prè de 400 milyon dola, 250 milyon ladann rezève pou fòs militè ukrenyen yo—te evidemman enpòtan pou prezidan ukrenyen an e l enplisitman mansyone l nan konvèsasyon telefonik avèk Trump la. Lè l fin tande solisitasyon misye a, Trump raple Zelensky konbyen Etazini ede Ukrèn e konbyen jenere li toujou ye anvè rekèt li alòske lòt pwisans ewopeyen yo kou Lafrans ak Lalmay ap annik sèlman pale. Epi, li mande misye yon ti « sèvis ». Li pale ak fraz kout ki gen aparans yo pa konekte, ki pa lye youn ak lòt, ansanm ak evennman ak makè ke prezidan ukrenyen ka familye avè l (li site konpayi sekirite entènèt CrowdStrike ke Komite nasyonal demokrat la te anplwaye an 2016 pou ankete sou piratay sèvè òdinatè l la e ki te enplike Larisi). Teyori konspirasyon yo, bò kote pa yo, te fè konnen ke CrowdStrike te fosman blame Larisi paske kofondatè l la, Dmitri Alperovitch, se yon Ukrenyen. Se avèk istwa sila a Trump te fè alizyon nan konvèsasyon l ak Zelensky a (yon swadizan zafè louch ki te totalman fabrike ke otorite ukrenyen ak ewopeyen yo te deja diskredite).

Mwens ke yon semèn apre anonsman fòmèl enstans *impeachment* an, nou te aprann sekretè d Eta Mike Pompeo te la tou sou liy ekout la lè Trump t ap pale ak Zelenskya a, yon detay li te demanti anvan. Nou te aprann tou Trump te envite Premye minis Ostrali a, Scott Morrison, pou li ouvri yon ankèt sou Larisi pou jwenn endikasyon ki ta montre Larisi pa t gen anyen a wè avèk sabotaj kanpay prezidansyèl 2016 la. Repòtaj yo di tou William Barr te enplike tou nan demach sa a. Anbrèf, sanble nouvo eskandal sa a gen yon pakèt tantakil...

Apre l fin li transkripsyon retouche konvèsasyon an, chèmann komisyon ransèyman Chanm reprezantan an, Adam Schiff, konpare l a yon zak ekstòsyon yon bòs mafya. Yon pwofesè Harvard, Cass Sunstein, ke Chris Hayes te entèvyouve sou MSNBC, konseye demokrat yo pou yo kenbe atansyon yo fokalize sou kontni ak siyifikasyon konvèsasyon telefonik ant Zelensky e Trump lan. Gravite moman an, misye di, voye moun nan tan deliberasyon pè fondatè nasyon an, e menm Revolisyon an : « Angajman avèk yon pwisans etranje pou envestige yon opozan politik se yon bagay ki doubleman domajab de yon pwendvi konstitisyonèl. Anplis, sa entèfere nan kapasite pou nou gouvène tèk nou. »

Efektivman, etandone enpòtans eleksyon nan altènans demokratik la e nan souverènte volonte popilè a—menm nan ka kote yo pa totalman afime li—, vyolasyon flagran e vizibleman kowonpi valè demokratik sa a pa Trump twouble yon grann pliralite moun nan sosyete etazinyen an. Byenke Trump te abitye fè tèt li kwè li envensib, mwen te toujou kwè youn nan malfektasyon li yo ap fini pa devwale l pou moun kowonpi li ye a.

Kanta pwosesis destitisyon an, sanble kounye a (25 septanm 2019), e pou premye fwa depi inogirasyon li an janvye 2017, Trump vilnerab. Aprè tou, nan nouvo saga sa a, de nan pwotagonis enpòtan ki kolabore ak Kongrè a, tou lè de se ofisyèl Trump te nome ki te ka swiv menm chimen kouwè dal lòt fonksyonè Leta chwazi pa Trump yo ki chwazi lwayote pèsonèl anvè Trump kont sèman lwayote sivik anvè ideyal ak objektif nasyon Etazini. Lè n wè l nan sans sa a, kouwè pè fondatè yo te vle l e konprann li, pwosesis miz an destitisyon an pa yon demann koreksyon òdinè pou yon senp enfraksyon, men yon rityèl envokasyon grav valè sa yo nasyon an valorize lè pitit gason l yo ak pitit fi l yo panse li an danje. Se byen malere, kouwè nou te wè sa nan *impeachment* Bill Clinton an 1998, ke yo itilize enstwiman majestye Leta sa a nan entansyon magouy politisyèn ki konsène sèlman siseptibilite moralizan majorite repibliken an nan Kongrè a.

Menm si zafè sila a, « Ukrainegate », te ka pa vyole okenn lwa espesifik nan kòd penal etazinyen an, se klè li fòme yon « kolizyon » flagran avèk yon peyi etranje nan entansyon pou manipile eleksyon prezidansyèl 2020 an. Se klè tou, kouwè anpil demokrat ak kòmantatè remake, ke li se yon abi pouvwa ekstraòdinè ki vyole premis fondamantal altènans demokratik la.

Natirèlman, nouvo zak trumpyen sa a ekspoze feblès demokrat nan Kongrè yo ki, lavèy eskandal Ukrèn lan, t ap diskite ankò ant yo sou validite yon miz an impeachment serye de Trump. E anpil kritik te kòmanse ap siyale endesizyon demokrat yo ankouraje Trump pou l ogmante anchè a, paske l santi l envensib. Genyen sèten endis, sepandan, ki montre dènye outraj Trump sa a ka byen vin dènye gout dlo ki fè kivèt la ranvèse a.

Pou kounye a, antouka, oswa youn nan de bagay : oswa zaksyon Trump lan konplètman legal e apwopriye, nan ka sa a tout ankèt demokrat yo pou chache « kolizyon » ant yon peyi etranje ak kanpay Trump lan t ap yon ilizyon ; oswa tou, se yon zak ki vyole lalwa ak nòm demokratik Etazini yo—nan ka sa yo dwe sanksyone l avèk tout vigè lalwa si yo vle sove kredibilite ideyal demokrasi yo ak Leta de dwa a. Lè n wè reyaksyon silans repibliken yo, nou pa gen okenn dout pou yo tout enkyetid ak touman sa yo pa gen okenn validite.

Tout bagay sa yo konfime nosyon ki lajman pwouve a sè dènye tan ke peyi a ap viv nan de diferan mòd apreyansyon reyalite. Antanke ke sèl sekou kont eksè prezidansyèl Trump yo, Kongrè a afebli akoz de divizyon pouvwa ant de pati yo. Nou ta espere ke devan yon tèl danje pou lavni demokratik peyi a de pati yo t ap jwenn yon pwen d antant komen.

Se bliye sètennman ke te toujou egziste, depi o kòmansman, de Etazini d Amerik. Nan yon atik nan *New York Times* 23 septanm lan, Paul Krugman, pri Nobel pou ekonomi, denonse « fwod » repibliken yo ki—de Nixon a Trump an pasan ak Ford, Regan e de prezidan Bush yo—te vle fè moun konnen yo te pati k ap defann patriyotism ak sekirite nasyonal Etazini. « Sa yon pwosesis impeachment ap fè kounye a, Krugman di, se revele laverite sou ki pati ki gen akè defans Etazini ak valè l yo—e kiyès ki kareman pa genyen yo akè. Paske l pouse repibliken yo tolere eksplisitman sa yo t ap kalifye de trayizon si se te yon demokrat ki te fè l. Nancy Pelosi ak kolèg li yo kapab anfen met fen nan long pretansyon Pati repibliken an ki di li pi patriyotik ke opozan l yo. »

Wi, toujou egziste de peyi nan sen Etazini d Amerik : youn ki te kwè e kwè ankò ke sistèm esklavajis la te pafètman lejitim e yon mwayen nòmal pou pwodui richès, ak yon lòt ki di non, dominasyon esklavajis yon èt imen se yon bagay ki imoral e ki vyole etik imanis elemantè eke li dwe kaba. Yon peyi ki twouve sa nòmal ke w ka konte miltimilyadè pa dè milye tandiske gen yon grann pati peyi a ak popilasyon an k ap viv nan povrete total.

Ankò yon lòt fwa, se politològ Laurence Tribe, yon pwofesè dwa konstitisyonèl nan Harvard, ki rezime anje esansyèl yo nan kriz politik e konstitisyonèl Etazini ap travèse kounye a alaswit revelasyon yo sou zafè « Ukrainegate » la. Men sa misye di nan yon entèvyou avèk Chris Matthew nan emisyon Hardball sou MSNBC jou 27 septanm 2019 : « Se yon ka paradigmatik », li di pou l souliye karaktè istorik evennman patikilye sa a Etazini ap viv la, epi l ajoute : « Sa ki diferan nan istwa sila a, konpare ak de oswa twa dènye ane yo, e konpare tou ak rès istwa peyi a, san retire tout *impeachment* anvan yo, se pou lapremyè fwa y ap vin met yon prezidan nan pwosesis destitisyon paske l vyole sèman li yon manyè ki menase sekirite nasyonal Etazini nan domèn politik etranjè e politik militè. Se ka-modèl papa fondatè peyi a te gen nan lespri yo : yon moun ki itilize pouvwa a ak majeste biwo a pou l sèvi non pa enterè sekirite Etazini, men pou sèvi enterè pèsonèl li, petèt pou laglwa ak richès pèsonèl. Se ka tipik sa a papa fondatè yo te antisipe a. »

Lè Matthew mande li si, malgre karaktè oze zaksyon Trump la, li egale yon krim, Tribe reponn li : « Wi, se egzanp menm krim wo [kontitisyon an pale a]. Yon krim kont nasyon an e abi sèman prezidansyèl la. [Papa fondatè yo] pa t gen nan lespri yo enfraksyon mache nan mitan lari oswa touye yon moun sou 5èm Avni. Krim wo a, se trayizon Etazini. (…) Tout bagay sa yo rive ogranjou jodi a. Byenke genyen risk nan pouswit *impeachment* an, mwen dakò, 20 senatè ki endispansab yo ka wè ou ka pa wè limyè, men genyen risk tou si nou pa pouswiv impeachment. Kèlkelanswa sa k rive nan Sena a, Chanm reprezantan an dwe fè devwa konstitisyonèl li si li gen akè—e m kwè li gen akè—lavni repiblik la ak sovtaj konstitisyon an. »

Daprè majorite kòmantatè ak zanmi m ki swiv aktyalite a, zafè « Ukrainegate » la sanble diferan de lòt yo e li rezone yon manyè espesyal nan popilasyon an kote sondaj yo montre yon pant k ap grandi ki soutni pwosesis destitisyon Trump lan. Sepandan, malgre endenyabilite mefè yo akize l yo—esansyèlman pou lefèt ke l fè presyon sou prezidan ukrenyen an pou l jwenn oswa envante saltè sou Biden ak pitit gason li nan bi pou l nui kandidati ala prezidans li—, repibliken yo an jeneral, mwens yon ti ponyen, kontinye soutni Trump, e envante eskiz pou yo inosante.

Pandan emisyon AmJoy sou MSNBC jou dimanch 29 oktòb 2019, animatris la, Joy Reid, mande kandida ala prezidans Beto O'Rourke si l pral mande senatè Tekzas la, repibliken John Cornyn, « pou l fè sa ki konvenab e vote pou destitisyon Trump », O'Rourke reponn, elokan kòm toujou diran moman enpòtan istwa resan peyi a : « Antanke youn nan elektè isit la nan El Paso, Tekzas, mwen fè apèl ak senatè Cornyn pou li plase peyi anvan pati li, plase peyi li anvan lwayote li anvè prezidan an, plase fiti peyi li ak demokrasi nou an anvan pwochen eleksyon an e pou li fè sa ki konvenab la pandan gen tan toujou pou fè yon bagay pou vil sa a. Ke ou se yon repiblken, yon demokrat oswa yon endepandan ; ke ou enterese nan politik ou non, si ou renmen peyi sa a e swete wè li leve defi kounye a pandan menm n ap kreye yon presedan ki di tout moun responsab devan lalwa eke, alafen, jistis ap triyonfe, nou pa kapab genyen yon prezidan òlalwa ki komèt krim nan enpinite konplè ; se sa nou genyen jodi a nan peyi sila a. Wi, mwen fè apèl ak tout moun pou yo fè yon bagay a sa, pou fè li kounye a pandan gen ankò tan. »

Pandan menm jounen dimanch 29 septanm lan, nan yon lòt emisyon—sou CNN fwa sa a—, pwofesè Laurence Tribe retounen sou atak. Ak keksyon pou konnen konbyen pami 53 senatè repibliken yo nan total 100 an ki pral vote pou *impeachment* Trump (20 ladan yo ap nesesè pou fòme majorite de tyè konstitisyon an mande a), Tribe reponn : « Kèk nan yo ka patriyòt [e vote pou *impeachment*]... Men anpil nan senatè repibliken yo kapab byen pa reeli si yo asepte pou yon kriminèl danjere rete nan fonksyon piblik. »

Kan nan yon lòt emisyon sou CNN pandan menm jou a, entèlokitè li a, Brian Stelter, mande aktè Robert de Niro, ki fame pou wòl li jwe ki pèsonifye gran ganstè yo nan sinema, si l panse Donald Trump se yon ganstè, misye reponn : « Wi, li se yon gangstè, [men] li fè gangstè yo parèt lèd paske yo kenbe pawòl yo, kontrèman ak Trump. »

Defans prefere Trump ak defansè li yo kont nouvo revelasyon yo, se manti, manti pou anyen oswa pou yon tou, manti nètalkole, opwen ke l vin tounen yon reflèks ak yon rityèl ke medya yo, espesyalman televizyon kòporatif la, asepte kou yon bagay natirèl nan bi pou mentni fiksyon ke plato a ekitab e byenveyan anvè tout moun ; sa kreye konsa yon fo ekivalans aseptabilite ant fè yo ak fabilasyon, ant denonsyasyon pa medya yo de mefè gouvènman yo ak diskou mansonje pouvwa a, ant viktim ak agresè, ant sila yo ki meprize limanite e ki sanble yo soti tou dwat nan lekòl malefik Lisifè, ak lòt sila yo k ap chache sove sa ki ka ankò sove.

Se, anfèt, miz ann ekivalans fame Trump te fè a ant anraje Ku Klux Klan yo ki te al nan Charlottesville, an Vijini, nan mwa dawout 2017 pou enfize pwazon layèn yo nan popilasyon an, ak sitwayen e sitwayèn konsekan yo, militan pou enklizyon, tolerans ak fratènite ant tout èt imen, ki te ale pou kontrekare yo. Anbrèf, nou gen afè ak yon sanblans ekite defòme pa patizan Trump yo pou kreye konfizyon konseptyèl e fè pi byen asepte e *nòmalize* konsepsyon abizif, otosantre e materyalo-akizisyonis yo genyen de lavi ak pasaj nou sou Latè.

Nan fon demanti rityèl otomatik e reflektif repibliken yo, ki vin tounen antretan sa Ayisyen yo rele moun *je-chèch* e sinik ki kapab gade w drèt nan zye e ba w manti, nou santi toudmenm yon sèten anbarasman y ap fè l osèvis yon nonm ki lwen pou l ta egzanp vèti.

Nan fon tou tout bagay sa yo, vin vini yon kaskad revelasyon konplemantè e kowoboratif sou zafè « Ukrainegate » la. Nou aprann anfèt sekretè d Eta Mike Pompeo te alekout pandan konvèsasyon telefonik ant Trump ak Zelensky a. Diran omwen yon semèn apre piblikasyon transkripsyon selektif konvèsasyon sa a—ki etale e konfime, nwa sou blan, enkyetid lansè alèt la osijè konpwomisyon sekirite nasyonal Etazini—, enspektè jeneral depatman d Eta a, ki se òganism endepandan an chaj pou siveye legalite ak etik desizyon gouvènmantal yo ki gen rapò ak depatman patikilye sa a, te voye an katastwòf, nan prese-prese, yon lèt bay twa komisyon Kongrè a pou mande rankontre l pou kominikasyon ijan.

Sesyon sa yo te rive jou jedi 3 oktòb 2019 nan Capitol Hill. Kurt Voker, anvwaye espesyal Etazini ann Ukrèn, bay palmantè yo enfòmasyon siplemantè ki revele yon veritab konspirasyon ki enplike, apa sekretè d Eta Mike Pompeo ak avoka pèsonèl Trump lan, Rudy Guiliani, ansyen « majistra Etazini » ki vin tounen yon tisousou e defansè iredantis Trump, men tou minis Lajistis la William Barr, vis-prezidan an Mike Pence, chèf kabinè a Mick Mulvaney (nèg ki ranplase John Kelly a), anbasadè nan Inyon Ewopeyen an Gordon Sondland ak minis Enèji a Rick Perry. Medya yo te rapòte ke Perry te fè pati de yon delegasyon ki te ale nan Kyèv pou fè presyon sou nouvo prezidan an ukrenyen an, Volodymyr Zelensky, pou l chanje komite direktè òganism ki an chaj gaz natirèl ann Ukrèn lan, NJSC Naftogaz. Demach sa a te louvri yon lòt sijè ankèt pou demokrat yo ki nan Kongrè a.

Reprezantan Etazini nan Inyon Ewopeyen an, Gordon Sondland, te jwenn pozisyon sa a gras a yon don de yon milyon dola li te bay kanpay prezidansyèl Trump lan, kidonk misye se yon trumpis ki byen dispoze pou l egzekite enstwiksyon prezidan an. Fòk nou toujou kenbe nan lespri n ke nan mond sila a—mond trumpyen an—, fwontyè ant laverite ak mansonj lan se yon fwontyè ki fliyid, vwa menm efase, ki se konsekans konfizyon yo manifaktire ant *fè* yo, sètadi ensidan ak done ki egziste e ki rive nan lavi reyèl—kouwè yon lapli k ap tonbe nan yon lokalite patikilye oswa tou yon tikè lapolis ba w pou yon enfraksyon nan trafik—, kidonk bagay ak ensidan prèske tout èt imen ap rekonèt pou sa yo ye a, ann opozisyon ak mansonj oswa fabilasyon.

Kongrè a te keksyone, jou vandredi 13 oktòb 2019, Fiona Hill, ansyen konseyèz prezidan Trump sou zafè Larisi, konsènan wòl Rudy Giuliani, avoka pèsonèl Trump lan, te jwe nan kontwovèsi osijè zafè Ukrèn lan. Manmzèl deklare bay komisyon palmantè yo ke l te temwen sèten « zak malonèt ki gen awè ak politik ukrenyen [Etazini] e m te siyale yo bay » biwo avoka prezidans lan. Li site pwòp sous pa l ak *New York Times*. CNN rapòte Madam Hill revele ke ansyen konseye pou sekirite nasyonal la, John Bolton, te deziye Giuliani kon yon « grenad nan men [ki] ta pral sote tout moun ». Hill konfime tou patisipasyon lòt manm administrasyon an, kouwè chèf kabinè pwovizwa a Mick Mulvaney ak anbasadè etazinyen an devan Inyon Ewopeyen, Gordon Sondland. Nèg sa a, limenm tou, konfime nan parisyon l devan menm komisyon Kongrè sa yo, similak Mezon Blanch lan te fwikote pou l maske konspirasyon an.

Ondirè Hill te rapòte bay komisyon palmantè yo ke Bolton te di l li refize patisipe nan tranzaksyon tip « trafik dwòg » Pompeo, Giuliani, Scondland, Mulvaney ak lòt lawon Mezon Blanch yo t ap konplote yo. Fòk nou raple nou Bolton te kite gouvènman an kè mare apre l te pran pozisyon kont politik Trump anvè Iran ak Ukrèn, e misye te dotanpli dispoze pou l layite nan piblik lenj sal li yo difèt Trump kontinye ap atake l nan twit li yo apre l fin demisyone. Komisyon ransèyman Kongrè a, k ap pouswit kounye a zafè « Ukrainegate » lan, atann li pou l resevwa yon jou depozisyon Bolton—ki vin tounen toudenkou yon eleman enpòtan nan eskandal la—, menm si, yon fason yon ti jan etranj, li pa fè twop jefò pou l jwenn li.

Se bagay sa yo n ap fè esperyans jodi a o Zetazini nan jefò delibere k ap sot nan nivo ki pi wo gouvènman etazinyen an pou fabrike mansonj ke yo prezante kou fè nan bi pou bwouye lespri sitwayen ak sitwayèn yo. Poukisa bagay sa a ta nòmal pou yon peyi nòmal ? Nou pran isit la mo « nòmal » la nan asepsyon komen li an relasyon ak yon sitiyasyon espesifik popilasyon an viv kolektivman.

Non, se pa nòmal pou yon prezidan denigre an piblik sitwayen oswa kolèg li yo pou mwen d siy mank respè li kwè yo montre li. Men, se yon bagay ki egalman « nòmal » si nou wè l kou kontinyasyon, o Zetazini, de yon relasyon *dual*, ak de fas, avèk reyalite—ki te rann posib sistèm lesklavaj la, epòk Jim Crow a, esklizyon minorite rasyal yo e fanm yo tou nan zafè peyi a, e refize yo pou lontan menm dwa pou yo vote. Efektivman, li te pran l plizyè deseni apre repiblik lib d Ayiti a te debarase l, apre yon long lit pou emansipasyon, alafwa de sistèm esklavajis la ak kolonizasyon, pou Etazini vin swiv li an 1863 (kòm rezilta yon long lagè sivil sesesyon ki te remèt destine nasyon etazinyen an an je).

Alafendèfen, lè n analize divès ang ak asosyasyon enplikasyon ki te ann aksyon nan bagay yo ki deklennche kriz

Etazini kounye a—pami yo entèferans Larisi nan eleksyon prezidansyèl 2016 la ki abouti nan eleksyon Donald Trump ala prezidans—, nou vin konprann, nou espere l, konbyen danjre sitiyasyon kounye a ye, kote fòs malfektasyon yo, fòs layèn kont Zòt yo, fòs denigrasyon èt imen yo toujou o pouvwa e kontwole rèn pwisans etazinyen an…

Men genyen plas pou lespwa paske peyi a ap reziste toujou.

Liy arive pwosesis destitisyon an

Jounen jodi a (17 oktòb 2019), Trump sanble l anbale nan sa prezidan Chanm reprezantan an, Nancy Pelosi, rele oto-destitisyon *(self-impeachment)*, destitisyon pwòp tèt li. Avrèdi, li te itilize ekspresyon sa a pandan l te espere li pa t ap vin oblije inisye yon pwosesis *impeachment* fòmèl kont Trump, men Trump limenm menm ansanm ak evennman yo fòse men li. Enfòmasyon lansè alèt la sou konvèsasyon ant Trump ak prezidan Ukrèn lan vin sèvi kou etensèl ki limen dife a.

Fwit konvèsasyon sa a kote Trump mande ouvètman èd nouvo prezidan ukrenyen an pou l ankete sou opozan politik l yo efektivman deklennche alafwa yon fwon nouvo e adisyonèl pou envestigasyon demokrat yo epitou yon nouvo fenomèn defyans bò kote pwòp akolit Trump yo, se kòmsi, toudenkou, kouraj lansè alèt la vin soufle sou nanm yo. Tou dabò, miray silans administrasyon Trump lan te enstore a ak entèdiksyon li bay manm li yo pou yo kolabore avèk komisyon palmantè k ap mennen ankèt *impeachment* yo te mwens an mwens respekte pa moun ki konsène yo, anpil nan yo se fonksyonè ki an chaj dirèkteman de politik ukrenyen administrasyon an. Se konsa, nou wè yon layite diplomat ak wo fonksyonè Leta k ap parade, youn apre lòt, nan koulwa Kongrè a ki ap revele sekrè sou Trump, Giuliani, Pompeo, Pence, elatriye. Nan anpil ka yo fè sa konnen byen yo met karyè yo an je, an risk vanjans prezidan an ak sipòtè l yo.

Menm anbasadè Gordon Sondland, ki te inisyalman chita dèyè lòd depatman d Eta a e refize parèt devan Lachanm lan, vin deside pou l ale jou jedi 17 oktòb. Selon repòtaj yo, li di palmantè yo li te « desi » ke Trump te ba l lòd pou l travay avèk Rudy Giuliani sou dosye Ukrèn lan eke li aprann, byen apre, ke Trump itilize èd finansye a Ukrèn lan pou fè presyon pou l ankete sou Biden yo. Kat lòt depozisyon, patikilyèman pa ansyen anbasadè William Taylor a, kontredi Sondland sou pwen patikilye sa a : yo tout montre ke l te bèl e byen an konesans de *quid pro quo* a, sètadi de relasyon ant demann pou ankèt sou Biden yo ak debousman 391 milya dola èd la. Yon bagay ekstraòdinè rive apre sa : Gordon Sondland retounen twa semèn apre nan Kongrè a (presizeman jou 5 novanm 2019) pou pote yon korektif sou depozisyon l lan, li esansyèlman admèt tout pwen akizasyon an te avanse yo.

Depozisyon sa yo kowobore eleman prensipal ki te enonse yo nan rapò lansè alèt la e yo ajoute lòt sib enterè pou ankеtè yo. E tout pwen sa yo te dirije moun vè reyalizasyon prezidan an abize pouvwa li e pouswiv yon politik, anndan kou aletranje, ki sèvi inikman enterè pèsonèl li ak enterè asosye l yo.

Yon lòt bagay ekstraòdinè rive jou mèkredi 7 oktòb 2019 la, menm lè w ta gade li anba limyè lanp ekstravagans trumpyen yo : Mick Mulvaney, chèf kabinè pa enterim lan, admèt sou pelouz Mezon Blanch lan ke Trump te bloke 391 milyon èd ak Ukrèn pou l pouse l ankete sou opozan politik li yo. Li rekonèt te genyen *qui pro quo* nan demann Trump te fè ak Zelensky yo eke jan de bagay sa yo rive tout tan : « Kite sa tonbe ! —misye egzòte demokrat yo—Ap toujou gen enfliyans politik nan politik etranje. »

Etandone refren Trump ap klewonnen ke pa t gen *quid pro quo* nan rekèt li fè ak Zelensky a, admisyon Mulvaney an pwovoke yon grann vole konstènasyon nan medya yo e nan klas politik la. Remak la irite tou gwoup avoka prezidan an. Yo mande Mulvaney pou li demanti sa l te di a. Misye fè sa nan sèlman demi èdtan apre, avèk zye l byen sèch, kouwè Ayisyen yo di, san okenn jèn.

Nan menm konferans pou laprès sa a, Mulvaney anonse ke prezidan an ap òganize pwochen somè G-7 la (gwoup sèt peyi endistriyalize yo) nan rezidans sou lanmè nan Doval, an Florid, yon evennman ki—akoz de dekowòm, liks ak kantite delegasyon etranje li atire yo—ap sètèn pou l pote bon ti lajan nan kès konpayi fanmi Trump lan. Trè sètènnman tou, anpil moun pè, l ap vyole lalwa yo rele *emolument* nan konstitisyon an ki entèdi pou prezidan an fè lajan oswa pran lòt benefis pèsonèl lè l nan sèvis Leta.

Natirèlman, rezilta tout seri revelasyon sa yo se destabilize ankò plis ekilib mantal prezidan an, bagay yo pouse l ap fè zak deplizanpli dwòl. Desizyon li, jou samdi 12 oktòb 2019, pou l òdone toudenkou retrèt Etazini de Siri—apre yon apèl telefonik avèk Recep Tayyip Erdoğan, prezidan Tiki a—fè pati de zak iresponsab sa yo. Se vre se youn nan ra pwomès elektoral misye ki te fè sans : retire Etazini nan lagè initil yo ki benefisye poulaplipa gwo zotobre petwòl yo, konplèks militè-endistriyèl la ansanm ak diktatè nan rejyon yo. Men fason briksoukou li egzekite desizyon retrèt la parèt tankou yon kado pou prezidan Tiki a ki te wè prezans Etazini sou fontyè l la kou yon garanti pou Kud separatis yo ki nan de bò fontyè a ki ta renmen jwenn ansanm pou konkretize rèv yo de yon Eta kud endepandan.

Natirèlman, desizyon sa a pote tou yon pakèk kondanasyon bò kote anpil gouvènman nan rejyon an ak bò kote moun ki renmen lagè yo ak neokonsèvatè etazinyen yo ki wè mal retrèt Etazini nan esfè enfliyans li nan Mwayenn Oryan an, yo kondane Trump pou mank de respè pou misyon enperyal Etazini an. Reyaksyon amiral retrete William McRaven—yon nonm yo venere nan peyi vyolan sila a akoz de sipèvizyon li de atak ki touye Oussama Ben Laden an 2011 lan—, te patikilyèman enstwiktif.

Nan yon editoryal lib nan *New York Times* ki titre « Prezidan an atake repiblik nou an », amiral la akize Trump de afeblisman konfyans nan ransèyman Etazini e de destwiksyon solidite konstitisyon etazinyen an : « Si ou vle detwi yon òganizasyon, tout òganizasyon an, ou detwi l de enteryè. Ou detwi l de eksteryè. Ensuit, w al konvenk tout moun ke se te yon bagay ki pi konvenab pou fè », misye konkli nan yon entèvyou avèk Jake Tapper sou CNN jou 17 oktòb la pou l jistifye editoryal la.

Apre l fin fè yon rezime de konsekans estratejik retrèt Etazini de Siri a ap genyen—yon desizyon, an n di an pasan, ki pa two enmèkde lagoch radikal isit la ki pa janm wè anyen ki bon nan pwojeksyon pwisans Etazini aletranje—, prezidan demokrat komisyon relasyon eksteryè Lachanm reprezantan an, Eliot Engel, fè obsèvasyon sila a : « Lakoz imedyat kriz kounye a se trayizon patnè Kud nou yo pa prezidan Trump, ki pwovoke alafwa yon kriz imanitè, yon reparisyon an fòs Etat islamik la, yon viktwa estratejik pou Larisi ak Iran ansanm ak domaj ireparab pou imaj Etazini nan lemond. »

Destitisyon Trump pa pwòp tèt pa l la ap dewoule devan zye nou avèk deklarasyon li fè, anba ekla televizyon nasyonal, ke Lachin byenveni pou l ankete sou Joe Biden ak pitit gason l lan ; lèt timoun piti li voye bay prezidan tuk Erdoğan an kote l di : « Pa vin yon nonm ki sevè. Pa vin yon enbesil ! » ; twit tètchaje, enkoyeran e tibebe l ap devèse sou tout nasyon an kou yon tanpèt anbarasman ki seme enkyetid ak malediksyon ; jan de konfò li genyen nan viv nan ireyalite ak nan absans total de pidè ; inimanite ak amoralite li ; total dekoneksyon li avèk sa l ye e pwòp tèt li ; desizyon enpilsif e konpilsif li yo ; deklarasyon san reflechi li yo ; jan de *je-m'en-foutisme* li montre, anfen, pou zafè Leta, tout bagay sa yo se otan de endikasyon ke genyen yon kriz de ideyal nan peyi sila a ki asepte vote pou Trump, e se otan de bagay ki t ap enkyetan nan tout lòt sosyete ki pa t ap twouve sa nòmal pou anyen pa fèt lè moun ap touye youn ak lòt avèk zam lagè. Poutan, bò isit la se yon bagay ki woutin.

Efektivman, se sèlman mwatye moun yo sonde yo nan popilasyon an ki konsidere malpwòpte Trump yo kou bagay ki pa bon. Depi inogirasyon misye an janvye 2017 jiska sondaj resan yo ann otòn 2019, Trump kontinye ap resevwa sipò de 35% a 42% moun yo sonde yo. Se mwens ke prezidan ki vin anvan l yo, men se sètennman yon endikasyon ke rasism misye a, zenofobi (rayisman moun ki etranje) li a, mizojini (rayisman fanm) li a, layèn misye kont Zòt ak absans total enpati li yo pa sèlman enpilsyon pèsonèl e izole, men yo fè pati de yon reflèks miltisantenè ki gen rasin yo nan istwa peyi a e ki ouvètman pataje pa plis ke yon tyè de moun yo sonde yo.

Avrèdi, pandan Oksidan trans-atlantik ap pèdi tèt li nan divagans deliryòm—Brexit an Grann Bretay, makwonism ak jilè jonn an Frans, trumpism o Zetazini, elatriye—, Lachin ak Larisi ap chache afimen yon miltipolarism estratejik avèk jefò redouble, lidè de peyi yo, Xi Jinping ak Vladimi Poutin, pou kowòdone politik yo deplizanpli pou kontrekare ejemonism etazinyen an. De nèg sa yo rankontre senk fwa diran lane 2018 la. Kwense nan lòt lanmè yo, yo louvri zèl yo sou Pasifik la kote deplizanpli y ap konsolide enfliyans yo. Trump inisye yon lagè tarif initil nan kòmès li avèk Lachin ki gen ramifikasyon ki patikilyèman mal pou ti kiltivatè etazinyen yo, anpil nan yo elektè Trump. Lachin reponn ak blòf Trump lan avèk atou li konnen ki ka ede l kenbe jwe jwèt la pou lontan, konesan byen li pwobab ke Trump ka pa gen yon dezyèm manda.

Apre disolisyon Linyon Sovyetik, Larisi te reve pou yo envite l nan klib esklizif desidè Nouvèl òd entènasyonal yo. Avèk ofansif sa yo rele timidman an « elajisman » OTAN (Òganizasyon trans-atlantik nò) ke prezidan etazinyen Bill Clinton te mennen ak yon diskou pasifik ki twonpè e awogan, Larisi vin reyalize vit sa k ap pase. Jounal *Le Monde Diplomatique* mwa oktòb 2019 di l trè byen : « Eksperyans fondamantal pouvwa ris la se pou l vin kojesyonè zafè entènasyonal yo e rekonèt pou sa. Yon anbisyon ki vin penibman dezapwente. (...) Libere de menas ideyolojik e militè de Linyon Sovyetik, lòd liberal la pran fòm yon doktrin Monroe inivèsèl sou lawoulèt Etazini. Esfè enfliyans Etazini vin elaji sou lemond entye, san kite plas pou ti-ansanm endepandan sant ejemonik lan.[1] »

Wi, lè Etazini ap kannaye l nan konba pase ke l deja depase, genyen rès lemond k ap chache yon lòt chimen. Kou yon moun k ap viv o Zetazini depi plis ke karant tan, mwen devlope yon afeksyon pou peyi a, pou pèp divès li yo, pou patikilarite li, men politik moun k ap gouvène yo vle fè m vomi paske yo pa menm gen abilite pou yo kache karaktè sinik yo. Pou tout lòt peyi nan lemond, e pou tout mòtèl komen yo, menm sa ki pi abriti pami yo, imaj Trump nan televizyon, jouman santi l yo kont lòt èt imen, inisyativ li pran yo ki klèman fèt pou fè soufri moun ki pi demini e malchanse antre nou yo, tout sa t ap koze anpil alam. Pwopansyon misye pou l bay manti e pale de bagay ki pa egziste t ap diskalifye l menm jan an : jou 9 oktòb 2019, òganizasyon Fact Checker (Tcheke fè ki vrè) konte 13 435 enstans kote Trump swa manti swa enonse alegasyon ki fo e twonpè !

Natirèlman, menm jan ak tout lòt rejim ak karaktè fachis, administrasyon Trump lan genyen tou yon sipò « popilè » ki soti pami yon sèten segman sosyoekonomik nan popilasyon an ki pre pou soutni l jiskobou, kèlkelanswa sa prezidan an fè. Menm si pwòp sondaj Fox News—rezo televizyon kable ki soutni Trump enkondisyonèlman an— dekouvri yon majorite elektè ki an favè *impeachment* Trump, pou kounye a (22 oktòb 2019), yon majorite ekrazan repibliken nan Kongrè a ak lòt kote kontinye ap sipòte l. Sa Fox News ak entelektyèl ladwat fachis la ap fè, se eksplwate yon pwoblèm reyèl—apovrisman ti-boujwazi a ak klas ouvriye Etazini an o pwofi grann finans entènasyonal la ak wot teknoloji asosye ak gran klèk entelektyèl Inivèsite yo—, pou fè avanse objektif ideyolojik rasis diskitab ki motive pa layèn pou moun pov ak imigran ki pa blan yo. Se yon ideyoloji atavik ki gen rasin li nan sivilizasyon Etazini an ki ne de rankont-konfwontasyon avèk Zòt. Sa eksplike alafwa *binarite* konfliktyèl li a ak anbivalans fondamantal li, ak tou, iwonikman, louvèti li vè lòt moun, vè eksteryè, enperyalism bon-samariten li an.

Lachte kou pratik gouvènman

Lè m obsève e wè, layite devan zye m, jimnastik mantal palmantè repibliken yo ap machinen pou yo jwenn eskiz ak zak ki pi eskandalèz e inimen Trump komèt yo, san retire jouman l yo ki ka pi sal e pi mechan sou imigran, fanm, moun Nwa ak moun pov, mwen soti ak lide ke politisyen yo ak *pundits* nan medya ki soutni Trump yo pa diferan de sila yo ki te soutni Hitler ann Ewòp oswa Divalye yo ann Ayiti.

Repibliken yo renye menm lafwa patriyotik yo—ke yo te konn ekzibe lontan si byen lòske se te pou konbat e rele kont « kominis » ki swadizan t ap menase fòtrès kapitalis la, menm si yo te konnen byen ke an reyalite se te yon jebebe pou alafwa jistifye e maske richès doute yo ranmase o pri san ak eksplwatasyon mas yo, ki two kontan yo vin kandida o bonè nan gran rèv ameriken an ke Malcolm X te di ki se anfèt yon kochma.

Lè w tande moun sa yo, yo sonnen souvan kou enbesil ki pa konprann anyen sou kouman lavi reyèl mache, kit an politik, kit an kwakseswa. Epi, ou li gran diplòm yo te resevwa nan inivèsite prestijye nan Eta yo, gran fanmi kote yo soti, envestisman finansye y ap tann dividand yo oswa remak entelijan yo fè sou aktyalite, alò la ou vin konprann ke tout bagay sa yo se yon kesyon de *fè-kwè*, yon ideyoloji ilizyon, aparans, sa Jean Baudrillard rele a *similasyon*, fè wè.

Òdinarite oswa nòmalite bagay orib Hannah Arendt te pale de yo a se yon fenomèn moun rankontre non inikman nan ran lame nazi a, men tou, kouwè Daniel Goldhagen demontre nan liv li *Hitler's Willing Executioners* (« Bouwo volontè Hitler yo », 1996), nan prèske tout sosyete alman an nan lane 1933–1945. Koripsyon elit politik, ekonomik e kiltirèl yo pa t rive sèlman ann Almay. Menm Lafrans, latè dwa-de-lòm nan fòmilasyon oksidantal li, pa t chape sò sa a. Rejim Vichy a montre sa. Mwen gen konviksyon ke okenn peyi nan lemond pa iminize kont pwazon fachis e totalite a. Erezman, sepandan, eksperyans Trump la o Zetazini, pa Brexit la nan Grann Bretay oswa pa Viktor Orbán lan nan

Hongri pa chanje peyi sa yo kou anklav fachis. Rezistans popilè ak lavni demokrasi reprezantatif la ap rete ankò anvi nan ideyal chanjman peyi sa yo—antouka nou espere sa byen.

Se pwobab te gen etid ki konsakre sou lachte èt imen anplis de sa yo sou òdinarite bagay orib sosyopolitik yo. Li ta bon pou moun etidye tou kòman domine ak viktim opresyon yo kontribye—san yo pa konnen petèt—nan sistèm inikite a, kòman yo rann li fasil pou demagòg ak diktatè kouwè Napoléon, Mussolini, Hitler oswa Papa Dòk, te ka dabò enstitye sistèm kontwòl ak dominasyon yo a, epi konsolide li, epi finalman *òdinarize* l alèd manipilasyon anbisyon moun, e sitou pa laperèz ki se repons nòmal èt imen anfas bagay orib yo. Malfektè yo rive met sou pye yon sistèm opresyon ki rwine dwa popilasyon an a jwisans lavi. Se sa mal egzistansyèl nou an ye : tandans nou pou nou lese n sedui pa òf priz an chaj nou pa fòs ki eksteryè ak pwòp valè komen nou—anpi yo, diktati yo, fachism yo.

Moun lach e pla sa yo—prèske esklizivman repibliken ki eli nan Eta yo rele bò isit la « Eta wouj » yo, ann opozisyon ak « Eta ble » demokratik yo—mennen kominote ki sou kontwòl yo nan anbouteyay politik e egzistansyèl ki dotanpli akablan e anprizonan ke yo souvan itilize relijyon ak Bondye kou enstwiman ki pi efektif, e plase moral—moral seksyèl, divin oswa lòt—nan nannan machinasyon yo.

Moun sa yo gen parèy yo prèske patou, yo enkane nan moun kouwè Kim Jong-Un, Vladimir Poutin, Xi Jinping, Recep Erdoğan, Rodrigo Duterte, Mohammed bin Salman, Fattah el-Sisi, Viktor Orban, Jair Bolsonaro, Michel Martelly, Jovenel Moïse, elatriye. Demagòg sila yo, kouwè n ap wè sa nan kochma trumpyen peyi Etazini ap viv jounen jodi a, p ap rekile devan okenn obstak pou yo asouvi ensten malveyan yo e yo jwenn jeneralman *vakabon* ak lòt sikofan ki two lach pou yo fè yon bagay nòb pou sove lòt moun de malè, epi tou yo two vanitè, anvye e opòtinis pou yo travay pou chanjman.

Pou kounye a, piblik la byen kontan anonsman pa demokrat yo ke yo pral, sito semèn pwochèn lan rive (mitan novanm

2019), òganize odisyon oswa odyans piblik avèk temwen yo te tande an prive yo. Anplis de transkripsyon yo deja pibliye nan semèn lan. Prezantasyon sa yo siseptib pou yo ogmante ankò plis kantite elektè ki favorab ak *impeachment* an.

Kou n ap antre nan faz odyans piblik temwen *impeachment* yo, otè anonim editoryal *New York Times* lane pase a ki te anonse ke li fè pati de yon rezistans nan sen Mezon Blanch lan, refè sifas. Fwa sila a, nan yon liv ki titre *A Warning* (« Yon Avètisman »). Li siyen liv la anba non « Anonim », li dekri ak yon pakèt detay manyè Trump nan Mezon Blanch lan, abitid travay li ak entolerans li yo : « Se kòmsi ou fè yon desann byen bonè nan mezon retrèt kote monnonk aje ou ye a epi ou wè li k ap kouri san pantalon nan lakou a e ap joure a wot vwa osijè manje kafeterya a, pandan ke asistan yo enkyete e ap chache atrape misye… Ou santi w petrifye, amize e jennen an menm tan. » Se sèten liv sila a, ki ekri aparamman pa yon moun ki familye ak koulis Mezon Blanch lan, pote lòt pwen eklèsisman nan litani enfòmasyon ki dezagreyab pou Trump nan limyè ankèt pou destitisyon l lan[2].

Erezman, genyen tou anpil jès kouraj moun rankontre yon lè konsa. Se konsa, osijè eskandal « Ukrainegate » lan, evantyèlman nou wè defile nan sen Kongrè a yon pakèt sèvitè piblik, kouwè yo rele bò isit la biwokrat konsyansye, ekitab e « non-patizan » yo, ki di y ap sèvi Leta e non pa yon administrasyon an patikilye. Moun sa yo se ewo kouraje jodi a pami yon bann politisyen lach ki montre yo prè pou yo asepte nenpòt kèl transgresyon oswa malfezans ke Trump komèt pou yo ka konsève syèj elektif yo a, yo li imè vanjans elektè repibliken yo ki kontinye ap soutni Trump nan yon pwopòsyon de 80 a 90%. Yo prè pou yo angaje tèt yo nan nenpòt kèl konpwomi faustyen pou defann sa yo pèsevwa kou enterè yo.

Menm nan tinèl la, nou ka apèsi yon ti lyè klate ak lespwa. Se konsa te genyen plis ke yon douzèn sèvitè Leta sa yo—nan sipriz pou tout moun ki te wè rido de fè non-kowoperasyon Trump te kanpe a kou yon bagay enfranchisab—, ki te sikile dèyè miray Kongrè a pou yo vin bay temwayaj yo sou iregilarite ak krim administrasyon Trump la komèt yo, menm lè yo te konnen byen kouraj ak onètete kapab koute yo chè. Soti de ekspè sou Larisi Fiona Hill, ansyen anbasadris nan Ukrèn Marie Louise Yovanovitch, ansyen anbasadè Kurt Volker ak William Taylor, lyetnan kolonèl atache nan Konsèy sekirite nasyonal la, Alexander Vindman, rive nan konseye Mezon Blanch la, Tim Morrison, yon sèl e menm istwa ki rakonte, yo tout genyen yon resanblans kowoboratif siprenan, ak sèlman kèk ti detay diferans : Trump mande prezidan ukrenyen an pou li ba li enfòmasyon dezagreyab e menm envante enfòmasyon osijè Biden yo ann echanj 391 milyon dola pou èd militè e finansye, nan lespri pou li diskredite ansyen vis-prezidan an, kidonk ogmante chans pou l genyen eleksyon prezidansyèl 2020 an. Ankèt la montre ke prezidan an anplwaye tout yon layitay wo fonksyonè ak sikofan pou ede l nan antrepriz ilegal e non-etik sila a.

Se yon bagay senp lè yon moun swiv chèf la paske li dakò ak desizyon e chwa chèf la, men sa se yon lòt bagay lè yon moun komèt vyolans kont pwòp sans kritik ak sans desans e etik pa l paske li krenn pou chèf la ak twoup li yo pa abize l e/oswa krenn pou l pa reeli.

Mwen gen annik mepri pou dènye espès sa a paske se jan moun sa yo, fi kou gason, ki pretann wè ekite nan yon sitiyasyon lenjistis, moun ki pale de libète pandan y ap vote pou konstwi plis prizon, moun k ap envoke grann lide sou dwa èt imen, sou ideyal demokratik, sou noblès sivilizasyon, pandan ke moun sa yo ap pran desizyon konkrè pou yo denye lajistis ak viktim opresyon politik, moun k ap pran pati pou gouvènman tiranik ki zanmi yo oswa sou dekrè administratif ki si irasyonèl yo touche babari, oswa moun k ap tete-lang ak gran zotobre endistri min gaz yo k ap demanbre ekòs vital planèt la, k ap seche lasous, kouran dlo, rivyè yo e menm oseyan yo ; an brèf, mwen gen annik mepri pou moun ki adere ak yon ideyoloji defetis e malsen ki ap chache jistifikasyon pou menm bagay yo rejte yo menm tou e ki pare pou yo bay legen paske yo pa t kapab vole pi wo pou sipase limit epistemolojik e epistemik lòd aktyèl bagay yo.

Lespri èt imen toujou ap evolye, e sa se bagay pwòp ak tout nouvèl jenerasyon pou yo avantire yo pi lwen de bagay ki admisib nan konjonkti moman an. Anfèt, malgre tout diskou sou « siksè » Trump yo, grann majorite sitwayen ak sitwayèn peyi a di yo defavorab ak administrasyon l lan ; popilarite li nan sondaj opinyon ki anpile yo pa janm depase nivo 40–43% ; non sèlman misye te eli ak twa milyon vot *mwens* ke Hilary Clinton an 2016, nan eleksyon lejislatif mitan-manda an novanm 2018 yo, demokrat yo te itilize menas fantòm Trump pou yo ranpòte yon viktwa ekrazan.

Kan byen menm Trump pa yon aberasyon men pito fasad repousan e ekstrèm epistemè kapitalis la, yon epistemè ki glorifye pwofi ak tou pri, rechèch « reyisit » endividyèl kèlk-elanswa sa k rive, menm si se te odepan byennèt tout kolektivite a, yon mo moun malmennen men ki siyifi senpleman 90–99% demografi sosyal nasyonal la ki—pa abitidyasyon, pwogramasyon, fo enterè pèsonèl oswa alyenasyon—sipòte eta kondisyon bagay ki enpoze pa 10–1% moun yo ki benefisye de sistèm eksplwatasyon ak alyenasyon an, e ki dispoze pou yo fè tout sa yo kapab pou sove l e prezève l.

Sa se reyalite bagay yo o Zetazini nan moman kounye a sou rejim trumpis lan e se pari sa a pèp etazinyen an dwe simonte si pou l gen chans pou l depase fantòm fachis k ap akable l jodi a. Gen yon bagay ki sèten, sepandan : vivasite fòs pèp yo ki fòme Etazini d Amerik ap kontinye lite e reziste kont fòs fachis yo, kouwè yo ap kontinye depase imajinè nonm Blan bon papa eritaj kolonyal la.

Bò kote repibliken yo ki nan Kongrè a, ki pran nan sipriz e ki sou ladefansiv pa kantite prèv irefitab ki prezante devan yo a, yo dedui ke yo pa gen okenn agiman valab pou yo kontrekare fè demokrat yo prezante yo. Men, konnen ke elektè repibliken yo p ap anmègde tèt yo ak verite fè ni ak okenn detèminasyon etik, ke yo jije à *priori* malonnèt e *fake news*—fo nouvèl—, politisyen sa yo pran pòz *ilizyonis* yo, yo akize demokrat yo de motif ki pi rizib e ki pa fè sans pou jistifye rejeksyon yo de akizasyon kont Trump yo. Lè yo wè yo pa ka rivalize ak demokrat yo nan nivo *reyalite objektif* la, repibliken yo prefere viv nan *linivè paralèl* trumpyen an, avèk tout sa l enplike de tòti kont amou-pwòp yo, olyede de andire kolè sipòtè Trump yo. Ti ponyen palmantè ki wè kèk merit nan ensinyasyon demokrat yo anonse nan menm tan an pansyon yo oubyen non-kandidati yo pou re-eleksyon pwochen. Nan tout ka sa yo, se Trump ki soti gayan pwiske sinik sa yo pa t gen okenn pwoblèm sakrifye peyi yo, demokrasi, etik ak konviksyon pèsonèl yo pou konsève plas yo sou dòm Kapitòl la. Nan yon sans, se revelasyon koripsyon kou yon eleman ki fè pati nati pouvwa a ki jistifye tèt li nan egzèsis pouvwa a.

Nan kòmansman novanm 2019, sètadi yon lane anvan echeyans prezidansyèl novanm 2020 an, Etazini nan mitan pwosesis destitisyon *(impeachment)* Donald Trump. Lachanm reprezantan an vote semèn sa a pa yon majorite de 232 kont 196 yon rezolisyon ki fòmalize ankèt pou destitisyon an. Pou yon fwa, demokrat yo sanble yo fokalize, kenbe e soutni atansyon yo sou zafè « Ukrainegate » la e anyen ankò. Jefò yo pote fwi jiskisi : yon mwa apre premye deklarasyon sou louvèti *impeachment* an, sondaj yo montre ke gen ant 48% a 52% moun yo sonde ki soutni pwosesis *impeachment* an ak yon destitisyon evantyèl prezidan an, konpare ak 19% nan menm peryòd sa a nan *impeachment* Richard Nixon an 1973. Avèk temwayaj ak depozisyon piblik yo fikse pou mitan novanm, tout moun prezime chif sa yo ap vin gwosi.

Demokrat yo pa fè tèt yo okenn ilizyon ke senatè repibliken yo ap vote pou atik destitisyon yo pral entwodui yo, men yo parèt satisfè kounye a pa lefèt ke yo akonpli sa moun t ap tann de yo ak responsablite konstitisyonèl ke fonksyon yo asiyen yo. Byenke yo sousye de, pou kounye a, de retonbe posib ki ka genyen nan enstwimantalizasyon pa Trump de pwosesis *impeachment* an ak yon akitman evantyèl pa Sena a, yo sanble dotanpli dispoze pou yo pouswiv *impeachment* an ke sondaj yo rapòte yon majorite k ap grandi de Etazinyen ki soutni alafwa ankèt pou *impeachment* an *(impeachment inquiry)* ak destitisyon an *(removal from office)*. Men 80 a 90% repibliken kontinye ap soutni prezidan an, yon faktè entimidasyon Trump itilize adwatman nan rasanbleman l nan estad yo ki plen ak sipòte Trump ki chofe avif, pou l ka kenbe nan plas yo palmantè repibliken yo konsidere « modere » yo.

Trump, limenm, pa menm fè tèt li lapenn jiskisi (kòmansman novanm 2019) pou l met sou pye yon defans ki adekwat kont pouswit *impeachment* demokrat yo deklennche a. Li prefere itilize efè reyalite paralèl la, viv nan yon antandman diferansye, nan yon mòd altènatif kominikasyon ak sansasyon. Kote demokrat yo denonse abi pouvwa flagran deli Trump fè yo, kouwè transkripsyon konvèsasyon telefonik avèk prezidan Ukrèn lan, Volodymyr Zelensky, egzanplifye, Trump ensiste apèl telefonik lan te « pafè », ke pa t gen *quid pro quo* eke demokrat yo sèlman vle revèse rezilta eleksyon prezidansyèl 2016 la. Sila yo pami repibliken yo ki, nan yon souf, ta renmen byen admèt ke se pa yon bagay konvenab pou yon chèf d Eta mande yon gouvènman etranje pou li ankete sou opozan enterye li yo, ajoute, nan yon lòt souf, ke se pa yon aksyon ki ilegal eke, de tout fason, sa pa merite pinisyon *impeachment* an.

Impeachment ak mankman li yo

Kou m ap konsidere ki valè pou m bay ak pawòl Trump yo ki denonse pwosesis *impeachment* an kou yon koudeta kont volonte elektè yo, mwen tonbe sou yon atik nan magazin *The New Yorker* mwa novanm 2019 la titre *"You're Fired"* pa Jill Lepore, ki di nan soutit la li se « yon ti kontrandi kout sou long istwa *impeachment* ». Anfèt, atik la pa t kout ditou, li lonje pa mwens ke sis paj 8½x11 pous sou twa kolòn sere, daprè abitid estilistik journal la. Yon abitid, an n di an pasan, ke m aplodi ak lajwa jodi a an reyaksyon ak tandans minimalis nan repòtaj jounalistik, ki vin rann ankò pi mal avèk *twiterizasyon* kominikasyon tekstyèl yo.

Apre l site kèk ouvraj enpòtan sou *impeachment*, Lapore mennen lektè ak lektris yo nan orijin vye enstwiman kont tirani sila a ki remonte jiska XIVe syèk : « Impeachment, manmzèl di, se yon ansyen relik, yon enstwiman legal e yon zam politik wouye ki te itilize pou premye fwa nan Palman angle a an 1376 pou pran kèk pouvwa kont wa a pa mwayen akize minis li yo de abi pouvwa, kondane yo, destitye yo de fonksyon yo e mete yo nan prizon. » Sa nou rele jodi a sosyete sivil la ansanm ak estrikti politik e etatik alepòk la pa t gen mwayen konvenab pou yo modere atitid oubyen ranplase yon wa tiranik ot ke pa vwa lagè sivil, revolisyon oswa asasinay.

Izaj *impeachment* estope pou laplipa pandan kat syèk, « li plizoumwen disparèt nan lapratik angle jiskaske delege ameriken nan Konvansyon pou Konstitisyon an entwodui l nan atik II, Seksyon 4 la : "Prezidan an, Vis-Prezidan an ak tout lòt ofisye sivil Etazini yo dwe destitye de fonksyon yo lè yo plase yo nan enstans *impeachment* pou e kondane de trayizon, koripsyon (sibònasyon) oswa lòt krim wo ak enfraksyon" », Laporte di.

Tranntwa nan senkannsenk delege nan Konvansyon nan Filadèlfi an 1787 la ki t ap konsidere pwojè konstitisyon pou nouvo repiblik la te fòme kou avoka, Lenore raple nou : « Lè Konvansyon Konstitisyonèl la ouvri jou 25 me 1787, *impeachment* sanble te nan lespri tout moun, menm si sèlman paske Palman [angle] a te inisye premye ankèt *impeachment* li depi plis ke senkant an, jou 3 avril, kont yon gouvènè jeneral nan End, e manm [Palman an] ki te alatèt ankèt la se Edmund Burke, sipòte fame lendepandans Etazini ann Angletè. »

Byenke tout diskisyon sou *impeachment* lan te chita sou pa prezidan an (ajoutasyon vis-prezidan an vin apre), premye ka *impeachment* ki vin dewoule se te pa Samuel Chase la, yon jij nan Lakou siprèm lan, ak pa senatè William Blount lan. Pandan de san trannde lane egzistans li—e anvan *impeachment* Donald Trump lan an 2020—, peyi a konnen sèlman dizuit pwosè *impeachment* e sèlman de prezidansyèl (Andrew Johnson ak Bill Clinton, Nixon te demisyone anvan pwosè a kòmanse).

Egzanp ka jij Samuel Chase la ak senatè William Blount lan rejte kritik repiblikan jodi a yo ki konplenn demokrat yo ap « politize » pwosesis *impeachment* an. Anfèt, se te toujou konsa e politizasyon an fè pati entegral nati demokrasi etazinyen an. « Pwoblèm Samuel Chase yo kòmanse, Lenore di, kan Kongrè a adopte lwa anti-sedisyon an an 1798 ki te vize reprime opozisyon repiblikan yo nan gouvènman federalis John Adams lan. Chase […] te prezide nan pèsekisyon byen koni enprimè repiblikan yo te akize de sedisyon yo, san bliye kondanasyon enprimè James Callender a. Lwa sou sedisyon an ekspire 3 mas 1801, lavèy inogirasyon Jefferson, men, apre yon seri de nominasyon egzekite a minui, Adams te vle asire tèt li ke Jefferson te erite de yon Lakou siprèm federalis. Chase te aktivman fè kanpay pou Adams e te pale de fason deplase pou tribinal la, e denonse repiblikan yo. Nan yon akizasyon trè chofe devan yon Gran jiri nan Baltimò, li atake repiblikanism, kalifye l de "mobokrasi" [gouvènman pa foul moun]. Jefferson lanse inevitablite pwosedi destitisyon an lè li ekri repiblikan yo nan Lachanm reprezantan an [e di yo] : "Èske sedisyon sa a ak atak ofisyèl sa a kont prensip Konstitisyon nou an… dwe rete enpini ?"[3] »

***

Lè premye odisyon palmantè piblik *impeachment* Donald Trump lan kòmanse ofisyèlman pwosedi yo jou mèkredi 13 novanm 2019, 48 a 52% Etazinyen yo sonde soutni pwosesis destitisyon an. Imaj ansyen anbasadè etazinyen ann Ukrèn lan, Bill Taylor ak sou-sekretè d Eta George Kent—de parangonn fonksyonè sivil apolitik—reprezante nan limenm yon kondanasyon pa lefèt ke l pouse de sèvitè Leta sa yo dezobeyi lòd depatman yo—e riske karyè yo—lè yo vin temwaye devan Kongrè a. Avèk yon atitid diy, alèz, fason *noblesse oblige* klas gwo praktisyen yo, repons senp e dirèk yo bay ak kesyon yo, avèk animasyon rektitid entelektyèl mele ak sans devwa patriyotik, yo eksplike e layite fè yo, egzakteman jan yo te obsève, konprann e entèprete yo, avèk sèl gid nosyon yo aprann de Leta de dwa a ak pwòp santiman pa yo sou sa ki bon e move pou nasyon an.

Byenke laplipa kòmantatè yo ak moun k ap pote atansyon sou evennman yo konn deja gran pwen temwen yo deziye pou odisyon piblik yo, pwiske pi grann kantite nan yo te deja parèt nan transkripsyon odisyon pòt-fèmen Kongrè a pibliye yo, depozisyon Bill Taylor a revele yon enfòmasyon siplemantè ki koze sa yo rele a yon *bombshell*, yon efè eksplozif : revelasyon yon anplwaye biwo Taylor a te pataje, ke Trump te gen yon konvèsasyon telefonik avèk Sondland jou 26 jiyè 2019, nan Kyèv, sou teras yon restoran, kidonk lelendmen konvèsasyon telefonik fame ant Trump ak Zelensky a, kote Trump sanble te ensiste pou gen yon envestigasyon ki fèt sou Biden yo : « Trump sèlman enterese nan ka Biden yo », Sondland te konkli, dapre sa anplwaye anbasad la rapòte bay Taylor.

Operasyon l redouble ak vitès, Kongrè a mande menm jou a pou anplwaye anbasad la, David Holmes, vin esplike tèt li sou afimasyon Taylor a. Yon konvokasyon misye misye egzekite de jou apre, nan yon seyans pòt-fèmen, kote l kowobore laplipa sa k te di yo. Holmes rapòte lòt detay ekleran ki temwaye de yon familyarite de estil ant Gordon Sondland ak Donald Trump, jan kouwè « prezidan Ukrèn lan byen renmen mouda w, l ap fè tout sa l kapab pou l fè w plezi », Sondland di Trump. Sondland konfye a Holmes ke Trump « sousye l sèlman de gwo bagay »,—« kouwè lagè Ukrèn lan ? » Holmes mande l—« Non, li reponn, gwo bagay kouwè ankèt sou Biden yo. »

Selon tout aparans, repiblik la sanble deside pou l pouswiv ankèt *impeachment* an selon nòm ak pwosedi Konstitisyon an tabli yo ansanm ak ka presedan istorik yo ki egziste. Kouwè presedan Nixon lan temwaye, enstans *impeachment* an ka mete an derapaj lè gen sispektasyon prezidan an, ki gadyen prensipal Leta de dwa repiblikèn an—nan sans repiblik—komèt yon fòfè ki vyole obligasyon sila a e ki fè moun kesyone abilite l pou l ranpli devwa konstitisyonèl li yo.

Apre de semèn depozisyon loraj-pete pa sèvitè piblik ki kredib e patriyotik kont zak yo pèsevwa kou zak kriminèl, omwen kou zak ki totalman nwizib, prezidan an komèt, komisyon yo nan Kongrè ki anchay pwosesis *impeachment* an prepare tèt yo pou konpile ransèyman yo resevwa yo e redije atik *impeachment* yo pou prezante devan tout Lachanm reprezantan an pou l vote. Lè w tande temwen ki vin devan Kongrè a, koripsyon pwopozisyon Trump fè ak Kelensky a vin byen evidan nan senp enonsyasyon oswa fòmilasyon li.

Alafwa transkripsyon tekstyèl seyans pòt-fèmen yo e odisyon piblik yo revele ajisman, nan tan reyèl, prezidan pi grann sipèpwisans etazinyen an ki ap fè presyon sou yon alye afebli pou oblije l jwenn ak li nan yon zak kondanab e malonnèt ki kowonpi demokrasi reprezantatif Etazini an.

Ant Nixon ak Trump, se menm konpilsyon pou kenbe kontwòl pouvwa a ki motive ajisman yo. Ant Watergate ak Ukrainegate, genyen yon kominalite nan enpòtans yo bay *enfòmasyon*. Lè kasè kay yo te al kase bilding Watergate la nan Wachintonn DC se te osijè enfòmasyon, ransèyman. Nixon te vle konnen ki kote demokrat yo ye e ki plan kanpay yo genyen. Pou li, se te yon konsiderasyon lejitim : rechèch enfòmasyon. Enpòtans enfòmasyon egalman detèminan nan eskandal « Ukrainegate » la.

Gran sispans jounen an te depozisyon Gordon Sondland lan. Sondland te deja reyajiste depozisyon orijinal li a kote l te pase sou silans anpil detay enpòtan sou konesans li de entrig Rudy Giuliani yo, avoka pèsonèl Trump la, pou fòse nouvo prezidan ukrenyen an kontribye nan travay sal Trump yo.

Lavèy parisyon Sondland devan Kongrè a, pari tout moun se te ki vèsyon Sondland k ap vin prezante devan Kongrè a : mantè a oswa rektifikatè a ? Oswa yon twazyèm vèsyon : temwen muè a, ki pa pale twòp la, ki reklame pwoteksyon Senkyèm amandman Konstitisyon etazinyen an, yo te tabli pou benefis e pwoteksyon temwen yo kont oto-enkriminasyon (enkrimine pwòp tèt pa yo) ?

Anfèt, Sondland ki prezante devan Kongrè a jou 20 novanm 2019 la te toutafè inatandi, menm siprenan : li chwazi opsyon franchiz selektif, ki fè plis plezi ak Kongrè a ke detounman taktik premye depozisyon l lan. Misye te gen petèt nan lespri l sò resan Roger Stone lan, zanmi Trump lan, ke yon tribinal federal fèk fin kondane pou mansonj devan Kongrè pou pwoteje Trump, an patikilye konsènan kontak yo li te genyen ak *Wikileaks* pou pirate kouryèl Hilary Clinton yo pandan kanpay prezidansyèl etazinyen an 2016 lan.

Antanke antreprenè ki endepandamman rich e ki vin jwenn kanpay Trump la pa opòtinism e vanite, Sondland pa t dispoze pou l peri nan bato an detrès Trump lan. Li rekonèt e konfime ke te genyen yon jefò konstan, dirije pa Trump, ki enkli patisipasyon de non sèlman « twa amigo » yo—twa konplis ki anchay politik ukrenyen enfòmèl administrasyon an (Sondland lui-même, Kurt Volker e Rudy Giuliani)—, men tou vis-prezidan Mike Pence, chèf kabinè Mike Mulvaney ak sekretè d Eta Michael Pompeo.

Anfèt, malgre sèten ensètitid Sondland manifeste anba chay « kont-entèwogatwa » ostil palmantè repibliken yo, misye penn yon tablo konplè ak yon pèspektiv eksplikatif sou entansyon kowonpi Trump nan pouswit politik ukrenyen li an. « Tout moun te nan bagay la, Sondland di plizyè fwa, se pa t yon sekrè pou pèsonn. » Li montre klèman ke Trump te anchay e t ap dirije operasyon an ; li refite konsa jefò kèk sipòte Trump pou yo jwenn e sakrifye yon bouk emisè, yon moun pou blame pou yo ka inosante li. Men, lè w konnen panchan Trump pou lage kò l nan sipèlatif vanite, ou pa wè kòman l ap lese lòt moun mennen l nan tire zòrèy li. Li se yon nonm twò egosantrik pou l bay lòt moun distenksyon sa a. Apre depozisyon Gordon Sondland devan Kongrè a, keksyon an pa t ankò si wi oswa non Trump te koupab de koripsyon ak ekstòsyon. Tout bagay te klè kounye a.

Demokrat yo te rezève temwen « zèl as » yo pou lafen, jou jedi 21 novanm 2019, nan odisyon piblik David Holmes ak Fiona Hill. Hill, yon anplwaye Konsèy Nasyonal Sekirite (NSC) a e ekspè sou Larisi, deklare ke machinasyon repibliken yo pou blame Ukrèn pou enjerans nan eleksyon prezidansyèl etazinyen 2016 la fè pati de yon « resi fiktif » pwopaje pa dezenfòmasyon Larisi ke patizan Trump yo nan Kongrè a reprann pou bwouye tout kat. Li met tout zafè a an pèspektiv e, esansyèlman, ranfòse revelasyon Sondland yo menm si l kesyone kredibilite misye lòske l di li te pran l plizyè mwa pou l konprann ke ankèt Trump te mande sou konpayi enèji ukrenyen an, Burisma, siyifi ankete sou Hunter Biden, pitit gason ansyen vis-prezidan Joe Biden, konkiran prensipal Trump nan eleksyon prezidansyèl 2020 an.

Holmes pataje ak palmantè yo tout detay li konnen sou apèl telefonik, depi Kyèv lan, ant Sondland ak Trump. Gani ak yon langaj debride, tip ganstè nan bòdèl. Apre depozisyon piblik konjwent David Holmes ak Fiona Hill jou 21 novanm 2019 lan, keksyon ki t ap poze se si wi oswa non Kongrè a te bezwen depozisyon lòt aktè enpòtan yo nan saga a ke Trump te entèdi kolabore avèk Kongrè a, pami yo Michael Pompeo, John Bolton, Mick Mulvaney, Rudy Giuliani, Rick Perry.

Apre l rezime odisyon eksplozif Sondland, Holmes ak Hill yo, yon kòmantatè CNN, Chris Cillizza, remake genyen yon eleman nan temwayaj Sondland lan ki pase inapèsi e ki pa atire tout atansyon moun te dwe pote sou li : pou Trump te resevwa l nan Mezon Blanch lan, prezidan ukrenyen an, Volodymyr Zelensky, te bezwen sèlman anonse ankèt yo. Li pa t bezwen vrèman fè yo...

Apre de semèn temwayaj pa temwen kredib ki gen patriyotism ak sans devwa sivik evidan—omwen pou yon bon kantite obsèvatè—li te pwouve ke Trump ak kabinè kwizin li an t ap chache pouse Ukrèn pou l inisye yon fo ankèt sou Joe ak Hunter Biden pou ede kanpay Trump pou re-eleksyon an. Tout prèv te prezante tou ki montre administrasyon Trump lan te retni pou menm rezon an 391 milyon dola èd Kongrè a te vote e apwouve pou Ukrèn lan.

Repons, inanim, repibliken nan Kongrè a ki te wè e tande menm temwen yo, se te anyen nan bagay sa yo pa t rive eke *impeachment* an se yon « *impeachment* demokrat » ak yon magouy. Yon atitid, ki enspire Max Boot, yon kòmantatè MSNBC, pou l di : « San yon veritab anrejistreman sonografik ki montre Trump òdone ekstòsyon Ukrèn lan—e menm la ankò—, repibliken yo p ap ebranle nan devosyon yo pou prezidan Trump. Men repibliken yo montre klèman ke devosyon yo pou Trump se yon bagay irasyonèl e, kouwè tout lòt fwa relijye yo, li pa sijè ak refitasyon rasyonèl. »

Anfas yon si fòmidab pwoliferasyon akizasyon ak dezapwobasyon, tout lòt prezidan *nòmal* t ap senpleman demisyone, men gwosè valè awogans ak wo degre amoupwòp Trump ap anpeche l fè sa san okenn dout. Amwenske lòt revelasyon ki pi domajab vin parèt… Nan yon sikonstans konsa, l ap chache pwobableman negosye yon *deal* ki ta ka pèmèt li konsève lajan l fè yo e rete deyò miray prizon.

Nan yon sans, m santi m redevab anvè foli Trump ak administrasyon l yo pou lefèt ke yo ban mwen yon trezò antwopolojik si vas pou rega kritik mwen sou lavi chak jou isit la nan Etazini—ansanm ak sou ajisman e repons lòt peyi oksidantal yo an jeneral. À *quelque chose malheur est bon* (nan kèk bagay malè konn bon), pwovèb la di…

Post-scriptum pou yon destitisyon ki pa t rive

Lè li parèt sou podyòm Lachanm reprezantan an, avèk posti triyonfan, pou l prezante diskou anyèl la sou eta kondisyon nasyon Etazini madi 4 fevriye 2020, prezidan Donald J. Trump pa t « gayan » li pretann li ye a. Se vre Sena ki kontwole pa repibliken yo fèk vin asire l akitman—fikse pou lelendmen—; men yo fèk vin ekspoze l tou devan tout peyi a e devan lemond antye kou yon prezidan akize de malfektasyon orib e ki sove de jistès gras ak koripsyon nan sen Pati repibliken an ak Sena a. Efektivman, prèske tout mosyon demokrat yo pwopoze pou modifye règ fonksyonnman makyavelik prezidan Sena a, Mitch McConnell, pwopoze yo, san retire posiblite pou prezante temwen, te rejte pa majorite repibliken an nan yon seri de vot rijidman patizan. Kanta demann demokrat yo pou yo tande temwen, vot la te defèt 49 demokrat ak yon endepandan, kont 51 repibliken (sèlman 2 repibliken vote avèk 45 senatè demokrat e 2 endepandan).

Vot pou siprime temwen yo nan pwosè Trump devan Sena a reflekte, natirèlman, konfwontasyon irediktib ki egziste ant de panse inik, de reyalite paralèl, kouwè sa toujou ye, se vre, pandan kat dènye lane yo. Vot la ap vin rete yon tach etènèl pou ideyal demokratik Etazini nan lefèt ke l demoli, san menm okenn fè-kwè, baz rechèch laverite lè l elimine, san zatann, patisipasyon temwen yo. Li montre yon enstitisyon Leta ki enpèmeyab ak laverite e ki konpwomèt entegrite l pou l sèvi yon pwogram malouk (e nwizib pou enterè estratejik peyi a). Piblik la te wè mizansèn aktè ak aktris boufonnèsk k ap vire-tounen bò kote fè yo e ki manifaktire akitman yon prezidan malonnèt.

Malen e rize, McConnell se pa yon nonm ki ap fasilite okenn akomodasyon pou demokrat yo. Konsèvatè e reyaksyonè, misye te konbat Barack Obama pandan tout uit tan li pase o pouvwa a. Li te famezman di ke l ap vin konsakre tout dire manda li antanke prezidan Sena a pou l konbat pwojè politik administrasyon Obama a. E li te kenbe pawòl li, li ale jiska refize ak Obama opòtinite pou l prezante devan Sena a jij li te nome pou Lakou siprèm lan, malere Merrick Garland.

Donald Trump, menm lè l akite pa Sena a, konnen trè byen li sove de jistès. Kouwè yon betay fèmye soumi oswa yon zonbi yo anvoute, repibliken yo nan Sena a swiv dosilman enjonksyon chèf la, malgre tout kantite prèv ak temwayaj ki montre koupabilite li. Èske l ap vin gen menm chans sa a si yo pouswiv li devan lajistis nan fen manda l la pou tout krim li komèt yo ? Èske l ap vin gen menm chans sa a devan yon Gran jiri ki konpoze de sitwayen ak sitwayèn ki gen tèt yo sou zepòl yo, ki ap tou lekontrè de sa li te genyen devan senatè-zonbi nan Sena yo ?

Majorite demokrat ki eli nan Lachanm reprezantan an alokazyon eleksyon mitan-manda novanm 2018 yo pa t ditou dispoze pou yo asepte kakakri Trump yo, ankò mwens vyolasyon l yo de Konstitisyon an. Apre nouvo minis Lajistis Trump chwazi sou mezi a, William Barr, reyisi detounen konklizyon ki pi akablan yo nan rapò Mueller a, demokrat yo nan Kongrè itilize revelasyon lansè alèt la pou yo plase Trump ann enstans *impeachment* (destitisyon). Transkripsyon konvèsasyon telefonik ant Trump e nouvo prezidan Ukrèn lan, Volodymyr Zelensky, jou 25 jjiyè 2019 a, pwovoke yon repwobasyon jeneral, e sa te limen flanm sispektasyon sou entansyon kowonpi Trump osijè eleksyon sila a. Moun vin aprann pita ke prezidan ukrenyen an pa t vrèman bezwen inisye yon vrè ankèt fòmèl sou Biden : li te sèlman bezwen anonse l piblikman…

Pandan louvèti pwosè Trump nan Sena a jou mèkredi 22 janvye 2020, demokrat yo devwale pwofondè magouy Trump ak asosye l yo te met sou pye a. Nan de diskou fèmti Adam Schiff yo, ki se lidè *house managers* yo (manm Lachanm reprezantan yo ki sèvi kou pwokirè), misye depase kad patizan pou l fè apèl ak afinite patriyotik senatè yo. Li site Robert Kennedy ki te di kouraj moral pi ra ke bravou moun montre sou chan batay.

Byen ke m se yon sinik sou politisyen etazinyen, mwen te santi m sansiblize pa laverite tranchan pawòl Schiff yo. Èske misye te rive chanje lide senatè repibliken yo ? Moun te doute sa. Lè yon moun repibliken se kouwè l fè pati yon klan, e sitou yon ideyoloji, sinon yon kilt. Sondaj opinyon yo montre ke genyen apeprè 9% repibliken ki deklare yo kont fòfè Trump yo e vle destitisyon li, kont 90% demokrat e 45% endepandan. Se chif sa a ki entimide palmantè repibliken yo : yo pa vle vin an kontradiksyon avèk « baz » yo, e ankò mwens vin objè raj yo.

Kidonk, gen de reyalite paralèl e kontrekaran ki deplizanpli ap fòme pandan lane Trump yo. Pati repibliken an vin tounen enkanasyon enstitisyonèl de fakto de reyalite *zòt* sa a, yon reyalite ki imajine selon fantasm ideyològ ekstrèm-dwat yo ki vin toudenkou dotanpli aseptab ke yo dikte règ jwèt la.

Anfennkont, pa gen anyen nouvo anba solèy la, jan yo di a. Petèt sèlman yon moun ka seme ireyalite ak manti epi rekòlte plis richès ak pouvwa. Se syèk Limyè a an revè, estad zewo iyorans. Nan mond sila a kote laverite pa gen plas li, sila yo pami nou ki vle sove ideyalite Èt la dwe fè plis. Konsèp « sakrifis » te evoke pa youn nan « manajè » yo pou endike se pa sèlman enterè endividyèl ki dwe gide chwa egzistansyèl yo, men pito valè imanis ki alafwa transande e rann eksperyans lavi vivab e rejwisan.

De semèn deba nan pwosè Trump nan Sena a te bay moun otan okazyon pou yo wè *misreyalite* peyi Etazini an mach. Pou di sa pi pwozayikman, nou te wè yo layite nan sen enstitisyon venerab sila a konfwontasyon non-relasyonèl de de mòd lide ki soti de de pèsepsyon opoze sou reyalite objektif la.

Anfèt, se pa vrèman *faktyalite* alegasyon kont Trump yo ki te an diskisyon, e defans prezidan an pa di anyen sou yo. Anfennkont, apre plizyè vire-tounen, defans la fini pa deklare ke an sipozan tout malfektasyon yo akize Trump yo ta vre, yo pa ka plase prezidan an ann enstans *impeachment* si li komèt yo nan enterè nasyon an ! Se agiman sa a Alan Dershowitz devlope pandan dezyèm jounen pledwari defans lan. Agiman sa a te soulve yon repwobasyon nan opinyon nasyonal, se ki fè defans lan demake l de li lelendmen, twazyèn e dènye jounen defans lan. Alan Dershowitz, ki te an vedèt devan sèn lan pandan de premye jounen yo, te pratikman absan pandan dènye jounen an. Avrèdi, repibliken yo pa anmègde tèt yo de okenn objektivite, defans yo se repete tout kote e san rete ke *impeachment* an se obstinasyon demokrat yo pou yo defè rezilta eleksyon prezidansyèl 2016 la...

Asonpsyon moun te genyen, byen anvan louvèti pwosè nan Sena a, se konpreyansyon ke gwoup repibliken an, tèl ke l ye a, avèk yon fòt odè trumpyen, p ap janm vote pou destitisyon Donald Trump, kèlkelanswa valè oswa severite fòfè ak krim yo akize l yo. A yon sèten pwen nan pwosè a, gen yon amandman demokrat yo prezante ki mande si wi oswa non Sena a ap asepte temwen. Kesyon sila a vin revele l dotanpli enpòtan ke John Bolton, ansyen konseye sekirite nasyonal Trump, te di li pre pou l temwaye devan Sena a sou sa li konnen sou zafè « Ukrainegate » la si Sena a konvoke l. Pou ranfòse pozisyon yo, demokrat yo raple moun ke tou lè kenz *impeachment* presedan yo Sena a te jije nan listwa, san retire de *impeachment* prezidansyèl Johnson ak Clinton yo, te aliyen temwen pou sipòte oswa rekize chaj yo.

Te genyen yon kontradiksyon fondamantal nan agiman defansè Trump yo. Yon kote yo di demokrat yo pa pwouve alegasyon yo paske yo pa prezante *temwen dirèk* ki te pèsonèlman eksperyanse e ki te wè fè yo enkrimine Trump yo, yon lòt kote yo defann doktrin privilèj prezidansyèl Trump avanse yo pou l jistifye non-kowoperasyon total ak sabotaj li de pwosesis *impeachment* an. Li refize pou l fè kwakseswa pou l eklere Lachanm, e òdone tout ministè yo e tout administrasyon Egzekitif la pou yo pa kowopere an kwakseswa avèk envestigasyon Lachanm reprezantan an sou kontwòl demokrat.

Vot pou refize temwen yo—ke sèten moun konsidere kou yon vot lawont—siyi klèman ke Sena a pa t dispoze pou l vote destitisyon Trump. Asepte tande temwen dirèk yo t ap sèlman pote plis kouvèti pou tout senatè ak senatris pami repibliken yo ki te panse vote pou destitisyon Trump. Kidonk, li pa t yon sipriz kan, jou mèkredi 5 janvye 2020, Sena a akite Donald J. Trump de krim obstriksyon Kongrè ak abi pouvwa. Yo vote kont de atik sa yo, respektivman, pa yon majorite 53 repibliken kont 45 demokrat e de endepandan, e 52 repibliken kont 45 demokrat, de endepandan e yon repibliken, Mitt Romney. Vot sa a distenge misye kou premye senatè nan listwa ki vote pou destitisyon prezidan pwòp pati li.

Vot Mitt Romney pou destitisyon Trump lan avili lachte 52 lòt repibliken yo ki pa t gen kouraj fè li malgre konviksyon, nan fon kè yo ak konsyans yo, ke li koupab de mal yo akize l yo eke peyi a t ap pi byen sèvi si yo elimine misye.

Romney te envoke non Bondye kou enspirasyon ki te bay desizyon l lan jarèt pou l vote pou destitisyon Trump.

Mwen pa doute deklarasyon sa a, byenke mwen konnen de eksperyans ke Bondye pa janm abit siprèm pou politisyen— etazinyen oswa lòt—ki toujou fidèl a pwòp anbisyon yo. Antouka, kèlkelanswa motivasyon l, zak solitè Romney a, nan mitan delij kolèg ki asepte *enbesilize* tèt yo osèvis Trump, se yon jès admirab paske li temwaye sivivans endepandans lespri—kèlke minoritè li ye—nan layitay soumisyon otomatize e jeneralize Pati repibliken an vin tounen an.

III. Etazini anfas yon doub kriz KOVID-19 ak kontestasyon kont rasism sistemik

Nou konnen istwa a, apre senatè repibliken yo fin tòdye regleman konstitisyonèl yo e akite Donald Trump de de atik destitisyon *(impeachment)* yo te akize l yo—abi pouvwa ak obstriksyon kont Kongrè—, yo lese peyi a devan reyalite ke y ap vin rive debarase yo de prezidan efreyan sa a sèlman gras ak eleksyon prezidansyèl novanm 2020 an. Ann atandan, Etazinyen yo di, an n priye long mwa sa yo pa pote sipriz.

Se te priye twò bonè, si m ka di l konsa ! Efektivman, youn nan souwè peyi a pandan peryòd anvan pwochen eleksyon prezidansyèl la se te pou Trump pa konfwonte ak yon *vrè* kriz, si w eskli sa yo li fabrike li menm lan : pami yo, refoulman migran yo sou fwontyè meksiken an, retrèt toudenkou de Siri, lagè kòmèsyal ak Lachin, lagè lan ak Iran, elatriye.

Epi, san okenn moun pa t atann yo, kowonaviris la vini, ki konnen tou sou non SARS-CoV-2, oswa « Sendwòm respiratwa egi e sevè de kowonaviris 2 », ki pote maladi yo rele KOVID-19, yon non k sonnen kou non yon pwazon. Detekte pou premye fwa lakay èt imen nan fen ane 2019 la an Chin, pwopaje espesifikman nan vil Wuhan (nan yon mache pwason kote yo vann chòvsouri vivan tou), evantyèlman viris la vin tounen yon kalamite global, planetè.

Avrèdi, pèsonn pa konnen definitivman orijin presi kowonavirus 2 a. Èske l te pran nesans nan mache a oswa moun te mennen l nan mache a kote li jwenn yon teren fètil ? Pèsonn pa konnen definitivman, dotanpli otorite chinwa yo te dabò siprime enfòmasyon sou parisyon viris la, anvan yo deside avèti lemond antye.

Konsènan, efektivman, orijin kowonaviris vèsyon 2019 la, genyen yon dal teyori konspirasyonis ki fè rejwisans medya sosyal yo. Premye semèn blayisman viris la nan Masachousèt, chofè otobis piblik mwen pran nan Watètawonn, yon vil ki bò kote Boston, anonse m sibitman ke kowonaviris lan te devlope nan yon laboratwa chinwa e li fè pati de asenal biyolojik gouvènman chinwa a. Mwen replike e di l ke syantifik CDC yo—biwo federal pou kontwòl ak prevansyon maladi nan Etazini—panse otreman. Mwen ta pral di plis, men m reyalize vit se tan m ta pral pèdi.

Natirèlman moun gwo gozye nan ladwat pro-trumpis yo, anti-chinwa *par excellence,* san retire Fox News, reprann panchan konspirasyonis sa yo san okenn respè pou laverite. Avèk grann etonnman, kèk semèn apre, mwen tonbe sou yon rezime yon prezantasyon de Nicolas Martin sou yon emisyon France-Culture jou 20 avril 2020 kote li fè yon kritik sou teyori Luc Montagnier yo, yon Pri Nobel lamedsin, ki, daprè otè a, sanble pataje pwendvi chofè otobis mwen mansyone pi wo a. Pou avanse diskisyon an, m ap apwiye isit la sou Nicolas Martin, ki panse ke pozisyon Montagnier sou kesyon an—pami yo ke SARS-CoV-2 ta posibman kreye atifisyèlman nan laboratwa pou konbat SIDA—se koze ki fè pati de « deliryòm konspirasyonis avèk byezay otorite ».

Pozisyon sa a ansanm ak lòt etid refitatif epidemyolojis yo avanse pouse Martin rejte teyori ki di kowonaviris la te chape sot nan laboratwa a : « Pou kisa ? misye mande tèt li. Tou dabò, paske etid filojenetik yo—istwa jenetik viris la— pwente tout nan menm dyeksyon an : viris la prezan ak yon to resanblans 96% lakay chòvsouri ak yon lòt fòm viris lan, ki yon ti jan diferan, men ki genyen yon pwoteyin sifas ki, avèk 99%, ekstrèmman pwòch, de viris ki enfekte èt imen an e ki prezan tou lakay pangolin. » Konstatasyon sa yo, Martin konkli, « mennen nan teyori selon ki SARS-CoV-2 a te ka fèt de yon melanj de souch sa yo », kidonk pafètman konsistan ak transmisyon de animal a èt imen an 1.

Rechèchè Inivèsite Harvard yo sigjere viris la te manifeste yon ti jan pi bonè ke desanm 2019, yo itilize yon koleksyon de 111 imaj satelit vil Wuhan lan ki date de 9 janvye 2018 rive

30 avril 2020. Imaj sa yo montre yon ogmantasyon entansif trafik otomobil nan pakin-garaj lopital nan Wuhan yo, ki endike yon ogmantasyon okipasyon ki kòmanse vè fen ete 2019 rive otònn, avèk yon pik trafik an desanm 2019. Endikasyon sa yo konfime yon grann kantite anèkdòt (istwa pèsonèl) endividi nan Etazini ki konvenki yo te atrape viris la byen anvan fevriye 2020, dat ki ofisyèlman rekonèt kou dat li fèk vini nan Etazini (omwen jiska ekri sa a an desanm 2020).

Donald Trump ak sekretè d Eta Mike Pompeo reprann an gwo menm agiman ladwat antichinwa a e yo ale menm pi lwen, yo sigjere ke kowonaviris la te ka devlope nan laboratwa e Chinwa yo pwopaje l ekspresèman pou rezon jewopolitik ; yon pozisyon ki rejte avèk fòs pa alafwa CDC e pa pwòp pòtpawòl e epidemyolojis prensipal administrasyon Trump lan, Doktè Anthony Fauci.

Intelligence Community a—ajans ransèyman kolektif anchaj pou kolekte enfòmasyon ki pi enpòtan pou sekirite nasyonal Etazini—deklare nan yon kominike : « Tout Intelligence Community a te toujou founi yon sipò esansyèl pou desidè politik ameriken yo e pou tout sila yo ki te reponn ak viris KOVID-19 la, ki orijine de Lachin. Intelligence Community a egalman dakò avèk gran konsansis syantifik ki di viris KOVID-19 la pa t soti de èt imen ni jenetikman modifye. [...] IC ap kontinye egzaminen avèk rigè enfòmasyon ak ransèyman k ap vini yo pou detèmine si epidemi an kòmanse ak kontak avèk animal ki enfekte oswa si li se rezilta yon aksidan nan yon laboratwa nan Wuhan.[2] »

Evantyèlman, otorite chinwa yo vin fè tout sa yo kapab pou kenbe pandemi an sou kontwòl, san retire izaj metòd kontwòl popilasyon ki pi drakonyen (fèmti etablisman sosyal yo, kontwòl idantite ak sikilasyon fizik oswa vityèl, pwofilaj, etadijans, karantèn kolektif, detansyon, elatriye). Moun te repwoche yo poutèt yo te lese yon bon tan pase anvan yo aji, yo te menm reprime yon lansè alèt ki te detekte viris la e ki vin mouri de li. Rezon d Eta ? Nou ka panse sa, paske se repons reflektif gouvènman yo lè yo fè fas ak yon eskandal an jèm : yo dabò konprime l, epi nye l lè nouvèl la soti deyò, e evantyèlman admèt li. De tout fason, kontrèman ak omològ (ofisyèl nan pozisyon parèy) yo nan lòt bò Pasifik la, otorite chinwa yo te gen merit yo te aji yon fason desizif lè yo reyalize kantite gwosè pwoblèm lan.

Repons Donald Trump : pouvwa kou *teyatralite*

Repons Donald Trump pandan premye jou kriz kowonaviris la se te inyore l, kalifye l de yon blag—*hoax*—fabrike pa demokrat yo ki pa janm renmen bobin tèt li. Lè moun kòmanse wè prezans viris la nan peyi a vè kòmansman ane 2020 an, misye apeze piblik e di se sèlman kenz ka yo rapòte e ke tout bagay ap retounen nan nòmal nan kenz jou.

Sepandan, sa misye pa t di, se lefèt ke Etazini, lidè prezime lemond lib la, te siplante e detwone pa Lachin, Kore-di-Sid ak Sengapou nan konba kont viris la, tou lè twa peyi ki pran desizyon konsekan pou fè fas ak pandemi a. Menm moun ki pi antichinwa ak chovinis ki pi entoleran yo admire pèfòmans otorite chinwa yo ansanm ak Sid-Koreyen e Sengapouryen yo. Italyen yo ? Espayòl yo ? Franse yo ? Britanik yo ? Sa, se yon lòt istwa. Genyen kritik ki ale jiska di ke demokrasi liberal oksidantal yo pa gen abilite pou yo pwoteje lasante piblik—yo bliye sètennman siksè yo nan lòt pandemi nan tan pase yo, ak pèfòmans peyi kouwè Almay ak Dannmak nan pandemi kounye a.

Sa ki absid la, sèke pa gen pèsonn ki kwè nan ekselans d espri prezidan etazinyen an, men kòm se li ki o pouvwa, tout moun dwe tande chak jou pawòl dejwente l yo e fè parèt tankou tout bagay byen, òdinè, fè pati *reyalite* a ak lòd nòmal choz yo. Nou raple nou Misolini ann Itali, Hitlè ann Almay, Franko ann Espay, nou raple nou kòman yo te konn pentire lavi, agresyon yo, opresyon yo sou lòt pèp ak pèp pa yo tankou okazyon liberasyon ak byennèt pou limanite, e kòman, yon lòt bò, yo te wè vizyon imanis sou bagay yo, solidarite avèk lòt moun, avèk domine yo, kouwè aktivite ki danjre, kouwè antrav ontolojik ki menase sivivans « ras » moun blan. Se te deja izaj reyalite kou *lòt* reyalite oswa kou reyalite *altènatif* kouwè nou vin konnen anba administrasyon Trump lan.

Etazinyen yo renmen itilize konsèp yo rele *perfect storm* (« tanpèt pafè ») a pou yo pale de sitiyasyon kote plizyè eleman, ki pafwa depaman, jwenn ansanm oswa kontribye fòs yo pou kreye evennman ki katastwofik. Sa sètennman rive nan parisyon tanporèl yon kriz ki gen tan konsekans pou lavni espès imen an—kriz kowonaviris lan—nan menm moman istorik ak prezidans Trump lan, yon nonm ki gen lejète d espri ak yon tanperaman si pwoblematik. Yon koyennsidans fatal si jamè te gen youn konsa.

Anplen nan mitan kriz kowonaviris la, presizeman jou 14 mas 2020, medya yo anonse ke vis-prezidan Mike Pence, sipozeman chèf taskfòs ki an chay dosye kowonaviris la, pral pale ak laprès pou l enfòme popilasyon an sou kote batay kont kowonaviris la ye kounye a. Lè lè a rive, yon ranje de yon douzèm manm komisyon entèdepatmantal la aliye yo dèyè yon mikwo, vis-prezidan an pami yo. Epi, san ke okenn moun pa t atann, prezidan Trump an antre byen prese nan sal la. Misye t ap elokan si l te fini entwodiksyon an apre senk minit ; men yon fwa ankò, kouwè yon timoun ou mennen nan jwèt lawousèl, li pa t ka anpeche l klewonnen kè kontan l, Trump fè dyòlè—kont laverite—ke Etazini fè plis ke tout peyi nan lemond pou li frennen kowonaviris la. Li deklare ke Etazini byen prepare e posede tout gadjè pwoteksyon ak deteksyon li bezwen, san retire twous depistaj pou teste tout moun ki mande l.

Se te sètennman yon fo afimasyon ; anfèt, anpil moun kritike Etazini paske yo te twò lan o kòmansman pou yo rekonèt validite enkyetid moun sou viris la, epi, apre yo rekonèt li, yo pa pran okenn mezi prevansyon adekwat—kouwè konfinman jeneral ak mete an dispozisyon moun twous depistaj—pou ka mezire e bloke ravaj li.

Kritik yo raple moun enkredil ki sansib ak pwopagann revizyonis repibliken yo, ke nouvo administrasyon Trump lan, anime pa yon reflèks rasis nan firè pou l demantibile tout inisyativ administrasyon presedan Obama a—pami yo lalwa sou asirans medikal la, trete nikleyè ak Iran an, rapwòchman ak Kiba a oswa Akò Pari sou klima a—, te redui kou ti zwit biwo federal ki espesyalize nan epidemyoloji a. Trump te revoke Doktè Luciana Borio, dyektris depatman an chay preparasyon pou epidemi ak biyo-defans medikal atache nan Konsèy sekirite nasyonal la, paske l te deklare ke « menas pandemi se sousi prensipal nou nan matyè sekirite sanitè. Nou konnen moun pa ka arete l sou fontyè a ».

Rezilta a sèke nan moman yo rapòte parisyon viris la an janvye 2020, Etazini pa t prepare. Nan volonte pou yo aplike pwogram « dekonstwiksyon Leta administratif », selon fòmilasyon fame Steve Bannon an, ansyen konseye Mezon Blanch, rejim trumpis lan dezame an menm tan an eta preparasyon peyi a, rann li inoperan, vyeyi, bani pami bagay rizib, nan moman l ap konfwonte ak youn nan kriz ki pi grav nan istwa l.

Mwen te wè nan konferans Trump ak laprès jou 14 mas la demonstrasyon pouvwa politik kou *reprezantasyon,* sètadi kou *teyatralite,* mizansèn yon senaryo, yon narasyon. Lè w wè l k ap fè parèt kou boufon non pa sèlman li menm men tou tout kabinè ministeryèl li a—ki te kwè se li menm ki objè rizib la—, mwen wè m k ap admire dekonstwiksyon reyalite pèfòmans sa a reyisi a. Pwiske m pa ka voye l monte kou yon « mèt » manipilasyon politik nan menm kabin kou Makyavèl, omwen m apresye abilite òganik li, fleksiblite d espri l pou l jwe jwèt teyat politik la menm si se pa yon bagay ki toujou flatan pou amou-pwòp li.

Se yon bagay ki t ap komik—si pri a pa t si trajik e vas—melanj prezidan Trump k ap divage pawòl san sans ak platitid li yo ak atitid serye doktè Deborah Birx ak Anthony Fauci, tou lè de veteran lit kont viris sida ak ebola, ki simonte rezèvasyon yo—espesyalman doktè Fauci—pou vini sèvi peyi yo nan moman peril sila a.

Nan yon entèvyou avèk Brian Stelter sou CNN dimanch 19 avril 2020, Piers Morgan, yon zanmi pèsonèl Donald Trump, ansyen *broadcaster* sou CNN e kwonikè *Daily Mail,* yon jounal sansasyon angle, di li santi l akable pa repons Trump e premye minis britanik la, Boris Johnson, ak pandemi an : « Ou gen de dirijan popilis nan Boris Johnson ak Donald Trump. Tout chirepit yo itilize pou yo vin popilè, genyen eleksyon e dirije peyi yo kounye a vin teste yon fason diferan… Se pa kesyon politik patizan ankò. Se kesyon pran kontwòl yon kriz lagè òdinè. […] Sa m remake kay Boris Johnson ak Donald Trump, se yon enkapasite aparan pou yo tounen chèf lagè. Y ap jwe toujou ansyen jwèt politik patizan an. » Piers Morgan konpare defavorabman repons Donald Trump ak Boris Johnson fas ak epidemi an avèk Lee Kuan Yew nan Sengapou, Andrea Merkel ann Almay e Emmanuel Macron an Frans ki, misye di, pi serye e pi veridik avèk pèp yo e ki pran mezi vigoure kont kowonaviris la.

Nan moman m ap ekri liy sa yo—presizeman jou 15 jiyè 2020—Etazini atenn chif 3 431 601 moun ki kontamine pa kowonaviris la ak yon total de 136 447 moun ki mouri (konpare ak 13 287 767 moun ki enfekte e 577 545 sa k mouri nan lemond). Montan sosyoekonomik la li menm tou katastwofik : nan mwens ke twa mwa, plis ke 40 milyon moun vin chomè e depoze demann pou alokasyon chomaj, gen long liy moun ki nan bezwen ki fòme devan kote y ap bay moun manje piblik gratis atravè tout Eta yo. Yon imaj ki fè revwa decheyans orid Gran resesyon 1929 la.

Fòk nou di tou Donald Trump lwen pou l ta *boogeyman* ke yon sèten pwofilaj fè de li. Malgre anpil defo l ak mankman l, li gen merite li pa renmen lagè, menm si ensidan represyon kont manifestan antirasis devan Mezon Blanch temwaye lakay li yon dispozisyon pou l ale nan lagè kont pwòp pèp li pou ranfòse objektif rasis sipòtè l yo. Jiska mentnan (jiyè 2020)—sètadi prèske fen manda li—li rive reziste alafwa tandans belisis Pantagòn ak egzòtasyon machann zam yo e konplèks milaro-endistriyèl la ki pa janm rankontre yon lagè yo pa renmen fè. Neokonsèvatè yo—sila yo ki egzalte avanti entèvansyonis peyi a e ki responsab katastwòf ann Irak la—deteste Trump paske l reziste ale nan lagè kont Iran e paske l chwazi tonbe amoure de Kim Jong Un olye bonbade Kore-di-Nò.

Lanmò antan k reflè inegalite ak disparite sosyal yo

Eksperyans anpirik kowonaviris lan demanti mit nan premye jou l yo ki di li te ka « yon gran egalizè », nan sans li te ka pa fè konsiderasyon ki klas ak ki ras yon moun ye. Anfèt, kouwè eksperyans Kwens, yon katye ouvriye nan vil Nouyòk, demontre, ki te konsidere kòm episant viris lan nan kòmansman kriz la, viris la ravaje anpil plis moun pòv e mwen pòv yo ke moun rich yo, anpil plis moun Nwa ak Latino yo ke Blan yo. Keseswa nan Syattlo, nan Boston, nan Nouvèl Òleyans, nan Chikago oswa Nouyòk, yon menm denominatè komen : moun pòv yo, moun Nwa yo ak « moun ak koulè » yo mouri nan yon kantite pi elve, yon kantite dispwopòsyonèl. Sitiyasyon an revele inegalite fonsye e enjis yon estrikti sosyopolitik ki dwe reevalye e chanje si pou nou rive konbat vrèman pandemi an ak lòt kalamite k ap vini yo. Pandemi an agrave tou santiman rasis yo nan Etazini kote agresyon kont imigran ak Azyatik yo kadriple.

Kouvèti revi *New Yorker* nan dezyèm semèn avril 2020 an gen pou tit « Lapès nwa a », ann alizyon ak kantite dispwopòsyon mòtalite pami Nwa yo konpare ak Blan yo, li site yon aforism ki di : « Lè Amerik blan trape yon grip, Amerik nwa trape yon nemoni. » Jounal la bay egzanp Eta Lalwizyàn kote Nwa yo konpoze 33% popilasyon an alòske yo gen yon to mòtalite KOVID-19 de 70%. Jounal la site Michigann kote Afriken-Ameriken yo reprezante 34% popilasyon Eta a ak yon to mòtalite 40%. Se menm dekalaj la pou vil kouwè Chikago kote Nwa yo « eprezante 52% ka kontaminasyon vil la konfime yo ak 72% desè, ki fè l depase de lwen kantite pwòposyon pa yo—30.1%—parapò ak popilasyon vil la ». Yon sitiyasyon ki eksplike, jounal la di, pa lefèt ke : « Nwa yo pi pòv, pi siseptib pou yo sou-anplwaye, kondane ak lòjman kalite enferyè e yo resevwa swen sante enferyè akoz de ras yo. Faktè sa yo esplike Pou kisa Afriken-Ameriken yo 60% pi siseptib pou yo gen dyagnostik dyabèt ke Ameriken blan yo, e Pou kisa fanm nwa yo 60% pi siseptib ke fanm blanch yo pou yo gen tansyon ateryèl yo elve. Disparite sila yo kantilsaji lasante se otan makè de inegalite rasyal ke anprizonnman de mas oswa diskrininasyon nan lòjman.[3] »

Genyen tou sa m rele a *atant enposib* yo nan pwotokòl distansyasyon sosyal la. Wi, nan lari yon moun ka rete a dis pye oswa de mèt de distans de yon lòt moun, men se pa tout moun ki ka fè l kit lakay yo kit sou lye travay yo. Sa fè anpil moun konkli ke distansyasyon sosyal la se yon privilèj klas.

Kòman vrèman atann nou pou yon fanmi de sèt moun ki pataje yon sèl ti kay de chanm oswa mwens pou yo ka kenbe distans fizik yo, vwamenm rete an karantèn endividyèlman ? Kòman pou evite kontak fizik avèk lòt moun lè w pa gen mwayen pou w achte manje an gwo, ni pou konsève manje yo e ke ou dwe ale nan mache chak jou pou w jwenn yon bagay pou w manje ? Oubyen tou lè w dwe pran otobis oswa kamyonèt pou w ale nan travay ? An n remake tou ke opsyon pou travay ak distans lan se yon privilèj ki rezève ak moun ki gen pwofesyon yo rele kòl blan yo (moun ki travay sou biwo). Travayè rego, anplwaye magazen, chofè taksi oswa otobis piblik yo, fanm de menaj ak prèske tout travayè yo rele travayè kòl ble yo (moun ki travay ak fòs ponyèt yo) pa gen opsyon sa a. Tout bagay sa yo fè nosyon yon kèlkonk « egalizasyon » kowonaviris la genyen kou yon bagay ki totalman fo.

Rebelyon kont rasism sistemik

Toujou anba kout masou pandemi KOVID-19 la, peyi a vin sekwe pa yon kriz politik kòm konsekans asasinay Gorge Floyd nan Minneapolis, jou 25 avril 2020, sila a se dènye asasinay—anvan pa Rayshard Brooks la jou 12 jen—de twa Afriken-Ameriken pa lapolis ak *vigilantes* blan, nan yon peryòd de de mwa. De jou apre asasinay Floyd la, Trump poste yon twit *(tweet)* pou l denonse non pa kat polisye ki responsab lanmò a men inikman tapajè nan manifestasyon yo ki brile kèk etablisman.

Trump sigjere nan twit la pou otorite yo anplwaye fòs kont manifestan yo : « Mwen pa ka rete pasif e gade sa k ap rive nan yon gran vil ameriken, Minneapolis », misye di, e kalifye manifestan ki fache pou lanmò nèg nwa yo de « vwayou ». Li kontinye, pou l fè yo konprann li pi klè : « Lòske piyaj yo kòmanse, tire yo ap kòmanse », li di, reprann eslogan blan sipremasis ane swasant yo ki sigjere pou lapolis tire sou foul manifestan k ap defann dwa sivik yo. Platfòm medyatik yo rele Twitter a akonpaye twit Trump lan ak yon « avi enterè piblik » ki kalifye l de ti dife vole « anflame k ap glorifye vyolans ».

Pou reprezay, Trump siyen yon dekrè egzekitif ki sanse « sansire » Twitter ak lòt òganizasyon medya sosyal yo, yon pouvwa misye pa menm genyen etandone lendepandans enstitisyonèl òganism ki an chaj regilasyon medya yo : Komisyon federal pou kominikasyon (FCC) an.

Si w panse Donald Trump se yon « epifenomèn » ki pa reprezantatif de sistèm sosyo-politik etazinyen an e ke w annik bezwen ranplase l pa yon moun « adilt » pou tout bagay retounen nan nòmal politik yo, sonje ak plis ke san trant mil mò peyi a anrejistre a sèlman twa mwa apre premye ekspansyon viris la—fot de yon repons adekwat bò kote Eta federal la. Sonje tou ak asasinay, nan mitan pandemi an, de kat Afriken-Ameriken—George Floyd, Breonna Taylor, Ahmaud Arbory ak Rayshard Brooks—, ki te asasinen pa polisye blan, e yon *vigilante* blan nan ka Arbory a ke yo te akize de yon krim ki pa t janm komèt. Sonje ak rediksyon taks administrasyon Trump lan te fè vote, an konplisite avèk majorite repibliken nan Sena a, an favè moun rich yo o depan de bezwen sosyal popilasyon an. Sonje sitou ke Lachanm reprezantan an te plase Trump nan enstans destitisyon *(impeachment)* e ke majorite senatè yo te akite l.

Asasinay George Floyd la nan Minneapolis, anba men kat polisye, te soulve yon pakèt sekous nan opinyon nasyonal e entènasyonal, koze anpil manifestasyon de mas ak lapagay nan laplipa grann vil Etazini kouwè Minneapolis, Sen-Pòl, Lòs

Anjelès, Atlanta, Nouyòk, Chikago, Detwa, Dannvè, Syattlo, Boston, elatriye. Aktivis antirasis yo, ki repwoupe Nwa, Blan, Latino, Azyatik ak LGBT, desann nan lari yo, yo di Abraham-di-sètase pou asasinay plizyè douzèn Afriken-Ameriken pa polisye blan rasis, an flagrandeli dwa yo.

Kriz kowonaviris la vin mangonmen ak kriz koze pa lanmò Floyd la paske zak abi polisye yo sou Nwa, Latino ak Natif yo soti de yon menm sous : inegalite enstitisyonèl e estriktirèl yo, ki esplike ravaj akablan viris la sou menm etnisite sa yo. Se yon mekanism sistemik ki panse ke eskli, eksplwate, enferyorize Zòt—yon swadizan Zòt—se meyè mwayen pou yo pwoteje pwofi ak privilèj de klas yo.

Manifestan nan Boston Common, nan Masachousèt (Etazini) jou 31 me 2020, k ap pwoteste kont asasinay George Floyd pa lapolis.

Asasinay George Floyd la patikilyèman endiyan pa lefèt ke li akonpli nan bon mitan jounen an, pa kat polisye, anba zye temwen k ap sipliye polisye yo pou yo lese sispèk la, ke yo kenbe alonje sou beton an, respire, jenou youn nan yo plase sou kou li kou yon masi. Sèn sovaj sa a dire yon bon moman, kat polisye blan yo afiche yon atitid relaks, kalm, sistematik, tandiske George Floyd—kouwè Eric Garner anvan li an 2014—t ap kriye avèk plent : « Mwen pa ka respire ! »

Imaj nonm nwa sa a ki kouche sou beton an, afebli, vilnerab, k ap plede avèk kat polisye rasis yo pou yo kite l pran souf[4], se yon imaj ki dwe endiye tou èt imen desan. Li degrade nou tout e li regrese nou nan lannwit ansyen tan yo, nan abitid ki pi vil e baba yo anpil moun te pretann ki te disparèt men ki toujou la, patisipan nan nòmalizasyon atwosite, patisipan nan kotidyennte lenjistis ak demounizasyon Zòt. Asasinay George Floyd la—san retire asasinay Breonna Taylor, Ahmaud Arbery ak twòp lòt trajik ankò—jwenn ansanm ak inegalite sosyo-ekonomik kowonaviris la met devan zye moun yo, vle di nou pa dwe repoze nou sou ansyen lit ak viktwa pase yo e ke se obligasyon chak jenerasyon pou li angaje li nan pwòp lit pou dwa sivik e politik pa l. Anyen pa janm tabli pou toujou. Fwa sa a revandikasyon yo dwe konsantre sou estrikti anrasine enstitisyon ak konpòtman yo.

Peche orijinèl Etazini : lesklavaj, lenchaj, rasism

An verite, pèp afro-etazinyen eksperyanse mil-e-en trajedi anba grif kolon ewopeyen depi premye « debakman » *ensklave*[5] yo ann out 1619, soti de Angola, nan kontre yo batize Jamestown lan, an Vijini. Istwa pèp la, istwa moun Nwa isit la, depi lè sa a, se long chenn malè : sèvitid esklavajis, sitwayènte dezyèm zòn, esklizyon, eksplwatasyon ; tout sa, nan yon klima kote enferyorizasyon Zòt kiltive kòmsadwa, yon mizanplas apa byen òdone. Afriken-Etazinyen yo, Nwa yo an jeneral an sòm, se souvan sib e viktim de « Amerik blan » sa a, Amerik machann esklav yo ak chèf endistri yo nan lepase ki te itilize yo pandan menm lè l ap maltrete yo, jodi a Amerik Eta rasis yo ki, menm lè yo kontan eksplwate fòs travay yo, fè tout sa yo kapab pou netralize reprezantasyon politik yo ; yo itilize tout sòt *gerrymandering*—koupaj sikonskripsyon elektoral yo—pou diminye kantite vot yo.

Sepandan, tou kòm nan lòt pati Amerik yo, yo pa janm estope goumen pou dwa sivik e politik yo. Gwo kolòs nan domèn politik ak lide kou Harriet Tubman, Frederick Douglass oswa W.E.B Du Bois, jalonnen tout istwa yo. Yo domine chan kiltirèl etazinyen an nan atizay, keseswa nan domèn literati, mizik oswa espò, avèk figi ilis kou Langston Hughes, Zora Neale Hurston, Miles Davis, John Coltrane, Billie Holiday, Louis Armstrong, Jackie Robinson, Mohamed Ali, Paul Robinson, Nat King Cole, elatriye. Anpil ladan yo michan ikòn entènasyonal.

Bon ti van lespwa ki te louvri cham yo apre lagè sivil sesesyon nan ane 1865–1875 yo, vin delala anba kou reyaksyon rasis revanchis la ki pa janm asepte defèt. Byen deja Andrew Johnson, siksesè Abraham Lincoln lan, te vle retounen nan *statu quo ante a* e chache bloke libète politik yo te konsede ak Nwa yo pandan lagè sivil la. Konsa Nwa yo vin kabrit sakrifisyèl pou Sidis fache ki te deplore swadizan laglwa pase yo. "*Make America Great Again*", Rann Amerik gran ankò, eslogan prefere Donald Trump lan, se eslogan Ku Klux Klan, òganizasyon ekstrèm-dwat rasis ki pran nesans sito apre lagè sivil la. Li t ap louvri zèl li pandan lontan, li te konn òganize nan ane 1920 yo anpil manifestasyon de mas ki regwoupe plizyè dizèn milye aderan k ap pavane nan Wachintonnn D.C. oswa nan Madison Square Garden nan vil Nouyòk. Pandan plizyè deseni apre fondasyon li, li te dikte politik Etazini anvè Nwa nan Eta nan Sid yo, espesyalman nan domèn sa yo rele bò isit la *jistis kriminèl* oswa jistis penal. *Lynching* oswa lenchaj—egzekisyon ekspeditif avèk èd yon kòd nan kou—te metòd prefere yo. Se te yon espektak piblik konvenabman aplodi pa popilas blan yo, avèk atifis kanaval, estand, vant souvni, elatriye, e, natirèlman, mal viv nan laterè pa Nwa yo. Lenchaj la te ranplase maltretans kòporèl ak egzekisyon somè mèt ak mètrès *ensklave* yo te konn fè yo sibi pou rezon ki pi kaprisye. Yo aplike l pi souvan anba fo akizasyon pou vòl, asasinay oswa vyol yon fanm blanch—oswa pou koz mank pidè anvè vèti blese yon fanm blanch. Li te itilize o kòmansman pa rebèl endepandantis yo pandan dènye jou rejim kolonyal la kont patizan Angletè yo, lenchaj la oswa *lynching* lan—daprè non jij de pè Charles Lynch (1736–1797)—vin pita pratik egzekisyon prefere Ku Klux Klan kont Nwa yo ak Blan ki sipòte Nwa yo. Pwiske *ensklave* yo te konsidere kou pwopyete selon dwa yo, ansyen mèt yo pa t ka asepte pou Nwa yo ka genyen menm dwa ak yo, e ankò mwen ti Blan yo ki te santi yo deklase ansanm ak ansyen mobilize sidis yo apre defèt la, ki vin dezevre, egri, swaf vanjans. Byen ke li pa t otorize pa lalwa, lenchaj la te plizoumwen tolere pa alafwa Leta lokal la e Leta federal la ke Blan yo te akize de laksism (tolerans) alandwa Nwa kriminèl yo[6].

« Grandè » Donald Trump evoke a se sa, tan enfam sa a kote gason nwa ak fanm nwa te ravale nan eta moun ki mwens ke moun ; li revoye nan epòk anvan lagè sivil la kote mèt endistri ak komès yo te ka vann e achte lòt fanm ak gason paske lalwa te reyifye, chozifye yo, paske yo te machandiz, objè negòs, bani pou ret nan plantasyon, nan kwizin, nan lakou. Se te epòk kote yon Blan te ka touye yon Nwa avèk enpinite pou nenpòt kèl motif li chwazi. Gen pwogrè parapò ak jodi a yo di nou paske privilèj sa a rezève ak sèlman polisye e moun rich.

Rasism etazinyen an anblematik de kondisyon peyi a te pran nesans ak istwa l antanke koloni Angletè ki fèt nan yon sistèm esklavajis ke nouvo Eta etazinyen an konsève pandan pre yon syèk (1776–1863). Sistèm esklavajis li a te menm jan demounizan ke sistèm Sen Domeng lan, sou dominasyon franse, ak ki li te genyen relasyon konplisite. Menm si John Adams, dezyèm prezidan etazinyen an, pa t renmen wè yon Eta antiesklavajis nan Antiy yo, li te toudmenm kiltive rapò plizoumwen respektye ak Tousen Louvèti e rekonèt administrasyon li an pandan tout manda li a. Se pa t menm bagay la avèk Thomas Jefferson, siksesè Adams lan, ki, li menm, te solidarize li ak politik etranjè Napoléon Bonaparte nan Amerik yo, yon politik ki te esansyèlman kraze aspirasyon gason ak fanm ki t ap goumen pou liberasyon ak otodetèminasyon yo.

Pou Thomas Jefferson tou, ansyen vis-prezidan Adams e ki fèk eli prezidan e ki te sèlman enterese nan acha Lwizyàn, yon « pouvwa nwa » sou flan sid li a te yon pwopozisyon inaseptab e li te dotanpli ostil ak emèjans gason ak fanm nwa lib sa yo ke l te redoute atirans « egzanp negatif » yo an sou sistèm esklavajis etazinyen an ke l t ap defann.

Yon mèt ensklave li menm, pami yo Sarah Hemings avèk ki li te fè plizyè timoun, Jefferson pa t ditou dispoze pou l tolere yon Eta lib ann Ayiti. Pou l gen sipò misye, Napoléon fè apèl ak panchan rasis misye yo. Pou l fè sa, li anplwaye jeni diplomatik minis Relasyon etranjè li a, Charles-Maurice de Talleyrand ki, nan yon lèt adrese ak anbasadè franse a nan Wachintonnn, jeneral Louis-Marie Turreau, òdone li pou l entèsede kote Jefferson pou fè l diskontinye relasyon avèk Ayiti. Pou Napoléon, se te inaseptab legzistans yon relasyon ant « yon nasyon polise ak yon peplad sovaj ki, akoz mès fewòs e izaj baba yo, vin etranje ak sistèm sivilizasyon », misye ekri ak Jefferson, an referans ak nouvo Eta a ki fèk vin pran nesans nam Karayib la.

Diplomat malen, Talleyrand konnen ki tèm pou l anplwaye pou eksite enterè Jefferson ; jije misye reseptif ak rasism anti-ayisyen lakay anpil Etazinyen epòk la, li makonnen nan misiv la ekspresyon ki evoke santiman sa a—« peplad sovaj », « izaj baba », « mès fewòs », « peplad nèg », « zak kriminèl », « chaje dife », « brigand », « asasen », elatriye—pou l genyen senpati l. Apre l fin etabli jistifikasyon rejeksyon an, Talleyrand kesyone byenfonde tout kalte komès avèk Ayiti : « Egzistans yon peplad nèg ame ki okipe andwa yo souye yo ak zak ki pi kriminèl ki genyen, se yon espektak orib pou tout nasyon blanch.[7] » Dezi Napoléon an vin evantyèlman satisfè jou 28 fevriye 1806 lè Etazini òdone anbago kont Ayiti. An n remake ke anperè Ayiti a, patriyòt ki libere Ayiti anba pat Franse yo, Jan-Jak Desalin, ap vin asasine menm ane sa a, jou 17 oktòb 1806...

Sa a, se peche orijinèl Etazini, peche lesklavaj ak rasism. Se ak jan bagay sa yo, bagay istorik sa yo ki antre youn nan lòt e ki kontinyèlman repodwi, manifestan Black Lives Matter yo t ap refere yo lè y ap pale de « chanjman estriktirèl », de derasinman « lenjistis sistematik ». Se ak koryasite konplisite sa yo ki mele polisye ki touye moun lan, pwokirè Leta ki kache krim lan, jij oswa jiri ki akite l la ak medya opinyon yo ki relativize malveyans lan lè yo pote aksan sou eta kondisyon ensekirite ak menas polisye yo ap viv, kòmsi laperèz de Zòt te ka jistifye asasinay. Pandan plizyè deseni gen yon sèten modèl yo swiv : yon polisye blan touye—sou nenpòt kèl motif—yon moun nwa oswa bren ; opinyon piblik endiye, manifestan desann nan lari e mande jistis ; pouvwa Leta yo ak depatman Lajistis pran pòz y ap okipe de sa ; tan ap pase e finalman anyen pa fèt. *Pattern* sa a, woutin sa a kontinye ak repetisyon. Se jan fason yo fè bagay sa yo manifestan kont lanmò George Floyd yo mande pou chanje.

Konba Afriken-Ameriken yo, rejeksyon yo de lenjistis, sakrifis yo konsanti fè pou afime dwa egalite yo grandman benefisye dè milyon imigran tyèmond lan ak po nwa, bren, wouj oswa jonn ki vin nan peyi a. Konba yo se konba pou liberasyon èt imen de opresyon rasis, kouwè lit kont Apartheid Afrik-di-Sid la te ye. Se dimansyon inivèsèl sila a pèp dimond antye yo te disène lè yo te desann an mas nan lari yo pou pòte solidarite yo bay mouvman Black Lives Matter a. Se yon konba lejitim pou dwa moun, pou desans, pou rekonesans prensip envyolablite èt imen an, pou respè diyite l.

Nou dwe konpoze yon im donè espesyal pou kantite santèn de milye manifestan sa yo ki desann nan lari, atravè tout grann vil Etazini yo, nan mitan pandemi kowonaviris la, konnen ke yo mete pwòp vi pa yo an danje. Nou dwe bay menm omaj la ak kantite santèn de milye « mach sè » yo ki leve kou djondjon atravè lemond, e ki bay avèk dotanpli chalè solidarite yo ke, nan anpil ka, sosyete pa yo ap konfwonte ak menm pwoblematik abi ak esklizyon lòt moun yo. Dwe egziste yon bagay ki pi fò ke senp konfò ak ensten sivivans pou yo konsanti defye e brave non sèlman kòmand lapolis k ap mande yo pou yo vide lèlye, non sèlmam bal kawotchou ak lòt, non sèlman kout baton ak simayaj gaz lakrimojèn, non sèlman arestasyon imilyan ak kout baton nan kacho prizon, men tou lonbray lanmò reprezante pa kontaminasyon kowonaviris la.

Pou Trump reyalite a ka yon *lòt* reyalite, moun ka refè l, *rekonfigire* l selon enperatif dikte pa Ego li. Masha Gessen sigjere nan yon atik nan revi *New Yorker* ke Trump egzekite teyatrikman « pèfòmans » faschism nan lespri pou l etabli l nan reyalite, menm fason cho televizyon l lan « The Apprentice » te redore imaj de mak li lè l te vann tèt li bay piblik la kou yon nonm ki « reyisi » : « Li jwe ladann sa l panse de yon pwomotè imobilye ki ekstrèmman pwospè. (...) Lè cho a te fèk kòmanse, Trump te demode, objè okazyonèl blag rizib nan jounal tabloïd yo ; lè cho a fini, piblik la ak li panse tou lè de ke misye te youn nan moun ki pi rich sou planèt la. Efè sa a nan tou pa l rann kanpay prezidansyèl li a sinon imedyatman plozib, dimwen imajinab.[8] »

Kouwè nou konnen, abi otorite, britalite, masak sistèm lan kont Nwa yo pa date jounen yè a, masak ki pi fame pami yo a—retire sa ki te komèt nan lesklavaj yo—se masak nan Tulsa a an me 1921, nan Oklahoma, nan Greenwood presizeman, yon katye moun nwa nan vil an segregasyon an. Daprè revi *History,* « katye Greenwood la, avèk yon popilasyon de 10 000 abitan alepòk la, te pwospere antanke episant zafè biznis ak kilti afro-ameriken, an patikilye long avni anime Greenwood la, tout moun te rele Black Wall Street ».

Greenwood te regwoupe pou laplipa anpil antreprenè nwa manm petit-boujwazi nwa a, li vin trè an demann akoz de abondans « boutik de liks, restoran, episri, otèl, magazen bijou ak vètman, sinema, salon d kwafi ak salon yo. [Greenwood] te genyen egalman yon bibliyotèk, anpil sal jwèt biya ak diskotèk, san konte plizyè biwo medsen, biwo avoka ak biwo dantis ». Tansyon rasyal yo te nan somè yo an 1921 « lòske yo te akize yon Nwa, Dick Rowland, yon chany 19 an de tantativ agresyon seksyèl kont Sarah Page, yon operatris asansè blanch ». Yon foul Blan fè yon desandelye nan palè jistis la e mande cherif la pou li ba yo Rowland. Cherif la refize. Antretan, « yon gwoup 25 gason nwa ame, pami yo yon kantite ansyen konbatan Premye gè mondyal la, rann yo tou nan palè jistis la pou ofri èd pou pwoteje Rowland ». Sitiyasyon an anpire. « Alòske rimè yon lenchaj posib ap sikile, yon gwoup apeprè 75 Nwa ame retounen nan palè jistis la kote yo fè fas ak 1 500 Blan. Apre afwontman ant de gwoup yo, Nwa yo repliye tèt yo nan Greenwood. Yon dal foul gason blan ame desann answit sou Greenwood, yo piye anpil kay, yo boule anpil komès e touye anpil Nwa sou plas. » Apre Blan yo atake l pandan de jou, katye nwa a, konsidere kou youn nan kominote nwa ki pi rich nan epòk la, te pratikmam detwi, avèk anfennkont « plizyè santèn mò nwa e 1 000 mezon detwi »[9].

Masak Tulsa a pa sèl masak Nwa pa Blan nan epòk la. Anvan sa, te gen yon seri masak, pami yo sa East Saint-Louis, nan Ilinwa, de 1e a 3 jiyè 1917. Yon gwoup Blan britalman bat yon nonm nwa, yo lese semi-konsyan, yon lòt Blan, ak aparans boujwa lokal, acheve l.

Nan East Saint-Louis, jou 1e jiyè 1917 la, zak kraze-brize ak asasinay Nwa pa Blan (e Blan pa Nwa pa otodefans oswa reprezay) te simayen nan tout katye a. « Pandan inè e 30 minit nan sware 1e jiyè a, Deneen Brown di nou, jounalis [jounal *St. Louis Post-Dispatch*] la asiste ak yon pakèt sèn baba de foul Blan "k ap pran lavi tout gason nwa sou chimen yo". Manifestasyon orib vyolans rasyal yo te pami sa yo k te pi mal Etazini pa t janm *wè*.[10] »

Nan moman tou kote nan prèske lemond antye ap kriye pou asasinay layèn George Floyd la, e kondane prejije, reflèks ak repliyaj sistemik ki rann jan ajisman sa yo konsevab, prezidan Trump pa t jwenn okenn lòt bagay pou l fè ke jete plis gaz sou dife a. Li pa kontante l sèlman chwazi Tulsa, yon vil selèb pou masak anpil Nwa, Trump chwazi egalman yon dat ki sakre nan memwa Afriken-Ameriken yo—19 jen oswa *Juneteenth,* jou lè an 1865 emansipasyon *ensklave* yo te konplete defèt. Repons dechennen Nwa yo ak akableman opinyon nasyonal fòse li ranvwaye rasanbleman an pou lelandmen. Men mal la te deja fèt.

Nan diskou l fè nan Tulsa a, Trump denonse manifestan pou dwa Nwa yo, li plenyen deboulonnman estati pèsonaj istorik orib yo, ke l deplore kou yon ensilt kont « eritaj » peyi a. Gen kèk kritik ki raple misye ke si moun estati sa yo pèsonifye yo te genyen lagè sivil la, pa t ap gen yon nasyon etazinyen, e ankò mwen yon eritaj etazinyen jan nou konnen l lan. De tout fason, estati konfedere sidis sa yo kou Jefferson Davis oswa Robert Lee te drese pou laplipa pandan epòk de glwa sipremasism blan nan Etazini—sètadi ant 1877–1923 ak ane 1950 yo—, avèk sipò Eta fò yo nan ansyen konfederasyon sidis la. Palan de estati konkeran, Patrick Chamoiseau di an 1993 ke « trè souvan—nan Amerik yo, moniman yo (e istwa avèk yon gran I)—ateste de prezans kolon yo, de fòs dominan, de zak kolonyal la avèk tout sa l sipoze kòm jenosid, asèvisman e atanta kont Zòt. Istwa, Memwa e Moniman mete an gwo plan, egzalte (sou pyedestal majiskil yo) krim ke kwonik kolonyal la te lejitime »[11].

Daprè istoryèn Karen Cox, laplipa estati ak moniman an lonè konfedere sidis yo te drese pa òganizasyon The United Daughters of the Confederacy and the Preservation of Confederate Culture (Pitit Fi Ini Konfederasyon an pou prezèvasyon kilti konfedere a). « Se pa t sèlman de moniman konfedere [yo te okipe tèt yo]. Yo egalman rejte tout manyèl eskolè ki te di lesklavaj te lakoz prensipal lagè sivil la ; yo te fè elòj Ku Klux Klan e pwononse pakèt diskou ki defòme kriyote lesklavaj ameriken an e defann pwopyetè esklav yo », Karen Cox di. Yon grann kantite estati sa yo te plase nan lakou tribinal yo. Lecia Brooks, yon militan Southern Poverty Law Center, yon òganizasyon antirasis, afime ke plante estati sa yo sou pwopyete palè jistis la « te dwe raple Nwa Ameriken yo de difikilte ak asijetisman y ap rankontre nan lit pou dwa sivik e pou pwoteksyon egal devan lalwa »[12].

Pou kounye a (jiyè 2020), patwon endistri yo sanble genyen deba sou reouvèti ekonomik la an depi avètisman epidemyolojis yo ki konseye pridans ak mentenans pwotokòl distansyasyon sosyal ak sekirite sanitè yo. Agiman prensipal yo avanse pou antame dekonfinman sosyal la, se pran Stock Market la (Bous finansye) ki sanble l ap degrenngole an chit lib, kou pwen reperaj pou yo di ke se lavi ekonomik la ki an danje. Epidemyolojis yo mande yon ti pasyans, men Trump ak patwon endistri yo ensiste pou reouvèti a. Eta sa yo ki fòse pou reouvèti a deja ap peye pri a, avèk yon eklozyon kontaminasyon ak mòtalite ki ap ogmante kounye a jou apre jou.

Pou komen mòtèl yo, patikilyèman moun sa yo ki pa gen twòp richès materyèl yo kontwole, chwa ant lavi e byennèt ekonomik pa yon opsyon pou yo : se yon bagay yo enpoze sou yo de deyò pa Leta ak pwopyetè mwayen pwodiksyon e echanj ekonomik yo. An n remake ke se pa non pli yon chwa pou patwon an : se pa lavi pa l ki ekspoze ak kowonaviris la sou lye d travay li. Li ka pèmèt tèt li tout sòt de aranjman pou l evite yon evantyalite konsa. Se lavi travayè ak travayèz yo ki ekspoze ak danje a, pa pou pwòp pwofi pa yo, men pou pa moun ki anplwaye yo a.

Nan yon entèvyou ak Amy Goodman nan mwa avril 2020 sou chèn televizyon Democracy Now, fame lengwis e politològ Noam Chomsky di li krenn evantyalite reyeleksyon Donald Trump an novanm 2020 ak enplikasyon sa ap genyen sou politik sante piblik, sou anviwonnman an, sou lagè nikleyè : « Sa ap vle di, misye esplike, ke politik dezas tèt chaje dènye kat ane yo ap kontinye e pwobableman akselere. »

Yon gouvènman Biden, Chomsky di, « ap esansyèlman yon kontinyasyon Obama san l pa destwiktif », e grannman preferab ak yon rekondiksyon Trump. Sepandan li eksprime regrè ke se pa Bernie Sanders, kandida sosyalis la, ki te gen laviktwa nan konpetisyon avèk Biden lan. Li raple moun ke Sanders te enpilse politik chanjman gwoup kou Occupy Wall Street ak Black Lives Matter ap pwone yo. An n remake tou, nan mitan bwadchènasyon atansyon sou vot masif elektè nwa yo an favè Joe Biden pandan konpetisyon elektoral primè a, pastè trè respekte e ikòn lit pou dwa sivik Nwa yo, Jesse Jackson, te soutni Sanders, li agimante ke, ant de kandida yo, Sanders te pi pwòch revandikasyon chanjman estriktirèl ak pou lavi miyò Nwa yo ak Latino yo ap pouswiv.

Opinyon de yon Biden dodomeya, modere e ki pa enspire pèsonn pataje pa anpil moun, e se pa sepman yon denigreman pa Trump. Istoryen Thomas Frank rezime byen sitiyasyon n nan yon resan atik nan *Le Monde diplomatique* : « Eta opinyon moun yo se, avèk yon dirijan byen chwazi, anpil bagay remakad t ap rive. Olye de sa, orizon nou bòne ak Biden, yon veteran bon jan ki enplike nan yon grann pati dezas ki make twa dènye deseni yo : akò komèsyal ki kontrè ak enterè moun k ap travay yo, lagè kont Irak la, yon lejislasyon kriyèl sou moun ki fè fayit, anprizonnman de mas yo, yon atak san presedan kont libète endividyèl yo yo rele Patriot Act... Misye menm vante li te akòde favè, nan kòmasman karyè li, ak segregasyonis.[13] »

Etandone risk danjere yon reyeleksyon Trump genyen, menm militan lagoch kominis Angela Davis pa fè lafin bouch pou l vote pou Biden an novanm 2020. Li di nan yon entèvyou jou 15 jen 2020 avèk nan *RT News* ke « Biden ap pi siseptib pou l pran o serye demann mas la [...] ke okipan aktyèl Mezon Blanch lan. Kidonk, an novanm pwochen, eleksyon an ap vin mande nou pa tèlman pou nou vote pou meyè kandida a, men vote pou oswa kont enterè nou ».

Pou sa ki gen a wè ak revandikasyon e demann kounye yo a alantou rasism estriktirèl la, pasyalite e inegalite sistèm jidisyè a, koripsyon nan administrasyon lajistis, pri ekstraòdinè Nwa yo peye an tèm de tribilasyon ekonomik yo, malèz jan yo ye ak pèt de vi, se sèten ke ant de pretandan pou prezidans lan, Joe Biden reprezante meyè chwa a—si anfèt genyen « chwa », pwiske aprè tou tou lè de kandida sa yo se pwodui desiderata grann enterè ekonomik yo ak gwo bicha tou de pati politik yo. Nan absans yon revolisyon politik e sosyo-estriktirèl—ki rete toujou yon posiblite istorik *en devenir*—, yon gouvènman Biden parèt kou, pragmatikman palan, yon vwa nòmal pou pouse ann avan, pi pre objektif lajistis yo ; non pa natirèlman de pa li menm, men enpilse l, fòse pa sitwayen ak sitwayèn mobilize e vijilan yo.

Antretan, reyalite *zòt* oswa reyalite *altènatif* administrasyon Trump lan rejwe devan nou nan aprèmidi jounen 26 jen 2020, sou televizyon an dirèk, pandan retou taskfòs sou Kovid-19 la sou sèn yon konferans de près, apre de mwa absans. Fwa sa a avèk twa doktè kòm antouraj li, vis-presidan Mike Pence bwose yon tablo ki pi optimis, triyonfan e elojye ou ka genyen sou sitiyasyon an nan Etazini ki, daprè li, deja genyen konba kont kowonaviris la e deja reprann yo de resesyon an. Alòske, o kontrè, tout moun konnen—paske lopital yo ak epidemyolojis yo ap klèwonnen sa nètalkole nan tout medya yo—ke plis ke mwatye peyi a ak konfwonte ak yon eklozyon eksponansyèl de kontaminasyon ak desè. Yon reyalite lòt konpayon Pence yo sou podyòm lan rekonèt—doktè Anthony Fauci, Deborah Birx, Robert Redfield ak avoka Alex Azar, minis Lasante ak Sèvis Sosyal yo—, ki di yo alame pa nouvo tandans montay kowonaviris la e yo egzòte moun k ap kouvène yo pou yo fè plis bagay oubyen pi egzakteman (konnen ke Trump ap tande yo yon kote), pou kontinye fè yon ti jan plis bon travay y ap fè a.

An n remake ke dyalite reprezantasyon sa a reflekte tou nan pote mask : tout doktè ki prezan sou podyòm lan pote yon mask, eksepte vis-prezidan Pence...

Chak aksyon administrasyon Trump lan anvè sitiyasyon Nwa yo, espesyalman nan epòk elektoral sila a, enfliyanse pa ideyoloji sipremasis blan an, dènye aksyon l pou kounye a—pou fè plezi ak elektè nan banlye blan rasis yo—se pwopozisyon pou ministè Lòjman ak Devlopman iben an sispann obligasyon legal enpoze sou gouvènman lokal yo pou yo dokimante e fè swivi sou aplikasyon regleman federal yo kont povwete e segregasyon rasyal nan lòjman sosyal. Yon pwoteksyon administrasyon Obama presedan an te ranfòse e ki te benefisye pou laplipa Nwa yo ak pòv yo an jeneral. Menm administrasyon Trump sa a sot prezante yon apèl devan Lakou siprèm lan ki, si apèl sa a agreye (apwouve), l ap diskontinye asirans medikal pou 133 moun ki gen maladi pre-egziste, « anviwon mwatye popilasyon moun anba laj 65 an », selon *New York Times* nimewo 10 novanm 2020 an—tout sa, nan mitan pandemi kowonaviris la !

An tout evidans, prezidan an ak asosye ekstrèm-dwat li yo pa gen pwoblèm pou yo « dekonstwi » Leta de dwa a pou sèvi anbisyon yo, men èske pèp etazinyen an ap asepte sò sa a san reziste jiskobou ? Apoje Donald Trump ak pa Hitler a e Mussolini avan li, konfime konbye enstitisyon demokratik yo fèb. Kidonk, Vijilans ak lespri rezistans dwe rete konstan, transkonjonktirèl e transjenerasyonèl.

Jistis, reparasyon, revolisyon : *entèkonektivite* tribilasyon ak demann yo

Nan yon ekselan esè li pibliye nan jounal *New York Times* an jen 2020, Nikole Hannah-Jones fè yon toudorizon sou 400 zan istwa Nwa yo nan Etazini, li raple nou de peripesi yo nan inivè esklavajis la ansanm avèk lit yo, viktwa yo, desepsyon yo ak lespwa yo. Enpinite sistèm lan bay polisye blan rasis e asasen yo se pa yon aberasyon ni yon ekzajerasyon sistèm lan, men yon politik byen kiltive e konsolide pandan plizyè syèk, ke yo chak fwa reenvante nan nouvo rekonfigirasyon. Hannah-Jones montre nou pakou sa a atravè tout esè a, ke l ouvri avèk yon epigraf ki byen aksyomatik (axiomatique) : « Si yon vrè jistis ak egalite ta dwe janm vin reyalize nan Etazini, peyi a dwe finalman pran o serye sa li dwe Nwa Ameriken yo. »

Epi, li layite yon long tradisyon lit Nwa Ameriken yo pou yo fè respekte dwa yo, trè souvan, kouwè nou wè, fas ak opozisyon djanm e vyolan Blan yo. Lit sa yo ranpòte de tanzantan kèk ti viktwa. An 1968, apre asasinay Martin Luther King, apre deblozay anflame nan plis ke 100 vil nan Etazini, Kongrè a vote yon lwa an favè lòjman ekitab—Fair Housing Act—ki entèdi diskriminasyon baze sou ras, sèks ak relijyon nan jwenn lòjman piblik, yon lwa ki t ap pouri jouk lè a nan tiwa Kongrè. « Sèt jou sèlman apre lanmò King, prezidan Lyndon B. Johnson pwomilge yon lwa nan kapital an dife a », Hannah-Jones raple nou. Yon ti dire kout ki montre ke lit yo souvan pote fri, menm si « laplipa ditan soulèvman sa yo koze anpil tèt chaje ak emosyon men yon tikras nan chanjman estriktirèl ki nesesè yo ».

Nikole Hannah-Jones obsève ke anpil lit Nwa yo pandan kat syèk ak plizyè deseni ki sot pase yo pou yo fè rekonèt dwa yo, toujou plizoumwen desi oswa refwadi pa etablisman blan an ki toujou fini pa jwenn mwayen pou l kontoune, inyore, minimize e souvan menm revèse akizisyon Nwa yo te genyen yo : « Enklinasyon pou aplike pansman [sou pwoblèm yo] e pouse ann avan se yon karakteristik ameriken ki byen notab », Hannah-Jones di. Aboutisman enklinasyon sa a se fè kwè pwoblèm rasyal la deja rezoud e depase. Manmzèl site yon etid Depatman sikoloji ak Enstiti etid sosyal e politik de Inivèsite Yale ki fè konsta sa an 2019 : « Nou kwè fèmeman e avèk pèsistans ke lawont nasyonal la osijè opresyon rasyal te kaba—menm si se te nan lit—e ke egalite rasyal te vin grannman atenn. »

Hannah-Jones sanble panse fwa sa a diferan, konpare ak lòt konjonkti lit yo : « Semèn pwotestasyon yo depi asasinay George Floyd la pouse lejislatè yo entèdi tekni trangle polisye yo itilize a, yo anvizaje siprime aplikasyon lalwa sou iminite kalifye ki rann prèske enposib pou arete polisye ki touye moun yo, e y ap diskite posiblite pou transfere yon pati enpòtan bidjè sèvis polis yo nan finansman sèvis sosyal yo », manmzèl di.

Kouwè anpil lòt obsèvatè remake, Hannah-Jones souliye karaktè miltirasyal e miltijenerasyonèl pwotestasyon yo ansanm ak potansyèl revolisyonè yo genyen : « Kontrèman ak lòt fwa nan tan pase kote Nwa yo te souvan mache e pwoteste sèl pou egzije rekonesans total imanite ak sitwayènte yo, genyen fwa sa a yon lame miltirasyal e miltijenerasyonèl ki desann nan lari yo pandan mwa dènye a. Pwotestatè yo te epapiye nan tout 50 Eta yo, nan andwa gran kou piti, san retire vil ki istorikman blan kouwè Vidò, nan Tekzas, ki rete a 91% blan e 0,5% nwa, ki òganize yon rasanbleman Black Lives Matter o kòmansman mwa jen. »

Otè a souliye de pratik nan lepase ki kontinye gen konsekans malere sou tan prezan an. Premye a, menm si li remonte depi plis ke yon syèk edmi, kontinye ap enfliyanse konpòtman ak reflèks moun : patwouy k ap chase *enklave* ki mawon yo. « Sa fè 150 ane, Hannah-Jones raple nou, ke Ameriken blan yo kapab aplike lalwa sou ensklave yo ki estipile ke Blan k ap aji nan enterè klas plantè yo p ap pini pou asasinay yon Nwa, menm si enfraksyon yo akize Nwa a ensiyifyan. Lwa sila yo vin transfòme an kòd nwa politisyen blan nan zòn Sid yo adopte nan fen lagè sivil la pou kriminalize konpòtman Nwa yo, kouwè lefèt ke yon moun pa gen yon okipasyon. »

Lòt pratik la gen de volè : yon kote esklizyon Nwa yo nan pataj richès peyi a epi, lòt kote a, avantaj ak konsesyon ekonomik yo bay Blan yo, ki vin ogmante privilèj yo t ap jwi deja antanke Blan. Nikole Hannah-Jones site ekonomis William Darity Jr, otè prensipal yon rapò Inivèsite Duke ki pibliye an 2018 e entitile : « What We Get Wrong About Closing the Racial Wealth Gap (Sa nou pa t konprann nan rediksyon eka richès ant ras yo) » kote otè yo chache lokalize e pase anba analiz enstitisyon etatik yo, ajisman, konpòtman, abitid e reflèks ki kondisyone e detèmine sitiyasyon aktyèl Nwa yo, brimad ak lòt fren ostrasizan ki kontinye ap opere.

Hannah-Jones panse ke *reparayon* yo dwe chita nan mitan tout inisyativ ak mezi redrèsman lenjistis rasyal yo nan Etazini : « Darity te di m ke "pwosesis kreyasyon eka richès rasyal la kòmanse avèk enkapasite pou founi bay ansyen *ensklave* yo 40 kawo [tè] yo te pwomèt yo a… Kidonk, restitisyon an pa t janm fèt e li te an reta de 155 ane". » Richès yo pase de paran ak timoun, e tou, nan ka Blan etazinyen yo, de Eta federal la ak imigran blan yo, san retire lalwa Homestead Act la (Lwa sou pwopyete) ki vin yon kado pwovidansyèl ak sila yo pami « Aryen » yo ki vle kreye ti inivè Apartheid pa yo.

Manmzèl raple nou ke tout privilèj gen yon anteryorite : « Sito yo fin deside Nwa yo pa merite restitisyon, gouvènman federal la kòmanse bay Blan nan zòn Wès yo dè milyon kawo d tè daprè lalwa Homestead Act la, pandan menm l ap ankouraje etranje blan yo pou yo imigre avèk òf tè gratis. » Byenke Nwa yo te elijib pou lalwa Southern Homestead Act ki pwomilge an 1866 lan, yo te anpeche yo pran avantaj de li akoz diskriminasyon de fakto ak lòt obstak enstitisyonèl yo, e tikras tè yo resevwa oswa yo te ofri yo a te pou laplipa non pwodiktif e difisil pou jere.

Sa vin bay pou rezilta yon kondisyon inegalite sosyoekonomik ki pèsiste e ki nan kè revandikasyon manifestan Black Lives Matter yo : « Disparite revni ant ras yo pa diferan jodi a de jan yo te ye nan deseni ki te anvan Mach sou Wachintonnn lan. An 1950, daprè yon etid pa ekonomis Moritz Schularick, Moritz Kuhn ak Ulrike Steins ki pral vini nan *Journal of Political Economy,* revni mwayen fwaye Nwa yo te anviwon mwatye pa Ameriken Blan yo, e sa rete menm jan an jodi a. »

Se nan fen esè a Nikole Hannah-Jones rezime sa ki esansyèl nan anje, objektif ak aspirasyon manifestan Black Lives Matter yo ap goumen pou yo a : « Pou lavi moun nwa vrèman konte [nan Etazini] d Amerik, nasyon sa a dwe ale pi lwen ke eslogan ak senbolism yo. Sitwayen yo pa erite sèlman laglwa nasyon yo, men fot li yo tou. Yon peyi ki vrèman gran pa inyore ni eskize peche l yo. Li konfwonte yo epi li fè jefò pou l korije yo. Si nou ta renmen pou nou ekspye mal la, si nou ta vle pou n alawotè ideyal mayifik ki fonde nou yo, nou dwe fè sa ki jis. Li tan pou peyi a peye dèt li. Li tan pou nou pwosede bò kote reparasyon yo.[14] »

Dekonstwiksyon Leta de dwa elektoral la

Pouvwa egzekitif etazinyen an sou wont plonje peyi a nan yon gwo gouf, e klas politik la pa wè sa kou yon ijans ; yo prefere ret tann eleksyon novanm 2020 yo. Se yon fòm lachte ak demisyon politik. Prezidan Trump konnen byen ke pouvwa prezidansyèl la ba l mwayen pou l fè anpil bagay, san retire padone e komye lapenn prizon konplis li yo kouwè l fè pou Roger Stone—e menm revoke pwokirè tribinal anchaj ka ki touche zafè fanmi l ak zanmi l yo. Li ta bon pou yo te prevwa—e l toujou posib pou fonde—yon mekanism enstitisyonèl ki pre pou kontrekare tout ti tirano prezidan ki akite de *impeachment* e ki kwè li gen lavwa lib pou l « dekonstwi » Leta de dwa a, pandan ke l ap fè ti dife vole pou ankouraje yon eta jeneral de rayisman rasyal ak izolman tribalis nan sen popilasyon an.

Eleksyon Donald Trump lan, manda prezidansyèl li a, akitman l de *impeachment* an, pouvwa yo ba li pou l reponn oswa non ak pandemi Kovid-19 la, kontinyasyon l o pouvwa menm apre tout enkonpetans ak endiferans li montre vizavi ravaj maladi a nan peyi a, ensitasyon l ak egzòtasyon l popilasyon an anfavè layèn rasyal—oubyen tou toutpwisans ak enpinite li fè tout sa li fè yo—, tout sa di plis e otan sou karaktè peyi a ke sou karaktè Donald Trump. Sistèm kapitalis dominan an ki gouvène peyi a twouve misye aseptab e bon pou biznis yo. Wall Street twouve li aseptab, san retire senatè pwisan nan majorite repibliken nan Sena a, pami yo ansyen senatè Alabama, Jeff Sessions, yon rasis repite, ak lidè majorite senatoryèl aktyèl la, senatè Mitch McConnell, ki gen madanm li, Elaine Chao, kòm minis di Travay nan administrasyon George W. Bush la de 2001 a 2009...

Byen anvan parisyon kowonaviris la ak destabilizasyon kalkil elektoral Trump yo, mwen te reyalize avèk alam konbyen *pwobab* reyeleksyon Trump te ye, malgre mechanste li komèt kont imigran yo, malgre pawòl akomodan l yo anvè Ku Klux Klan, malgre rasism li ak mansonj an seri l yo, malgre deplimen l ak sibònasyon l enstitisyon Leta yo, malgre *impeachment* l lan—menm si yo evantyèlman akite l—pou abi pouvwa ak obstriksyon kont Kongrè, e malgre avilisman l de imaj peyi a.

Malgre tout bagay sa yo, barèm popilarite Trump rete alantou 44%-46%. Nan yon sondaj opinyon jou 24 janvye

2020 pa ABC News ak *Washington Post,* yon majorite 56% Etazinyen di yo satistè ak fason jan Donald Trump jere ekonomi a, yon ogmantasyon 10 pwen parapò ak septanm. Elektè enskri yo sonde yo bay Joe Biden, konkiran Trump lan, 50%, e 46% pou Trump ; kèk mwa anvan, se te 56% kont 39%, kidonk yon gen de sèt pwen pou Trump.

Natirèlman, kowonaviris la ak fason abominab Trump jere li vin chanje grannman estatistik sa a, jodi a (fen oktòb 2020), sondaj opinyon yo bay Biden yon pi gwo e miyò chans pou l genyen eleksyon 3 novanm 2020 an.

Sa fè kè m mal wè Etazini ap soufri konsa, akable anba yon dezas toudenkou e ak yon detrès ki koze pou laplipa pa enkonpetans lidèchip nasyonal li a, yon bann moun opòtinis e lach. Chòk ekonomik la vin ankò pi katastwofik, espesyalman pou mas moun semi-anplwaye yo nan sektè enfòmèl la ak sektè sèvis konsomasyon ak divètisman yo, san retire sektè atizay ak aktivite kiltirèl yo an jeneral.

Yo revoke an mas yon dal travayè ak travayèz. Sa k pi chanse yo ka kolekte alokasyon chomaj pou kèk mwa, men tanpi pou lòt sila yo ki pa t gen yon travay oubyen ki fini ti lajan chomaj yo ba yo a. Anpil moun nan klas ouvriye yo, ki vin jwenn tèt yo sibitman an chomaj, pa gen ase manje pou yo manje e yo pa ka peye lwaye oswa ipotèk kay yo. Gen kèk minisipalite ki dekrete yon moratwa sou eviksyon pou non-pèyman lwaye, men li dire sèlman kèk mwa. Anpil eviksyon ak fòklizyon kòmanse deja, moun ap tann ankò yon layite k ap vini. Ti kras lajan Leta federal la te bay moun yo pa dire anpil e yo poko konnen si Leta ap bay yo plis. Pandemi a ofri patwon ak manajè yo yon bèl okazyon ak pretèks pou yo abize redevans kontraktyèl yo, kidonk, yo revoke e « re-òganize » travayè ak travayèz agogo. Moun yo malere, anpil lòt bò abim dezespwa.

Divèsite etnik, rasyal, sosyal e jenerasyonèl manifestan Black Lives Matter yo, majorite ekrazan de jèn moun de tout klas sosyal ki fòme yo a, *entèkonektivite* rekriminasyon ak demann yo—ki gen ladan yo lenjistis sistemik dwa penal la, rasism enstitisyonèl, inegalite ak disparite sosyoekonomik e politik yo, diskriminasyon seksyèl e seksis, chomaj andemik, travay ki pa peye, deteryorasyon klimatik, elatriye—, tout bagay sa yo fè nou panse ke se yon mouvman *nouvo* ki devan nou la a, yon mouvman ki soti nan e nouri pa zantray vivan nasyon etazinyen an. Li fè dezòmè pati de biyopolitik kritik e desizyonèl fòs ajisan peyi a, li la pou l dire, sou yon fòm oswa sou yon lòt osi lontan rekriminasyon ak demann yo pa satisfè ; li la pou l refasone, re-ekilibre, re-estriktire, redrese, revolisyone e *imanize* sosyete esklizyon ak lenjistis ki degrade èt imen e ki deja dire twò lontan yo, senpleman paske yo kamoufle anba aparans nòmalite enfami enstitisyonèl la.

IV. « Yon fayit lidèchip fenomenal e katastwofik »

Listwa filgirans dezolab rejim Trump lan nan Etazini vin evantyèlman abouti, jounen eleksyon prezidansyèl etazinyen an, madi 3 novanm 2020, nan yon kalfou ki mennen nan de chimen : yon chimen ki bay sou posiblite pou peyi a reprann souf li avèk eleksyon Joe Biden ak Kamala Harris—e repati vè rekonstitisyon ak reevalyasyon tout valè ak nòm demokratik administrasyon Trump lan demantibile yo. Lòt chimen an se kontinyasyon ak konsolidasyon oryantasyon fachis la.

Pou kounye a (10 septanm 2020), sètadi diran de mwa akselerasyon final kanpay pou eleksyon jeneral yo anvan dat fatidik 3 novanm lan, Donald Trump sanble pa bay tèt li okenn retni ni eskripil pou l netralize sa ki rete de Leta de dwa etazinyen an ak lòd sivil e politik peyi ap swiv la depi fondasyon li an 1776. Kounye a, Trump pa anbarase tèt li ankò de okenn kominikasyon kode. Li opere o gran jou, deklare kareman e klèman sa li vle.

Lè Trump reyalize, akoz pandemi Kovid-19 la, Eta yo kòmanse fasilite pou plis moun vote pa lapòs alavans olye de riske plis kontaminasyon nan liy d atant jou final eleksyon an, li parachite yon nouvo direktè nan depatman Lapòs federal la, yon milyadè ki te kontribye nan kanpay prezidansyèl li a. Direktè a, Louis DeJoy, revoke nan tou pa l yon grap anplwaye nan depatman an, patikilyèman sa yo ki anchay sikilasyon lèt ak kourye. Misye bay lòd pou dezaktive e retire gwo machin ki triye e klase lèt ak kourye yo anvan faktè a delivre yo. Li pa rete la : li menm bay lòd pou retire—e yo retire anfèt—yon pakèt bwatalèt ble fonse moun konn wè nan kwen lari Etazini yo. Lè popilasyon an ak Kongrè a rele anmwe, direktè lapòs la senpleman di l ap estope lòd li bay yo, men tout chanjman—ak dega—ki deja fèt yo ap rete san

Tyaka Poetica

korije. Konsa li refize retounen machin triyè lèt ak kourye li te retire yo. Kouwè Rachel Maddow, animatris estasyon televizyon MSNBC a, di, si w ta renmen anile vot anpil moun ou panse ki p ap bon pou ou, pi bon jan pou w fè sa se anpeche lapòs fè vot yo rive alè pou konte yo…

Trump pa ret la sèlman. Nan yon entèvyou ak televizyon WECT nan Wilmington, Karolin-di-Nò, jou 2 septanm 2020, li egzòte sipòtè l yo pou yo al vote de fwa : « Kite yo voye bilten lapòs la e kite yo ale vote », li di yo. Pou rann sa pi klè, li ajoute : « Si sistèm lan bon jan yo di a, yo p ap evidamman kapab vote. » Menm lè moun pwoteste, li repete ankourajman sa a palaswit plizyè fwa nan semèn ki swiv lan.

Sa ki ankò pi enkyetan an, se pa sèlman zak demantibilasyon lapòs gouvènman Trump lan fè pou l ede reyeleksyon li : li ankadre l e kadre demach li a nan yon pwojè sistematik pou li kowonp Leta de dwa, san okenn sousi si desizyon li pran sou lasante yo afekte lavi ak lanmò popilasyon nasyon Etazini yo ki pi vilnerab. Nan yon konjonkti istorik—sa m pral di la a rive nan lavi reyèl, se pa yon egzajerasyon estilistik—kote nonb kontaminasyon Kovid-19 ap ogmante nan plizyè Eta e moun ap mouri chak jou nan kantite 88 900, ant 5 000 ak 6 000 chak semèn, prezidan Trump deklare se tès depistaj yo ki ogmante twòp e ke depatman anchaj yo dwe bay lòd pou diminye kantite tès yo fè. Li di l plizyè fwa, nan mikwo televizyon. An kontradiksyon ak tout konsèy epidemyolojis yo—ak pwòp CDC li—ki di se sèlman avèk èd tès depistaj, trasaj kontaminasyon, distansyasyon sosyal e prekosyon ijyenik n ap ka pot laviktwa sou viris anraje sa a. Ann antandan, kou n espere kounye a (27 septanm 2020), yon vaksen prevantif.

Trump pa rete la, li inisye tou yon kanpay denigrasyon kont pwòp epidemyolojis prensipal taskfòs la, doktè Anthony Fauci, li di misye pa toujou di bagay ki vre ; li voye nan emisyon televizyon kèk manm kabinè l yo ki ensinye yon pòtre de Fauci kou yon nonm ki pa konn sa l ap di. Menm lè moun ap mouri pasipala, li pase plizyè semèn san ke mo « kowonaviris » ak « Kovid-19 » pa t janm sot nan bouch li.

Lè l wè estrateji sa a p ap mache, Trump fè yon viraj 90 degre e relouvri konferans chak jou ak laprès la swadizan sou kowonaviris, men san patisipasyon ni doktè Anthony Fauci, ni menm doktè Deborah Birx, ki yon ti jan pi akomodan ak li. Fwa sa a, li menm ak kèk lòt ideyològ administrasyon an pale de kowonaviris ak Kovid-19 kou yon konba yo deja genyen, yon trajedi nan lepase ke yo deja simonte gras ak jefò fòmidab yo deplwaye. Yo pale de remèd mirak yo bay lòd pou bay pasyan yo—pami yo plasma konvalesan, ki pa montre ankò prèv li vrèman efikas—, e ponpe lide yon vaksen pral vini ak nenpòt kèl moman, anvan eleksyon prezidansyèl fikse pou 3 novanm lan.

Dènye anonsman sa a fè anpil syantis rele anmwe, paske menm lè yon moun ka pouse akselere yon vaksen nan yon sitiyasyon pandemi ijan, genyen toujou etap enpòtan nan devlopman li yo pa ka fòse ni inyore—e se sa jisteman rejim Trump lan deside fè twa mwa anvan eleksyon an. Yon mannèv, evidamman, ki ka gen konsekans motèl pou lasante piblik.

Yon lòt taktik kanpay Trump lan anplwaye pou avantaje reyeleksyon li, se chache netralize vot gwoup demografik li deziyen ki siseptib pou yo vote pou demokrat yo, tankou moun nwa ak lòt minorite etnik yo. Avrèdi kanpay ak mekanism pou siprime vot moun endezirab yo pa kòmanse ak Trump ; se yon estrateji ki byen ankre nan abitid sèten Eta nan Etazini ki itilize l depi apre pasaj 15èm Amandman konstitisyon an an 1870 ki rekonèt dwa de vot Nwa yo. Reyaksyonè Blan yo dabò fè tout sa yo kapab pou refize Nwa yo dwa de vot, epi lè yo fin genyen li, yo itilize enfliyans ak kontwòl yo genyen sou sèten Eta pou yo siprime vot yo, atravè diferan tip de mwayen ki enkli *literacy test* (« tès alfabetizasyon »), pèyman taks egzòbitan, *gerrymandering* (chakitaj sikonskripsyon elektoral), dezenfòmasyon, entimidasyon, elatriye. Ari Berman rapòte, an 2017 te gen « 99 pwojè lwa pou limite aksè ak bilten vot ki entwodui nan 31 Eta », pami yo Wisconsin, Kawolin-di-Nò e Nwou Hampchè[1].

Youn nan mekanism administratif Eta kou Alabama, Lwizyàn e Misisipi espesifikman renmen anplwaye se sa yo te rele « *literacy test* » la, ki se yon swadizan tès alfabetizasyon pou tout moun k ap vote, konesan byen l ap dezavantaje anpil Nwa. Lè prezidan Lyndon Johnson prezante *Voting Rights Act* la (« Lwa sou dwa de vot ») an 1965 devan Kongrè a, li raple palmantè yo gen Eta nan zòn Sid la ki konn fè votè Nwa yo « resite tout konstitisyon an oubyen esplike atik ki pi konplèks nan lwa Eta yo »[2]. Sèdènye tan, yo itilize taktik ralantisman ak entimidasyon ki otreman efikas, kouwè redui aksè ak biwo de vot yo, kouri bri lapolis ap la pou tcheke tout bagay, tabli dat limit enskripsyon ki pa fasilite moun ki okipe, kondanasyon ak anprizonnman pou krim ki fè kondane oswa prizonye yo pèdi dwa de vot yo, elatriye.

Mwa septanm 2020 an jwenn Trump dèyè Biden nan prèske tout sondaj opinyon ; li jwenn misye patoje tou nan yon litani kontwovès, youn ladan yo gen a wè ak mank respè Trump montre anvè sòlda etazinyen ki mouri nan Premye gè mondyal la an Frans. Dènye revelasyon sa a pete nan jounal *Atlantic* ki pibliye yon atik ki aleje ke Trump anile yon vizit nan Simityè Ameriken nan Aisne-Marne an Frans, tou pre Pari, an 2018, paske, li di laprès, lapli anpeche elikoptè l la vole e ajan sèvis sekrè yo pa t vle kondi l nan machin. Ki se te yon manti, paske vrè rezon an se senpleman li pa t vle pou lapli a deranje cheve l. Jounal la di, nan yon konvèsasyon avèk estaf siperyè l yo jou maten vizit la, Trump di yo : « Pou kisa mwen ta dwe ale nan simityè sila a ? Li chaje ak pèdan », epi jounal la ajoute : « Nan yon konvèsasyon separe sou menm vizit sa a, Trump refere ak 1 800 marin ki pèdi lavi yo nan Belleau Wood kòm « fèb d espri » *("suckers")* pou lefèt ke yo te mouri.[3] »

Simityè Belleau Wood la venere pa marin etazinyen yo e pa Lafrans pou lefèt ke se la Kò Marin lan te estope avansman sou Pari ofansiv fòs alman yo nan prentan 1918. Batay sa dèteminan nan kous Premye gè mondyal la vin pran. Malgre tout demanti Trump avanse yo, istwa a ret la pi rèd pou de semèn.

Yon liv de two oswa yon tep niksonyen ?

Genyen yon endistri liv k ap fleri sou Donald Trump, souvan ki ekri pa ansyen asosye l oswa pa jounalis administrasyon an bay aksè, koumanse ak *Fire and Fury: Inside the Trump White House* (« Dife ak kòlè : Anndan Mezon Blanch Trump lan »), ekri pa Michael Wolff, ki te fè Steve Bannon pale kou yon wosiyòl. Pami senk dènye liv nan sezon eleksyon kounye a genyen liv nyès Trump lan, Mary Trump, liv ajan FBI la, Peter Strzok la, liv ansyen avoka prive Trump lan, Michael Cohen, ki relate anpil istwa ki deja sikile nan laprès, men avèk plis detay ak ti degi jwisan. Senkyèm lan se liv Bob Woodward la, yon jounalis selèb depi zafè Watergate la ki mennen nan demisyon Richard Nixon an 1974[4].

Liv Bob Woodward la, *Rage* (« Raj ») ki chita sou administrasyon Trump lan ak evennman ki mangonmen ak li yo, pi *kontèksyèl* ke lòt yo paske revelasyon l yo—anpil ladan yo pawòl anrejistre sou disèt tep ki sot nan pwòp bouch Trump—tonbe nan konjonkti deba sou eleksyon an. Pami yo, deba sou reyaksyon rasis Trump anvè Etazinyen Nwa yo, epitou repons malonnèt Trump anvè kowonaviris la, kote ou tande Trump ki admèt ak Woodward ke li te delibereman manti, depi 7 fevriye 2020, sou severite kowonaviris la e kache lefèt ke l se yon viris ki senk fwa pi kontajye e mòtèl ke gwo grip la.

Gen pati nan liv la kote Woodward mennen Trump layite santiman ki nan fon kè l vizavi moun nwa, kou pa egzanp lè Woodward mande misye si l ka jwenn ak li, antanke de Blan ki sot nan fanmi privilejye, pou yo rekonèt lenjistis sistèm lan ap fè kont Nwa yo. Trump reponn li e di non li pa janm gen santiman sa yo e ke si se pa *Kool-Aid* li bwè ki fè Woodward ap divage konsa. Sa pa sekrè pou pèsonn nan Etazini ke Trump se yon rasis ; e si l te yon sekrè, twa zan e nèf mwa prezidans li an devwale sa san okenn anbigwite, ni konfizyon. Nan repons vag, kòmsideryennetè, li bay ak kesyon Woodward la, li fè l devwale pwofondè sikolojik layèn oswa endiferans rasyal Trump resanti nan fon kè l.

Sa ki pi enkyetan lakay Trump—mwen pwobableman repete kliche sa a plizyè fwa deja !—se pa rasism li santi nan fon kè l, sa ki pi enkyetan se *enstwimantalizasyon* li fè de mekanism enstitisyonèl Leta yo pou materyalize fantasm rasis li yo, ale jiska vitalize yon akò tasit avèk Ku Klux Klan pou pwomosyon pwopagrann rasis moun te konn tande nan epòk Jim Crow oswa nan Almay nazi nan ane 1930–1945 yo.

Depi omwen nan mwa jen 2020, apre lanmò George Floyd la, ki kontinye pwovoke pwotestasyon toupatou, Trump deside pou l pa kite okenn ti rès desans li ta genyen enpoze okenn jèn nan pouswit reyeleksyon l. Li wè li ka itilize kòlè ak emosyon asasinay Floyd la koze lakay popilasyon an kou mwayen pou l seme panik kay moun blan nan banlye sèten Eta nan zòn Sid ak Midwès yo ki pi reseptif ak yon diskou rasis.

Antan k obsèvatè politik k ap viv nan Etazini, kè m rache wè nan ki degradasyon moral peyi Etazini vin tonbe. Kè m rache wè yon prezidan etazinyen ke ofis fè anpil moun konsidere kou gid pou ba yo dyeksyon ap kanaye tèt li e avili fonksyon an avèk tout basès sa a. Antan ke yon Nwa k ap viv nan Etazini sou rejim rasis anti-nwa Donald Trump la, mwen santi m atriste non sèlman pou mwen menm, men tou pou tout Nwa ak lòt minorite etnik yo ki sib yon pèsonnaj si pwisan kou yon prezidan Etazini. Mwen atriste wè prezidan Trump deklare lagè kont gwoup demografik ki pi vilnerab yo nan fabrik miltietnik nasyon etazinyen an. Kouman yo santi yo ? Kouman y ap viv gwo epe Damoklès sa a ki pandye sou tèt yo a ? Se vre, anpil nan yo desann nan lari—avèk èd solidarite grann kantite Blan—pou mande chanjman nan estrikti sosyopolitik peyi a, men kouman, sou yon plan pèsonèl, sou yon plan egzistansyèl, y ap viv dram sosyetal e istorik sila a ?

Nan fen liv li a, Bob Woodward rezime disèt entèvyou l yo, sou dizè d tan, ak Trump la, yon ti jan desi : « Tout prezidan gen yon gwo obligasyon pou l enfòme, avèti, pwoteje, defini objektif ak vrè enterè nasyonal la. Li ta dwe yon repons revelatris ki di laverite nan lemond, espesyalman lè gen kriz, olye de sa Trump enskri enpilsyon pèsonèl kòm yon prensip prensipal prezidans li a. Lè m pran pèfòmans li kòm prezidan nan tout entegralite li, mwen ka rive ak yon sèl konklizyon : Trump se move moun pou djòb la a.[5] ». Nan yon entèvyou apre sa, Woodward mande tèt li kouman ou ka fè eksperyans sa a e pa rive nan konklizyon sa a ? Li di kategorikman : « Prezidans Trump lan se yon fayit lidèchip fenomenal e katastwofik. »

V. Toubiyon kawo : Kriz kòm posiblite pou rekòmansman

Trump reprezante sistèm kapitalis la nan manifestasyon pi absid, demounizan e ensansib li. Se yon paradòks ke yon sistèm panse ak ajisman ki pretann baze sou e gide pa larezon kapab mennen nan yon mòd panse e ajisman ki si detache de reyalite.

Trump renmen kenbe peyi a nan kriz pèmanan, anpil ladan yo kriz li envante li menm, anpil lòt menm si li pa koze yo, li antouka anpire yo, kouwè kriz kowonaviris la. Men ke l kreye l ou pa, ke kriz la sèvi koz Trump oswa pa, li chache eksplwate l e envante fè ak reyalite pa l pou li kontwole li—oswa detounen rega moun sou li. Se sa l fè de kriz kowonaviris la, kriz asasinay George Floyd la ak kriz sou ranplasman jij Ruth Ginsburg nan Lakou siprèm lan.

Karann-senk jou anvan 3 novanm 2020, dènye jounen vot nan eleksyon prezidansyèl la, peyi Etazini tonbe nan yon nouvo kriz. Fwa sa a se osijè nominasyon yon nouvo jij nan Lakou siprèm lan apre lanmò jij Ginsburg, yon figi venere pa lagoch etazinyen an, espesyalman pou sipò inebranlab li pou rekonesans dwa sivik fanm yo, LGBTQ yo ak lòt minorite.

Gen kriz paske kat ane oparavan, an mas 2016, lè Barak Obama te nonmen jij Merrick Garland pou konble yon vakans nan Lakou siprèm lan apre lanmò jij Antonin Scalia, repiblikèn yo nan Sena a, ki te an majorite, te di yo p ap menm bay yon odyans ak jij nonmen an paske vakans nan Lakou siprèm lan tonbe nan yon « ane eleksyon prezidansyèl » e ke Obama dwe ret tann apre eleksyon prezidansyèl la—fikse pou uit mwa pita—pou li nonmen yon ranplasman paske li ta bon pou elektè ak elektris yo gen yon mo nan sa. Moun prensipal ki te dèyè agimantasyon sila a : Mitch McConnell, prezidan Sena a.

Alòske se menm Mitch McConnell sa a ki di kounye a l ap pouse pou l ratifye nenpòt jij Donald Trump ta nonmen menm si l fè l kèk semèn anvan eleksyon prezidansyèl la. McConnell efektivman vyole pwòp presedan reglemantè pa l. Yon flipflòp ki montre, yon fwa ankò, mepri politisyen yo pou prensip ak règ, e ke, politik, anvan tou, se rapò fòs.

Natirèlman, demokrat yo rele anmwe, akize misye de flipflòpman ak movèz fwa. Yo di si repibliken yo reyisi nan magouy yo a, sa ap fè de jij Lakou siprèm repibliken yo vòlè nan men demokrat yo.

Epitou, lefèt ke nouvo jij Donald Trump nonmen an, jij Amy Coney Barrett, ap vin chanje dramatikman ekilib pouvwa nan Lakou siprèm lan—ak yon majorite 6 konsèvatè kont 3 liberal—, se yon sitiyasyon k ap menase anpil akizisyon dwa moun mouvman demokratik la te akonpli yo. Pami yo kouvèti asirans medikal pou 100 milyon Etazinyen, dwa fanm yo a avòtman, dwa kominote LGBTQ yo, dwa sivik Nwa yo ak dwa imigran yo. Yon evantyalite ki fè anpil militan demokrat ap mande pou demokrat yo refòme Lakou siprèm lan kan—e si—yo pran pouvwa a.

Natirèlman, pou nou menm yo ki konn istwa peyi sila a e ki swiv lachte ak timidite lejandè demokrat yo, nou pa espere okenn nan pwomès yo fè yo. Apre monte Barak Obama ak Joe Biden o pouvwa an 2009, gras ak gran sipò popilè, demokrat yo te kontwole prezidans la ansanm ak tou lè de chanm Kongrè a. Ki sa yo fè avè l ? Yo vote e ratifye yon lalwa timid sou asirans medikal ki kite tout konpayi asirans voras yo an kontwòl, menm si l pote kèk ti chanjman parapò ak ansyen sistèm lan moun te renmen.

Pou kounye a, youn nan pwopozisyon ki fèt, pou kontre-kare yon Lakou siprèm ki kontwole pa jij konsèvatè nan yon rasyo de 6 kont 3, se pou demokrat yo ajoute kat (4) nouvo lòt jij liberal pou plizoumwen redrese ekilib pouvwa nan sen yon enstitisyon Leta ki si pwisan. Li dotanpli pwisan ke se sou li Donald Trump repoze tout estraji pou l rete o pouvwa menm lè yon grann majorite Etazinyen ta rejte li pa yon vot popilè masif ansanm ak yon majorite nan Kolèj elektoral la.

Li t ap pran tout yon liv pou resanse e anliste tout kantite fabilasyon, mansonj, kakakri ak malveyans kat ane prezidans Donald Trump lan simayen sou biskèt peyi Etazini. Li itilize vilnerablite ti Blan k ap soufri de disparite sosyoekonomik sistèm sinik kapitalis la pou l ranfòse ensten ki pi animal nan yo, pou l vann yo yon pwojè politik ilizyonis ki sot nan mwèl chimè egosantris e sosyopatolojik pwòp sèvèl pa l. Si l se yon jeni, kouwè l renmen rele tèt li, se paske l reyisi pran pouvwa laprezidans lan e kenbe li pou katran menm lè tout moun rekonèt nan fon kè yo ke misye se yon fwod e yon san-manman.

Anpil nan ajisman, pwononsman ak pwopozisyon Trump yo parèt tankou yo soti de yon epòk nan lepase nou panse nou te depase ; men an reyalite limanite poko janm depase estad baba e irasyonèl gouvènans èt imen. Si n pa kwè sa nou ka sèlman pran pou prèv fason l ap jere vitalite ekosistèm lan, opwen li mennen l jodi a nan yon nivo degradasyon ki menase sivivans limanite.

Se vre se pa tout tan e tout kote nou wè yon prezidan yon grann pwisans mondyal fè tout sa li kapab pou li kouvri yon katastwòf sanitè nan mitan yon pandemi k ap touye moun chak jou pa dè milye ; se vre se pa tout tan e tout kote nou jwenn yon prezidan si deprave, si amoral e si sosyopatolojik ; se vre se pa tout tan e tout kote nou wè yon prezidan pran lèzam kont plizyè minorite etnik e sosyolojik sosyete li sipoze reprezante a. Men, sepandan, sa pa fè Trump twò diferan ke sa, si se te sa ou ta dwe mande tèt ou yon senp kesyon ak pwolonjman l : kouman l fè vin o pouvwa e dire tout tan sa a, menm lè Sena a te gen opòtinite pou choute l ale ?

Pou kounye a, jounen 25 septanm 2020, nouvo kontwovès ak kriz k ap travèse peyi Etazini nan « era Trump » lan—jan anpil moun rele tan prezidans tèt-chaje nonm sila a. Apa kriz sou replasman jij Lakou siprèm lan nou mansyone pi wo a, gen deklarasyon Trump fè ki endike li p ap asepte rezilta eleksyon 3 novanm lan si se pa li ki eli. Anfèt misye deja di plizyè fwa ke sèl fason pou l pa reyeli se si gen fwod elektoral demokrat yo manniganse. Anpil moun denonse misye, pami yo kèk repibliken. Men sa ki sèten an, sèke li klè kèlkelanswa jan eleksyon an pase, si se pa li ki genyen, Trump ap deklare se yon rezilta fwod e ilegal. Yon endesizyon, li espere, k ap vin deside pa Lakou siprèm lan ki, antretan, ap vin gen nèf manm—6 konsèvatè, 3 liberal. Kidonk, yon enstans deja pare pou ratifye koudeta elektoral k ap prepare a.

***

Lè Trump panse li ka detounen, defikse, atansyon popilasyon an sou Kovid-19 kan li kouri prese nonmen jij Amy Coney Barrett nan Lakou siprèm lan, se te *byen panse mal kalkile*, kouwè yo di ann Ayiti, paske li pa t kalkile posiblite biyo-politik enfini resous nasyon an. Li pa t kalkile enfòmasyon sou enpo li peye—oswa li pa peye—e ke l t ap goumen zong ak dan pou l kache e vwale a, t ap vin layite sou lavwa piblik pou tout moun wè. Wi, gras ak kout je jouda jounal *New York Times*, popilasyon an vin aprann miltimilyadè Trump peye sèlman 750 dola enpo—wi, 750 dola—pou de premye ane l o pouvwa a e ke l pa t peye okenn taks ditou dis nan dènye kenz ane yo !

An 1931 yo te voye gran ganstè Al Capone nan prizon pou mwens detounman enpo ke sa, antouka se sa anpil moun di. Nouvèl sa a tonbe jou 27 septanm 2020, pèsonn poko konnen ki rezonans li ka genyen ka elektè endepandan ak patizan Trump yo. Menm sila yo ki dòlotan anvè li ka pa renmen reyalize yo peye pou dizan pi plis taks ke prezidan Etazini, yo ka vin rekonèt se yo menm ki se *sucker*, fèb despri, sangsi ap souse san an.

Nan atik *New York Times* la, ki gen gwosè mwatye yon gwo liv, otè yo bay detay sou lajan Donald Trump prete nan men enstitisyon finansye nan peyi Filipin, Latiki ak Azèbaijan ; yon sitiyasyon ki ka konpwomize sekirite nasyonal Etazini. Jounal la di Trump ap nwaye nan dèt ki totalize 421 milyon dola, majorite ladan yo petèt enstitisyon kontwole pa Larisi. Jounal la kòmante : « Fwa sa a, li pèsonèlman responsab pou prè ak lòt dèt ki totalize $421 milyon dola, pi fò nan yo lè pou peye yo ap vini nan lespas kat ane. Si li ta genyen reyeleksyon, moun li dwe yo ap vin nan yon pozisyon san presedan si yo blije koupe kredi pou yon prezidan ann egzèsis.[1] »

Yon lòt kontwovès ki rive nan sware 30 septanm 2020 an, pandan premye deba ant Donald Trump ak Joe Biden lan, se lefèt ke Trump refize kondane yon gwoup estremis sipremasis blan yo rele Proud Boys (« Ti Gason Fyè »). Lè moderatè a, Chris Wallace, mande tou lè de debatè yo si y ap dakò, nan moman kounye a, pou yo kondane vyolans gwoup sipremasis blan ak antifachis yo ap deplwaye kont opozan yo, Trump reponn : « Proud Boys, rekile epi ret tann ! » Yon repons dwòl e enkyetan men ki toudmenm konsistan ak diskou e senpati pou sipremasism blan Trump egzibe pandan senk dènye ane yo.

Si ou te santi w yon tijan degoute, lannwit deba prezidansyèl etazinyen an, kote ou te wè yon prezidan mantalman destabilize k ap solisite èd sipremasis blan pou kraze zo manifestan Black Lives Matter yo ; si w te santi w etoudi nan yon toubiyon kawo, ou pa pou kont ou, e se pa fou ou te fou. Se toubiyon kawo rejim Trump lan seme nan pasaj li. De eskandal a eskandal, de kontwovès a kontwovès, de kriz an kriz, popilasyon pa t konn ki sen pou l adore ni kote l bout ak Trump.

Avèk ranplasman jij Ruth Bader Ginsburg pa jij konsèvatris Amy Coney Barrett nan Lakou siprèm lan, se tout pwogrè an tèm dwa sivik Nwa yo, dwa fanm ak dwa LGBTQ nan dènye 56 ane ki sot pase yo ki siseptib pou vin remèt an kesyon. San retire menas sou Affordable Care Act la, lalwa ki bay anpil moun defavorize asirans medikal.

Se yon jistis powetik pèvè ke twa pi gran denyè Kovid-19 la sou sèn entènasyonal la vin yo menm tou viktim de li, menm si se te sèlman pou pote laperèz nan santiman sinik yo eksprime sou li. E akoz de aksè yo ak ekselans pi michan swenyaj medikal ki genyen tou lè twa chape kòtòy yo de pi movèz malfezans viris sa a ka koze. N ap pale evidamman de Boris Johnson, Jair Bolsonaro ak Donald Trump, twa lidè ladwat entènasyonal la ki plase enterè Bous ak gwo biznis anvan lasante piblik e ki te parye sou sipresyon santiman sou danjewozite kowonaviris la pou relativize li olye de konfwonte li pou sa li a : yon pandemi ki menase lavi moun ak lòd nòmal sosyete a, pa sèlman pwodiksyon ekonomik. Se vre ke Boris Johnson vin evantyèlman wè lalimyè di sentespri, si m ka di l konsa, men deni misye a te deja koze yon pakèt dega.

Men sa komantatè Chris Cillizza, editè CNN, di jounen 2 oktòb 2020 sou nouvèl alafwa Donald Trump, madanm li Melania ansanm ak konseyèz li, Hope Hicks, atrape kowonaviris la : « Malgre menas kontinyèl viris la, Trump te ogmante frekans vwayaj kanpay li pandan dènye mwa yo anmenm tan l ap chache rasire peyi a ke yo te genyen batay kont viris la e ke lè a rive pou vanse atake lòt pwoblèm yo, pi patikilyèman manifestasyon vyolan k ap pase nan lavil toupatou nan peyi a. (…) Malgre konsèy CDC yo—kòmanse nan mwa avril—ke mete-mask se youn (e pi bon) fason pou konbat enfeksyon Kovid-19 la, prezidan an pa sèlman eksprime dout sou bezwen pou mete mask, men li te tou pase Biden nan tenten pou lefèt ke l mete mask. » Kay anpil kritik ki obsève manèv rejim *reyalite altènatif* trumpis la deplwaye pou l eskive fokalize sou malè kowonaviris la, ou santi repwòch kè fè mal pou mankman flagran sa a ak responsablite gouvènman an. Yo wè kontaminasyon manm administrasyonan an pa viris la kou larekòlt fri politik sinik li te plante yo anvè kalamite a.

Apre asasinay John F. Kennedy an 1963, lè yon repòtè *New York Times* mande Malcolm X sa li panse de sa, misye reponn li : *"Chickens coming home to roost never did make me sad; they've always made me glad."* (« Poul ki retounen vin repoze sou branch lakay yo pa janm fè m tris ; yo toujou fè kè m kontan »), nan sans sa w fè se li w wè. Li petèt t ap panse ak lagè Vyetnam lan, antouka metafò Malcolm X lan te enplike genyen yon sòt jistis imanan ki toujou posib menm lè moun toupwisan yo sanble kraze-brize nan enpinite.

Se te efektivman alafwa etranj e lojik lè w te wè tout repibliken alantou Trump sa yo ki atrape kowonaviris la : li menm (Trump), madanm li (Melania Trump), konseyèz prive l (Hope Hicks, Kellyanne Conway), asistan debatè li (Chris Christie), senatè sipòtè l (Ron Johnson, Mike Lee, Thom Tillis), twa dènye sa yo—ansanm ak majorite nan lòt yo—te kontamine posibleman nan aktivite an relasyon ak seremoni nominasyon ofisyèl jij Lakou siprèm lan, Amy Coney Barrett, ak lòt aktivite asosye ak kanpay prezidansyèl la, kote Trump, kont konsèy doktè ak epidemyolojis yo, kontinye ap reyini ak mas moun, youn fwote youn ak lòt, san distansyasyon sosyal e san mask.

Pou yon pati politik ki envante yon reyalite altènatif e ilizyonis pou l jere pandemi Kovid-19 la, se te byen yon sòt lajistis powetik pèvè ke anpil manm li viktim de viris la. Lè w chache kwape reyalite nan papòt kay la, li retounen nan fenèt la.

Pèp etazinyen an, antanke kolektivite nasyonal, pa t resevwa nouvèl maladi Kovid-19 Trump lan avèk twòp senpati. Komedyen Chris Rock louvri pwogram komedi chak semèn lan *Saturday Night Live* jou samdi ki swiv lopitalizasyon Trump lan avèk mesaj salitasyon : « Kè mwen voye mesaj senpati pou… Kovid-19 ! », e yon dal dan griyen swiv li. Majorite moun ki konpoze nasyon an konnen prezidan sa a pa t pran pandemi a o serye. Olye ke l te mobilize peyi a ak resous fòmidad li genyen pou l konbat e andige kowonaviris la, Trump fè yon kanpay opoze e di se pa anyen li ye.

Lè yo dyagnostike Donald Trump ak Kovid-19 jou premye oktòb 2020 an, peyi a te deja anrejistre 7 266 942 ka kontaminasyon ak 207 550 moun ki pèdi lavi yo. Pi grann kantite biznis ak ti biznis yo blije fèmen pòt oswa redui aktivite ak pwodiksyon yon moman oswa yon lòt ; 40 milyon ouvriye, ouvriyèz, pwofesyonèl, otoanplwaye ak travayè tan pasyèl ou enfòmèl pèdi travay yo. Moun yo grangou, moun yo pèdi kay yo, moun ki dezespere, moun ki pèdi tèt yo ap ogmante kou djondjon anba pyebwa. Anpil nan malè sa yo se fot prezidan Trump ki refize rekonèt an piblik danjewozite kowonaviris la (menm jan li fè sa an prive ak Bob Woodward). Gen yon eslogan ki di « Trump manti, moun mouri », wi, manti, neglijans, enkonpetans ak iresponsablite gen yon pri, yon pri chè peyi Etazini ak pèp etazinyen kounye a ap peye.

Nouvèl Donald Trump ak Melania Trump atrape Kovid-19, plis revelasyon ke seremoni pou nominasyon jij Amy Coney Barrett la nan Mezon Blanch lan, jou 26 septanm, se yon *sipèsimayennè* kowonaviris la, vin endiye opinyon plis sou iresponsablite administrasyon an. Yon karantèn moun kontamine dirèkteman de seremoni sa a—kote tout moun te san mask e san distans—san konte posibleman mas lòt moun ki touche nan filyasyon an. Tout devlopman sa yo non sèlman rann Trump malad fizikman, yo destabilize l tou plis mantalman. Premye deba televize avèk Joe Biden lan egzibe yon Trump totalman an *chute libre*, an degrenngolad, san fren, ni volan. Twa jou apre entènman l nan lopital Walter Reed nan Wachintonnn, li deklare tèt li geri. Yon sèten aprèmidi, malgre tout danje sanitè sa te prezante, Trump òdone ekip doktè l yo pou yo ba l lesepase medikal pou l fè yon parad nan yon karavàn SUV kou cha nan kanaval, sèlman pou l fè plezi ak sipòtè l yo ki aliyen devan lopital la.

De jou apre Trump rantre nan Mezon Blanch lan sot nan lopital la, li di devan televizyon ke se yon bon bagay li te pran kowonaviris la e egzòte viktim Kovid-19 yo pou yo « pa lese l domine » yo paske se pa anyen li ye.

Antretan, FBI dekouvri yon konplo yon koalisyon sipremasis blan ak milis neonazi met sou pye pou yo kidnape gouvènèz Michigann lan, Gretchen Whitmer, yon fanm vanyan ki kontrekare malpwopte Trump yo. Yo fè plan pou yo kidnape, jije l e egzekite l. Lè jounalis mande Trump sa l panse de sa, li di gouvènèz la se yon engra ki pa byen apresye èd « depatman Lajis pa m lan » ba li nan defèt konplo a. Epi li denonse... *antifa* (gwoup antifachis yo k ap goumen pou jistis sosyal). Li pa di yon mo sou gwoup sipremasis blan ak milis neonazi yo.

Jou jedi 15 oktòb 2020, dènye vag nan pawòl degrenngoch Donald Trump yo se pwopozisyon l pou kite peyi a atenn sa li rele ann erè yon « *herd mentality* » a, qui vle di pou li yon « *herd immunity* », yon « iminite twoupo » oswa « iminite kolektif » ki prezime konbat kowonaviris la si w lese l delibereman kontamine popilasyon an, omwen nan yon pwopòsyon 60–80%, nan entansyon pou dejwe efè li alalong. Teyori sa a, menm lè l prevwa yon estipilasyon pou pwoteksyon moun ki pi vilnerab ak efè dezageyab viris la, sipoze tou volonte pou lese plis ke de (2) milyon moun mouri ki te ka epaye. Doktè William Haseltine, yon espesyalis ann epidemyoloji ki tande pwopozisyon sila a kou yon solisyon pou kowonaviris la, karakterize l kou « yon lòt mo pou asasinay an mas »[2]. Natirèlman, se yon pwopozisyon ki benefisye apremyèvi milye finansye Wall Street yo ki pa vle okenn mezi pwoteksyon k ap deranje biznis ak aktivite finansye yo.

Jedi 15 oktòb 2020 an se tou dènye nan twa jou odyans jij Amy Coney Barrett la devan komisyon jidisyè Sena a. Tankou yon tribinal kangouwou, tout bagay te deja deside davans, tout rityèl deba yo, se pou lagalri. Menm Trump sanble deja konprann konpetisyon l avèk Joe Biden lan deja deside sou yon plan estrikteman *elektoral* nòmal, kidonk tout estrateji reyeleksyon li baze sou visye e kowonp sistèm elektoral la avèk diferan taktik—sipresyon, detounman ak kontestasyon vot la—li espere ap vin konvèje nan yon gran kriz konstitisyonèl (kouwè kriz prezidansyèl ane 2000 an), kote Lakou siprèm lan, ak yon majorite konsèvatè 6 kont 3, ap deside pouvwa prezidans la. Atou Trump : Amy Coney Barrett, ki sou wout pou Sena a ratifye l.

Apre de semèn rityèl pwosediryèl ke majorite senatè demokrat yo bòykote, repibliken nan Sena a vote jou lendi 26 oktòb 2020, ak yon majorite 52 kont 48, pou Amy Coney Barrett kou nevyèm jij Lakou siprèm lan. Trump sètennman egzasèbe, agrandi, sèten trè ki nan sosyete etazinyen an, men li reprezante otantikman pi bon pati platfòm sosyal e politik tradisyonèl Pati repibliken an depi omwen ane 1960 yo, keseswa nan pwogram li kont imigran, kont fanm, kont Nwa yo, kont travayè ak travayèz yo, elatriye.

Sou kesyon flipflòp senatè McConnell la osijè ratifikasyon jij Lakou siprèm pandan yon ane eleksyon prezidansyèl, pa t gen okenn rezon pou McConnell kenbe pawòl li lè tou pa l rive. Anfèt, menm si se Mitch McConnell ki chanje règ 60 vwa a pou 51 sou 100 ki nesesè pou ratifye yon jij Lakou siprèm an 2017, se an pati pwòp fot demokrat yo ki fè yo pa t ka bloke okenn nan twa jij Lakou siprèm Trump nonmen yo. Paske, lè yo te an majorite nan Sena a an 2013, prezidan Sena a alepòk la, Harry Reid, itilize sa li te rele « opsyon nikleyè » a pou l elimine règ 60 vot ki te egzije pou ratifye yon jij federal ak lòt fonksyonè piblik pouvwa egzekitif la nonmen. Pou pran revanj li, McConnell itilize menm wout la e anplwaye pwòp « opsyon nikleyè » pa l pou l maniganse an 2017 yon vot 52 kont 48 senatè pou chanje règ ki mande pou gen omwen 60 vot sou 100 pou ratifye yon jij Lakou siprèm. Depi lè sa a, sèlman bezwen yon majorite de 51 senatè.

Jodi a, avèk yon majorite konsèvatè 6 kont 3 nan Lakou siprèm lan, anpil militan demokrat ap mande pou pati a refòme Lakou siprèm lan pou adrese dezekilb pouvwa nan sen l lan ki menase lavni demokratik peyi a.

De semèn anvan dènye jou eleksyon an, Liz Plank ekri yon atik sou sit MSNBC a ki fè etalaj de yon popilasyon elektè an patikilye k ap konplenn de ilizyon Trump te vann yo pou l te ka gen sipò yo pou l vin prezidan : Blan pov oswa semi-pov san diplòm inivèsitè yo ki « vote pou Trump nan yon pousantaj ki pi wo pase tout lòt kandida nan dènye 36 ane yo », Liz Plank di. Yo konplenn pou di se tankou yo te bwè yon elikzi, yon bwason maskilinite mèveye ki fè yo santi yo macho, kou Ronald Reagan : « Mwen t ap bwè si tèlman Kool-Aid, mwen rele chen mwen an Reagan », John Chapman, yon Blan ansyen entèn Komite nasyonal Pati repibliken an ki te vote pou Trump, konfye ak Liz Plank. Anpil nan sipòtè Trump sila yo ki te kwè nan yon sèten imaj li te vann yo, p ap vote pou li ankò e chwazi Biden. Anpil nan sila yo ki te chwazi Trump pou ideyoloji rasis, rayisman lòt nasyonalite e mizojinis li te egzibe yo ap sètennman ret avè l. Epoutan, pi fò nan sa yo Liz Plank te entèvyouye yo regrèt yo te tonbe anba cham Trump, men sa l di de misye nan fen atik la : « Li pwobableman p ap janm sispann jwe wòl chanpyon gason [Blan] an nan televizyon. Men, omwen kèk nan yo kòmanse wè manti a.[3] »

Pou kounye a (19 oktòb 2020), sèl solisyon Trump pwopoze pour pandemi Kovid-19 la—ki vin ap ogmante nan prèske tout Eta Etazini yo—, se pou moun sispann pale de li, tounen paj la, fè kòmsi li pa egziste. Men sa l di nan yon apèl ak manm kanpay li yo jounen jodi a menm : « Moun yo fatige ak Kovid la. Mwen gen gwo rasanbleman sa yo. Moun yo ap di "Kèlkelanswa sa l ye. Sèlman lese nou an repo". Yo fatige. Yo fatige tande [Anthony] Fauci ak tout lòt idyo yo. (…) Tout sa m mande Tony se pou l pran bon desizyon. » Doktè Fauci li mansyone a se manm taskfòs pwòp gouvènman li an, yon espesyalis ann epidemyoloji, ki mande pou plis bagay fèt pou gen laviktwa sou pandemi an.

***

Yon jou anvan dat fatidik 3 novanm 2020 an, li klè pou tout moun tout estrateji reyeleksyon Donald Trump lan repoze sou sipresyon vot demorat nan *swing state* yo—Eta-chanyè chan batay yo—kote eleksyon an pral deside. Byenke tout sondaj montre Joe Biden ann avans nan majorite Eta sa yo (Michigan, Pennsilvani, Wiskonnsin, Florida, Arizona, Ohio) e bay demokrat yon bon rezon pou yo optimis, anpil nan yo angwase ak lide Trump pare pou li vòlè eleksyon an. Lè yon jounalis mande Biden sa l panse, li reponn jisteman sa : « Trump p ap al vòlè eleksyon an », li di, sèchman.

Youn nan premye atak ki fèt se kontestasyon vot nan yon distri nan Teksas ki gen tandans demokrat, Houston presizeman, kote aparatchik kanpay Trump yo mande pou tribinal federal la anile 127 000 vot paske moun yo te vote pandan yo sou volan machin yo—ke yo rele l vote *drive-thru*.

Jij Andrew Hanen ki tande ka, rejte demann kanpay Trump lan, li di : « Lè ou balanse kantite domaj [sa kapab koze] ou blije peze an favè konte vot yo.⁴ » An n remake—pou souliye detèminasyon kanpay reyeleksyon Donald Trump lan pou li soudwaye sistèm elektoral la—, Lakou siprèm Eta Teksas la te deja rejte demann kan Trump lan jis kèk jou anvan.

Menm jou 2 novanm lan, nan Eta Nevada, yon lòt jij, James Wilson, rejte demann Pati repibliken an nan Clark County, nan Las Vegas, ki mande pou kontre a pa konte twò bonè vot yo. Yo mande jij la pou yo enstale pwòp kamera pa yo pou yo wè kòman moun yo ap vote nan konte a. Yon reprezantan konte a, Mary-Anne Miller, di repibliken yo pa montre prèv okenn pwoblèm nan fason moun yo vote : « Tout prèv yo soumèt jodi a se espekilasyon. Yo pa idantifye okenn erè ni fwod ki pran plas nan enterè okenn nan votè yo », li di.

An brèf, tout estrateji repibliken yo se anpeche otan ke posib demokrat yo vote e lè yo vote, diskalifye vot la, epi konte sou jij pou lejitime magouy yo, konnen gen anpil jij reyaksyonè Trump te nonmen ki ka dakò ak yo. Lavèy dènye jou eleksyon an, Trump denonse yon desizyon Lakou siprèm federal la ki di bilten vot ki resevwa an Pennsilvani avèk so ki montre yo rive jou 3 novanm lan ap gen jiska twa jou pou yo konte yo, yon pratik ki te konfòm ak règ nòmal eleksyon nan Eta a. Trump denonse l kòmsi se te yon abi yo fè l e mande sipòtè l yo pou yo rete vijilan pou konteste tout rezilta ki pa an favè l.

Rive 3 novanm 2020, kouwè tout ekspè eleksyon te predi, pi grann pati rezilta tanporè yo montre Donald Trump pi devan nan Eta chanyè yo ; men erezman pou repiblik la, non sèlman se te rezilta tanporè, ann atandan kont final la konpile, matematikman Trump pa t janm devan Joe Biden nan totalite rezilta tanporè a. Sa fè ke, menm lè Trump deklare lavikta nan sware 4 novanm 2020 an, pèsonn pa t pran l o serye, e tout madigra apèl li fè te rejte pa tribinal ak jij ki tande yo.

Kan finalman, jou samdi 7 novanm 2020 an, mas medya yo deklare Joe Biden ak Kamala Harris prezidan e visprezidan eli Etazini avèk pwojeksyon laviktwa nan Eta Pennsilvani, te gen jibilasyon prèske tout kote nan peyi a. Se kòmsi yo te retire yon mas pwa lou sou pwatrin peyi a, li santi l soulaje. Jou 7 novanm lan, mwen menm ak Jill desann nan mitan Boston, nan andwa ikonik kou Copley Square e Boston Common, pou n al asiste imè vil la. Te gen selebrasyon nan chak kwen lari yo, moun yo te jwaye, anime, felisite yo te chape yon gwo dezas, e kounye a yo libere. Se te yon kontantman otantik. Avèk rezon, sètennman, lè w gade jan de koripsyon, sibonasyon e « dekonstwiksyon » etatik e enstitisyonèl administrasyon Trump lan te opere nan Leta administratif la. Selon metafò n pi wo a, nan de chimen kalfou a te ofri a—chimen fachism ak chimen demokrasi a—, nasyon an te chwazi chimen demokrasi. Men gen anpil travay ki pou fèt, anpil goumen ki dwe mennen, paske eleman fachis e fachizan Trump eksite nan peyi a pa pare pou yo kwaze bra yo. Yo ankouraje e yo pral chache kreye lòt okazyon pou yo retounen, paske Donald Trump montre yo lavwa.

Antouka se mwatye nan popilasyon an ki te santi l soulaje pwiske menm si Joe Biden genyen vot popilè a pa plis ke sèt milyon vot anplis ke Donald Trump, ki fè li prezidan ki resevwa pi grann kantite vwa vot popilè nan tout istwa peyi a, menm tabilasyon sa a—avèk 74 milyon vot popilè, e mwatye nan Eta yo nan djakout li—fè tou Trump kandida prezidansyèl pèdan ki resevwa pi grann kantite vwa vot popilè a nan tout istwa peyi a.

Menm pandan m ap ekri liy sa yo, jou 10 novanm 2020, kidonk plizyè jou apre anons pa medya pi enpòtan yo (kouwè CNN, MSNBC, Fox News, ABC, *New York Times, Washington Post, Los Angeles Times, Boston Globe, Atlanta Journal-Constitution, Chicago Times,* elatriye) ke Joe Biden ak Kamala Harris genyen eleksyon an, Donald Trump kontinye refize rekonèt rezilta a e voye mesaj kongratilasyon bay nouvo prezidan-eli a, yon jès ann izaj nan koutim peyi a.

An n note tou, ak eksepsyon yon pwayen ofisyèl repibliken an fonksyon oswa retrete (pami yo gouvènè Ohio a Mike DeWine, Mariland lan Larry Hogan, Vèmont lan Phil Scott, Masachousèt la Charlie Baker, oswa senatè ak senatris Pat Toomey de Pennsilvani, Mitt Romney de Utah, Lisa Murkowski de Alaska, Susan Collins de Menn, kongresman Don Young de Alaska oswa ansyen prezidan George W. Bush), vas majorite palmantè ak gouvènè repibliken yo swa gade silans yo swa adopte mansonj Trump yo sou lejitimite eleksyon an, yon retni moun pa t janm anrejistre nan istwa peyi a.

Anpil ekspè souliye menm si gen kèk iregilarite ki anrejistre kouwè sa rive nan tout eleksyon, yo minim e pa afekte kalkilasyon final nan Eta kle yo. Repibliken nan lidèchip Pati a ap tann desizyon Donald Trump, ke yo toujou pè akoz de grip li sou Pati a e akoz sitou 74 milyon moun ki vote pou li yo. Sa fè onè jounalis ak medya kouraje yo, ki pa lese yo entimide pa Donald Trump e jwe jwèt ilizyon eleksyon chaje fwod la.

Yon bagay dwòl rive jou jedi 5 novanm 2020 mwen pa janm wè nan Etazini depi dè deseni m ap viv la : yon majorite gran medya yo refize difize yon deklarasyon prezidansyèl an dirèk. Jou anvan an, pandan tout nasyon ap tann an sispans e apreyansyon rezilta eleksyon an, de jou apre fèmti biwo vot yo, prezidan Trump al nan televizyon pou l denonse pwosesis konte vot yo e di demokrat yo ap vòlè eleksyon. Li di elektè yo ak elektris yo pa dwe asepte sa. Li anonse l antame pwosesis legal pou regle fòfè a. Li pa founi okenn prèv e pèsonn nan kan l lan pa ka founi okenn prèv. Yon deklarasyon ak fondman konspirasyonis ki sèlman agrave dezinyon pèp etazinyen. Li reprann menm agiman ilizyonis sa yo lelandmen, avèk yon ton belisis e enkyetan, nan yon deklarasyon televizyèl.

Nan moman sispens kounye a kote desten nasyon an depann de yon grenn bilten yon moun poste nan lapòs oswa nan yon ja, avèk yon prezidan sòtan mantalman destabilize ki deside itilize tout mwayen non-militè li genyen pou l bloke yon pwosesis matematik k ap echape kontwòl li minit apre minit, jwenn ak yon klas politik lach e opòtinis ki pè di wa a li toutouni, nou konprann poukisa *broadcaster* CNN lan, John King, eksklame : « Ou paka souzestime moman sa a ! » Li konn sa l ap pale, li ki te kouvri, ak *broadcaster* lejandè CNN Wolf Blitzer, eleksyon tibilan ane 2000 lan. Si n raple nou byen, byenke George W. Bush te vòle eleksyon an nan men Al Gore, misye te rele l nan telefòn pou l konplimante l, o non pwoteksyon inite repiblik la. Men menm si, fwa jodi a, se Trump k ap chache vòlè eleksyon an l ap aji kòmsi l ta renmen pou peyi a tonbe nan lagè sivil, sèlman pou l rete o pouvwa.

Trump te panse fòmil rasis e zenofòb ki te ede l vin o pouvwa a an 2016 t ap pral mache ankò an 2020, men majorite moun nan peyi a pa t dakò ak politik li a. Anfennkont, peyi a prefere pran chans li ak Joe Biden, yon nonm, avèk 77 an, ki vin prezidan pi aje nan istwa peyi a. Yon lòt eleman pou rekò, se Kamala Haris, ki te sèl senatè « kolore » nan Sena federal la e ki, avèk eleksyon l lan, vin non sèlman premye fanm, men tou premye fanm nwa ak fanm orijin azyatik (manman l soti ann End, papa l an Jamayik) ki rive vis-prezidant peyi Etazini. Yon distenksyon ki fè onè yon grann kantite fanm nan peyi a. Kouwè Abby Phillip, yon komantatris CNN, remake, se yon iwoni Trump kòmanse karyè politik li ak sa yo rele « *birther* » mouvman an, sètadi mansonj rasis ki di Barack Obama fèt nan Kennya e li pa Etazinyen, e l ap fini karyè li avèk eleksyon premye fanm nwa e premye fanm azyatik kou vis-prezidant Etazini !

Evantyèlman, « vag ble » demokratik sondaj yo te predi a pa t rive, men se te kanmèm yon bon soulajman peyi a reyisi voye Trump ale e evite yon degrenngolad nan fachism.

Pandan kat ane li o pouvwa a, Trump gouvène kou yon otokrat ki divize peyi a daprè ras ak pwovenans nasyonal, relijye e etnik popilasyon an. Li dezimanize moun e bay ekstrèm-dwat la ak eleman sipremasis blan yo dwa o chapit, san retire Ku Klux Klan. Politik enteryè l yo koze lapenn ak angwas pami majorite pèp la, yo defann abi kont fi, abi kont imigran e li pa t gen pwoblèm pou l mete timoun piti nan kaj kou animal pandan li depòte oswa anprizone paran yo. Li rele Ayiti, El Salvadò e tout kontinan afriken an « peyi twou kaka » e li sipòte diran tout katran l yo gouvènman Jovenel Moïse la ann Ayiti malgre tout mizè, doulè, briganday ak destabilite li koze peyi a. Trump pa fè anyen pou kontwole epidemi Kovid-19 lan, pi gwo kriz ki fè fas ak peyi a depi lagè sivil la. Lè dènye jou eleksyon a rive, jou 3 novanm 2020, peyi a te anrejistre 9.29 milyon kontaminasyon Kovid-19 e 231 566 desè. Nonb lan kontinye ap monte pandan m ap ekri la a (17 desanm 2020) kote y ap anrejistre, depi semèn pase a, yon mwayèn de 3 000 mò pa jou.

Olye pou l te deplwaye michan resous Leta federal etazinyen an pou l andige viris la, Trump kontinye ap fè pwopagann e di Kovid-19 la se yon « blag », e lè finalman l asepte li ka yon pwoblèm, li deklare li rezoud pwoblèm lan e ke Kovid-19 pa yon pwoblèm ankò, ankouraje moun pou yo pa pote mask ni pran distans sosyal, kont konsèy doktè ak epedemyolojis k ap rele peyi a nan yon gwo danje sante piblik. Nan mitan you pandemi k ap ravaje peyi a, li kontinye òganize rasanbleman de mas san mask ni distans sosyal ki anfèt kontamine anpil moun nan Eta ki te deja ap sibi eklozyon kontaminasyon viris la.

Gen diferans nòmal ant repibliken ak demokrat, e gen lè tou pa gen diferans ant yo ; gen diferans ant ladwat ak lagoch nan yon sistèm demokratik nòmal, men sou yon plan gouvènans èt imen nòmal, sou yon plan desans sivilizasyonèl yon sosyete nòmal, Donald Trump inaseptab e se yon bon bagay pèp etazinyen rive voye l ale. Joe Biden ak Kamala Harris pa nesesèman solisyon pwoblèm estriktirèl e sistemik peyi a genyen yo, men se yon bon bagay nan li menm se yo ki genyen olye de Donald Trump, yon otokrat rasis ki te vle mennen peyi a sou wout yon fachism d Eta. Pèp la defèt li. Goumen kont tandans « santris » administrasyon Biden-Harris, se yon lòt tip goumen.

Menm twa semèn apre kloti eleksyon prezidansyèl la, Trump kontinye ak konteste rezilta eleksyon an nan Eta Pennsilvani, Michigann, Arizona ak Jòji, menm si tout otorite nan Eta sa yo di li pa gen okenn siy gen fwod ki komèt. Majorite ekspè eleksyon moun konsilte souliye maj ki separe Biden de Trump yo two laj pou Trump ta rive genyen nan yon nouvo kalkilasyon vot yo. Gen moun ki panse, estrateji kontestasyon Trump lan gen lòt rezon dèyè l, kou pa egzanp pou kotize lajan e kenbe sipòte l yo eksite. Gen lòt moun ki panse yo gen objektif ki pi nefas, kou pa egzanp kreye mekanism ak aparans « ofisyèl » ki revèse rezilta eleksyon an ; yo montre chanjman Trump opere nan tèt depatman kle kouwè depatman Defans ak depatman Sekirite Enteryè a kou siy misye gen yon bagay ki pi makyavelik nan tèt li.

Revelasyon ke senatè Lindsey Graham, prezidan komisyon jidisyè Sena a, te fè presyon sou sekretèd Eta Jòji a, Brad Raffensperger, pou l te jete nan fatra pou rezon li envante bilten legal elektè ak elektris Eta Jòji a te plase pou Biden, te demontre yon fwa ankò pèseverans Donald Trump ak asosye kowonpi l yo nan Kongrè pou yo manipile sistèm elektoral la pou benefisye reyeleksyon l. Erezman, gen toujou nan administrasyon Eta lokal yo gason ak fanm entègr kou Brad Raffensperger ki pran devwa etik sivik yo o serye. Yon lòt ka egzanplè, se pa Chris Krebs la, ofisyèl ki an chay sekirite eleksyon nan depatman Sekire Enteryè a. Trump revoke misye paske li fè yon deklarasyon kote l di tout alegasyon Donald Trump ak patizan l yo ke gen fwod ki komèt an favè Joe Biden lan te « wotman enkorèk... [...] san prèv e teknikman enkoyeran ». Yon lòt kote, Krebs ensiste eleksyon an te « youn ki pi sekirize nan istwa Etazini ». Menm lidè majorite nan Sena a, Mitch McConnell, felisite Chris Krebs, li di li admèt : « Pa gen endikasyon okenn entèvansyon moun etranje reyisi—eleksyon yo te dewoule san pwoblèm. » Senatè demokrat Chuck Schumer ki pran nouvèl revokasyon Chris Krebs la, reyaji : « [Revokasyon sa a] ranfòse règ nimewo en ki di lè w travay pou Donald Trump ou pa dwe janm di laverite.[5] »

Erezman, menm si manèv Trump yo alame anpil moun e jwenn anpil san manman pou swiv li, anpil analis panse manèv yo p ap al okenn kote, menm michan lwayalis e estratèj repibliken, Karl Rove, panse sa tou : « Pou l ta genyen, Mesye Trump dwe pwouve fwòd sistemik, ak vòt ilegal nan nonb dè dizèn de milye. Pa gen okenn prèv ki montre sa jiskisi. Sof si kèk parèt byen vit, chans prezidan an nan tribinal ap deperi rapidman lè Eta yo kòmanse sètifye rezilta yo », misye di, yon deklarasyon ki pa fè plezi ak repibliken tèt di yo men ki siyale aboutisman inevitab la.

***

Trump eseye sibvèti eleksyon Biden-Harris la sou plizyè fwon nan Eta desizif yo. Dabò li fè retire machin ki triye lèt nan lapòs yo pou anpeche yo delivre bilten vot yo alè ; mande komte yo pou yo jete vot li deziyen kou endezirab yo ; epi apre, lè li wè sa pa mache e Joe Biden ak Kamala Harris toujou eli, kanpay Trump lan al nan tribinal e mande jij pou yo diskalifye bilten ki te konte apre yon sèten tan. Jou m ap ekri liy sa yo (21 novanm 2020), gen deja trant plizyè douzèn pwosè legal kanpay Trump lan inisye ke tribinal yo rejte youn apre lòt [fo pwosè sa yo vin depase chif 50 kòmansman desanm] ; li fè presyon sou otorite ki an chay eleksyon nan chak grenn Eta desizif yo (Arizona, Jòji, Wiskonnsin, Michigan, Pennsilvani) pou yo swa diskalifye sèten vot demokrat yo, rekonte yo oswa anile rezilta final la. Lè okenn nan demach sa yo pa mache, Trump envite ofisyèl an chay eleksyon nan Jòji, Michigan ak Pennsilvani nan Mezon Blanch lan pou wè ki jan yo ka anile vot li pa renmen yo. Lè dènye jefò sa pa mache, Trump mande senpleman otorite eleksyon yo ak lejislati Eta sa yo pou yo pa sètifye elektè Biden yo ki sanse reprezante l nan Kolèj Elektoral la—yon pwosesis ki òdinèman pou lafòm—kote ou bezwen omwen 270 sou 538 gran elektè pou w ka prezidan. Selon kalkilasyon kounye a, Biden gen 306, Trump 232. Sidney Powell, yon avoka ki, avèk Rudy Giuliani e Jenna Ellis, reprezante Trump nan tribinal yo, di kareman sa kliyan l lan bezwen : « Franchman, se tout eleksyon an nèt yo dwe revèse e lejislati a dwe asire l yo seleksyone elektè yo pou Trump. » Avoka sa di tou òdinatè ki devlope pa lidè venezyelyen an Hugo Chávez, ki mouri an 2013, te nan konplo pou visye eleksyon an !

Pi fò ekspè sou kesyon eleksyon panse kounye a mannèj Trump yo p ap pote oken fri, men sa pa anpeche sitiyasyon koze kèk enkyetid nan mitan popilasyon an, ki konnen byen ke Trump deja reyisi anpil dezi tètchaje l moun te panse ki te enkwayab. Pi grann majorite repibliken yo, pi patikilyèman depite (*congressman/congresswoman*) yo ak senatè yo kenbe silans yo. Sèlman de senatè pami senkann-twa senatè repibliken yo denonse mannèv dezespere de dènye lè pa Trump yo pou l sibvèti vwa elektè ak elektris yo. Youn se senatè Utah a, Mitt Romney : « Apre yo echwe nan prezantasyon ka plozib fwod oswa konspirasyon jeneralize devan tribinal, prezidan an kounye a konsantre sou fè presyon evidan sou otorite nasyonal e lokal yo pou yo ranvèse volonte pèp la e anile eleksyon an. Li difisil pou w imajine yon aksyon ki pi mal e pi antidemokratik bò kote yon prezidan an egzèsis », li kondane.

Pou senatè Ben Sasse de Nebraska, misye montre degou li nan yon ti kominike kout : « Daprè sa mwen li nan dokiman yo, lòske avoka Trump yo prezante tèt yo nan tribinal sou sèman, yo refize pandan plizyè fwa pou yo akize moun de gran fwod, paske yo konnen konsekans jiridik ki genyen lè w bay jij manti », misye di, an revelan an menm tan an *sinikism* kanpay Trump lan.

Finansyè Anthony Scaramucci, yon ansyen trumpis ki vin tounen kritik sevè ki te direktè kominikasyon Mezon Blanch Trump lan pandan onz jou anvan yo revoke l apre yon eskandal ki gen a wè ak pawòl devègonde li deklame sou do ansyen koekipye repibliken l yo, kwè li wè nan magouy Trump yo entansyon bagay li vle negosye pi devan. Scaramucci di an gwo nan yon emisyon sou MSNBC jounen 21 novanm 2020 an ke Trump ap chache genyen alafen yon sòt trete de non-pouswit jidisyè pou krim li yo, pou li menm ak pou fanmi li, ansanm ak garanti pou l konsève lajan l ak selebrite l nan yon pwojè medyatik. Li pran yon sèten plezi pou l egzibe konsa konesans li de aryèpanse ansyen bòs li a.

***

Nou siyale pi wo a ke peyi a ap kontinye yon « long chimennman nan yon lannwit kochma » si l rekondui Trump o pouvwa, kidonk kontinye sa Chomsky rele a yon « politik dezas dekonstonbray ». Erezman sa pa t rive, men se o pri yon degrenngolad nan enfami e nan absidite. Lemond antye te asiste espektak yon prezidan etazinyen k ap chache òkestre yon kou d Eta elektoral o gran jou, pa tout mwayen li kapab jwenn, san retire anplwaye mwayen militè. Administrasyon Trump lan layite yon litani jefò pou fòse pouvwa jidisyè a ede l nan objektif malsen yo. Yo reziste l e afime dominans lalwa enstitisyonèl yo. Li eseye menm bagay la ak pouvwa lokal e lejislati lokal yo. Yo tout refize l e afime presedans tenè konstitisyonèl yo. Men kesyon jij Matthew Brann de tribinal federal distri Pennsilvani poze avoka Trump yo jou 17 novanm 2020 : « 6.8 milyon vòt yo—ke nou jis tande avoka yo ap pale a—kidonk vyole dwa chak elektè nan Commonwealth la. Èske nou ka di mwen kouman ou ka evantyèlman jistifye rezilta sa a ? », jij Brann mande avoka yo. Jij la plenyen de enkonpetans avoka Trump yo : « Nou ta espere lè yon moun ap chache yon rezilta ki si siprenan li t ap ame tèt li ak agiman jiridik konvenkan e ak prèv faktyèl de koripsyon anrasine… Olye d sa, yo prezante bay tribinal sa a yon bann agiman jiridik fòse san merit ak akizasyon espekilatif », li konkli[6].

***

Evantyèlman, Donald Trump ak konplis li yo nan Pati repibliken an te eseye fè tout sa yo kapab pou yo pèvèti sistèm elektoral etazinyen an e siprime vot elektè ak elektris ki vote pou Joe Biden ak Kamala Harris nan senk Eta desizif yo

(Arizona, Jòji, Wiskonnsin, Michigan ak Pennsilvani). Apre yo echwe nan tantativ pou fòse otorite elektoral nan Eta sa yo pou yo anile bilten vote demokrat yo ke yo akize—san rezon—de ilegalite, reprezantan Trump yo jwenn ansanm ak pwokirè jeneral Tekzas la, Ken Paxton, yon repibliken, pou depoze yon aksyon lajistis devan Lakou siprèm lan kote yo mande pou tribinal la envalide vot kat Eta desizif yo (san Arizona).

Pwokirè jeneral nan disèt Eta nan rejyon an plis 126 manm repibliken Kongrè a prezante tèt yo kou patiprenan nan fo pwosè a, ki fè konnen ke Eta desizif yo te itilize pandemi Kovid-19 la kou pretèks pou yo modifye, nan avantaj tikè Biden-Harris la, règ elektoral yo e ke tribinal la dwe deklare « rezilta elektoral yo ilegal ».

Antretan, Trump bloke pwosesis tranzisyon prezidansyèl la e anpeche l dewoule jan konstitisyon an prevwa l la, li fèmen aksè ak fon e ak enfòmasyon endispansab pou tranzisyon an—jiskaske l vin sede plizoumwen anba kout kritik. Men li kontinye ensiste ke se limenm ki genyen eleksyon an e ke deziyasyon Joe Biden ak Kamala Harris la se yon bagay ilegal ki dwe revèse.

Venerab jiris yo, bò kote pa yo, ki san okenn dout panse misye pèdi yon fèy rejte ak vitès maksimòm rekèt sa yo youn ak lòt, yo blame pledè yo pou nati kaprisye akizasyon yo ke yo karakterize yo kou chay ki « manke *standing* (estandeng) » oswa reprezantasyon : « Teksas pa demontre yon enterè jiridikman rekonesab nan fason yon lòt Eta òganize eleksyon l », òdonans final Lakou siprèm lan di sèchman, jou 8 desanm 2020.

Dènye mannèv sa a echwe limenm tou, yon moun ta espere, nòmalman, ke kesyon sa a tranche yon fwa pou tout avèk desizyon Lakou siprèm lan, kouwè sa te fèt nan eleksyon prezidansyèl ane 2000 lan... Men se te konte san Donald Trump ki, apre l inyore totalman lòd final lakou d apèl, yo rele « siprèm » lan pou yon rezon, li mande asanble lejislatif Eta desizif yo pou yo pa sètifye eleksyon an. Yo tout refize e sètifye eleksyon an. Epi misye mande pou Eta desizif yo chanje tou senpleman elektè ak elektris ki deziye pou reprezante Biden-Harris yo nan Kolèj Elektoral la. Otorite elektoral yo ansanm ak elektè ak elektris yo refize, yon evennman ki tabli eleksyon ofisyèl Joe Biden ak Kamala Harris.

Dènye lavwa sa a bouche, Trump lage kò l kareman nan banditism : li panse kounye a (fen desanm 2020) pwoklame kou masyal nan Eta kle yo e anile rezilta eleksyon an. Opsyon sila a si radikal e demezire ke pèsonn nan Establishment politik la pa apwouve l. Misye reyini ak konspiratè de chòk li yo nan Mezon Blanch la pandan kat jou pou anvizaje pwopozisyon kou masyal la. Pami envite yo genyen Rudy Giuliani, Sidney Powell ak ansyen lyetnan-jeneral Michael Flynn, ke Trump fèk sot padone. Yo te dwe twouve pwopozisyon sa a vrèman konplike, paske apre kat jou entrig sa yo pase, Trump sanble kounye a mize de preferans sou zanmi l yo nan Lachanm reprezantan e nan Sena a pou desètifye eleksyon an lè tou pa yo rive—jou 6 janvye 2021—pou anterine eleksyon an kouwè konstitisyon an egzije l, yon obligasyon konplètman seremonyèl.

Etazinyen ak Etazinyèn yo nan moman apre Nowèl ki mennen nan joudlan 2021 an ak zigzage ant freyè devan lajè kantite moun Kovid-19 la ap touye, enkyetid osijè lavni ekonomik yo ak lespwa yon nouvo vaksen ansanm ak yon nouvo administrasyon ap vin chanje bagay yo.

Kongrèsmann repibliken Adam Kinzinger, yon kritik Trump, deklare sou CNN jou 27 desanm 2020 ke Trump ap « eseye boule kay la pandan l ap sòti ». Moun kenbe lespwa toudmenm ke y ap ka anpeche l ale jiskobou fantas ak rankin li yo, pandan y ap konte minit apre minit de douzèn jou ki rete anvan dat fatidik 20 janvye 2021 an, jou konstitisyon an prevwa e oblije pou Trump voye gagè.

Ann atandan, « prezidan » an kokiye tèt li nan yon ti kwen anndan li e ap jwe jwèt sinik, lage kò l nan kapris pouvwa avèk lavi popilasyon an nan balans lan, patikilyèman moun ki pi demini yo. Kongrè vote, nan konpwomi, yon lwa pou estimilasyon ekonomik jou 22 desanm, apre plizyè mwa diskisyon ant palmantè demokrat, repibliken ak administrasyon Trump lan. Lwa a prevwa pou bay chak moun 600 dola e chak manm yon fanmi ki touche mwens ke 75 000 dola pa ane. L ap kontinye èd chomaj la—ki kaba jou 26 desanm 2020—a rezon 300 dola pa semèn. L ap rekile eviksyon lokatè omwen jiska 31 janvye 2021 e l ap met aladispozisyon yon fon èd pou lokasyon kay de 25 milya dola. An plis, l ap pote yon asistans endispansab imedyat bay ti antrepriz yo ansanm ak travayè e travayèz endepandan yo, san retire yon pwovizyon lwa a k ap finanse distribisyon vaksen yo. Èd sa yo, menm si prèske tout nan yo tanporè e pa chanje pa twòp angwas epizodik moun ki resevwa yo, gen toudmenm merit yo pote yon ti soulajman plizoumwen imedyat bay moun ki nan bezwen yo.

Toudenkou, Trump refize siyen lwa a, li mande pou yo ogmante de 2000 dola 600 dola yo prevwa bay moun yo. Natirèlman, majorite popilasyon aplodi misye, paske l t ap byen renmen resevwa 2000 dola olye de 600—eksepte ke se te yon pawòl anlè pou Trump ka fè piblisite pou tèt li.

Lwa asistans lan te dwe sètennman pi jenere, men repibliken konbat avèk tout fòs yo pwopozisyon pi konsekan pwogresis yo nan Kongrè a vanse, ke yo konsidere kou lajès iresponsab ki sot kay eleman ektrèm-goch yo, konsa yo rejte yon pwopozisyon pou bay èd ak Eta k ap konfwonte ak Kovid-19 yo paske demokrat yo pa t asepte, ann echanj, pwopozisyon repibliken yo ki mande asirans enpinite preyalab an favè antrepriz ki ta vin vyole regleman sanitè ki relate ak Kovid-19.

Pou kounye a (28 desanm 2020), Trump ap eseye non sèlman dekonstwi Eta administratif la e boule kay la, li montre egalman meprizasyon li pou lòd demokratik la ak kòd moral yo ki, menm si yo iprokrit e ka twonpe moun, omwen yo gen merit sigjere yon estanda etik moun ka aspire. Misye finalman siyen aswè a, depi rezidans prive li nan Mar-a-Lago, an Florid, lalwa ki rele Sekou pou Kovid-19 la, san 2 000 dola li mande a, men non san fè moun yo pèdi, anvan sa, yon semèn alokasyon pou chomè e kenbe dè milyon sitwayen ak sitwayèn nan angwas devan ensètitid.

Pandan mwa desanm lan, kouwè tout moun t ap tann, Trump delivre kèk douzèn padon bay moun ki kondane pou tout sòt de krim, daprè izaj administrasyon ki prale yo. Menm si se vre nan l tan toujou gen ka abi ekstrèm diskresyon absoli pouvwa prezidansyèl sa a—n ap panse ak Andrew Johnson ki padone, an 1868, tout sòda Konfederasyon sidis yo ki te goumen kont Etazini oswa ak Bill Clinton ki padone an 2001 finansye Marc Rich, yon nonm ki te nan kache an Swis pou lajistis—, Trump avèk, pami lòt, padon li bay kat masakrè e kriminèl lagè Irak la, elve prewogativ sa a nan ran obstriksyon kont lajistis e kont pidè de kalte pèfid.

Selon deklarasyon espesyalis Nasyonzini ajans près Reuters rapòte, gras Trump bay kat asasen soutretan Blackwater ki masakre an 2007 sivil ann Irak yo an kontradiksyon avèk Konvansyon Jenèv la ; jan de padon sa yo, espesyalis yo di « vyole obligasyon Etazini genyen daprè dwa entènasyonal e, pi jeneralman, li se yon enfraksyon dwa imanitè ansanm ak dwa èt imen o nivo mondyal ».

Se konsa misye padone laplipa konplis li yo nan zafè « Russiagate » la (patikilyèman Paul Manafort, Bill Gates, Michael Flynn, George Papadopoulos, Roger Stone, Alex van der Zwaan, elatriye), ansanm ak lòt ekselera plizoumwen koni ki asosye ak fanmi l e zanmi l, pami yo papa bofis li, Charles Kushner. Moun ap tann yo kounye a yon dènye lis moun pou padone k ap gen ladann asireman pitit gason l yo Eric ak Donald Jinyò, pitit fi li Ivanka ak bòfis li Jared Kushner. Èske l ap padone tèt limenm[7] ?

Pèsistans Trump nan konteste rezilta eleksyon an kenbe peyi a nan eta kriz plis ke de mwa apre 3 novanm 2020. Fanatize teyori konspirasyon yo—mouvman QAnon lan an patikilye—chofe wouj a vif pa diskou viktimizasyon trumpyen an, ki siyale anba mo ki apèn kache ke vyolans se yon mwayen ki aseptab pou yo. Prezidan sòtan an pèdi konba a sou tout fwon enstisyonèl e konstitisyonèl yo ofri li. Pou kounye a, misye ap konte sou yon inisyativ dènye lè nan Kongrè a pou *desètifye* konsta Kolèj Elektoral la. Yon inisyativ ki, de pa limenm, agrese nanm demokratik pwojè politik nasyon an pwiske li sipoze ke vot jis e legal majorite a san enpòtans nan non sèlman kantite vwa popilè ki eksprime pa bilten yo (kouwè malerezman sa deja ye kounye a), men egalman nan Kolèj Elektoral la kote majorite a p ap siyifi anyen pwiske l ap kapab revèse pa moun ki sanse—vis-prezidan an, Mike Pence nan ka sa a—verifye li sou senp demann prezidan sòtan ki pèdi a ! W ap pale de repiblik fig-bannann !

Nou jis fèk aprann yon dènye nouvèl (jou 3 janvye 2021) sou jefò kontinyèl Trump yo pou l ranvèse rezilta eleksyon an 8. Fwa sa a sou anrejistreman yon konvèsasyon telefonik *Washington Post* jwenn e pibliye kote ou tande Trump ki òdone sekretè d Eta Jòji a, Brad Raffensperger, pou misye fè l « jwenn » 11 780 vot pou fè l panche eleksyon Joe Biden ak Kamala Harris la an favè li[9]. Konvèsasyon sa a mennen selon fason manm Mafya, avèk melanj egzòtasyon, ankourajman, menas dirèk plizoumwen kamoufle. Abityèlman, dènye nouvèl sa a ta dwe kreye boulvèsman sevè nan sen klas politik la, men nan tan Trump lan transgresyon ak malfason ki pi enkwayab yo vin nòmalize e akomode kou evennman woutin.

Menm yon repibliken bon san kouwè Peter Wehner, apolojis Ronald Reagan ki refize resanblans ak afinite ant ansyen prezidan an e Donald Trump lagoch la souliye yo, jije demach malandren trumpis yo ak alye yo nan Kongrè a vrèman « ensipòtab ». Misye lonje dwèt li an patikilye sou senatè Josh Hawley, chèfdefil trèz senatè repibliken yo ki inisye aksyon *desètifikasyon* oswa *non sètifikasyon* eleksyon an nan Sena a. « Taktik Hawley ak pakèt konfrè patizan l yo itilize yo, Peter Wehner ekri, si yo pa verifye e konfwonte yo, ap met an danje sa savan Stephen L. Carter rele a "tout pwojè demokrasi filozofi Limyè yo" ». Pwoblèm lan, misye kontinye « se pa ke yo fou, oswa yo pa konn sa ki pi bon ; se paske yo se bann moun lach, yon bann fèb. Yo pi anbisye ke yo gen prensip, e yo pre pou yo koze tò ak politik e sosyete ameriken yo olye ke pwòp tribi yo kritike yo »[10].

Melimelo fen rèy, aboutisman ak rekòmansman

Trump eseye sibvèti eleksyon Biden-Harris la sou plizyè fwon nan Eta desizif yo : Arizona, Jòji, Wiskonnsin, Michigan, Pennsilvani. Dabò li fè retire, nou sonje, machin ki triye lèt nan lapòs yo pou anpeche yo delivre bilten vot yo alè ; mande konte yo pou yo jete vot li deziyen kou endezirab yo ; epi apre, lè li wè sa pa mache e Joe Biden ak Kamala Harris toujou eli, kanpay Trump lan al nan tribinal e mande jij pou yo diskalifye bilten ki te konte apre yon sèten tan. Jou m ap ekri liy sa yo (21 novanm 2020), gen deja plizyè douzèn pwosè legal kanpay Trump lan inisye ke tribinal yo rejte youn apre lòt [fo pwosè sa yo vin depase chif 60 fen desanm]. Li fè presyon sou otorite ki an chay eleksyon nan chak grenn Eta desizif yo pou yo swa diskalifye sèten vot demokrat yo, rekonte yo oswa anile rezilta final la. Lè okenn nan demach sa yo pa mache, Trump envite ofisyèl an chay eleksyon nan Jòji, Michigan ak Pennsilvani nan Mezon Blanch lan pou wè ki jan yo ka anile vot li pa renmen yo. Lè dènye jefò sa a pa mache, Trump mande senpleman otorite eleksyon yo ak lejislati Eta sa yo pou yo pa sètifye elektè Biden yo ki sanse reprezante l nan Kolèj Elektoral la—yon pwosesis ki òdinèman pou lafòm—kote ou bezwen omwen 270 sou 538 elektè/elektris pou w ka prezidan. Selon kalkilasyon kounye a, Biden gen 306, Trump 232.

Sidney Powell, yon avokat ki, avèk Rudy Giuliani e Jenna Ellis, reprezante Trump nan tribinal yo, di kareman sa kliyan l lan bezwen : « Franchman, se tout eleksyon an nèt yo dwe revèse e lejislati a dwe asire l yo seleksyone elektè yo pou Trump. » Avokat sa di tou òdinatè ki devlope pa lidè venezyelyen an Hugo Chávez, ki mouri an 2013, te nan konplo pou visye eleksyon an !

Finansye Anthony Scaramucci (yon ansyen trumpis ki vin tounen kritik sevè ki te direktè kominikasyon Mezon Blanch Trump lan pandan onz jou anvan yo revoke l apre yon eskandal ki gen a wè ak pawòl devègonde li deklame sou do ansyen koekipye repibliken l yo), kwè li wè nan magouy

Trump yo entansyon bagay li vle negosye pi devan. Scaramucci di an gwo nan yon emisyon sou MSNBC jounen 21 novanm 2020 an ke Trump ap chache genyen alafen yon sòt trete de non-pouswit jidisyè pou krim li yo, pou li menm ak pou fanmi li, ansanm ak garanti pou l konsève lajan l ak selebrite l nan yon pwojè medyatik. Scaramucci pran yon sèten plezi pou l egzibe konsa konesans li de aryèpanse ansyen bòs li a.

VI. Sou koudeta enzireksyonèl rate 6 janvye 2021 an

Pandan plis yon ane, Trump met nan tèt sipòtè l yo nosyon ke eleksyon prezidansyèl 2020 an te à *priori* yon eleksyon trike e ilegal si se pa li ki genyen. Lè jou a vini, kwak tout obsèvatè te karakterize l kou youn nan eleksyon ki pi pwòp nan istwa Etazini e kwak tikè Biden-Harris lan resevwa sèt milyon vwa popilè plis ke li—81 283 485 kont 74 223 744—e ranpòte yon majorite de 306 elektè kont 232 nan Kolèj Elektoral la, Trump kontinye ap ensiste li genyen eleksyon an ak yon dividal vot. Li kontinye mande, pa antremiz yon pakèt aksyon lajistis ke fwod la dwe revèse e korije. Apre tribinal yo rejte tout nan yo, e de fwa pa Lakou siprèm lan, Trump eksplore lòt mwayen ekstrakonstitisyonèl pou l rete o pouvwa, san retire lakou masyal ke l te konsidere yon lè.

Kididonk, sa pa t siprann pèsonn ke sipòtè Trump yo te vle korije « lenjistis » la avèk lòt mwayen. Yo te dotanpli detèmine ke yo te gen yon pakèt rezon pou yo te mefye yo de yon sistèm ki inyore e ekskli yo. Se viktimizasyon reyèl sa a kay yon bon pati sipòtè l yo ke Trump manipile e eksplwate pou bi otokratik e kowonpi pa l, pandan l anbrase nan menm tan an ladwat sipremastis ak neonazi yo. Li jwe jwèt sa yo tou san okenn konsiderasyon pou layite domaj politik sa ka koze peyi a, pwiske, nou sonje, tout pwojè misye a repoze sou demantibilasyon, pi preziseman sou « dekonstwiksyon administrasyon Leta » a, daprè ekspresyon fame Steve Bannon an. Soti la pou rive chache demantibile tout lòd demokratik elektoral la, se yon ti pa, ke Trump franchi jou 6 janvye 2021 an.

An jeneral, seremoni verifikasyon sètifikasyon elektè/elektris prezidansyèl yo pa Kongrè a se yon evennman rityèl, ki estrikman seremonyèl, men genyen yon ponyen eksepsyon : pami yo, konpetisyon prezidansyèl ane 1876 la, kan kandida repibliken an Rutherford Hayes te venk kandida demokrat la, Samuel Tilden, avèk yon sèl vot. Yon dispit te eklate ki vin rezoud pa sa yo rele Konpwomi 1877 la, ki vin abouti nan destwiksyon pwogram politik yo rele Rekonstwiksyon an kote dwa sivik moun nwa yo te plizoumwen respekte, san retire patisipasyon yo nan lavi politik la. Yon lòt eksepsyon se sètifikasyon prezidansyèl ane 2001, lè depite demokrat Black Caucus yo te konteste sètifikasyon vot Eta Florid la, ke Lakou siprèm lan te konsede bay George Bush nan yon desizyon patizan depataje 5 kont 4.

Istoryen Eric Foner, otè yon resan liv sou peryòd pòs-Rekonstwiksyon an—*The Second Founding* (« Dezyèm Fondasyon an »)—, raple nou ke se pa pou lapremyè fwa o Zetazini ou wè gwoup moun revòlte e ame k ap chache ranvèse oswa ranvèse anfèt yon gouvènman avèk mwayen ekstralegal, « kèk ladan yo bokou pi vyolan ke deblozay 6 janvye yo », misye ekri nan yon atik nan revi *The Nation* jou 8 janvye 2021.

Foner pran pou egzanp Eta Lwizyàn : « Anpil manm inite yon milis nwa te asasinen an 1873 nan Colfax, nan Lwizyàn, pa Blan ame ki pran kontwòl gouvènman an nan men eli nwa yo. Ane apre a, yon soulèvman pa Lig blan an chache ranvèse gouvènman birasyal Rekonstwiksyon an (yon peryòd kout chaje ak lespwa ki te akouche gouvènman lokal birasyal ki te respekte dwa sivik Nwa yo te genyen apre lagè sivil la).

Efektivman, Konpwomi 1877 la, apre ke l abouti nan patans twoup federal yo e ak yon sòt restorasyon Eta Sid ki te venki yo nan lagè sivil la, « patriyòt » Blan yo, ki te anime pa Ku Klux Klan ak lòt sipremasis blan, te vin gen van pou y al Lagonav, e yo pa t gen okenn eskripil pou itilize fòs pou yo afime sans yon pouvwa yo vin regenyen. « An 1898, Foner di, yon koudeta pa Blan ame nan Wilmington, an Kawolin-di-Nò, te ranvèse gouvènman birasyal eli lokal la. Dè kòmansman XX^{èm} syèk la, vot Nwa yo ansanm ak egzèsis yo de fonksyon piblik yo te esansyèlman kaba atravè tout zòn Sid la. Se pa sèlman yon istwa ansyen. Pa pi lontan ke 2013, Lakou siprèm lan te demanbre dispozisyon kle estipile nan dwa de vot yo, ki vin ouvri lavwa nan Eta yo ak yon pakèt jefò jeneralize repibliken yo pou siprime dwa de vot [Nwa yo] », misye di, yon ti jan agase.

Eric Foner kwè menas kont demokrasi etazinyen an pa vin de lennmi eksteryè yo, men pito de lennmi isit yo, nan sen li : « Foul ki te anvayi Kapitòl la pa t konpoze de Chinwa, de Iranyen, ni lòt pretandi lennmi demokrasi ameriken an, men de konsitwayen nou. » De syèk anvan, Foner ekri, « Abraham Lincoln te kondane grandisman mank respè pou Eta de dwa a kou pi gran danje pou demokrasi ameriken an. "Si destwiksyon se sò nou, misye deklare, se noumenm ki dwe otè e finisè li". » Kouwè anpil lòt kòmantatè, Eric Foner konnen byen ke twoub nan Kapitòl yo nan semèn lan fè pati de yon long seri konpòtman antidemokratik Trump te egzibe diran tout katran l yo o pouvwa : « Evennman 6 janvye yo se aboutisman lojik mank respè pou Eta de dwa prezidans Trump lan nouri a, kouwè temwayen l glorifikasyon gwoup ame neo-fachis yo, pi famezman Charlottesville e jiska prezan ; ajitasyon dezòd anti-mask ak anti-konfinman yo nan Michigan ak lòt Eta, epi refizay pou l asepte rezilta evidan eleksyon prezidansyèl la », Foner di, vizibman chagrinen pa evennman nou tout sot temwen yo.

Malerezman, demokrasi etazinyen an se tou yon anfisbèn, yon koulèv ak de tèt ki p ap pouswiv toujou menm bi ak aspirasyon : « Ide ke pèp la dwe chwazi dirijan l yo, esans menm demokrasi, te toujou koegziste avèk konviksyon ke twòp moun—moun move tip—vote.[1] »

Nan yon entèvyou avèk Fareed Zakaria nan emisyon GPS sou CNN jou 10 janvye 2021, Eric Foner kondane yon lòt fwa ankò pwofanasyon Kongrè a pa agresè ekstrèm-dwat siprematis yo : « Se te yon chòk pou mwen e pou lòt moun tou san dout lè nou wè drapo konfedere a ap parade nan Kapitòl la lòt jou, drapo trayizon an, drapo lesklavaj la… Moun k ap fè bagay sa yo ap fè pwomosyon yon rasism abjèk e, byennantandi, prezidan Trump idantifye l ak istwa konfedere a nan plizyè okazyon pandan prezidans li a… »

Lè bann dechennen trumpis yo anvayi Kapitòl la nan Wachingtonn D.C., fyète achitektirèl repiblik la, brize vit, pouswiv palmantè yo k ap kouri, mwen panse ak revòlte Bastiy yo jou 14 jiyè 1789. Eksepte ke, kouwè Hegèl te deja remake, vinisman Istwa pou lapremyè fwa, se trajedi, lè l vin yon dezyèm fwa, se yon plezantri. Men fwa sila a, o Zetazini, mwen ta di li se plis yon kochma. Natirèlman, kritik yo ak palmantè yo ki anba menas jou 6 janvye a ka revwa atak Anglè yo an 1814 pandan lagè anglo-etazinyen 1812–1815 lan, dènye fwa batisman majestye sa a te vyolanse.

Evennman 6 janvye 2021 yo fè kritik Alain Saint-Victor reviv replik selèb Malcolm X te bay yon repòte ki mande l an 1963 sa l panse de asasinay Jack Kennedy, notamman : « Poul ki retounen vin repoze sou branch lakay yo pa janm fè m tris ; yo toujou fè kè m kontan », Malcolm reponn sèchman. Saint-Victor akonpaye kouryèl li a ak yon videyo-klip yon kòmantatris gwoup Kodpink Alert la sou Tik Tok ki montre yon imaj agresyon konjire yo sou Kapitòl la, ki konkli ke yo sèvi Etazini pwòp plat resèt pa l : « Konfwontasyon yè a nan Kapitòl la te chokan, men li enpòtan pou nou raple nou ke vyolans sa a, se sa gouvènman ameriken an fè lòt peyi yo atravè lemond ; sa a, ak pi mal ankò, yo ap fè l depi plizyè syèk. Sèlman pandan trant dènye ane yo, Etazini entèvni avèk vyolans nan yon douzèn peyi diferan : Irak, Afghanistan, Venezyela, Ayiti, Ekwatè, mwen ta ka kontinye. Se konsa Etazini trete lòt peyi, nou sèlman kòmanse ap pran yon ti avan-gou. », kòmantatris la di ak yon ti min iwonik. Nou ta ka sètennman ajoute nan lis sa a Nicaragua, Panama, Libi, Siri…

Mwen konnen byen de ki sa kòmantatris la t ap pale konsènan Ayiti, kote, an 1915, yon bann revòlte fonse nan palè prezidans la e sakaje plas la ; lè yo wè yo pa jwenn prezidan Vilbrun Guillaume Sam, ki kouri san l pa gade dèyè, revòte yo pouswiv li e yo jwen li k al refijye nan legasyon fransè a ki pa t twò lwen de la. Yo dechikete misye nan plizyè mòso. Se evennman sa a, ak lòt vyolans rebèl yo e pati politik ki

Tyaka Poetica

soutni yo komèt, ke Etazini itilize pou l jistifye okipasyon Ayiti ki vin apre a e ki dire disnevan (1915–1934).

An fevriye 2004, yon bann opozan ame menase Pòtoprens, palè nasyonal ak prezidan legalman eli a, Jean-Bertrand Aristide. Yo pa t bezwen anvayi palè a : twoup espesyal Etazini ak Lafrans pral fè koudeta a pou yo…

Rebèl etazinyen jou 6 janvye 2021 yo pa t sètennman genyen yon pwisans etranje pou ba yo lamen, men yo te genyen prezidan Etazini an, Donald Trump, ki fè depatman Defans li an rejte entèvansyon Gad nasyonal la ke gouvènè Mariland la, Larry Hogan, te òdone sou demann mè Wachingtonn D.C. a, Muriel Bowser. Senatè repibliken Ben Sasse rapòte ke Trump te nan lajwa nan Mezon Blanch pandan evennman yo, l ap aplodi sedisyonis, san li eksite. Nan yon videyo-klip li anrejistre menm jou a, Trump rann omaj ak sedisyonis yo, li di yo : « Mwen renmen nou, nou trè espesyal. » Yon moun ka konprann lanmou sa a li gen pou yo a, pwiske li limenm egzòte manifestan yo, sèlman kèk minit anvan, pou yo mache sou Kapitòl la pou entèwonp pwosedi sètifikasyn an. Li refize pandan kat jou pou l mete drapo Mezon Blanch la an bèn pou salye memwa ajan polis yo touye nan Kapitòl la pandan evennman yo.

Sanble atak sou Kapitòl la se dènye gout dlo ki ranvèse kanari a ; Trump mal jwe dènye kat li a e sa koute li chè. Li te kapab soti yon ewo nan trajedi etazinyen an, menm apre tout malè terib li koze yo, si l te gen yon ti myèt sans de responsablite l yo e itilize resous fòmidab nasyon an pou l kontwole pandemi Kovid-19 lan. De preferans, li fèmen tèt li nan kokiy enteryè l, lage kò l an plen tan nan revri nasisis ak pilsyon otokratik li yo.

Zak gwo ponyèt gwoup trumpis yo, sèn vyolans dangriyen e akablan yo koze yo efreye majorite popilasyon an. Moun yo sanble panse : « Si yon moun pa an sekirite nan sen Kongrè Etazini an, ki kote moun ap jamè sen-e-sof ? » Kongrè a dotanpli defyan ke totalite manm li yo te viv moman terifyan sa yo an dirèk, *an vi,* kou alafwa temwen e viktim. Demokrat kou repibliken, tout ansanm, deside pou yo retounen an seyans menm sware a pou kontinye pwosedi sètifikasyon an, kote, nan mitan lannwit lan, yon grann majorite nan Sena a (92 kont 7) e yon ti mwen gran majorite nan Lachanm reprezantan an (282 kont 138) vote pou sètifye Joe Biden ak Kamala Harris kou prezidan e vis-prezidan Etazini.

Pwotestation sot tout kote ki mande pinisyon pou moun ki responsab yo, dabò pou Trump, otè, enspiratè e eksitatè prensipal rebelyon an, epitou pou senatè Ted Cruz ak Josh Hawley ki pwopaje bann manti konspirasyonis Trump yo ak lòt chèfdefil repibliken yo, kouwè manm Lachanm Jim Jordan ak Matt Gaetz. Demokrat yo pa vle jwe ankò. Yo lanse yon iltimatòm ki gen twa pati bay Trump : oswa li demisyone oswa Mike Pence envoke 25èm Amandman an pou rale l ann ijans sot nan pouvwa a, oswa Kongrè a inisye yon pwosedi destitisyon *(impeachment)* kont li.

Trump pa tip de moun k ap demisyone ; Pence se yon akomodan, yon admiratè Trump, menm si jou 6 janvye a Trump te lage l bay pyèv trumpis yo, ki t ap chache l pandan y ap rele « An n pann Pence ! » Se Kongrè a ki rete pou l aji. Jou lendi 11 janvye ki swiv la, Lachanm reprezantan an inisye yon pwosedi destitisyon kont Trump ; jou madi a li entwodui yon rezolisyon kondanasyon, jou mèkredi, li entwodui yon atik destitisyon ki akize Trump de « ensitasyon enzireksyon », li site dabò fo alegasyon fwod elektoral yo, apèl telefonik Trump te fè ak sekretè d Eta Jòji a, Brad Raffensperger, lè l te fè presyon sou misye pou li « jwenn » vot pou chanje eleksyon an an favè li, e finalman enzireksyon an.

Natirèlman, miz ann akizasyon pou ensitasyon enzireksyon an souliye tou patisipasyon Trump nan rasanbleman 6 janvye a ak responsablite l nan dezòd nan Kapitòl yo kote, akizasyon an di, agresè yo « ilegalman vyole e vandalize Kapitòl la, blese e touye manm lapolis, menase manm Kongrè yo, vis-prezidan ak pèsonèl Kongrè a pandan ke y ap koze lòt zak vyolans, zak asasinay, zak destwiktif e sedisyonis ». Pou sa k konsène Trump limenm, atik destitisyon an akize l pou lefèt ke l « volontèman fè deklarasyon ki, nan kontèks la, ankouraje—e abouti kòm previ—nan zak anachik nan Kapitòl la, nan tip kouwè "si ou pa gouman kou yon dyab, w ap pèdi peyi ou". » Atik la kondane Trump pou lefèt ke yo « mete gravman an danje sekirite Etazini ak enstitisyon gouvènmantal yo. Li menase entegrite sistèm demokratik la, entèfere avèk tranzisyon pasifik pouvwa a epi met an peril yon branch egal gouvènman an. Li desefèt trayi konfyans moun antanke prezidan ».

Jou 13 janvye 2021, Lachanm reprezantan an vote ak yon majorite 232 kont 197 atik destitisyon Donald Trump lan, kidonk sèt jou anvan dat ofisyèl pou l kite pouvwa a, kidonk tou sèt jou apre agresyon deblozayè pro-Trump yo nan Kapitòl la. Vot sa bay Trump onè remakab kou premye prezidan nan tout istwa Etazini yo met nan enstans destitisyon de fwa. Avèk tou dis repibliken ki vote pou destitisyon, vot la bay rekò pi grann kantite palmantè ki vote pou pati opozan an nan yon enstans destitisyon. Lidè majorite repibliken nan Sena a, Mitch McDonnell, deja deklare li ap ouvri pwosè nan Sena a jis apre Trump kite Mezon Blanch la ; men demokrat yo espere itilize vèdik koupablite li pou yo retire dwa misye pou l pa janm ka vin kandida pou prezidan nan lefiti.

Demokrat yo gen anpil rezon yo pran aksyon desizif kont Donald Trump : misye trè serye nan tantativ li pou ranvèse Eta de dwa a, kèlkeswa sa l pran, san retire pran zam. Aksyon Trump jou 6 janvye 2021 an ban m yon entwisyon vag sou sikoloji diktatè yo. Mwen konprann yon ti jan plis tip de dilèm k ap boulvèse lespri yo apre yon sèten tan yo pase o pouvwa. Yo prèske tout komèt oswa òdone lòt moun komèt zak kriminèl k ap koze yo asireman pwoblèm si yo ta janmè pèdi pouvwa. Kidonk, vin gen sa Anglofòn yo rele yon *incentive*, yon motivasyon pou gade pouvwa a an pèman- ans ki dotanpli pèsuadan ke diktatè a deja o pouvwa nan moman an. Si kite gouvènman an, oswa pèt pouvwa a, egal ale nan prizon oubyen lanmò, fè tout sa w kapab pou w kenbe l, se yon reflèks sivivans. Ki vle di donk, se pa sikopatoloji, kouwè gen moun ki kwè, ki esplike aksyon Trump yo pou l kenbe pouvwa a, men sivivans tou kout. Genyen yon metòd nan foli a, kouwè yo di.

Byenke yon moun ka kalifye yon bon kantite patisipan nan rebelyon 6 janvye a de alyene mistifikasyon trumpis lan, anpil nan chèfdefil yo se pèsonalite k ap egzèse sèten pwofesyon otorite oswa ki gen respè nan milye yo. Se etranj banalite fachism Hannah Arendt pale de li a. Pami atakan nan Kapitòl yo, te gen nonm blan sa a ki pot yon mayo ki make sou li ekspresyon « 6 MNE », yon akwonim angle neonazi yo itilize ki siyifi « 6 milyon pa t ase », nan alizyon ak olokòs anti-jwif la. Yon lòt, ki nan senkantèn li, gen sou li yon poulovè nwa ki gen desen yon kràn moun ki gen anlè l mo alman « Camp Auschwitz », e anba a « Arbeit macht frei » (« Travay pote libète »). Se menm lejann sa a ki enskri enlè papòt kan ekstèminasyon Auschwitz la nan Polòyn. Franj sipremasis, prenazi e neonazi nan politik etazinyen an toujou egziste nan istwa peyi a, men l pa t janm si pre pou l panzouye pouvwa d Eta nasyonal la yon fason si radikal.

Kouwè yon kanaval atwosite, revòlte yo melanje sa k trajik ak sa k rizib diran okipasyon kout Kapitòl la kote ou wè yo ki agwoupe nan biwo yo ak sal prensipal yo, y ap rele eslogan kont lennmi Trump yo. Jacob Chansley, yon nonm 33 an, ki koni tou sou non Jake Angeli « QAnon Shaman » an, soulve enterè telespektatè ak telespektatris yo. Li anvayi Kapitòl la tòs ni avèk de kòn nan tèt li, parire de yon gwo perik fèt ak ke koyòt an fouri ak makiyaj ou wè nan gran fèt chanpèt aletranje ; ou ta kwè w asiste yon sèn Kafka ak Baudrillard kreye ansanm pou yo twonpe reyalite. Pèsonaj la, yon nonm flanbwayan, fè w panse ak kont, men FBI pa wè l kou yon reprezantasyon etandone bagay ki an je yo : demokrasi ak Eta de dwa a.

Senk jou apre, yon Gran jiri federal enkilpe Jacob pou entèferans nan travay fòs de lòd yo pandan dezòd ap fèt ak pou obstwiksyon. Gwo akizasyon sa yo ka koute yo, si yo kondane, plizyè ane nan prizon. Se menm bagay la pou anpil nan patisipan aksyon 6 janvye a. Genyen sètennman yon diferans ant « QAnon Shaman » lan ak neonazi nou mansyone pi wo a. Fòs de lòd yo dotanpli eksite pou yo pouswiv sipòtè revòlte Trump yo ke sila yo te imilye yo pandan dappiyan Kapitòl la. Avoka moun yo akize yo fè pwopaje, nan televizyon, defans Nuremberg a : ke se Trump ki òdone yo pou yo fè l. Yo refere moun ak klip videyo Trump nan rasanbleman an kote l ap egzòte sipòtè l yo pou yo « mache sou Avni Pennsilvani [e ale] nan Kapitòl la ».

Nan yon editorial nan kotidyen parizyen *Le Monde* ki parèt anvan Trump ale, joual la fè yon bilan de katran l yo e ba li yon vèdik ke laplipa moun tèt drèt sou planèt la ap dakò : « Lavèy pou l kite Mezon Blanch lan, prezidan repibliken an lese dèyè li yon peyi dechire, ki travèse ak divizyon ki raman egale, sekwe pa vyolans politik ou pa janm tande, epitou, sitou, ravaje pa yon pandemi k ap galope e ki, kèk kote, san kontwòl. » Konsènan jerans li de pandemi Kovid-19 la an patikilye, kondanasyon an total : « Jesyon li de kriz sanitè a, ki make pa endiferans, deni, mansonj ak enstwimantalizasyon politik youn apre lòt, kite Etazini an fas yon bilan ki inik nan lemond : prè 400 000 moun ki mouri nan onz mwa, 23 milyon moun ki kontamine. Sèl bagay li fè ki bon se efò finansye li deplwaye pou pèmèt yo dekouvri rapidman yon vaksen », editoryal la konkli. Otè a regrèt tou lefèt ke Trump bay « preferans sistematikman ak enterè ekonomik yo odepan danje sante piblik yo.[2] »

Kritik Olivia Waxman fouye nan achiv istorik yo pou l jwenn resanblans avèk evennman jounen jodi yo. Nan yon ekselan atik li ekri nan magazin *Time*, li wè tèt li nan temwen kontanporen yo ki gen sansasyon bagay yo deja wè, *déjà* vu. « Si kòmansman tans ane 2021 an fè w krenn ke istwa ap repete tèt li, ou pa sèl. [...] Espesyalis nan istwa yo afime ou ka jwenn 160 ane anvan yon paralèl apwopriye avèk enzireksyon 6 janvye nan Kapitòl Etazini an, lè sèt Eta nan Sid te fè sesesyon de Etazini ant desanm 1860 e fevriye 1861. », manmzèl ekri. Youn nan espesyalis li site yo se Robert Lieberman, otè liv *Four Threats: The Recurring Crises of American Democracy* (« Kat menas : kriz repetitif demokrasi ameriken an ») ki panse ke atak 6 janvye 2021 an kont Kapitòl la se kriz ki « pi pwòch nou apwoche de 1861, sèl egzanp yon vrè echèk de sa ou ta ka rele yon transfè pouvwa pasifik an dousè ». Sèl pi grann diferans, Lieberman konstate, sè ke, fwa sa a, agresyon an vini « de enteryè gouvènman an. [...] Sila a se yon enzireksyon ki pwovoke pa prezidan Etazini an ». Yon lòt diferans sè ke opozan l yo pa t dispite eleksyon Abraham Lincoln lan, yo pa t senpleman vle gen anyen a wè avèk Inyon an. Yo eli pwòp prezidan pa yo : Jefferson F. Davis. « Eta esklavajis yo, Olivia Waxman ekri, te panse Lincoln te dispoze elimine esklavaj, sous revni pou yo viv nan Eta pa yo, men, anfèt, li te prezante tèt li ala prezidans sou yon platfòm eliminasyon esklavaj sou teritwa federal yo, pa nan kote li te deja egziste yo.[3] »

Kouwè nan tan sesesyon sèt Eta sidis yo pandan premye inogirasyon Abraham Lincoln la an 1861, rebelyon chen anraje pro-Trump yo jou 6 janvye a enplike—e eksplike pa—volonte pou prive Nwa yo de dwa de vot yo, de dwa reprezantasyon yo ak dwa patisipasyon nan arèn ak enstitisyon pouvwa yo. Se yon pwoblematik miltisantenè ki te ka siviv si lontan konsa paske l pa t vrèman rezoud. Konpwomi 1877 la te fè plis ke restore pouvwa blan nan Sid venki a, li te reyisi tou kowonp politik nan Nò kote politik ki rele « estrateji dyekson Sid » kandida kouwè Richard Nixon ak Bary Golswater te manifestasyon pi fran li.

Lè mwen wè nan televizyon, la anba zye m, manifestan vyolan yo ap vandalize Kapitòl la, imaj ki pi resan ki pase nan lespri m se atak Boris Eltsin kont Palman ris la ann oktòb 1993. Chif ofisyèl yo estime atak la touye prè 200 moun e fè 400 blese, men lòt sous pale de prè 2000 mò. Oksidan pa t di twòp sou sa—an tèm de kondanasyon—paske agresyon an te byen sèvi pwòp konba pa l kont kominism sovyetik la ke destwiksyon Sovyèt siprèm lan sèvi kòm kou de gras li. Eltsin òdone atak sou Sovyèt siprèm lan apre li destitye l pou lefèt ke li te vle—ilegaleman—disoud li. Se te yon lit pouvwa ant de antite prensipal Leta ris pòs-sovyetik la. Eltsin genyen konpetisyon an paske fòs ame ris yo te entèvni an favè l. Moral istwa a : moun ka « destwiktire » e « rekonfigire » yon Palman oswa Kongrè nenpòt ki lè. Èske Trump te konsilte ak Vladimir Poutin, pwoteje e siksesè Eltsin lan, sou pi bon mezi pou l pran pou l rete o pouvwa ? Desizyon ak aksyon preparatif reyèl Trump pran yo pou l egzekite malfektasyon l lan (patikilyèman ranplasman l minis Defans lan ak minis Sekirite enteryè a sèlman kèk semèn anvan 6 janvye) se endikasyon li te pre pou l ale jiskobou si l te kapab ouvri yon kriz. Demokrasi, Eta de dwa ? Tout sa se pawòl. « Konstitisyon an se papye, bayonèt se fè », diktatè ayisyen yo renmen di.

***

Finalman Donald Trump ale maten jodi a (20 janvye 2021), li kite Mezon Blanch lan nan elikoptè vè 8 è dimaten pou al nan baz Joint Base Andrews a nan Mariland kote avyon prezidansyèl la ap ret tann pou mennen l nan Mar-a-Lago, nan Florid. Yon seremoni kout te met sou pye ann onè li. Li akonpaye pa madanm li Melania. Pitit gason ak pitit fi l yo, bofis li Jared Kushner, chèfdetamajò l Mark Meadows, kèk lòt manm fanmi l ak zanmi l, ap tann nan tèt pis d aterisaj la. Yon gran absan : Mike Pence, vis-prezidan dènye katran yo. Li chwazi pou l prezan nan inogirasyon Joe Biden lan, fikse a twazè pi ta ; li pran pretèks lojistik ki anpeche l vin jwenn Trump tou. Byenke Trump remesyè l pou sèvis li nan diskou patans li an, li klè de nonm sa yo pa santi yo alye ankò. Pence pwobableman pa bliye detonasyon vwa revòlte 6 janvye yo k ap rele « Pann Pence ! »

Moun ta byen espere Trump ak klik li yo disparèt nan silans ensiyifyans, men etandone pwosè destitisyon li an ki pral ouvri nan pe d tan ak pakèt lòt aksyon an jistis ki san dout ap vin blayi sou chimen li, mwen krenn anpil ke medya sosyal yo ak medya de mas yo ap kapab kontinye tretman inaksesiblite y ap ba li a.

Trump debwaze nan disgras, laplipa asosye l nan *establishment* politik la ap evite l, li diskredite. Kesyon jounen jodi a se : èske Sena a ap akite l pou yon dezyèm fwa ? Yo t ap fè l nan pwòp danje pou tèt yo, demokrat yo rann yo yon gran sèvis lè yo ba yo yon lòt posiblite pou yo debarase yo de Trump pou ki tout kondanasyon destitisyon ap akonpaye pa yon dezyèm vot pou diskalifye l pou tout fonksyon piblik.

Gade ki kontras ki genyen ant seremoni adye patetik Trump lan, ak solanèlite inogirasyon Joe Biden ak Kamala Harris aprèmidi a. Esplandè ilimine, kaleyidoskòp, espektak inogiral la, ke medya yo layite ak pwofi, se yon trezò ra nan mond vityèl sa a kote tout gou ak sansiblite—ansanm ak medyokrite—ap mele youn nan lòt nan yon melimelo ki pafwa eksitan, souvan pa two kòdyòm, men ki ede toudmenm kèk moun pase annui letan. Se kontras ant kras ak pwoprete manifaktire, ant kanay ak siblimite tekno-vityèl. Peyi a bezwen anpil ekstaz sa a, menm a distans, menm dèye fildefè pike ak 25 000 sòlda Gad nasyonal la, ki pre pou fè lagè kont lejyon trumpis ki antre nan zòn pwoteje a. Gen moun ki pale, kòm analoji, de Green Zone nan Bagdad la pandan lagè Irak 2003–2008 lan. Yon lòt konparezon anpil moun souliye : genyen kounye a plis twoup etazinyen nan Wachintonn D.C. ke nan Kaboul e nan tout Afganistan...

Peyi a etwatman evite anpriz fachism, kidonk li konvenab pou gen pwezi nan fèt la. Pa gen okenn bagay ki fè plis kontras ak fachism ke ideyalite eblouyisan pwezi. Maya Angelou te pèdi respè nan zye m lè l te li yon powèm nan inogirasyon Bill Clinton ak Al Gore jou 20 janvye 1993. Mwen adore Angelou, men m pa t ka anpeche m wè imaj powèt koutizan an nan lakou wa a. Clinton te vante tèt li kou « premye prezidan nwa » akoz familyarite l avèk Afriken-Ameriken yo, moun ka konprann sa ; men imaj ensklave a k ap divèti mèt la pat twò lwen panse m. Epoutan, mwen pa t resanti okenn retisans nan admirasyon m pou resitasyon Amanda Gorman lan, yon jenn fanm nwa de 22 an. Powèm li, « Mòn n ap grenpe a », plase trajedi etazinyen an nan kategori redanmsyon ki endispansab apre anpil ane, sinon anpil syèk, trangresyon. Men moman kounye a—apre kokennchenn manifestasyon Black Lives Matter yo nan prentan-ete ane pase ak deblozay nan Kapitòl la jou 6 janvye—se moman rankont ant frè lennmi ki separe yo : « *Nou depoze zam nou / Pou nou ka lonje bra nou bay / Youn ak lòt / Nou ap chache mal pou pèsonn e amoni pou tout moun / An n kite se glòb la ki di, omwen, ke se vre* : *Ke menm lè nou t ap kriye, nou t ap grandi / Ke menm si nou t ap soufri, nou t ap espere / Ke menm si nou te fatige, nou te eseye / Ke nou ap ret a jamè lye ansanm, viktorye.* »

Powèm Amanda Gorman lan pa rete twòp sou lepase, li vire zizye l vè lefiti. Kouwè pwetès la limenm, se yon im pou lajenès. Se pa peche yo ki konsène l, men latè l pèdi li vin jwenn lan, redanmsyon : « *Se peryòd pou redanmsyon ki jis la / Moun te krenn kreyasyon li / Nou pa t santi n te prè pou nou se eritye / De yon moman si terifyan / Men nan li nou jwenn pouvwa / Pou nou ekri yon nouvo chapit / Pou nou ofri lespwa ak* ri.[4] » Si powèm lan gen yon ti safè bidenèsk, se paske moman an mande inite, chèchay retwouvay ; men se yon bon ton pou moman an. Apre imaj brigan mekontan ak vakabon k ap detwi Kapitòl la, pwezi ofri yon tout lòt orizon pou reve ; anplis, jenès Amanda Gorman, mizikalite vwa li, « istori-site » moman an te ka sèlman rejwi kè nou e ensite lespwa. Amwenske ou se yon salo san santiman, kouwè Fanon ta di.

Otè rebelyon 6 jiyè 2021 yo, Noam Chomsky di, « konsidere tèt yo kou moun k ap defann gouvènman lejitim lan, men se sa yo toujou di, menm pou koudeta ki pi visye e pi mòtèl yo, kouwè sa Etazini te soutni an nan Chili [an 1973]. » Akolit li yo « te prè pou yo tolere pèfòmans vilgè li an tan ke Trump ak konplis li yo livre machandiz la, y ap ranpli pòch yo padan y ap vòlè piblik la », se poutèt sa, menm an deyò pouvwa a Trump rete yon menas kont Eta de dwa a. Se pa nonm sèl toupwisan moun pa ka reziste a, se yon sistèm, yon konbinezon estriktirèl. « Depi Reagan ouvri pòt vòl gran chimen an, "transfè richès" soti de 90% moun ki pi ba [nan sosyete a] pase bay sipè-rich yo atenn prè 50 bilyon dola, daprè yon etid resan Rand Corporation fè. Pèsonn moun pa ka chifre pri ki pi elve destwiksyon anviwonnman an koute, ki te priyorite prensipal Trump-McConnell pandan plizyè ane sèvis yo ak moun ki trè rich e ak antrepriz yo. » Danseka, Chomsky konkli : « Kèlkelanswa sò endividi a, trumpism lan p ap ka siprime fasilman. Rasin li yo pwofon. Kolè ak resantiman eskwo talansye sa a pa limite nan Etazini. Vòl 50 bilyon dola a se sèlman krèm glas ki sou gato dezas neoliberal la, limenm tou konstwi sou fondasyon enjistis ak represyon pwofon.[5] »

House managers (oswa palmantè-pwokirè) Chanm reprezantan yo, sou deman Speaker a, Nancy Pelosi, fòmèlman prezante bay Sena a jodi a (25 janvye 2021) atik destitisyon Donald Trump lan, kouwè konstitisyon an preskri l la, pou kòmanse pwosè a. Se yon rityèl ki rive sèlman twa fwa pandan 245 ane istwa peyi a, dènye fwa a an janvye 2020. Palmantè patizan Trump yo fè konnen ke pwosedi yo pa konstitisyonèl pwiske Trump pa o pouvwa ankò. Se yon bon agiman etandone ke rasyonalite jistifikatif demokrat yo avanse nan atik destitisyon an sè ke Trump se yon danje pou sekirite nasyonal Etazini eke li dwe degèpi osi vit ke posib. Agiman prensipal y ap atikile kounye a, se nosyon *accountability,* sètadi responsablite pou zak Trump komèt yo, yon nonm ki jwi de yon enpinite prèske total pandan katran l o pouvwa a.

Konsènan objeksyon non-konstitisyonalite pwosè a paske prezidan an ale a, laplipa espesyalis an dwa estime ke kontinyasyon pwosè a byen lejitim, menm si se te sèlman pou anpeche fonksyonè Leta yo ki akize de enfraksyon kriminèl pou yo pa demisyone pou devye pwosedi destitisyon an. Yo site egzanp fame minis Lagè William Belknap, akize de koripsyon, ki prezante demisyon l bay prezidan Ulysse Grant, avèk pakèt dlo nan zye l, panse ke se fen istwa a. Lachanm reprezantan an pa lese tèt li pran nan jebede a : li vote toudmenm pou destitisyon Belknap. Sena a evantyèlman akite l, men ensidan an pwouve ke yo ka kontinye yon enstans destitisyon menm apre akize a kite fonksyon an. An n remake ke afimasyon defans Belknap yo an 1876 se menm ak sa defansè Trump yo ap di jodi a : ke Sena a pa gen jiridiksyon pou l pouswiv ka a pwiske misye pa o pouvwa ankò.

Yon vot pwosedirèl ki rive aprèmidi a (26 janvye), apre yon objeksyon senatè Rand Paul ki kesyone konstitisyonalite pwosè a limenm, fè nou mal prevwa siksè pou sila yo ki prekonize oswa espere kondanasyon Trump : 45 nan 50 senatè/senatris Pati repibliken an vote kont konstitisyonalite pwosè destisyon an. Sèlman senk nan yo vote an favè li. Kouman yon moun ka viv twoma sa a e pa wè li kou yon malfezans ki bezwen redrèsman, sa a se yon bagay ki lwen antandman m.

Kou yo te previ, ouvèti retade pwosè destisyon Trump lan rive jou madi 9 fevriye 2021, li prezide pa senatè Patrick Leahy. Twa dènye pwosè prezidansyèl nan Sena a te tout prezide pa jij an chèf Lakou siprèm lan, kouwè konstitisyon an mande. Yon *ansyen* prezidan ? Konstitisyon an pa di anyen sou sa. Aparamman, aktyèl jij an chèf tribinal la, John Roberts, pa vle fè li. Li pa t ap yon sipriz si misye pa vle prezide akoz de laperèz li genyen pou chen anraje trumpis yo. Amwenske se yon fason pou yo jwe ak amoupwòp Trump, ki san dout pa renmen diminisyon panach la.

Apre prezantasyon chèf akizasyon an pa Jamie Raskin, chèf *house managers yo* (oswa palmantè ki sèvi kou pwokirè yo), swiv pwosesyon *manajè* yo ki tabli, youn apre lòt, fondman chaj la ; yo fè demonstrasyon rezon ak aksyon ki pwouve responsablite Donald Trump nan evennman 6 janvye yo e ki ap jistifye kondanasyon l. Apa klip videyo ki koni nan lemond antye yo ki layite diferan ang agresyon 6 janvye a nan Kapitòl la, *palmantè-pwokirè yo* fè izaj de konvèsasyon telefonik ant Trump ak sekretè d Eta Jòji a, Brad Raffensperger, kote w tande prezidan an k ap mande misye pou li « jwenn » pou li vot ki pou konble diferans ant limenm ak Biden lan.

Kèk obsèvatè ka mande tèt yo poukisa *palmantè-pwokirè* yo pa t prezante tou dokiman sou dènye revelasyon yo konsènan demach Donald Trump, anvan l te ale, pou li ranplase minis Lajistis pa iterim lan, Jeffrey Rosen, pa yon asosye 1 nan depatman an, Jeffrey Clark, avèk misyon prensipal pou l pouswiv Jòji ak kèk lòt Eta devan Lakou siprèm lan nan entansyon pou anile rezilta eleksyon prezidansyèl la nan Eta sa yo ? Yon bagay trè trumpèsk, yon moun ta di. Pa gen lontan ankò, jan de koripsyon sa yo t ap koze moun ki konsène yo karyè yo oubyen pi mal, jodi a, tout moun ose zepòl yo, soupire, e konkli : « Mwen t ap atann mwen de sa. »

***

Nan yon repòtaj ki ko-edite pa yon gwoup jounalis *New York Times,* nou aprann, konpile tout ansanm, lajè demach ak konspiratè yo pou ranvèse volonte elektè ak elektris Etazini yo. Yo mete an gwo plan an patikilye, swasant-disèt jou ki vin anvan 6 janvye 2021 an, dat kote sistèm elektoral etazinyen an te jis chape yon kriz mòtèl.

Efektivman, apre tout alegasyon fwod yo prezante nan tribinal yo fin inivèsèlman diskredite, san retire yon valiz ki te sanse boure ak bilten vot ilegal ki vin soti montre se yon bwat materyèl fotografik oswa tou swadizan dè milye moun mouri ki te vote pou Biden alòske an reyalite yo te anrejistre sèl de, kanpay Trump lan finalman chwazi pou l itilize fòs brital—avèk èd bann kantite tèt chofe patizan l yo, byennandi.

Yon reyinyon ki te fèt nan Mezon Blanch lan jou 12 novanm 2020 te patikilyèman desizif pou jefò sa a, apre ke tout tantativ Trump yo sou wout legal e konstitisyonèl yo te fin rejte : « Jedi 12 te jou jefò jiridik frajil e de long dire Trump lan pou l revèse pèt li a te transfòme an yon bagay antyèman diferan : yon kanpay ekstralegal pou sibvèti eleksyon an, baze sou yon mansonj ki si konvenkan pou kèk nan patizan Trump ki pi devwe yo ke l rann inevitab agresyon mòtèl 6 janvye a kont Kapitòl la », jounalis yo ekri.

Alaswit reyinyon sa a, linivè ki te deja redui Trump lan vin dezòmè abite ak konspirasyonis ki pretann kwè di kòm fè nan solidite fantezi yo, moun kouwè Rudolph Giuliani, Sidney Powell, Jenna Ellis, Lin Wood, Justin Clark, e menm yon vandè zòrye, Mike Lindell, pwopyetè konpayi My Pilow a.

Rasanbleman 6 janvye a nan Wachintonn D.C., ki te òganize prensipalman pa yon gwoup pro-Trump, Women for America, vin vit rejwenn pa tout franj ekstrèm-dwat rasis e antisemit nan peyi a. « Nan landmen aprèmidi malè sa a nan Kapitòl la, te parèt yon imaj fòs antwopik sila yo ki rasanble o non Trump nan yon krach *ad hoc* men toujou katastwofik, chaje ak rak e deniman », otè yo obsève.

Nou vin apran konbyen angaje Mezon Blanch lan te ye nan òganizasyon rasanbleman an e konbyen òganize antrepriz la te ye. Se pa t inikman yon evennman pou eksprime yon demann, se te yon atwoupman pou aksyon, pou chanje aranjman fondamantal la : « Plizyè konvèsasyon avèk aktè santral yo ansanm ak dokiman ki dispèse sou Wèb la, patikilyèman imèl, videyo ak piblikasyon sou rezo sosyal yo ki pa t siyale oparavan, rakonte istwa yon kanpay pi global e pi kowòdone », otè repòtaj yo di[6]. Palmantè-pwokirè pwosè destitisyon yo ap sètennman kontan wè konpilasyon jounalistik sa a ; men èske l ap fè okenn diferans ? Èske nou pa an fas yon dikotomi irediktib ant de sistèm kwayans ak konpreyansyon reyalite a ?

***

Jou 2 desanm 2021, *house managers* oswa palmantè-pwokirè Lachanm reprezantan yo fòmèlman prezante bay Sena a, selon règ yo, gran pwen jijman destitisyon an, yo raple moun Donald Trump te plase nan enstans *impeachment* an pandan li te ankò prezidan. Yon fason pou yo pran devan sou agiman repibliken yo selon ki yo pa ka destitye yon prezidan ki pa an fonksyon ankò. Palmantè-pwokirè yo souliyen ke prezidan an « te ensite enzireksyon kont gouvènman Etazini an. Konduit li te met an danje lavi chak manm Kongrè a, li te menase tranzisyon pasifik pouvwa a ak liy siksesyon an, e konpwomèt sekirite nasyonal nou. Plizyè santèn moun te […] pre pou yo fè tout sa yo kapab pou kenbe l o pouvwa ». Apre yo souliyen rezon majè pou kondane Trump yo e anpeche l vin janm gen yon fonksyon ofisyèl, palmantè-pwokirè yo kritike misye pou tèt li « menase sistèm konstitisyonèl ki pwoteje libète fondamantal nou cheri yo », yo denonse foul moun vyolan ki te anvayi Kapitòl la jou 6 janvye a « kou yon kanon chaje sou Pennsilvani Avni ».

Pou kan Trump lan limenm, plizyè nan avoka l demisyone youn apre lòt paske yo pa vle plede manti eleksyon chaje fwod la devan Sena a. De avoka ki vin asepte reprezante l nan dènye minit yo, David Schoen ak Bruce Castor (yo vin jou apre a rejwenn pa Michael van der Veen), chèche navige ant ensistans Trump sou pwen sa a ak nesesite pou yo prezante yon defans ki kredib. Dokiman preliminè yo soumèt bay Sena a met aksan sou yon defans ki akse sou swadizan enkonstitisyonalite pwosè destitisyon an, yon pledwari k ap jwenn sètennman kèk eko pozitif nan sen senatè repibliken ki te vote semèn anvan an kont konstitisyonalite a nan yon yon pwosedi preliminè (sèlman senk nan yo jwenn 50 demokrat ki vote pou konstitisyonalite—kidonk kontinyasyon—pwosè a).

Avoka Trump yo prezante « *brief* » yo a nan yon langaj malis ki trayi difikilte pou jwenn koyerans nan yon sistèm kawotik, nan tip : « Sa te nye ke prezidan Trump te ensite foul la pou l adopte yon konpòtman destriktif. [...] Sa te nye ke ekspresyon "si w pa goumen kou yon dyab, ou p ap gen yon peyi ankò" pa t gen anyen a wè avèk zak nan Kapitòl la, paske sa te klèman vle di nesesite pou lite kont sekirite elektoral an jeneral, kouwè anrejistreman diskou a montre a. » Evidamman, rezilta pwosè a p ap vin vrèman deside daprè fòs agiman de pati yo, men daprè dinamik politik ki anje a, paske, kou tout moun konnen, yon pwosè *impeachment* se esansyèlman yon zak *politik*, pa inikman jiridik.

***

Jodi a, 11 fevriye 2021, se dènye nan twa jou prezantasyon rekizitwa *house managers* yo (oswa palmantè chwazi pou sèvi kòm pwokirè yo) devan Sena a. Ou ta di Nancy Pelosi, chèf Lachanm reprezantan an, te vle takinen yon nouvo fwa sansiblite siprematis blan Donald Trump lan. Konpozisyon *house managers* yo se yon temwayaj vivan mozayik miltietnik Etazini an ; manm yo se pitit ak pititpitit imigran ki sot nan yon miltiplisite lokalite jewografik : Joaquin Castro (Kiba), David Cicilline (Itali), Ted Lieu (Tayiwan), Joe Neguse (Eritre), Stacey Plaskett (Lil Vyèj), Eric Swalwell (Angletè/Ekòs), Madeleine Dean (Iland), Diana DeGette (Japon), e Jamie Raskin, chèf *house managers* yo, se yon Jwif orijinè Larisi.

Kontras avèk ekip defans Trump lan byen frapan : twa gason blan, ak mwayèn d aj senkant an. Youn ladan yo, David Schoen, se yon Jwif òtodòks. Misye te fasine piblik medya sosyal yo avèk fason l ap bwè yon boutèy dlo pandan l ap kouvri kràn tèt li avèk lòt men an. Li repete jès sa a pandan plizyè fwa diran pledwari l la, premye jou pwosè a. Moun vin aprann pita sa fè pati rityèl lafwa relijyon l, ke pratikan an dwe obsève kan li pa gen ti chapo kippah oswa yarmulke la sou tèt li. Dènye detay sa a siyifikatif sèlman pou nou souliye iwoni yon Jwif pratikan k ap defann yon nonm ki envite neonazi yo anvayi Kapitòl la, kèk nan yo pote mayo ou chanday ki gen senbòl rasis e antisemitis sou yo.

House managers yo pa aliyen okenn temwen vivan diran tout tan yo te ba yo a, yo montre sèlman klip videyo jounen 6 janvye a ki devwale plizyè ang nan envazyon pwotestè yo ke piblik la pa t konnen avan. Ou wè ladan yo palmantè efreye k ap chache evite ensije yo. Laperèz vivid blayi sou figi yo. Ajan sekirite Kapitòl yo te itilize ekspètiz yo ak konesans yo de bilding lan pou mentni vis-prezidan Mike Pence ansanm ak palmantè yo andeyò pat men anvayisè yo. Se te yon mirak okenn nan de pati yo pa t janm jwenn fas a fas ! Anpil nan palmantè yo reviv kou yon epizòd pos-twomatik enfami jounen sa a.

Chèf *house manager* yo, Jamie Raskin, yon ansyen pwofesè dwa konstitisyonèl, demantibile de agiman prensipal defans lan avanse yo : asavwa, non-konstitisyonalite pwosedi *impeachment* kont yon prezidan ki pa o pouvwa ankò, ak dwa libète ekspresyon ki pwoteje pa 1e Amandman konstitisyon Etazini an. Misye asire senatè yo ke Pè fondatè repiblik Etazini an pa t enkonsistan asepwen jiska akòde yon « eksepsyon janvye » ak yon prezidan ki t ap pèmèt li, nan dènye mwa manda li, komèt otan de krim li ta vle, paske l konnen yo p ap ka pouswiv li si l pa o pouvwa ankò. Pou zafè libète ekspresyon an, Jamie Raskin jwe avèk yon maksim popilè ki di yon moun gen dwa libète pou l di tout sa l vle, men l pa gen dwa pou l rele « Men dife ! » nan yon sal sinema. Li ajoute ke nan ka Trump, an rapò ak 6 janvye, sa « plis pi mal ke yon moun ki kriye fosman dife nan yon teyat boure ak moun. Se pito yon zafè kote chèf ponpye vil la—ke yo peye pou etenn dife—voye yon foul moun non pa pou kriye dife (…) men pou, lòske alam dife yo deklennche eke apèl kòmanse ap vini (…), ankouraje foul la kontinyel dezòd yo pandan l ap gade nan televizyon dife a ap pwopaje avèk lajwa e kè kontan ».

 Avoka Trump yo itilize ant yo twa a sèlman de nan twa jou pledwari e yon minimòm nan tan yo akòde yo a. Yo reprann an grann pati pwen yo te anonse yo nan *« brief »* preliminè an, san twòp konviksyon. Yo sigjere ke se « Antifa » yo (gwoup antifachis oswa lòt gwoupman de goch tout kalite yo mele ansanm anba apelasyon sa a) ki dèyè dezòd nan Kapitòl yo ! Nan yon sèten pwen vè finisman pwosè a, youn nan avoka Trump yo fè konnen ke Trump pa t konnen ke lavi vis-prezidan Pence te an danje. Yon afimasyon ki byen dwòl lè w konsidere pakèt repòtaj nan medya yo ki te pale de sa. Pou enfime deklarasyon an, *house managers* yo prezante yon mosyon pou entwodiksyon temwen. Kidonk, Sena a vote 56 kont 44 pou entwodiksyon temwen.

 Gen moun ki pale de depozisyon posib lidè minoritè Lachanm reprezantan an, Kevin McCarthy, ki te rapòte ba moun yon konvèsasyon telefonik li te inisye avèk Trump pou l mande entèvansyon li diran okipasyon Kapitòl la pa ensije yo. Ondirè Trump te reponn li : « Kevin, ou sanble mwens enterese nan vòl eleksyon an ke manifestan yo. » Yon lòt palmantè repibliken, Jaime Herrera Beutler, fè konnen li menm tou te o kouran konvèsasyon sa a avèk Trump e li prè pou l temwaye. Li enplore lòt moun ki temwen echanj ant McCarthy e Trump lan pou yo fè menm bagay. Kanta avoka Trump yo bò kote pa yo, yo reponn ke si moun ap asepte temwen, yomenm yo pral layite dè santèn. Yon blòf, sètennman ; men, aparamman, li mache.

Vè zòn mitan jounen an, kou teyat : apre konsiltasyon twapati ant lidèchip demokrat la nan Sena a, kan Trump/lidèchip repiblikin ak *house managers* yo, Sena a rektifye e rekonsidere vot pou entwodiksyon temwen a. Selon yon konpwomi, yo asepte entwodiksyon nan dosye a yon atestasyon *congresswoman* Beutler ki afime sa l konnen de echanj lan. An brèf, p ap gen okenn temwayaj vivan nan pwosè a. Tout bagay sa yo rive sèlman dènye jou pwosè *impeachment* an, samdi 13 fevriye 2021. Ki sa k te pase ?

Te gen twòp ajannda ki aliyen e ki gen konfli youn ak lòt. Te gen efektivman konfli ant bezwen pou kondane Trump ak dezi pou akomode ajannda Joe Biden lan, ansanm ak manèv repibliken yo pou yo devye tou lè de. Apre mwa tibilan avan e apre eleksyon yo, lidèchip tou lè de pati yo pa t gen etadam pou kontinye dispit la, menm si tout moun konnen Trump veritabman koupab de chaj yo akize l yo. Si gen yon bagay ki te pwouve, sèke repibliken yo se yon bann kapon, menm si yo se premye moun k ap frape sila yo ki fèb.

Si m fè eksepsyon de dis manm kouraje Lachanm reprezantan an ak sèt senatè repibliken ki vote pou kondanasyon Trump yo, malgre tout pwoblèm ak advèsite yo konnen sa ka koute yo, mwen santi yon mepri pwofon pou gason ak fanm pati sila a ki chwazi enterè mesken yo odepan de sa ki bon pou ideyal jistis ak pwobite peyi yo. Yo chwazi konfò materyèl ak pouvwa fonksyon yo konfere odepan rejenerasyon peyi yo anfas lemond antye ; yo chwazi lawont ak enfami nan plas fyètè ak diyite. Kouwè jounalis lejandè Carl Bernstein te di : « Yo anbrase pèvèsite Donald Trump […], fòs ki pi pèvè ke nou pa t janm wè nan Mezon Blanch lan. »

Mwen dakò ak nosyon ke anyen pa t ap janm mennen 43 senatè repibliken ki vote pou akitman Trump yo pou yo janm chanje entansyon vot yo, kèlkelanswa gravite ak kantite prèv ki te prezante devan yo. Pi bèl egzanp defo antandman sa a se Mitch McConnell, lidè minoritè repibliken nan Sena a, ki vote pou akitman Trump men ki pran mikwo a kèk minit apre pou l denonse Trump e di misye veritabman koupab de zak malonèt yo repwoche l yo, men ke li, McDonnell, pa t ka pa akite l paske se tout pwosedi destitisyon an ki non-konstitisyonèl pa lefètke Trump pa o pouvwa ankò ! Lè yon moun konnen ke Mitch McConnell, apre l ke te resevwa atik *impeachment* an, te eksprèseman lese tan pase anvan l deside chwazi dat 19 janvye pou l ouvri pwosè a, sètadi yon jou anvan Trump pati kite pouvwa a, yon moun konprann ki degre depravasyon moral tip moun sa yo ka lese yo sikonbe, opwen jiska maltrete pwòp konsyans yo, pou kenbe sa yo pèsevwa kou pouvwa men ki anfèt se yon ilizyon falsifye yon nanm ki dezakse.

Ipokrizi yo vin ankò pi vizib lè w konnen ke pami 43 senatè repibliken ki vote pou akitman Donald Trump yo, genyen onz (11) ki te vote pou kondanasyon Bill Clinton diran pwosè destitisyon l an fevriye 1999 pou yon endiskresyon seksyèl !

Dezyèm akitman Donald Trump sa a kite yon gou amè nan bouch, kouwè premye akitman an, kouwè manipilasyon rapò Mueller a pa William Barr, kouwè pakèt kantite enstans kote misye jwi de enpinite kou yon moun entouchab nan yon sistèm ki si zele lè pou l pini malere ak malerèz pou enfraksyon ki pi banal. Dezyèm akitman sa a ban m santiman yon fim ki mal fini, pi seryezman, li parèt pou mwen kou yon okazyon manke pou anseye timoun yo respè pou sèvis piblik, respè pou nòm demokratik yo ak respè pou nosyon responsablite tout endividi, espesyalman si yo koze ditò ak atwosite kont sosyete a.

***

Erezman, malgre feblès ak lakin li yo sistèm konstitisyonèl la vin reyisi reziste e venk Donald Trump nan volonte l pou l sibvèti eleksyon Joe Biden ak Kamala Harris la ; sa fè onè l e fè prèv fòtitid li, menm si, iwonikman, arivay Trump menm o pouvwa ap vin ekpoze feblès li yo. Trump konnen pafètman byen li pèdi eleksyon an lejitimman, men li vle kreye deblozay paske kawo benefisye misye byen, kouwè katran yo montre a. Lè l kite pouvwa a e anba aksyon lajistis kont li k ap sot tout kote, èske l ap gen menm chans lan ?

Biyopolitik etazinyen an chaje sipriz ak iwoni. Menm lè lespri sinik, enkonpetans ak iresponsablite administrasyon sòtan an koze lanmò plizyè santèn milye moun ansanm ak yon dividal dega ekonomik, se sou menm administrasyon sa a e, an pati, ak enpilsyon kèk nan fonksyonè l yo (avèk kontribisyon savan etranje) ke yon vaksen anti-Kovid-19 te vin devlope e mete o sèvis piblik la. Se yon akonplisman fòmidab, menm si Trump limenm pa gen anyen pou wè ladann et chèche pito « dekonstwiksyon » savwafè Leta yo. Moun ap espere kounye a ke se pa sèlman peyi rich « premye mond » yo k ap gen dwa ak remed anchantè sa a, men tou pey ki pa rich ak moun demini nan lemond antye yo.

Lespwa vin pèmi jodi a apre kat ane enfami kanay trumpis lan. Malgre fasad ledè ki etale isipala nan peyi a, nou wè tou anpil moun ki gratifye nou de mèvèyman bèl santiman limanite genyen nan lit yo kont maladi Kovid-19 lan, keseswa nan lopital yo ak lòt sant lasante oswa tou nan rankont sosyal chak jou nan lavi yo. Wi, lespwa vin pèmi, e avèk li posiblite de yon nouvo reyalite, yon meyè nòmalite.

Gen moun k ap pale de « *restorasyon* » avèk yon prezidans Biden-Harris. Wi, si se restorasyon nòm demokratik yo Trump pyetine yo ; men si se restorasyon an tèm de retounen nan ansyen reflèks enperyalis yo kòmsi Etazini te responsab de rès limanite, se yon bagay k ap pwoblematik[7]. Tip restorasyon sa a ap fè moun glorifye politik ki rele *"America first"* (« Amerik dabò ») Donald Trump lan kou yon moman limyè nan istwa yo ; aprè tou ou pa t wè Etazini patoje nan yon pakèt lagè initil pandan kat ane l yo.

Non, se pa pou « *restorasyon* » moun yo ap goumen, ni pou konsekrasyon preyeminans klas elitis privilejye yo. Moun ki gen akè desten peyi sila a dwe mande tèt yo pou kisa klas ouvriyè a wè nan Donald Trump yon lidè pwovidansyèl pou aleje soufrans ak fristasyon li. Ki mekanism zonbifikasyon ak alyenasyon ki an je e ki rann sa posib ? Ki responsablite rès kras Istwa ak pèfidasyon dirijan yo nan avènman Trump ? Ki sa ki ka fèt pou defèt mekanism mistifikasyon sa a e eklere, ilimine lit klas yo nan yon aspirasyon liberasyonèl imanis ?

Avèk aboutisman eleksyon Joe Biden ak Kamala Harris ala prezidans e vis-prezidans nan peyi Etazini, gras ak you vot popilè moun nwa ak moun bren masif, ki anpeche Trump reyisi pwojè fachism d Eta li t ap prepare a, peyi a vin gen posiblite pou l reprann li apre yon chimennman nan yon lannwit kochma. Li gen posiblite pou l kanale nan yon *rekòmansman* ki poze an kesyon lefèt ke l te si pre yon fose dekonstonbray, sou kòmand pandan katran yon gouvènans kareman asosye ak ekstrèm-dwat la e ak Ku Klux Klan kouwè administrasyon Trump la te ye a.

Wi, se yon rekòmansman peyi a bezwen. Rekòmansman sa a enplike tou, pou m parafraze Nikole Hannah-Jones, pou peyi a peye dèt li dwe Nwa, Bren, Natif Ameriken ak tout lòt minorite etnik e sosyal li maltrete, eksplwate e eskli yo. Li dwe non sèlman konpanse yo pou lefèt ke yo sove l de jistès anba yon grip fachis, men tou retounen yo tout sa li pran de yo. Li dwe sitou demantibile rapò opresyon ak dominasyon yo, *demokratize,* anfennkont, selon vrè sans imanis mo a, rapò enstitisyon Leta e sosyal yo ak moun. Pastè nwa Al Shapton, yon veteran lit pou dwa sivik Nwa yo, rezime demann lan nan jan fason dirèk misye nan yon entèvyou sou MSNBC : « Nou vle yon nouvo seleksyon, nou chwazi desans, ekite, egalite ak jistis pou tout moun. Li pa ase pou sèlman elimine move sant Mezon Blanch lan. Sa sèlman p ap pote awòm libète ak jistis la. »

Rekòmansman vle di tou, replase èt *imen,* kouwè Edgar Morin ta di, nan sant keksyonnman ak praksis pou rann mond nou an miyò, pi jis, pi respektan anvè vitalite ekosistèm ki sipòte lavi nou ak lavi jenerasyon k ap vini yo.

Dezyèm pati

Entwodiksyon

Pou yon powetik lavi chak jou ak angajman

Malgre sa filozòf Jean-Paul Sartre di sou diskalifikasyon pwezi nan angajman literati, li rete jan literè ki pi revolisyonè, akoz de sa nou ta rele alterite nati li, fason zòt li ye. Se kouwè mwen di nan entwodiksyon liv mwen *Poetica Agwe* : « *Radikalism ki nan pwezi mwen se rezilta abi sosyopolitk e dekonstonbray anviwonnman an ke m obsève e rankontre nan tout vi mwen. Se sou-pwodui yon eksperyans anpirik.* »

Mwen chwazi powèm sila yo pou m eksprime yon dimansyon enpòtan souf powetik mwen, espesyalman nan sa ki gen a wè avèk sa m rele « *resousman nan tan prezan* » zèv mwen yo, sètadi fè powetik mwen pran nourisman nan sa k ap pase nan reyalite anpirik la, nan reyalite kounye a. Mwen fè konesans avèk lenjistis nan mond nou an nan yon laj tou piti, apeprè lè m te gen senk oswa sizan, kan ti zanmi mwen t ap jwe avèk yo an refize pou mwen vin wa paske youn nan semèl soulye mwen yo te gen yon twou ladann ! Sètensi ti kanmarad mwen yo, timoun aje senk a sizan kouwè m, entèdi m yon onè, vwa menm yon dwa yo menm yo konsidere ki gen gran enpòtans, senpleman paske semèl soulye mwen te gen yon twou !

Mwen sonje tou kouman mwen te reyaji nan mwen menm lè m te gen laj onz oswa dizan e wè Bòs Pent, michan e fame asasen makout diktati divalyeris la, k ap britalize yon nonm, yon milat pwopyetè yon ti otèl nan katye a. Li tonbe frape nèg la ak kout pye, souflèt, finalman li kase tèt li avèk kwòs revòlvè l la, pandan nèg la li menm, figi l petri, benyen avèk san, pa janm di anyen, li ankese tribilasyon l lan nan yon silans perèz. Bòs Pent pa t touye misye, Dye mèsi ! men ou te ka santi deja gen yon bagay ou pa ka avwe, yon bagay ou pa ka defini ki te mouri nan li. Gwo valè diferans ant pouvwa toupwisan tòsyonè a avèk soumisyon moun li t ap tòtire a te fè m mal anpil, sa te eskandalize m.

Se menm epòk sa a, yon jou lavèy Nwèl, mwen te temwen yon pwosesis gradyèl, peti-a-peti, ki mennen nan egzekisyon sanfwa yon endividi yon detektif te arete e akize de vòl. Sa te rive sou Granri, toupre mitan vil la. Detektif la kenbe nonm lan nan senti l, fouke li yon fason li respire difisilman, li frape li avèk pwen l byen di. Se konsa mwen kontinye swiv pwosesyon moun k ap gade espektak la sou Granri a pou plis ke yon ka kilomèt, jiskaske detektif la fè yon viraj adwat sou ri des Fronts Forts rive tou pre lekòl République du Venezuela, kote li touye nan sanfwa ak revolvè l la akize vòl la.

Mankman imanite zak sa a, kantite otorite yon senp endividi genyen sou lavi ak lanmò yon moun, te ban m anpil endiyasyon. Se petèt jou sa a mwen te pran desizyon pou m konsakre vi m pou goumen pou lajistis.

Eksperyans sila yo, ke m te ka di ki te premye eksperyans ki fòme konsyans politik mwen, devwale pou mwen vizaj kache sosyete ayisyen an ansanm ak enpòtans zaksyon kontrè oswa zaksyon revolisyonè pou korije movèzte sa yo ki te pou mwen yon « anomali » nan yon sosyete ki rasyonèl ; epitou, pi sibjektivman, mwen te wè zaksyon detektif la kou yon enjistis. Mwen di « sibjektivman » paske detektif la, li menm, te panse li t ap aji « objektivman », pou defann sosyete kont vòlè, pou leve drapo pwopyete prive. Mwen konprann byen lojik la, men mwen te panse tou nan yon sosyete kote lavi yon moun te gen yon valè si piti se yon sosyete ki bezwen yon chanjman fondamantal.

Mwen vin rankontre defo sila yo tou nan kondisyon fanm ann Ayiti : gason trete l tankou alafwa yon manman yo venere, yon pitit fi, yon mennaj oswa yon madanm yo domine, maltrete, kontwole. Sosyete patriyakal—kote gason se sèl mèt ki dirije a—ki pi represif yo fè moun konprann tankou yo onore fanm, men an reyalite estrikti dominasyon ak « diferansyasyon » ki egziste yo kenbe l nan sèvitid pou benefis yon gason dominatè. Avrèdi, sa yon ti jan chanje pandan senkant ane ki sot pase yo, patikilyèman nan anpil peyi nan Lwès ki devlope yo ansanm ak kèk peyi nan tyèmond lan ki te viv yon sitiyasyon revolisyonè kote fanm yo te jwe yon wòl enpòtan. Men nan lòt peyi yo, san retire Ayiti, sosyete patriyakal la rete san chanje.

Sa te fè m santi yon pakèt plezi lè m te aprann Ayiti, nan tan pase, te ede lòt peyi ki t ap goumen pou liberasyon yo. Natirèlman yo te fè l peye yon pakèt pri pou ensolans sa a, men m toujou rete fyè de li, egzanp jenewozite li a penetre pwezi mwen ki gen ladann yon kritik sevè kont opresyon kolonyal e enperyalis.

Sou yon plan pèsonèl, mwen te toujou kiltive yon rapò òganik avèk literati. Se menm epòk kanmarad mwen yo te refize m wayote a ke m te fè konesans Carl Brouard, yon gran powèt mouvman lekòl literè ayisyen yo rele *endijenis* la. Mwen te gen apeprè sis oswa sèt an lè manman m te di mwen, avèk dwèt li pwente : « Ou wè nèg sa a laba a, se Carl Brouard, yon powèt enpòtan. » Li di l avèk yon ton ki endike li gen yon pakèt respè pou li. Menm nan laj jèn sa a mwen te byen konprann jenewozite manman m lan, paske imaj Carl Brouard te montre se imaj yon nonm sou ki t ap kilbite anba bweson. Men jan de respè prèske relijye ki soti nan vwa manman m lan sove misye de kontenjans yon kondisyon kras, tè-a-tè, li siblime l egzistansyèlman kouwè Jean Genet te fè ak pèsonaj Divine li an nan liv li *Notre-Dame des Fleurs,* e avèk tou avanti pwòp vi pa l.

Men, mwen panse mwen vin tounen yon powèt youn a de ane apre, nan laj sèt oswa uit tan, lè m te ekri, pou pale nan sans pwòp, premye powèm mwen. Mwen pa sonje ni tèm ni santiman mwen te eksprime nan powèm lan, men kè m toujou rejwi, menm jounen jodi a, lè m raple m imaj manman m ki kenbe fèy papye-lekòl mwen te ekri powèm lan e montre li, avèk vwa l elve, ak tout moun nan lakou a : « Gade ! Gade ! Powèm sa a se pitit mwen Eddy ki ekri l ! », li rele, avèk fyète e eksitasyon. Vwazen ak vwazin yo felisite m avèk anpil kontantman e lèv manman mwen te briye avèk yon souri plen fyète.

Jès manman m lan te fè antre nan mwen yon respè pou literati akoz pakèt enterè li te montre nan sa li te wè kòm yon gwo atribi oswa zouti enpòtan pitit gason l lan te genyen : abilite pou li ekri pwezi. Manman m te yon moun ki letre menm si li pa t depase klas mwayen nan lekòl primè. Apresyasyon li te manifeste pou powèm mwen an te gen yon grann valè pou emosyon m kou yon timoun. Natirèlman mwen pa t fè yon analiz two sofistike sou ensidan sa a, men se sèten li te enfliyanse anpil, pa vrèman predispozisyon mwen pou m ekri, men pito, omwen, ankourajman pou m pouse l pi devan.

 Lektè ak lektris yo ka degiste tou yon bèl florezon powèm ak tèks ki poko janm pibliye avan e ki djanmen tematik solidarite liv sila a. Pou konklizyon, mwen ta di mwen te toujou adopte, depi okòmansman, yon konsepsyon oswa predispozisyon pou *angajman* vizavi literati. Tout ekriven sètennman gen dwa pou yo chwazi oswa adopte pwòp konsepsyon yo oswa izaj yo fè de atizay ekritirèl yo, men li lojik nan ka sa a pou nou fè distenksyon ant zèv atizay ak literè ki kontinye poze kesyon tout epòk limanite konn poze, sou lanati, sou kondisyon ak destine èt imen, de sa yo ki tou senpleman sèvi, kote pozitif, pou amize, dekore, pase makiyaj sou bagay ki lèd, yo, ak, kote negatif, adousi e domestike lespri kritik la. Kòm eksepsyon, genyen zèv atizay ak literè ki pa adopte ni youn ni lòt nan de posiblite yo, men kouwè Sartre di, lè yon moun « netr », se ankò yon lòt fason li chwazi.

 Mwen espere lektè ak lektris yo ap pran gran plezi li powèm ak esè nou prezante isit la, nan tou lè de lang prensipal Ayisyen yo pale.

 Natirèlman, powetik mwen an te konsène tou pa faschism trumpis kotidyen an, kouman li te jenere, kouve, akouche, devlope e elabore anba zye tout moun, jou apre jou. Nou montre li an mosyon, ann aktivite, jiskaske praksis pèp la estope l sèk, nan bon mitan chemen an. Nou montre l tou *en veilleuse* nan tèks nou yo, k ap tann : « Proud Boys, rekile e rete pre », Trump di gwoup pwoto-fachis la. Yo t ap tann sètennman. Pèp la tou, pwochen fwa a, na espere sa.

Simbi nan dlo*

Yon ti van lan, fre,
ap karese w
yon dimanch ansoleye
yon jou otòn nan Karayib la ;
ou santi w rajeni
ou reprann fòs ou
yon levasyon ap lanse w
sou bò vag silansye lanmè a
anba zye dou Simbi
lanmou nan premye rega :
pèsonn p ap janm wè w ankò
sou latè oswa nenpòt ki bò ;
cham Simbi deja konkeri
nan yon mouvman rapid, desizif
alafwa kò ou ak nanm ou
kounye a evapore nan mond mistik la,
manmzèl pran an chay tout emosyon ou,
li se mètrès espas ansanm ak tan ou.

Simbi fèk vin reprann ou
ou se nouvo retounan nan lòt mond lan
ou twouve w nan mitan matris oseyan an
Simbi se sèl zanmi w
nanm ou ak lespri w ret dèyè
ou se envite dlo yo
prizonye ki soti nan mond pase a
ou se nouvo envite Agwe **
eritye lespri zansèt yo
nan mitan pwofondè Twou Nwa oseyan an,
lwa yo ap vwayaje o pa kretyenvivan.

Simbi nan dlo
elegant, majestyez e bèl
raman frape diran lavi yon moun
men lè klòch moun lan sonnen
trè souvan lè ou pa t ap janm atann
nan yon toubiyon demele
sakrifis la dwe total,

moun lan dwe envante yon lòt fason pou l ye,
yon nouvo tibonnanj anba kav oseyan an
kounye a vin penetre nan sen limanite
Agwe ak Simbi ansanm ak kretyenvivan
jwenn pou pataje espas entèdi e pèdi yo
nan nannan oseyan an
pou yo pran plezi nan vibrans lavi
epi yo jwenn ansanm pou kreye nouvo enèji,
nouvo levasyon ak kreyasyon,
renouvèlman kosmik
dlo ak kabòn ki fòme esans
kozalite premye egzistans èt imen
yo devwale o gran jou mistè a
yo revele sa ki dwe ye.

*Simbi se lwa vodou pou lanmè, dlo, chanson, ki abite nan nannan lanmè. Powèm sa a se vèsyon ayisyen vèsyon angle orijinal la « Simbi in the water » pibliye nan antoloji *Ocean Voices* (« Vwa Oseyan yo »), ki edite pa Everett Hoagland, edisyon Spinner Publications, New Bedford, Massachusetts, 2013.
**Agwe se yon lòt lwa vodou pou lanmè, men tou pou vwayaj, legzil.

Teworism sou Nanm moun
(Dedikase a Mahmoud Darwish, gran powèt palestinyen an)

Pou prèske yon mwa, de 8 jiyè rive 5 out 2014, Izrayèl lanse yon atak san lache, sistematik, kraze zo, sou vil Gaza, an Palestin, ki tiye 1 900 moun, 80% nan yo sivil, san konte yon grann kantite timoun. Daprè Nasyonzini kantite moun ki blese depase 9 000. Destwiksyon ofansiv sa a koze yon reyalite lanfè, enfrastrikti peyi a totalman demantibile. Soufrans toupatou. Kalte michan agresyon sila a fè l kalifye kòm krim kont limanite pou ki yo dwe pouswiv e pini Izrayèl. Trajedi sa a enspire powèm pi devan.

Li fè laverite tounen yon non-di ki sakre
e silans tou yon vèti kou yon rezon sivik
oubyen fòs brital, bra dwat enperatif sekirite
ak lòt salopri ak makakri ki anpeche lespri layite.

Se rijidite Kosmos la, moun yo di
Labib te anonse l sa gen kèk tan de sa
ansanm ak Torah a, misil yo ak *Iron Dome*,
yon gwo Kouvèti Fè ki grape wokèt Hamas yo
depi nan syèl ak tout rès yo.
M ap toufe ! M ap toufe !

Avèk *Patriots Batteries* ou yo ki ka detounen laterè
avèk tout cha blende ou yo k ap kanonnen malè
avèk tout oratè elokan ou genyen nan Harvard
avèk tout dal envestisman ou fè nan Wall Street ak nan Lond
avèk alyans ou fè ak Sèl Sipèpwisans dimond
ki plane sou tèt nou kou yon èg andyable
kou yon lonbray k ap anglobe n, fliyid, atmosferik ;
avèk tout michan mèvèy teknolojik ou yo
k ap manniganse tankou kanaval loray kale ;
avèk tout senpozyòm AIPAC ap òganize *
pou liminè fanatik ki aklame w kouwè Lapwovidans
avèk fason ou rapyese Gaza kou yon fwomaj swis
ak sous dlo yo ou detounen sèl bò kote vilaj pa w ;
avèk tout gran akonplisman ou yo
ansanm ak meday annò ou yo—kou yon Panoptikon

ki fèmen sou lanmè Mediterane—,
avèk tout bèl lonè desten konble lavi w,
epoutan w ap tiye timoun inosan
epi kondane anpil vèv nan lapovrete.

Li fè desans tounen yon enkoni
epi konsyans yon bagay ki dwe entèdi ;
li dikte kouman tout bagay dwe mache
san retire lagè ak lapè ak rekòmansman lavi,
yon pwosesis pafè kou repetisyon sezon yo,
lopital yo, moun yo koupe manb yo,
vilaj ki peri yo, sa se yon lòt bagay.
Se lamayòt ! Ilizyon w !

Li fè sonnen nan zòrèy ou alèt teworis
EIIL ba yo rezon, yo di, **
se pwofesi moun a kwaf ki ka gide chimen w.
Nou ka menm renmen youn ak lòt, mwen konnen,
men sa se pa ditou yon jwèt, ou konnen ?

Epi menm chay doulè nou ak rèl nou,
san nou ki gaye k ap koule anba yon dal debri
laviktwa ou pòte nan tout lagè w lanse
pa t ka estope swaf vorasite w, yo di,
ou toujou kontinye ap tiye tizanfan
e voye Zòt ou deklare endezirab nan agoni.

Ou gen pouvwa pou desounen lojik
e sa mache pou ou mèvèyman,
menm dlo nan zye nou yo di
te sèvi w pou w vin atenn grandè pou pèp ou
men pou pèp pa nou ou blayi dezolasyon.

Kouwè tanpèt yo, kouwè toubiyon siklòn van
ou detwi lavi moun selon jan ou vle
e jete mwatye yon nasyon nan lari,
lè lòt bò miray la w ap briye nan esplandè
e bonb ou yo simayen kouwè yon pidetwal
sou Gaza ki tonbe nan blakawout toupatou.

Ou gen pouvwa ki beni pa Lesyèl
pou anpeche zye wè malfezans laterè,

pou anpeche zorèy tande plent doulè
pou anpeche bouch pale avwa wot
epoutan w ap tiye timoun o gran jou.

Kontanporen m yo fè m wont,
yon bann zonbi granchan ki lach,
yon bann opòtinis sou Granri,
yon bann alyene yo kondisyone
ak nanm yo sekirize ;
ou kite yo fè disparèt
ti fi n yo, ou kite yo vyole yo,
ou kite yo vann yo.

Ou pretann kondane avanti malsite Bush ann Irak
epi ou konplimante pak Obama-Nantanayu sou Gaza.
Ou fè laperèz tounen yon woutin kotidyen
ki pa deranje pèsonn sètènman pa machann zam yo
ni McDonald nan kwen an, *of course not.*

Li fè de ou yon repòtè lach nan CNN
yon konplis MSNBC ki kondane Rula Jebreal
paske li di tou wo sa tout moun di tou ba ; ***
li fè de ou yon fo fonksyonè netr Leta
li retounen w nan eta animalite pirifye,
chè kadav chaje kras k ap viv pou moman an
li retounen w nan eta sanitè sen
ki refize kontaminasyon pa lakonesans.

Avèk menas anviwonnman, risk nan travay,
san konte chatiman esklizyon,
kontanplasyon lanfè malere sanzabri,
reflèks la dewoule pou kont li,
konsyans ou anba kle
ou vin gen twòp bagay pou pèdi dezòmè.

Ah ! Timoun yo ki pa sot nan lakretyennte,
se pou lanmò yo sèvi pou viktwa sou teworis lokal,
ou bay tèt ou jistifikasyon ki obeyi règ yo,
malfezans prezante kou yon pati byenfezans
—epi ou fèmen deba a, an n pale de Ukrènn
oubyen de Koup Dimond lan.
Nou bezwen amizman ak divètisman
pou rann avègri nou yo tolerab.

Tyaka Poetica

Tout bagay byen anba solèy la
jiska lòt randevou a ak Gaza,
yon Gaza ki endiye pou baboukèt yo ba l,
endiye pou move sò yo bay yon pèp onorab,
endiye pou ipokrizi Gran Dominan yo
pou lojik akomodasyon mechanste zanmi yo
ak alye yo ki gen viktwa nan lagè y ap mennen
sou yon bann nanm nan prizon k ap soufri
Anderson Cooper ka inyore avèk tout vèti li sove,
outraj la selektif, ou konnen, paske se Gaza,
Gaza rebèl, Gaza ki refize mouri an silans.

(25 jiyè 2014)

*AIPAC : Akwonim pou American Israel Public Affairs Committee. Yon gwoup soutyen « *lobby* » pou Izrayèl.
**EIIL : Akwonim franse pou État islamique en Irak et au Levant, yon gwoup sounit djiyadis ann Irak.
***CNN ak MSNBC (akwonim angle Cable News Network ak Microsoft National Broadcasting Company, rezo televizyon kab nan Etazini). MSNBC mande Rula Jebreal pou l pa retounen kòm kontribitè apre li kritike patipri pro-Izrayelyen medya etazinyen yo nan yon pwogram televizyon jou 21 jiyè 2014. Pa t gen pèsonn, kit nan pèsonèl yo kit nan estaf la, ki pwoteste kont vyolasyon flagrandeli libète laprès sila a.

Ayiti de kriz an kriz men lavi ap kontinye

(Omaj ak pèsistans lit mwen an, ak kontinwite aspirasyon mwen yo, ak pèseverans lespwa Ayiti kontinye ap nouri.)

Eleksyon avòte oswa vòlè
lepèp endiye
KEP enplike*
nan detouneman
vot san idantifikasyon
kandida tout koulè
met lamen nan lamen
pou voye grimas la ale
men dega a te deja fèt
kès Leta devalize
mizè nwa miltipliye
ti boujwa reprann plas yo
nan zafè lakoloni
Palman pa t vle ret pèdan
lè li sèl reprezante Leta
konsa li fè yon koudeta
pou kreye yon konkòda
pou mete dlo nan diven
ajitatè souverènte pèp la.

Jeneral nan gozye Atoufè
palmantè ki pa pran dòleyans
tijoudlan sou pewòl Bon Papa
anbisye ti chimen bare san landmen
ki pa wè pi lwen k nen yo ;
santi bon ak kilikikit k al achte
kribish nan mache Kwa Bosal
bakoulou nan fèt Sentantwàn
ak kòl chemiz rèd ak lanmidon
k ap chache fè de kou anba gwòg.

Depi konplo sou Pon Wouj
rive sou neokoloni Opapabama
pase anba woulo Bebe Bush
ak sou pawòl dous kazak wouj e nwa
monpè ki plis pawolye ke malen
plis prezidan kè poze ki pa anchay anyen

tonbe nan gouvènman kanaval kat sezon
pou kenbe tinèg soule e dou kou siwo myèl
se menm kout tanbou anba tonèl.

Ayiti gen ase seyè lagè
ki fòme lame avèk èd Ozanfè **
ki pase pran Okap, Gonayiv al Pòtoprens
e deklare tèt yo ak poumon yo gonfle
chèf siprèm yon pèp tounen twoupo.
Sepandan menm lè ou pa t ap tann
Samba p ap pè tounen nan mawonnaj
si se fason pou l pa pèdi lespri l.

Yon peyi fondatè modènite
salopri chèf lagè delalay
yon peyi pwotektè lalibète
gwo zouzoun ak oligak sou bòdmè
louvri lapòt bay asoufa sou Wall Street
ansanm ak tiblan rasis nan Misisipi
avèk tinèg lakay kou twokay.

De kriz an kriz deblozay la kontinye
men lavi ak kontinye ouvri zèl li
Samba dwe repanse chapant nou
ansanm ak jan chimen an trase.
Ayiti se yon ideyal èt imen
yon orizon ki layite lòtbò etènite
Ayiti se manman Lamerik Latin
peyi ki limen fantasm zotobre
men tou refij nanmdane san zespwa
ki pa t gen chans devan lapèdisyon.

Ayiti se yon ideyal èt imen
yon vizyon destine pou pèp anchene
yon espas libere zansèt yo te sakre
pou levasyon lòt dimansyon latè.
Ayiti se peyi vanyan ki sòt nan Ginen
ki alèz nan metwopòl kou nan forè Amazoni.
Ayiti se peyi lwijanboje ak kamoken rebèl ***
ki konfwonte Papa Dòk menm o pri lanmò yo.

Gasner Raymond te tonbe pou sa li pa t vle
Antoine Izmery ak Jean Dominique tonbe
pou pale pou sa yo yo pa t vle pale

anpechè movèz entansyon gran Aloufa****
ki di l se mèt tout sa k sou latè.
Yo te mouri pou sove lespwa nan malakwa.

Eleksyon avòte oswa vòlè
lepèp endiye
se pa anyen nouvo
se modis vivendi
pouvwa ki pran pa fòs
yo kontinye prije ti poul ze dò
fason daji natirèl malfezans.
Fòs demokratik yo pran lari
tout bagay vin posib toudenkou
—Ayibobo pou tout samba sou latè
ki kenbe klèwonnen chan liberasyon
zansèt yo te chante pou lavni resplandi !
Ochan pou yon Ayiti ki kanpe sou de pye l !

De kriz an kriz Ayiti kontinye ret anvi
o non otodetèminasyon tinonm yo te kwape
nan ziltik ki retounen avèk je yo klere.
Ayiti se defi gason ak fanm vanyan
toupatou sou latè k ap chache yon lòt vwa.

Se lè pou sa yo kèlkeswa kote yo soti
ki rekonèt laglwa aspirasyon l yo
pou rele viv Ayiti libere !
Viv laviktwa sou lamizè !
Viv yon lavi ou gen dwa rele anmwe !
Pou moun manje chak jou Bondye mete !
Viv dwa travayè nan faktori !
Viv lavi !
Viv dwa a lavi !
Viv dwa tout manman pou bay timoun manje !
Viv dwa papa Leta enjisteman anprizone !
Viv dwa tout kretyenvivan pou chanje lavi !

*KEP : Konsèy Elektoral Pwovizwa, òganism ki anchaj eleksyon yo ann Ayiti.
**Ozanfè : Yon houngan e bòkò selèb ann Ayiti.
***Lwijanboje oswa Louis-Jean-Beaugé : Yon nom selèb ann Ayiti ki te renmen goumen. Kamoken : guérilla anti-divalyeris.
****Aloufa : Yon gwo mechan (Lisifè).

Goudougoudou pa dous ni dou

Tras li rete sou po
sou koulè janm kankannen
sou jan li defigire lavi yo
sou jan li kòlboso lavni.

Tras li rete nan kè
nan dlo je yon manman
ki poko kwè sa ki rive
e ki pèdi bousòl ki jou
ki lannwit ni maten.

Tras li rete nan kan sanzabri
anba tant ki pa kaponnen lapli
nan dezespwa sou zye fanmi yo
menm si ou te wè yo de lwen.

Dezas se manbràn lavi
Pòtoprens pa pèdi sa li ye
menm apre goudougoudou layite l
apre menm lespwa te vle delalay.

Goudougoudou se sèl yon mouvman
yon ti moman nan fimaman
ki dechalbore zantray Ayiti Toma
men li se tou byennerezman
limyè ki klere lavwa Miyòla
menm nan lanfè malsite malakwa.

Li se yon langouf san souf
tanntann malè ki pa janm estope
kochma miltipliye pa milyon pas
men l se tou ekleraj nan fè nwa
tinèl ki mennen nan klate solèy
kalbas k ap vòltije sou lapli Bèlè
malpouwont ki nan jèn
dènye kou ki pa t rive touye koukou.

Goudougoudou pa dous ni dou
men l fè sonje bèlte anvan lakoloni
li pa t epaye menm tipoulèt nan ze
men l ka blayi lide pou fè debwazman
nan sèvo kolonize sou pewòl.

Goudougoudou detwi sa k te kontwi
ansanm avèk sa mechan te neglije,
an n fè l derasine malfektati.
Goudougoudou se yon gwo twou latè
an n fè l ranpli bèl pwòmès lanati.

Goudougoudou pa te konnen
sa yo li dekale ni sa yo l epaye
li chante libera Minustah
anba epidemi maladi kolera
menm lè li ede fè eli Mateli
prezidan d Ayiti anba cham
menm lè alèd klenwonnaj masmedya
li fè pase sipòte panzouyis pou sovè
anba makaka popilas abize.

Goudougoudou pa dous ni dou
pou manman ki pèdi pitit li
ak mari pèl jete nan fòs komin
ni pou Tita k nan mitan dezespwa
espere tounen wòch ki pa gen santiman
olye sibi lontan malsite anba tant.

Goudougoudou pa dous ni dou
men li te fòse Aganman o gran jou
li demaske lamayòt anba bwat
pouse chawony nan wout sanwont
louvri baryè fontyè pou diktatè
nonmen neokolon nouvo gouvènè
anba bravo depite japwouj nan LONI.

Goudougoudou se mak istwa mete
nan konsyans tout pitit Ayiti Toma
egzanp dekonstonbray ak malè
pou leve flanbo wo nanm Ginen
pou libere nonm Toma nan makaka
kouwè gen de san zan nan Amazoni.

(Janvye 2011)

Yon pèp anvi

Ayisyen ret anvi
kou zwazo sou pyebwa
andimanche anba van Channmas ;
pwezi dou sou lanmou
anba pye palmis nan Bisantnè.

Pou kisa koze sè Titaniz
ki chire nan fè lawonn
sèl jip mawon koulè tè sal
matant li te ba li pou Nwèl
pa enterese lakomin ?

Si l mouri pou sa se fot pa l
gen lòt bagay pou moun fè
sou latè ki pa sèl dezespere.
Gen lè fò n dakò akodeyon w
pa kòdyòm ni menm akòde
li pèdi nòt nan mitan melodi.

Sa n ap tann pou n di yon koze
sou zafè k p ap mache kòmsadwa
olye tann yo blame inosan ?
Èske l pa pi bon pou lang
mode bouch olye sèvo n eklate
nan yon esplozyon pèsonn je drèt
pa t sispekte nan reyalite ?

Pwezi pa ni sèl komedi ni sèl
divètisman pou vandredi swa
pou moun ki manke enterè nan lavi ;
li ka tablo tristès nan kè menm si
simagri ta vin pran devan.
Pèp la ret anvi menm si l sou rado
li pa tounen toutbon vivi chay nan do.

(Oktòb 2017)

Mizikal pou Mirabo

Yon mirak negatif kont pwòp enterè pa l
Ansanm ak enjistis nan peyi blan rasis
Vin fè Mirabo tonbe nan koze degrenngoch.
Kondisyon malmennen vin fè l yon move save
Nan demele pou viv san w pa gen tout zouti.

Kondisyon viktim li tounen obsesyon pou revanj
Revanj kont marengwen k ap souse san po li,
Revanj kont matla sou beton ki fè l bliye dòmi.
Li reve laglwa, lajwa, lavi bon vivan sou pouvwa,
Pouvwa ! Menm si se pouvwa kont li menm,
Pouvwa kont kwayans li,
Pouvwa kont klate vizyon li,
Pouvwa kont inosans lavi,
Pouvwa kont sa ki bèl e resplendi !

Apre l bat madanm li, timoun li ak bòn li
Lapolis pran Mirabo nan gran midi sonnen
Nan ri Jòj Wachintonn nan sen dawountawoun
Lè l te al pran yon gòg nan yon klib nan Boston.
Yo vòltije l jete nan yon kwen nan Kafou
Kou yon vye sak fatra Lakomin refize !

Nan yon mizansèn lamizè toupatou
Militè k ap tiye, masakre, egzile, kraze yo
Ak pèp k ap reziste kankannen nan lafamin
Mirabo vin deside pou li pa pèdi lespwa
Pou li pa pèdi fòs, pou l kontinye goumen
Pou sa l te toujou vle, pou sa l te toujou kwè
Menm lè tounen yon pyebwa bati sou beton !

Men Mirabo te viv nan labirent alyenasyon
Li vin sikonbe anba ezans dekourajman.
Mirabo vin bliye kriye, li vin bliye jwe,
Menm yon bèl tèt mouda ak yon plat mayi moulen
Ak sòs pwa nwa benyen nan aransò sou zonyon
Pa t reyisi mete yon souri sou bouch li,
Tout bagay pou li vin tounen yon gwo sò
Li vin pèdi lespwa nan sò kretyenvivan.

Jounen 30 septanm nan ane 1991
Lè panzouyis yo deklennche gwo tank
Nan lari Pòtoprens pou masakre tinèg
Lapawòl vin tounen dizon zonbi nan govi
E non pa bèl zouti pou chanje lavi,
Li vin tounen voyemonte pou magouyè
Diskou pou mistifye nanm vanyan.

Apre plizyè milye moun vin deperi
Tout bagay vin tounen miraj, ilizyon
Revelasyon desten sa a koze yon gwo detrès
Menm bèl ti chòbòlòt mennaj misye
Vin pa atire santiman gason konpè mwen
Mizè moral la vin yon eta nòmal ki ba l
Chagren ki fè l rayi pwòp tèt li
Se konsa Mirabo vin trayi zanmi li ak tèt li.

Yon gwoup dechoukè reyini sou Pòtay
Premye non sou lis yo se te non Mirabo
Men gen yon nonm nan gwoup la ki rekonèt
Misye se menm moun ki te sove yon sè l
Lè kantè l t ap nwaye sou wout lanmè Florid
Li mande onon Bondye pou yo sove lavi Mirabo.

Misye pran chans yo ba l la tankou mirak Lesyèl
E li fin sèmante e mande pou lòt van vante.
Li refize asepte pou l fè sa konsyans li pa vle,
Li deside pou l travay pou bagay yo chanje.

Ayiti se pa sa ou di a, Misye Tèt-Mato*

Ayiti se nasyon zile a
ki pran nesans nan san nan travèse
tout longè lanmè Atlantik
pa yon pèp yo vann bay nan Latrèt.

Ayiti aktyalize siyifikasyon
alafwa sa moun ye e lavi l ap viv
epi li envante yon nouvo chimen
nan dyeksyon libète
ansanm ak yon nouvo fason
pou moun detekte pèvèsyon l
menm nan fon mitan lannwit.

Ayisyen te peye ak san yo
sou chan batay nan Savanah
brav konbatan yo kenbe defans
kont michan atak fòs angle
pou sove nesans Repiblik la
pou ede nasyon sa a pran lavi.

Ayiti se peyi ki te leve kanpe
menm devan danje ak malè
pou pwòp tèt pa li kont toupwisan
Lafrans, Espay ak Angletè
pou defann inalyenabilite Èt imen.

Ayiti se fondasyon modènite nou an,
Ayiti se manman engratiye Amerik Latin lan ;
Ayiti se kote Francisco de Miranda
ak Simon Bolivar te ale pran sewòm fratènèl
ak resous pou yo libere tout pèp yo.

Ayiti adopte anpil kòz lòt peyi yo
ki t ap goumen pou libète kretyenvivan
ak pou endepandans, tankou peyi Lagrès
nasyon ki pi helenik ki genyen sou latè.

Ayiti se pa sa ou di a, Misye Tèt-Mato ;
Ayiti se peyi ansyen *ensklave*
pa t pè reziste opresyon,
peyi kote kouraj moun ki te defèt
fòs lame Napoleon yo te fòse l
vann teritwa li nan Lwizyàn,
ki ede double gwosè Etazini epòk la,
yon sèvis yo remèsye li jodi a ak jouman.

Ayiti se peyi atizay,
kote ekriven, powèt, tirè kont,
mizisyen, atispent, eskiltè kreye
Nanm enfinitesimal Inivè nou an.

Ayiti pami nasyon ki pi rich nan lemond
lè n mezire l nan akonplisman briyans
jeni entelektyèl ak jeni filozofik pèp li a
ansanm ak kalte montay nan peyi a
ki rete bèl malgre polisyon lèzòm kreye,
e ki ede e ankouraje pa sipò Meriken
bay diktatè kowonpi san konsyans.

Ayiti se pa sa ou di a, Misye Tèt-Mato ;
Ayiti te voye sou rad Amerik di Nò yo
plizyè milye doktè, chèchè, entelektyèl
ak pwofesè ki djanmen sèvo timoun yo,
anpil nan imigran li yo ap foubi planche kay
e pran swen malad ak tigranmoun nan lopital
Ayiti trè bon pou peyi Etazini.

Ayiti se yon peyi yo te fòse peye
plizyè milya de fran lò
ak dola Bank Nasyonal City
paske li te pran libète li ;
yo te sèvi ak swè pèp la
pou adousi lavi bèl nan peyi Oksidan yo
pandan Repiblik Nèg la li menm
ap peri nan dèt ki apovri l pi mal.

Ladesant nan labim tenèb sa yo,
remak degradan ki depresye moun sa yo
fè mal tankou yon epe ki penetre kè nou ;
sepandan nou pa dwe pè lanse mo,
nou dwe mete tout bagay o gran jou,
blayi yo toutouni nan nati eskandalèz yo,
san dout yo se siy yon maladi pi grav
ak yon santiman pi lajman pataje.

Menas rayisman k ap soti nan vwa
senbòl ki pi wo pouvwa peyi Etazini
sible jodi a Ayisyen
sible jodi a Afriken
sible jodi a Mizilman
sible jodi a Meksiken
sible jodi a Salvadoryen
sible jodi a Iranyen
sible jodi a Palestinyen,
li se menm ki te vize Jwif yo,
Sosyalis yo, Kominis yo,
Jipsi yo, Omoseksyèl yo,
Temwen Jewova yo,
moun ki mantalman
e fizikman andikape yo,
nou konnen byen sa ki te pase lè sa a.
Demen, menas la ap vize nou menm tou
ak tout moun ki pa parèt Nòvejyen…**

O Lafrik ! Bèso sivilizasyon
gason ak fanm ki envante limanite !
O Lafrik ! Tè Deklarasyon Mandé a
kote yo te premye fwa fè dwa moun sakre
yon jou nan trèzyèm syèk Mali,
jodi a ki denigre pa yon nonm tèt vid !

Imigran yo vin nan peyi imigran,
peyi kote pèleren, kretyen, vakabon,
ansyen prizonye, tout sòt pèsekite
vini pou jwenn refij ;
peyi kote ansyen sijè Otomann defèt yo
ak sitwayen Alman pre-Nazi
vini pou yo vin rich,
kèk ladan yo kite dèyè
valè ki soude lyen komen èt imen ;
peyi kote Jwif, Kretyen, Mizilman,
Boudis, Taois, Vodouyis,
Ilandè, Japonè, Somalyen,
ak tout kalte moun ki defavorize
vini pou jwenn lapè yo
menm si akèy la pa toujou fèt ak flè.

Ou pa gen dwa refize ak lòt moun
sa ki sèvi fanmi ou si trè byen
e ki fè ou yon nonm ak siksè,
yon awogan nouvo rich ;
ou pa gen okenn dwa kèlke gwosè
richès malaki fanmi ou ta ye,
pou ou avili plizyè kontinan divès nasyon ;
ou se yon wont pou limanite.

Bagay nou ap wè jodi a
e ap viv nan tan reyèl sila a
pa annik blag ki inosan
lè gen gason, fanm ak timoun reyèl
k ap peye pi gwo pri pou sa.

Nou dwe desann nan lari a
pou klewonnen a wot vwa
nesesite batay pou entegrite moun
si nou vle kenbe rèv nou yo anvi ;
komedi trajik sa a dire deja twòp.

Yon grenn blan sipremasis
nan Mezon Blanch lan,
mwen p ap fè yon gwo zafè ak sa,
men yon sistèm ki pèmèt yon moun fou
detwi ideyal li, zanmi m yo,
se yon pwoblèm nou ta dwe tout kondane.

Mwen rann tout sistèm gouvènman an
nou konfye pou ankouraje amoni ak byennèt
e pou gide timoun yo nan dyeksyon pouswit nòb,
responsab pou pèmèt babaryen sa a antre nan pòt la.
Li lè pou nou estope pouvwa avaris yo
ansanm ak koripsyon nan enstitisyon n yo !

Lemond p ap janm bliye
veksasyon sila a kont desans èt imen,
ni tou mas Etazini yo padonne
andirans wont sila a.

Ayiti se pa sa ou di, Misye Tèt-Mato ;
Ayiti pa w la se yon refleksyon
alisinasyon defòme w yo ;
Ayiti pa nou an se gadyen limyè nou,
se sa ki fè nou tout ret imen ;
Ayiti pa w la se yon twou nwa
Ayiti pa nou an se yon estrikti deleuzyen
yon kote anpil dimansyon jwenn ansanm
pou kontinyasyon levasyon lavi nou
yon kote tout sòt mèvèyman rasanble.

(Boston, 13 janvye 2018)

*Powèm sa a te ekri an repons ak jouman Donald Trump yo lè li rele Ayiti ansanm ak tout kontinan Afrik la yon bann peyi « twou kaka ». Tèm « Tèt-Mato » jeneralman refere a yon moun ki pa konn sa l ap fè, yon moun inyoran.

**Alizyon ak remak Donald Trump lan ki di se sèlman moun ki soti nan peyi tankou Nòvèj yo ta dwe pèmèt imigre nan peyi Etazini.

Pou sa ki twomatize yo ak sa ki ale yo
(Dedikase ak moun ki mouri yo e ak tout viktim Kovid-19)

Mò yo, tout mò sa yo gen yon vizaj
Yon non, yon istwa e menm yon lejann ;
Yo se nonm janti Kwafè Jo
Ki koupe cheve w menm jan
Zwazo Pikvèt beke pyebwa Erab,
Men l toujou bay timoun katye a
Krèm glase glatis nan samdi aprèmidi.

Yo se nonm Gran Samba Bosala
Oswa Griyo Mbale ki fè lirik kredo
Ak kalite e piman mizik yo rejwi
Kè anpil kontinan, ak melankoli,
Yo anbeli menm Gran Anmèdman,
Menm Gran Vid nan sa w ye, lontan
Anvan Kovid te janm parèt nan zòn lan.

Yo se Manmi Johnson, Matriyak la
Ki pa t ka deside ant al achte lamanjay
Oswa ranpli remèd dyabèt li yo, pataje ant
Mouri lantman oswa kite l nenpòt ti moman
Dechalbore pa lafirè lapidè nonm sinik Kovid.
Yo se Carmen Valle k ap resite laglwa pase
Zansèt zile li yo, revalorize kouraj pèp li
Nan mitan kalamite Nouyòk byenneme l.

Yo se Madelina, ki jwenn premye travay li
Jou menm l aprann finitid final desten li,
Limenm, zèklè lespwa fanmi an pou simonte
Senk san zan bò kote ki pi nwa planèt la.

Yo se Ebenis Stanley, nonm emab e janti
Ki toujou ap soufle kòmsi pou l transande
Kontenjans, redui chay dlo je ak advèsite.

Wi, mò yo, tout mò sa yo gen yon vizaj
Listwa yo ak saga yo ap rete a jamè vivid
Nan mizè pasaj nou sou Latè sila a ;
Yo te kouve yon bèl ti tan ki te reyèl,
Yo te la pami nou, e n ap selebre yo pi
Byen lè n fè dlo je nou tounen nouvo angrè
Lawoze pou florezon pi bon pati nan
Nou tout—yon nouvo preri lajistis ak bèlte
Pou selebre sa ki te la
E ki ta ka toujou la.

(Me 2020)

Orevwa, Matant Lili

(Matant mwen, Marie-Ketly Robillard, te mouri nan vil Hartford, nan Eta Konektikèt, dimanch 10 me (Fèt Dèmè Etazini) ak laj 89 an, yon viktim KOVID-19. Mwen te fèk fini powèm mwen ki rele « For the Traumatized and the Departed / Pou sa yo ki twomatize ak sa ki ale yo », ki fè pati yon seri ki titre *Poems of hope and resilience / Powèm lespwa ak andirans*, ki dedikase ak tout moun ki afekte pa viris la. Powèm pi devan an se yon ajoutay powèm sila a ke m te ekri nan alafwa lang angle e ayisyen.)

Matant Lili, pitit fi Papa Ogoun
Al jwenn pwosesyon sa k ale yo,
Tibonnanj li retounen nan Mèveye
Ginen kote zansèt yo repoze
Apre vanyan konba pou valorize lavi.

Konfidan manman m depi lontan,
Bèl, elegan, tou lè de plen lespwa
Yo te swete pou Ayiti nan jenès yo
Yon avni pi souriyan e pi jis.

Depi m sot nan matris manman m
Prezans Matant Lili toujou la nètalkole,
Vanyan enkanasyon kouraj, li andire
Tribilasyon maladi pandan l ap pouswiv
Ti gratifikasyon lavi yo ki rann li
Pi plezan, tankou yon chanson oswa
Solèy leve, petèt yon bòl diri, bannann peze,
Jadennaj, larivyè, oswa senpman yon souri.

Li t ap renmen pou nou tout kontinye
Avanti a, san flechi, kouwè jan l
Te vwayaje de Kafou ann Ayiti
Rive Nouyòk, Konektikèt, defye
Long wout Florida ak Jòji yo, toujou

Ap gade pi devan, dyekson dekouvèt
Nouvo orizon, nouvo fason pou l
Atenn pwòp esplandè mayifik pa l,
Kit se gradyasyon gran-neve l nan
Ewoyik Konkòd oubyen pami
Konpayon l yo sou santye fen lavi.

Vanyan enkanasyon kouraj, wi li ye;
N ap manke ou Matant Lili, toujou.

(Watertown, MA, me 2020)

Kanpe dèyè a goch: **Jill, Tontongi, Jonah (devan) ak matant Lili nan Cromwell**, Konektikèt, an me 2019.

Manno Charlemagne nan lavi kou lanmò

Lè m fèk aprann lanmò Manno Charlemagne, mwen pa t vle kwè sa rive, menm si m te wè foto l sou kabann yon lopital an Florid e ke lanmò te toujou yon posiblite. Se yon foto yon moun te poste sou *Facebook* kèk mwa anvan lanmò *a*. Nòt ki akonpaye foto a di li te nan lopital la pou sentòm toudisman, san okenn lòt detay. Epi, kèk tan apre, bri kouri misye te mouri. Se pa t vre, men rimè a kontinye ap sikile li malad grav.

Malgre anbivalans mwen anvè Manno, mwen panse al wè li apre m aprann li toujou nan lopital la, men lè m mande yon zanmi komen nou k ap viv tou nan Masachousèt e ki te wè li nan Florid, misye di m : « O, Manno ap boule trè byen, misye pa pi grav kou moun di a ! » Apeprè yon mwa apre, m aprann li mouri, jounen samdi 10 desanm, 2017, nan lopital Mont Sinai Miami Beach, nan Florid.

De dwat a goch : **Raymond Justin, Yvon Lamour, Patrick Sylvain, Tontongi, Jean-Robert Boisrond, Charlot Lucien e Lunine Pierre-Jerôme** nan aktivite Chiktay Literè nan Boston ki rann omaj ak Manno Charlemagne jou samdi 20 janvye 2018. —*foto pa Black Fefe*

Lanmò pa yon fenomèn etranje ni endisosyab de èt imen ; kidonk, nou konnen chak grenn nan nou gen tan pa l pou l ale. Se yon kesyon aboutisman natirèl pwosesis lavi. Men, m pa t atann mwen Manno t ap ale kite nou bonè konsa. Se vre l te viv jiska laj 69 an, men sè jou si, 69 an se yon laj jèn pou yon moun ki gen aksè ak bon swen lasante kouwè Manno te genyen. Mwen ta di tou jenès relatif ak lanmò prematire Manno a gen tou awè ak yon sòt de *dezi lanmò freudyen* ke w te ka wè nan plizyè aksyon misye, keseswa lè l te konn fè deblozay ak tonton makout nan Kafou lè l te ti jèn jan, oswa lè l konpoze e chante tout vi li mizik li konnen byen ki ka koze l tò ak gouvènman oswa menm koze l lanmò l. Ou te gen enpresyon, lè w te konnen l, li pa t destine pou l te viv twò lontan ; se yon mirak menm li viv si lontan. Mwen pase anpil tan nan vi m ap enkyete pou li, enkyete pou tonton makout oswa militè neodivalyeris pa touye l, enkyete pou mank estabilite fonksyonnman kotidyen lavi li.

Rankont nan jenès

Mwen konnen Manno Charlemagne depi nan adolesans mwen nan Kafou (komin zòn sid Pòtoprens), lè m te gen 15 an. Se te epòk lè mini-djaz *Les Fantaisistes* te fèk fòme nan Kafou. Nou te gen yon sòt de gwoup mizikal altènatif nan katye a, zòn Kotplaj, ki te rele *Les Remarquables*. Manno te chantè nan djaz sa a.

Misye te gen yon pwojeksyon ak yon sonorite vwa remakab ki vin rapidman popilè pami nou nan katye a. Mwen tande nan zòrèy mwen ankò baritòn vwa Manno lè l t ap chante nan *Les Remarquables*, swa nan repetisyon, oswa nan yon fèt lakay youn nan mizisyen yo, oswa lakay yon fanatik djaz la. Youn nan mizik nou te renmen tande Manno ak egzekite se te yon mizik *The Beatles* ki te rele "Yesterday", ki gen premye liy yo ki di : *"Yesterday / All my troubles seemed so far away / Now it looks as though they're here to stay / Oh, I believe in yesterday"* (« Yè / Sanble tout pwoblèm mwen yo te byen lwen / Kounye a sanble yo isit la pou yo rete / O, mwen kwè nan yè »). Nan katye a nou te renmen vèsyon entèpretasyon Manno a plis ke pa Paul McCartney a !

Gen yon dezyèm konfigirasyon Manno ki vin parèt vè fen premye diktati divalyeris la rive vinisman Jean-Claude Duvalier o pouvwa an 1971. Dezyèm konfigirasyon Manno sa a vin yon sòt revelasyon pou anpil nan nou nan zòn lan. Si n konsidere epòk la, li te menm parèt kou sa Freud rele a yon « *dezi lanmò* » a : mizik li yo vin kareman politik, menm si avèk flavè atistik e referans kiltirèl, fasilman dekriptab pa rejim lan. Mizik Manno yo vin, avèk letan, kreye yon travay desap, yon ewozyon iretounab ki kontamine diktati divalyeris yo.

De goch a dwat : **Manno Charlemagne avèk Charlot Lucien** (an 2017) ak yon tablo misye te penn pou Manno. Lè l bay Manno tablo a, misye di Charlot Lucien : « Se nomad mwen ye, mwen pi fye w ak tablo a pase tèt mwen; mwen p ap ka pran l. »

Nouvo faz Manno sa a—sètadi mizik kòm angajman politik—te enterese mwen anpil paske, mwen menm tou, bò kote pa m, mwen te vin entelektyèlman trè kirye, e politikman trè dispoze pou m opoze rejim politik nan anviwonnman an. Kidonk, li pa t pran lontan pou nou menm yo jèn nan Kafou, pou nou atire pa mizik Manno yo, dotanpli yo gen kalite atistik e mizikal ki te patikilyèman amizan. Kontrèman ak sa nou te ekspoze e konn tande nan mizik alepòk la—minidjaz, chansonèt fransèz, *ranchera* espayòl, elatriye—, mizik Manno yo parèt « diferan » sou plizyè ang : yo senp, klè, melodye, entelektyèlman konplèks, kritik kont reyalite politik e ekonomik malouk nan tan an, e eksprime a wòt vwa, nan chanson, kesyonnman anpil moun te genyen.

Angajman politik mizik Manno yo gen plizyè volè. Dabò, akoz de konesans entim li genyen de relijyon vodou a (li pase tan nan perestil vodou nan Kafou), li pwize prèske majorite melodi mizik li yo de melodi mizik lakou vodou yo. Ou wè nan mizik Manno yo yon jefò konsyan pou entegre listwa, kilti, tradisyon, eksperyans, trajedi ak lespwa pèp la nan zaksyon konkrè pou chanje reyalite politik oswa sosyal mizik la ekspoze e denonse a.

Li pa t pran lontan pou mizik Manno yo vin kreye yon gwoup disip nan zòn Kotplaj lan, yon gwoup ki sèvi pi souvan kòm koral *ad hoc*. Anpil nan premye mizik Manno yo koumanse oswa devlope pandan l ap fè yon serenad avèk nou nan katye a, kèk ladan yo anba galri lakay mwen nan 84 riyèl Palma ; gen lè li konn di m : « Eddy [oswa, mesye], tande mizik sa a », epi li chante premye kouplè a, epi lòt, anpil ladan yo li enpwovize pandan l ap serenade a. Anpil nan nou nan zòn Kotplaj la—moun kouwè Tiden, Kòdò, Michel Gilles, Ti-Jacques, Yvon Lamour, Jean-Robert Boisrond, Jean-Robert Souffrant, Serge Lamarre, mwenmenm, elatriye—, vin *patisipe* nan serenad Manno yo paske anpil nan chante l yo te trè reseptif a patisipasyon gwoup moun k ap fè kè. Nou te atire a miziz la tou, patikilyèman e sitou, pou lespwa chanjman li te ekzòte moun antreprann.

Natirèlman, kòm tout serenad ki respekte tèt li, wonm ak kleren te gen plas predileksyon. Se konsa, kou wè yon bann zobop, ou ka wè, « bann Manno a » (pita gen moun ki rele l an kachèt « bann kamoken Manno a ») ap jwe nan yon kwen lari nan mitan lannwit. « Serenad » Manno yo te alafwa reyinyon politik, diskisyon asanble filozofik ak banbòch chanpèt kote nou debat konsèp demokrasi parapò ak diktati, sosyalism, kominism parapò ak kapitalism, ke nou denonse kòm kontrè ak enterè e ideyal imanite. Menm lè se te yon gwo risk pou sekirite nou ak sekirite fanmi nou, nou kritike ouvètman rejim Papadòk la, e pita, rejim Janklod la ki siksede l la. Nou te wè tou lè de kòm yon rejim asasen anti-pèp k ap mennen Ayiti nan dezas. E, deja, nou te gen konfyans ke se sèl pèp la ak klas pwoletè e peyizan yo ki ka di yon mo nan sa e mete fen nan malè Ayiti ap viv la.

Manno, mwenmenm, Yvon Lamour, Jean-Robert Boisrond e kèk lòt nan gwoup lan te gen kèk nosyon de Jean-Jacques Rousseau, Karl Marx, Jak Roumen, Jean-Paul Sartre, Simone de Beauvoir, elatriye. Se de Manno m aprann egzistans Antonio Gramsci, e se de li tou m aprann de Nicola Sacco e Bartolomeo Vanzetti, de imigran e anachis Italyen gouvènman meriken te egzekite an 1920 sou baz fos akizasyon akoz de konviksyon politik yo. A yon sèten moman « bann Manno a » vin pran abitid pou n al bò lanmè Kotplaj la, nan mitan lannwit e rete la jiska senk, sizè dimaten, grize kou pipirit. Alepòk sa a deja, nou tout nan gwoup la te konnen byen, nan mizik Manno yo, nou te gen devan yon fenomèn ki enpòtan e ki gen potansyèl pou l anvayi konsyans nasyon an.

Mizik kou zam konba pou mouvman demokratik la

Mwen kite Ayiti pou Lafrans an 1975, e m pa t etone lè m vin aprann rankont Manno avèk mouvman demokratik ayisyen an ki vin jèminen avèk entelektyèl e jounalis kouwè Jean Dominique, Konpè Filo, Marcus Garcia, Pierre Clitandre, Lilianne Pierre-Paul, Dany Laferrière, Richard Brisson, Pierre Fardin, Ezékiel Abellard, elatriye. Asasinay Gasner Raymond an 1976 anba men asasen Janklod yo, olye l dekouraje mouvman demokratik la, kouwè asasen yo te espere a, li vin enpilse l, ba li plis ponyèt. Rankont Manno avèk mouvman demokratik ayisyen an se yon evolisyon natirèl mizik Manno yo, men, nan yon sans, mizik Manno yo depase kad etwa mouvman demokratik la. Kouwè mwen di nan yon omaj mwen ekri sou mizik Manno yo an 1981, mizik li yo se eko pwofondè malè pèp la ak peyi a. Li se « yon chanson san lajwa, san dans, ki chante laperèz nou, malè e angwas nou, li se kri yon zwazo ki vle vole, yon timoun ki vle ri e yon nonm ki vle yon mòso pen. Yon chanson ki di ansòm yon pwaye pye bwa pa dwe reye nan enpinite sou forè imans la ».

Si rankont Manno avèk mouvman demokratik la avanse li nan yon dimansyon nasyonal, se legzil Manno an 1980 ki fin fè l pran pozisyon definitif pou *enstwimantizasyon* mizik li yo osèvis ranvèsman Janklod Divalye e pou avènman yon rejim politik revolisyonè, popilè e sosyalis ann Ayiti.

Konsènan konviksyon antidivalyeris e sosyalis Manno, depi m te konnen l kou ti jènjan nan fen ane 1960 yo rive jiska lanmò li an 2017, santiman l pa janm chanje an tèm de ideyoloji li adopte. Byenke li regretab li vin anbrase Michel Martelly, jwe avèk li sou sèn e menm asepte pou l vin travay nan administrasyon l lan, mwen konprann Manno fè sa plis pa lwayote e rapò pèsonèl li genyen ak Martelly ke pa koripsyon konviksyon politik li. Gen yon kote nan Manno ki te toujou ouvè ak lòt eksperyans ; li te pran plezi aprann ke gen tonton makout ki renmen mizik li, e gen ka kote tonton makout entèvni pou sove lavi l.

Palan de ouvèti Manno ak lòt eksperyans, lè m te pale de enterè Paul Farmer, yon doktè etazinyen pwogresis, te montre pou l rankontre l e travay avèk li, li te montre anpil enterè pou l te rankontre Paul. E li pa t pran lontan pou yo te vin pwòch e kolabore nan kèk pwojè ponktyèl, patikilyèman lit kont estigma sida a nan fen ane 1980 yo.

Mwen toujou santi yon atachman pèsonèl ak mizik Manno yo e ak eklozyon yo nan imajinè kiltirèl ayisyen an kòm fenomèn rezistans kont opresyon, kont eksplwatasyon èt imen pa lòt èt imen, kont tout valè boujwa ki eskli lòt moun, ki eskli bòn ak jeran lakou, ki eskli pwoletè ak peyizan, ki eskli moun ki pa pale franse. Palan de pale franse, yon lòt karakteristik mizik Manno yo, se anbrasad lang ayisyen an kòm ekspresyon prensipal layitasyon chante l yo kòm langaj atistik, kòm langaj powetik. Manno jwenn yon fason patikilye—yon estil—pou l rann melodi mizik li yo senp san yo pa senplis, refleksyonik san yo pa prechi-precha, *angaje* san yo pa didaktik, ni lang de bwa.

Etan limenm pèsonèlman viktim, ak laj 15 an, de abitrè rejim divalyeris la e de agresyon tonton makout yo, Manno devlope yon layèn prèske òganik anvè fatra makoutik yo. Mwen te santi santiman sa a lakay li depi premye fwa mwen te rankontre l. Santiman antidivalyeris pwofon sa a fè li te natirèlman byen dispoze pou l vin kolabore ak mouvman e opozisyon demokratik la. Li demontre nan mizik li e nan aktivism politik li, yon elan vitalite eksepsyonèl alafwa kont sistèm malouk e represif divalyeris la e kont sistèm eksplwatasyon sosyoekonomik ayisyen an an jeneral ; yon aktivism li deplwaye non sèlman diran ane ki presede represyon mouvman demokratik la ann Ayiti, men tou nan premye legzil li ann ete 1980, epi sitou sou rejim militè Konsèy Nasyonal Gouvènman an (KNG), yon gouvènman divalyeris san Divalye yo, kote plizyè fwa Manno mete lavi li an danje nan militantism li, vwa menm nan afwontman li montre anvè rejim KNG a. Peryòd sa a se te moman laglwa Manno. Travay mizikal e militantis li nan moman sa a, ansanm ak aktivite revandikasyon opozisyon demokratik la an jeneral, ann Ayiti kou nan dyaspora, vin kontribye nan batisman teren ki abouti nan kandidati, epi eleksyon Jan-Bètran Aristid nan eleksyon prezidansyèl desanm 1990 la.

Viktwa Aristid nan eleksyon sa a—ki te vin posib akoz de kowalisyon yon grann pati opozisyon demokratik la, espesyalman goch e sant-goch la, avèk mouvman Ti-legliz yo e aktivism politiko-moral Aristid, daprè prensip teyoloji liberasyon an—, vin montre pèp la enpòtans e potansyèl inite kòm faktè chanjman. Sa te ouvè tout yon nouvo chan posiblite ak mouvman demokratik ayisyen an, e mouvman revolisyonè ayisyen an tou nan yon sèten mezi. Men, malerezman, fòs antichanjman yo, sou enpilsyon aktif milye reyaksyonè etazinyen yo, ki ankouraje pa pozisyon anti-Aristid gouvènman premye George Bush la, lanse yon koudeta kont gouvènman Aristid la, sèlman sèt mwa apre l vin o pouvwa. Menm kowalisyon ki te met Aristid o pouvwa a goumen pou l retounen o pouvwa. Men dezagreman koumanse parèt lè Aristid dakò pou l reprann pouvwa a avèk èd marin Etazini yo.

Retwouvay nan Boston

Diran jenès nou, byenke m te admire karism li antanke ene mwen de katran, nou konn gen diskisyon anfyevre ki abouti nan dispit. Yon ane anvan m kite Ayiti an 1975, nou fè yon gwo kont yon dimanch aprèmidi pandan youn nan pèfòmans gwoup *ad hoc* nou an ; kont sa a fè anpil nan manm gwoup la mal paske li te anpeche m patisipe nan serenad yo jiskaske m kite Ayiti—menm si lè nou kwaze lòt nan yon lòt rankontray, nou salye youn ak lòt kòdyalman. Mwen vin reyini ak Manno nan Boston, nan Eta Masachousèt, ann ete 1981, diran premye egzil li o Zetazini.

Nou menm zanmi Manno yo nan Boston alepòk la—an patikilye Jean-Robert Boisrond, Yvon Lamour e mwen menm—, nou te antiche de nouvo e premye albòm Manno te sòti avèk Marco Jeanty a. Albòm sa a, ki repwodui anpil nan chante nou te konn chante nan Kafou nan gwoup nou an, vin ranfòse nostalji n de Kafou, e reyanime kolaborasyon nou ak Manno.

Touswit apre rekoneksyon nou ak Manno, nou òganize yon konsè avèk li nan Strand Theatre nan Boston, avèk koutmen radyojounalis Frantz Minuty, kote 400 imigran ayisyen nan Boston vin tande Manno ap jwe an konpayi de Anaïka, Marie-Carmelle ak Yolande Boisrond. An n remake tou Richard Brisson—gran powèt e dramatij rejim divalye a te egzile nan kad represyon novanm 1980 yo—te la avèk Manno nan konsè sa a.

Natirèlman, menm lè nou admire kontribisyon Manno nan avansman lit liberasyon pèp ayisyen an sou plizyè ang, nou konnen tou, kouwè tout èt imen, misye pa t pafè e te pran sèten desizyon kèk nan nou pa t dakò avèk li pafwa.

Mwen ta renmen souliyen toudmèm yon kalite nan Manno ki eksepsyonèl e ke w jwenn nan espès ra nan sosyete èt imen : yon endiferans fonsye, pwofon, radikal vizavi enpòtans byen materyèl endispansab yo ki sipote lavi moun. Kanta pou objè de liks yo, ou ta di misye gen yon antipati prèske maladif anvè yo ! Malgre tout opsyon ak opòtinite ki te ofri ak li antanke mizisyen de renon, li mouri pratikman nan semi-povwete, san pwosesyon prèske anyen de valè. Ou ta di li te enpèmeyab ak avaris lèzòm, e brandi yon defi kristik devan alyenasyon èt imen pa fetich yo menm menm envante.

Èske Manno te ret toujou mann goch ayisyen an ?

Gen anpil moun ki mande tèt yo èske distans Manno te pran de Aristid e anbrasad li ak rejim Michel Martelly a diskalifye li kòm yon mizisyen angaje ki rete nan mouvman goch pwogresis la. Jounalis Julio Midy te poze m kesyon sa a nan yon emisyon televizyon. Repons mwen se te : yon endividi antanke èt imen pa pafè e ke desizyon li pran nan lavi l ka detèmine pa kontenjans lavi, pa difikilte ak obstak ki anpeche l viv lavi li. Endividi sila a ka pran desizyon ki parèt, selon yon moun ki jije l, an dezakò avèk sa li di li ye oswa preche ak lòt moun. Repons pi kout mwen te bay Midy se te apeprè : Manno rete yon mann apaantyè mouvman sosyalis de goch mondyal la e ke mizik li yo toujou eksprime avèk otantisite e senpati santiman moun k ap viv nan kondisyon konkrè yon reyalite sosyopolitik e ekonomik malouk.

Manno, lavi li, ane anvan lanmò li epi lanmò li, se yon trajedi sou yon long dire. Kouwè anpil malere ak malerèz ayisyen ki blije kite peyi yo pou ale chache mwayen pou amelyore lavi yo, manman Manno te sètoblije emigre al nan Florid, nan Etazini, e lese Manno dèyè—ansanm ak ti frè li Jan-Robè—pou l viv ak matant matènèl li pou yon bon titan nan levasyon li. Kanta papa l, misye pa t nan tablo a ; Manno di se alaj 37 tan li vin fè konesans li.

Nan yon sans, ou ta di, pou yon grann pati nan levasyon li, li te pratikman poukont li, san gidans parantal, poukont li fas ak yon mond ostil, makoutik, opak, rijid e san ouvèti sistèm politik divalyeris la te ofri.

Mwen pa kwè Manno te jwenn li avèk gouvènman Martelly li paske li pa t kwè ankò nan ideyal revolisyonè goch ayisyen an. Pa ditou. Antan ke yon moun ki genyen yon relasyon zanmitay pèsonèl ak Martelly—kou mizisyen e kou objè admirasyon tijèn Martelly—, li te panse, posibleman sensèman, li te ka itilize resous kolaborasyon l ak li ka ba li pou l kontinye mennen lit la. Se yon fòm de koripsyon, men pa o nivo eksplwatasyon pèp la oswa vann peyi a bay enperyalis e neo-kolonyalis yo ; men pito koripsyon an tèm de kondisyon batay pou pouvwa ki nouri pa lit entesten nan sen goch la e pa lòt antrekwazman relasyon entèpèsonèl nan ekwasyon politik ayisyen an.

Mwen gen lòt zanmi ak moun mwen konnen ki te lese yo tonbe nan fenomèn kote yo panse li posib yo te ka kolabore avèk gouvènman neo-makoutik Martelly a san yo pa renonse konviksyon sosyalis oswa de goch yo. Li posib sèlman, mwen panse, nan ka kote anbrasad ak Martelly a te fèt o nivo afektif, antanke lyen privilejye ant mizisyen yo genyen ant youn ak lòt, men pa o nivo pataj konviksyon ideyolojik divalyeris Martelly yo. Opòtinism bò kote Manno ? Sètennman, men pa renonsyasyon konviksyon ideyolojik yo li genyen sou sosyete a. Donk, mwen t a mete l plis nan domèn *afektif* ke nan domèn trayizon politik oswa ideyolojik. Apretou, Manno mouri nan semi-povwete nan Florid, alòske gouvènman neo-divalyeris siksesè Martelly a—gouvènman Jovenel Moïse la—ap byen mennen ann Ayiti.

Distans mwen ak Manno

Mwen divize relasyon mwen ak Manno an twa volè : pèsonèl, atistik e politik. Pèsonèl se evidamman relasyon zanmitay, endividyèl, mwen genyen avèk li ; atistik gen awè ak lanmou mwen genyen pou zèv mizikal li ; politik la refere a jan nou wè politik e administrasyon politik ann Ayiti. Dezakò m ak Manno gen plis awè ak administrasyon politik ke ak politik limenm, byenke mwen te kont akomodasyon l ak rejim Martelly a.

Apre echèk yon pwojè pou n bati yon lekòl popilè nan Kafou an 1989, mwen deside, apati de tan sa a, pou m viv relasyon m ak Manno nan yon dimansyon estrikman pèsonèl, ki favorize alafwa admirasyon m pou atis la, respè pou memwa tan pase yo, e ase espas ak distans pou asouvi desepsyon mwen de misye an tèm de mank de swivism metodolojik e sistematik nan praksis politik atis Manno.

Avrèdi, menm defo ki ka fè yon moun desi de ajisman Manno ka se li ki fè li eksepsyonèl an tèm de kouraj pou l pa swiv chemen ki deja trase e ki fè li kesyone lòd nòmalite sistèm sosyopolitik ki alantou li a.

Akoz de separasyon jewografik nou (m ap viv nan Masachousèt, li an Florid), mwen pa jwenn anpil okazyon pou m te rekonsilye avèk Manno anvan lanmò li. Dènye fwa mwen te gen okazyon pou m te rekonsilye avè l, se te nan yon reyinyon prive lakay Jean-Robert Boisrond nan Brockton (yon vil pre Boston), an 2015 ; men akoz de santiman negatif mwen te gen toujou de li an relasyon ak dènye bouch-mare nou, mwen deside pou m pa t ale nan reyinyon prive a. De preferans m ale wè li nan yon vant-siyati dènye plak li a ki t ap fèt nan restoran Tamboo nan Brockton, le lendmen. Nan fen resital la, mwen ret nan liy pou m al salye l, avèk nouvo albòm li a nan men mwen pou l siyen. Nan yon sans, mwen te antisipe li ta pral akeyi mwen avèk plis chalè, etandone nou te gen plis pase de dekad nou pa t wè. Konnen misye, se posib li te pran nòt difètke mwen pa t fè ak de prezans nan reyinyon prive ki te fèt lavèy la. M aprann pita ke Yvon Lamour, youn nan kanmarad adolesans nou, ki te nan reyinyon prive lakay Jean-Robert a, te fè yon kont ak misye osijè kesyon anbrasad Martelly a. Sa pa t ap etone m ke Manno te ka enfere mwen te pran pozisyon pou Yvon nan dispit yo a. Se sèl eksplikasyon mwen gen de fwadè relatif li montre anvè m lan, dotanpli ke m te gen plis bagay pou m repwoche l ke limenm. Natirèlman ti kont la pa t anpeche Yvon al wè li nan Miyami lè l te sou kabann lopital, kote yo fè reminisans sou lè yo t ap leve nan Kafou. Yvon di m li te pase yon trè bon ti tan ak li.

Mwen te toujou wè rankont mwen ak Manno kou pati non pa yon mouvman, men pito yon elan konsyantizasyon, yon ripti (rupture), yon depasman, yon detachman de yon atitid fatalis, vwa menm defetis, an fas enpas e danje fachis divalyeris la, an favè yon pari sou lavni.

Pa gen okenn sipèlatif ki egziste ki ka rann kont korèkteman de enpòtans e enfliyans Manno Charlemagne nan antandman, nan gwobonnanj politik pèp ayisyen, espesyalman diran peryòd touswit anvan e touswit apre lafen rejim divalyeris la. Li te toujou ban m enpresyon ke se tan an ki reklame l, men menm si tan an reklame l, se limenm ki chwazi wout li pran an. Mwen apresye lavi Manno avèk pa m te jwenn nan yon tan, e nan plizyè okazyon nan le tan, men sa pa vle di nou dwe san-pou-san jwenn nan tout move koub lavi. Mwen sèlman santi m privilejye lavi nou te kwaze e m te gen okazyon pou m apresye l.

Reyaksyon sou lanmò Manno

Diran tan legzil li yo, Manno te viv nan plizyè rejyon nan Etazini, san retire yon sejou o Kanada. Apa Ayiti ki akable pa lanmò « anfan terib » li a, gen konpatriyòt toupatou ki eksprime chagren yo e voye kondoleyans yo bay fanmi ak zanmi l. Ann Ayiti, pami moun ki te konnen l ki reyaji, genyen Michel Soukar, ki leve avèk li nan Kafou. Kòm omaj, Webert Lahens pale avèk admirasyon nan *Le Nouvelliste* de liv Soukar ekri sou Manno a : *Manno Charlemagne : Pou lavi fleri*, kote li di « *zèv Soukar sa a, se yon resital li ofri ak moun ki renmen bèlte atizay pou nouri nan tèt ak nan kè yo mizik atis la, avèk kote wo e kote ba li*[1] ».

Direktè Le Nouvelliste la, Frantz Duval, ki konn Manno pou prè de twa dekad, lamante lefèt ke Manno « disparèt nan dat selebrasyon Jounen Entènasyonal Dwa Moun. Chantè a pase tout vi li ap kondane grann òganizasyon mondyal yo ak ipokrizi yo ». Li kontinye pou l di : « Tande Manno e Marco se yon chòk pou tout moun ki, alepòk la, te gen chans wè yo nan konsè prive. De konpè yo pa t gwo bacha, men yo te deja gen yon bèl repitasyon ki te benefisye de pawòl bouch a zòrèy si efikas pandan tan diktati divalye yo. Nan peyi kote konpa wa, nan peyi Ti-Paris ak lòt chantè yo k ap pale de lanmou ak lavi bèl, Manno Charlemagne e Marco Jeanty remakad. » Lè l reyalize enplikasyon pèt Manno a nan kontèks aktyèl la, li a joute pi ba nan tèks la : « Manno te ka chante kont koripsyon, kont retou lame, kont vàn ouvwi peyi a k ap debarase l de lajenès li. Ii pa fè sa. Li pa t gen tan fè sa. » Li fini omaj la apre l site Beethova Obas ki di de lanmò Manno : « Mwen swete depa Manno reveye Manno k ap dòmi nan chak grenn nan nou paske yon zetwal kou misye pa ka mouri, l ap eksploze pou l ka akouche plizyè lòt ankò.[2] »

Eseyis e kritik Alain Saint-Victor k ap vin o Kanada, kote Manno te viv yon ti tan anvan l retounen ann Ayiti apre dezyèm egzil li a, di nan yon omaj li rann a Manno : « Gran talan chantè ak mizisyen Manno pran sous li nan jeni kiltirèl pèp ayisyen an. Bèse depi l piti nan mizik fòlklorik la, nan fresko mèvèyman vodou a, misye vin reyisi konpoze yon repètwa ki osi rich nan fòm estetik li ke nan varyete ekspresyon li. Men Manno pa rete la, se sa petèt ki fè orijinalite li parapò ak lòt chantè de talan jenerasyon li yo. Si travay estetik la enpòtan, sepandan li pa reyini tout dimansyon zèv la. Genyen tou nan chalè bouyisman chan popilè yo, ranpli de sonorite pafwa ouvè, pafwa timid, penetran, sibtil, yon dimansyon ki fonde espas revòlt. Manno reyisi tire ladan li venn yon pawòl kontestasyon.[3] »

Nan youn nan plizyè rayaksyon ki swiv lanmò Manno Charlemagne la, genyen pa Pascal Adrien an ki mande : « Quel Manno pleurez-vous ? » (« Kiyès nan Manno yo w ap kriye ? »), epi li bay tout yon lis de diferan Manno yon moun te ka adopte. Manno pa l la, li di, se « Manno ki chante doulè nou yo, Manno samba a, ki ba nou chan esperans ki soulaje fado lou diktatè ki nye limanite. Se Manno ki fè nou ri a. Manno chagren nou. Manno rezistans nou. An brèf, Manno ki fè nou santi tout bagay, konprann tout bagay, aji sou tout bagay e konbat tout bagay. »

Pascal Adrien kontinye pou l di : « Mwenmenm, m ap kriye ewo anti-enperyalism ameriken an. Vwazen blan l lan ki te vote pou George Bush nan eleksyon prezidansyèl 2000 lan ap kriye pwobableman yon sitwayen ameriken pezib ki salye l toujou avèk anpil koutwazi. Michel Martelly yo rele Sweet Micky, ansyen sipòtè poutchis ane 90 yo, ap kriye pwobableman Manno ki vin pran distans li avèk Jean-Bertrand Aristide la. Evans Paul ap kriye pwobableman kamarad li ki, kouwè limenm, te goumen ak kouraj kont lannwit diktatoryal divalyeris la. Chak moun gen Manno pa yo. Chak moun ap kriye Manno pa yo. Manno se yon sèl Manno, men li divize an plizyè pati ki pa egal avèk sòm total la.[4] »

Genyen tou reyaksyon Charlot Lucien, yon lodansyè e powèt ki konn Manno depi l te jèn etidyan nan Inivèsite INAGHEI e te gen okazyon entèvyouve misye pou jounal etidyan INAGHEI-Actuel nan fen ane 1987 la. Lucien pale de souvnans li de Manno alepòk la, an patikilye de pwosesis demach ki mennen ak entèvyou a. Kouwè yon pèsonaj Maurice Sixto, lè l al nan Kafou pou l jwenn kay Manno kote l t ap al fè entèvyou a, moun li mande enfòmasyon sou lokalite kay la woule li kou yon boul foutbòl ; finalman, lè l fin jwenn Manno, misye di li li t ap swiv tout pa misye depi premye moun li mande pou kay la[5] !

An n remake yon elòj anba plim Eric Faustin nan jounal Haïti-Progrès ki, pami lòt felisitasyon, di de Manno : « Li pa t yon sen, ni sitou pa enfayib. Men li te reyèl, li te otantik. Nan eskalye long lavi li te grenpe a, li te rate sètennman kèk mach, kouwè laplipa de nou. Li rekonèt sa limenm avèk imilite. Men se sèl sila yo ki pa janm oze anyen nan lavi ki pa janm rate anyen. »

Kim Ives youn nan fondatè jounal Haïti-Liberté nan Nouyòk, ki gen yon long pase kolaborasyon ak Manno depi ane 1980 yo atravè travay li nan jounal Haïti-Progrès, rann yon omaj « ekilibre » ak Manno, kote li layite tout pakou Manno depi o kòmansman rive ak lanmò li an pasan ak plizyè moman laglwa ak moman pi ba l yo : « Vwa baritòn rich li a, lirik tranchan li yo ak melodi chaje gras li yo enspire jenerasyon Ayisyen ki soulve an 1986 kont twa dekad diktati Divalye yo. Pafwa yo rele l Bob Marley ayisyen oswa Bob Dylan ayisyen, dal popilarite Manno a ede l genyen biwo majistra Pòtoprens an 1995 ; men ideyalism lirikal li a pa pran lontan pou l vin kraze kont gwo woch difikilte reyalite politik Ayiti yo, e finalman yo chase l de biwo majistra a. »

Apre l mansyone zigzag Manno apre dezyèm koudeta kont Aristid la an 2004, Kim Ives souliye ke anpil remak piblik Manno fè nan ane ki swiv yo « kontribye nan majinalizasyon » li. Ives kontinye : « Men se te vini o pouvwa politisyen neo-Divalyeris Michel Martelly ki fè plis domaj a repitasyon Manno. Byenke li te yon manm fòs paramilitè divalyeris yo rele tonton makout la, Martelly, ki grandi nan Kafou, te konnen e admire Manno lè l te jèn. Lè li vin prezidan Ayiti [an 2011], Martelly koutize Manno, li ba li yon biwo ak yon salè nan Palè Nasyonal la kòm "konseye". Apre l site koripsyon chokan, Manno kite djòb la evantyèlman, men li rete an tèm kòdyal avèk "zanmi" li "Sweet Micky" Martelly, menm lè raj popilè kont Martelly a t ap gwosi. »

Kim Ives bay plis detay sou dènye mwa Manno viv yo nan Little Haiti, nan Miyami, kote l te fèk santi tèt vire ak difikilte pou l pale an jiyè 2017. Fanmi l te panse ke se te yon aksidan vaskilè serebral ; men lè yo kouri avè l nan lopital Mont Sinai nan Miami Beach, doktè jwenn li gen yon kansè nan sèvo ki mestasize (pwopaje) nan sèvo l. « Nan dènye jou lavi li, Kim Ives di, antoure pa yon sè li, ansyen madanm li, de pitit gason li ak yon pitit fi, e kèk vizitè okazyonèl Tap Tap, Manno ale e soti nan konesans. (…) Li finalman mouri kèk minit apre 4 trè nan dimanch 10 desanm. Byenke moun te atann yo de sa, nouvèl lanmò li koze yon ond chokan atravè tout kominote ayisyen yo paske Manno te yon senbòl rezistans kont diktati Divalyeris yo, e li te yon otantik reprezantatif kilti popilè ayisyen an, yon vwa kritik kont enperyalism e mefè etazinyen alafwa ann Ayiti e nan lemond antye.[6] »

Bò kote pa m, otè nòt sila a, fason m te rann Manno omaj, se repibliye yon temwayaj mwen te ekri sou li an 1981, yon ane apre premye legzil li, pou m te pataje ak posterite nan ki kontèks istorik mizik Manno yo te pran nesans, ki sa yo te reprezante pou noumenm jèn yo ki t ap evolye avèk li, ki lespwa rezistans li te ofri. Sa te fè m plezi akèy temwayaj sa a te resevwa pami lektè jodi a yo[7].

(Une version de ce texte est aussi publié dans l'édition printemp 2018 de la revue *Tanbou*.)

Vizyèl

Zanmi m Idi : yon pwofil

Kou lektè yo ka wè « Vizyèl » sila a pa tradiksyon okenn nan douz « Visuelles » ki nan pati franse liv sa a (ki pibliye poukont li), men li swiv menm prensip la : kapte moun, eksperyans oswa moman ki touche antandman mwen yon fason pwofon e sansib ki pouse m transkri yo nan literati. Zanmi m Idi Jawarakim antre nan kategori sa a. Li se yon prezans ki trè enpòtan nan lavi m sou yon dire de plis ke karant ane. Sa ban m plezi pale de li jodi a—dotanplis li toujou anvi ap goumen ak lavi e jwi lavi li jan kò a ak lespri a pèmèt li.

Comme les lecteurs peuvent observer, cette « Visuelle » n'est la traduction d'aucune des douze « Visuelles » dans la partie française de ce livre (publiée séparément), mais elle suit le même principe : capturer les personnes, les expériences ou les moments qui ont touché mon entendement d'une façon profonde et sensible et qui me poussent à les transcrire en littérature. Mon ami Idi Jawarakim entre dans cette catégorie. Il a été une présence très importante dans ma vie au cours d'une durée de quarante ans. Ça me fait du plaisir de parler de lui aujourd'hui—d'autant plus qu'il est toujours en vie luttant pour la vie et jouissant sa vie comme son corps et son esprit le permettent.

Toudenkou maladi a tonbe sou li. Anpil moun konnen maladi sila a daprè tranbleman kò li ba ou, selon jan yo wè aktè Michael Fox, ki kontinye pèfòme nan televizyon ak sinema apre maladi a grape kò misye. Yo rele li maladi Parkinson oswa Pakennsonn. Men li pa toujou trè amenajan, kontrèman ak sa pèfòmans sinematik Michael Fox yo ta sigjere a.

Mwen te fèk fè konesans ak maladi sa a lè doktè bay kouzen madanm mwen, Steve, movèz nouvèl dyagnostik la pou sentòm redè kò, doulè nan vètèb, sot dimè inesplikab ak ralantisman nan lapawòl li t ap santi yo. Apre m te fin wè ak zanmi m Idi aprèmidi a, mwen santi yon vag souvnans sou ka Steve la. Mwen remake dega maladi a fè sou li konpare ak dènye fwa mwen te wè li sa gen prè de enn an. Deja mwen pa t renmen jan mwen te wè li. Kò li te yon tijan tonbe e l te gen difikilte pou l deplase. Fwa jodi a, trè sa yo te vin pi pwononse, pi andikapan.

Se byen dezolan ke m kòmanse istwa Idi avèk sa li pèdi oswa sa li pa genyen. Pou kisa mwen pa pale de preferans sou kiyès li ye ak ki sa li genyen an tèm konvivyalite, sajès imen, jenewozite, grandè dam, ekselans entelektyèl, talan mizikal e powetik, ak chalè imen ?

Mwen te deja byen tabli antanke imigran nan vil Kanmbridj (Cambridge), nan Eta Masachousèt, lè zanmi mwen Yvon Lamour te di m : « Fòk ou rankontre Idi, w ap renmen misye ». Mwen te deja zanmi ak frè misye, Simon, donk lè Yvon prezante m ak li nan yon fèt lakay ansyen madanm Simon, Marie-Yolette, nan Elm Street nan Cambridge, nou tou lè de te gen santiman nou te deja zanmi.

Idi te antre nan Etazini—dabò nan banlye Bouklin, nan vil Nouyòk—lè li te apèn soti nan adolesans li. Antanke yon ansyen etidyan nan lekòl Seminè Kolèj Sen Masyal nan Pòtoprens, li te gen yon fòmasyon entelektyèl solid, menm si, evantyèlman, pè Sen Masyal yo ekspilse l paske gen yon pitit gwo boujwa Pòtoprens ki fè yon tapaj nan klas la e monpè enstitè klas la blame Idi pou li. Misye resanti eksperyans sa a kou yon enjistis ki make li pou tout rès lavi li e ki ranfòse santiman rebelyon ki toujou t ap bouyi nan li yo.

Lè l fèk rive nan Bouklin, premye bagay Idi fè se òganize yon minidjaz avèk kèk zanmi katye a, kote li jwe gita e chante. Nan Boston—kote li vin pase pwochen karant ane nan lavi li—Idi kontinye pwodui mizik. Konsa nan ane 1980, 1990 ak kòmansman 2020 yo, ou ka wè l souvan nan aktivite kiltirèl kominote ayisyen nan anviwon Boston ak Cambridge yo, ak gita l an bandoulyè, oswa k ap jwe l kè kontan, nanm li jwenn ansanm ak asistan yo nan yon efè syenbyotik pou fè mizik li yon eleman pozitif nan rejwisans lavi kominote a.

Tyaka Poetica

Idi Jawarakim k ap jwe tanbou alantou ane 2010 yo.

Diran epòk lè kominote ayisyen an nan Boston ak Cambridge t ap solidarize yo ak tribilasyon pèp ayisyen ann Ayiti, ki te anba bòt diktati divalyeris-janklodis la, Idi te patisipe nan plizyè manifestasyon pou mande lajistis ak demokrasi ann Ayiti. Li te si tèlman bay tout limenm nan manifestasyon politiko-kiltirèl kominote yo, ke, a yon sèten moman, nou te deziyen li, pa plezantri, kou yon « byen nasyonal », espesyalman pou lefèt ke gen lè se lavèy jou li pral pèfòme a li aprann li te nan pwogram lan. E li toujou fè ak de prezans !

Idi te dotanplis chofe pou l patisipe nan manifestasyon anti-janklodis yo ke anpil nan manm mouvman demokratik la rejim lan te asasinen yo te zanmi li e moun li te leve nan menm katye ak yo, moun kouwè Gasner Raymond, Ezéchiel Abellard, elatriye.

Li se youn nan pi gran mizisyen mwen konnen, men malerezman li pa ni òganize, ni fè pwomosyon konpozisyon mizikal li yo, e l pa menm done l lapenn pou anrejistre pi fò nan yo. Yon admiratris te di li yon jou li gen yon estil Georges Brassens, Jacques Brel ak Jean Ferrat konbine ; mwen menm te toujou wè li kou yon Ti-Paris, Manno Chalmay ak Brassens konbine ki ba li yon estil orijinal pwòp pa l.

Pou kisa Idi pa janm vin yon gran vedèt mizikal ayisyen ? Mwen ta di, dabò, paske se pa t anbisyon li menm si li ta renmen sa, epitou Idi devlope pou tèt li yon filozofi mwen ta rezime konsa : « Sa k rive rive, toujou gen yon pòt sòti. » Se pa yon fatalism, men yon kouraj ak sajès estoyik ki asepte ke lavi genyen toujou de bò, de kote, yon kote bon ak yon kote move. Yon kote pou pran plezi de bèl okazyon lajwa lavi ofri, epi yon lòt kote pou aprann asepte advèsite ki inevitabman ap twouble l yo e chèche opòtinite nouvo yo ofri an menm tan an.

Soti de lè yo ba l dyayostik la rive ak ravaj maladi a sou kapasite fizik Idi, li pa t pran anpil tan, apeprè oplis dezan (de ane). Men li reziste l otan l kapab. Natirèlman, pi gwo chagren ak emosyon difikilte fizik yo koze ka Idi, se lefèt ke li pa ka jwe gita ak saksofòn e chante jan li ta renmen. Pou kontrekare diminisyon sa a, li menm te al wè yon terapis pawòl ak chante ki ede l ralanti efè sentòm yo, men sa pa jiskisi ede l jwenn kapasite fizik li ta renmen an.

Pou gran etonnman mwen—men konfòm ak fason Idi ye—, yon jou l leve konsa e pran desizyon pou l al vizite Ayiti apre karann-senk an depi l te kite l. Pou gran etonnman m ankò, li rete la plis tan ke m te panse li t ap pase : plis ke yon ane.

Nan retou li nan Etazini, mwen te al pran l nan ayewopò Logan nan Boston. Mwen pa t renmen deteryorasyon fizik mwen obsève jou sa a—lantè, koubati do, diminisyon reflèks konsiderab—, men kapasite mantal li te ret djanm. Lè n kite ayewopò a, li ban m direksyon pou yon restoran nan Dòchestè, pati sid-ès Boston. Nou pase yon bon tan ap pase an revi sejou l ann Ayiti a anba bèl plat manje nan yon restoran endyen.

Li penn pou mwen yon tablo negatif sou sejou l ann Ayiti a. Li di li te santi l abandone nan yon kay e manke opòtinite pou l soti. Moun ki te anplwaye pou okipe l la pa t enterese nan sa l gen pou l di, menm nan jan l ta renmen pou l prepare manje l. Lè l mande l, antanke vejetaryen, pou moun lan pa kuit manje ak okenn vyann oswa pwodui animal, moun lan di l si l panse se kabrit li ye. Repòtaj misye fè m de premye sejou li ann Ayiti a te tèlman negatif m te panse li pa t ap janm met pye ann Ayiti ankò. Sè di ke, pou yon lòt fwa, mwen te trè etone lè m aprann li vle retounen ann Ayiti sèlman kèk mwa apre premye sejou a.

Li deside evantyèlman ret ann Ayiti nèt pou pi fò tan l. Frè l yo Michel ak Simon, k ap viv ann Ayiti, kenbe men avè l, e sè li, Danielle, fè va-e-vyen Nouyòk-Ayiti pou l sèten tout bagay pratik yo ret an règ.

Youn nan rezon yo Idi deside ret ann Ayiti, mwen ta espekile, se lefèt ke yon moun ka viv pi byen ann Ayiti avèk revni pansyon l ak revni depatman Dezabilite oswa Sekirite sosyal ba li ke nan Etazini, san retire mwayen pou peye yon moun pou okipe l lakay li. Yon lòt rezon, natirèlman, se yon sèten eksitasyon nan reviv nan yon peyi li te kite depi jenès li. Dènye fwa mwen wè Idi, sètadi anvan m ekri mo sa yo, li pa t ka atikile long fraz, pafwa long mo, se ki te fè konvèsasyon nou limite, dotanplis sal la te chaje ak plizyè pitit li yo, frè li Simon ak zanmi ki te vin vizite. Men konesan misye, konesan tandans kontrekouran ki anime konduit li, mwen ka wè efè atraksyon yon Pòtoprens dezòdone ka gen pou li, san retire chalè imen ki adousi lavi ladann.

***

Pami tout zanmi mwen, se avèk Idi mwen plis santi yon *alter ego,* yon lòt mwen menm, yon kominalite rega sou lavi, sou iwoni li, sou fason kontenjans montre figi li. Menm laj, menm pwovenans ak eksperyans pòtoprensyen, menm emigrasyon nan jenès nou. Lè m te aprann li renmen Sartre, Camus, Jak Roumen, Kastro, Mandela ansanm ak Brassens, Brel e Ferrat, sa sele fratènite nou.

San nou pa janm di li, nou konsidere amitye nou kou yon chanm rezonans kote nou jwenn eko aseptasyon sa nou vle di e sa nou ye kou *allant de soi,* san kontrent, kou senp bagay ki egziste nan lavi. Nou pa janm jije youn ak lòt, antouka pa nan entèaksyon nou. Mwen te plis atire pa yon imanism pwofon ki sanble dirije enpilsyon ak praksis li, paske se menm elan sa a ki anime m. Li rejte totalman lòd sosyal boujwa a ak prensip moral jideo-kretyen ki ennivre mantalite yon bon pòsyon pèp ayisyen an ak milye konfòmis etazinyen yo. Yon lòt bagay nou gen an komen, se *imèsyon* nan sosyete ak nan lavi peyi Etazini. Nou aprann lang lan, nou fè zanmi nan tout kategori moun obyen ras nan peyi a.

Pi gran diferans ant nou sè ke mwen panse nou dwe itilize plis praksis soyal e politik pou chanje kondisyon sosyopolitik anviwonnman yo, pa senpman sibvèti oswa « transande » yo. San yon praksis disipline pou sistematikman « chanje lavi », rèv Rimbaud a p ap ka reyalize paske reyalizasyon, materyalizasyon menm yon rèv mande yon praksis pwogramatik pou gide e soutni egzekisyon aplikasyon li.

De goch a dwat : (deyè) **Lizandre Lamour, Joel Theodat, Emmanuel Védrine, Jean Hoet, Idi Jawarakim, Michel Degraff ak pitit gason l Nuriel, yon jèn etidyant, e (devan, akwoupi) Nekita Lamour**, nan yon prezantasyon politiko-kiltirèl nan MIT an 2004. —*foto Tanbou.*

Idi pase plis ke ven tan ap travay nan lopital Cambridge kòm prensipal entèprèt pou kreyòl ayisyen ak franse. Li te yon figi venere nan lopital la, alafwa pa pasyan e pa estaf. Li te gen yon etik travay ki makonnen men nan lamen avèk konsyans li e ki pa t toujou aliyen ak deskriksyon wòl travay la asiyen l, ni ak rijidite kòporatif yon milye d travay. Li te wè wòl li plis ke yon entèprèt ki la pou tradui echanj lengwistik ant pasyan ak donè swen, men plis kou alafwa yon koutye kiltirèl, yon defansè sosyal, yon konseye ak yon konsolatè. Doktè ki gen pasyan difisil oswa rekalsitran fè apèl ak li pou amoli sitiyasyon an. Pa egzanp, avèk esperyans li e konesans pwofon li genyen de kilti pèp ayisyen an, li ka remake pwoblèm ki dèyè konplenn yon pasyan gen plis a wè ak difikilte lavi l nan moman an ke avèk yon maladi kòporèl e kan doktè ka geri maladi kòporèl, li fen ase pou l santi lòt bezwen ki pa satisfè yo. Se konsa, trè souvan, apre yon sesyon ak pasyan e donè swen, li fofile nan koulwa a pou l bay pasyan an yon esplikasyon siplemantè pou ranfòse rekòmandasyon donè swen an. E genyen ka, menm si ra, si li detèmine pou l ede yon pasyan se lajan pa l pou depanse, li fè sa san reflechi, *comme si de rien n'était*. Li te renmen lefèt ke li te la osevis kominote a. Se te gratifikasyon l. Menm lè premye faz maladi a te pouse l pou l plis panse ak sitiyasyon pèsonèl li, li kontinye ede pasyan lopital yo.

Lespwa ak aspirasyon Idi, pou lontan, te toujou rete pou l vin pwodui yon jou mizik li pou yon gran piblik, ann Ayiti kou aletranje, men dega maladi a sou fakilte fizik li rann posiblite sa a deplizanpli elwaye. Natirèlman, etandone devlopman lasyans nan domèn lamedsin, toujou gen chans envansyon yon metòd terapetik ki ka revèse dega maladi a—men malerezman pou kounye a (jen 2021), ravaj maladi a ret reyèl.

Yon pèsonaj sartriyen vivan

Yon jou nan yon konvèsasyon avèk Idi, li di mwen anpil jefò adaptasyon maladi Pakennsonn lan mande ka malad yo fè li, limenm Idi, yon resipyendè ideyal pou li. Nou toulè de tonbe ri. Mwen te konprann trè byen sa li te vle di. Efektivman, Idi se yon pèsonaj sartriyen vivan ki egzanplifye depasman iwonik advèsite. Yon jou yon dife pran lakay mwen, yon apatman nan Cambridge. Mwen pèdi anpil bagay nan dife sa a : mèb, rad, papye, ekri, elatriye. Sware jou dife a, mwen rele Idi nan telefòn, teknikman sanzabri menm si, erezman, Lakwa Wouj te ba nou, mwenmenm ak lòt ko-okipan kay la, yon chanm otèl pou n rete pou pwochen twa ou kat jou yo. Avèk yon gwo doulè nan kè m, mwen rele Idi pou m pataje ak li sa k sot pase m lan, sonje ke te gen yon dife ki te pran lakay li kèk ane de sa. Ann atant yon moun ki pral komisere e senpatize ak sitiyasyon m lan, Idi reponn mwen : « Ou konnen, li di ak yon ton plizoumwen endiferan, mwen te desi lè m te reyalize dife a pa t boule tout bagay ; mwen te deja prepare pou m al rekòmanse a nèf, jan m te vin sou latè, san okenn akseswa materyèl k ap ankonbre m. » Se sajès estoyik, fason mwàn sa a, m panse ki ede l konbat maladi Pakennsonn lan.

De goch a dwat : (deyè) **Patrick Casky, Atibon Legba, (devan) Elsie Suréna, John Barnes, Josiane Hudicourt Barnes e Idi Jawarakim**.
—*foto Tanbou,* 24 desanm 2003

Idi gen tou yon kote pwovokatè danje ki distenge l de anpil moun, pou miyò oswa pou pi mal. Pafwa li manifeste pwovokasyon danje sa a nan ka ki ta ka koute l libète l. Jou 27 avril 1999, de Boston, mwenmenm ak Idi ale nan yon manifestasyon politik nan Filadèlfi, Eta Pennsilvani, pou n pwoteste kont pèn mizamò Mumia Abu Jamal, yon aktivis pou dwa sivik Nwa Ameriken yo. Toudenkou, pandan n chita nan yon eskalye dantre yon bilding nan mitan Filadèlfi kote manifestasyon an estope nan yon klimaks eksitasyon ak lansman eslogan, Idi limen yon *dje* (yon sigarèt Marijuana) e rale yon gwo pouf. Li pase li ban mwen, mwen poufe l tou, men m di li pa kontinye ankò paske pami ti gwoup polisye ki kanpe sèlman apeprè ven mèt de nou yo, gen youn ki pran sant *dje* a e li t ap chache ki kote sant lan ap soti. Men, sito rega enkizitè polisye a lache vijilans li, Idi limen rès *dje* a. E ankò yon lòt fwa, polisye a rekontinye ap chache, ak rega l e ak fakilte òlfaktif li. Anyen pa t rive nou, men m konprann se kote pwovokasyon danje sa a ki toujou anime l.

Li konn ban m istwa, lè l te jèn ti gason, anba otorite gran frè li, Michel, apre manman yo te pati al nan Etazini. Idi pa t renmen lefèt ke gran frè l la te bay tèt li tout otorite l te pran yo. Yon jou misye komèt yon dezobeyisans lòd li ki parèt grav pou gran frè a e misye fè jès pou l al « korije » Idi. Misye di Michel, ak yon ton deside : « Si w mete men w sou mwen, m ap rele "Aba Divalye !". »

Nou konprann efè depèswadan yon enpètinans konsa genyen nan kontèks rejim Pada Dòk la ! Natirèlman, mwen tire istwa sa a de vèsyon Idi rakonte m, Michel ka gen vèsyon pa l.

Jean Adam di yon ti mo sou Idi Jawarakim

Mwen te mande Jean Adam, yon zanmi trè pwòch Idi nan lopital Cambridge, pou l te di de ti mo omaj pou Idi. Men sa misye ekri :

> M rankontre Idi pou premye fwa lè m te kòmanse travay kòm entèprèt nan lopital Cambridge la gen 20 ane desla. Idi te resevwa m a bra louvri. Se li ki te antrene m e depi lè sa a nou vin bon zanmi.
>
> Idi se yon nèg notwa nan lopital Cambridge. Depi soti nan Prezidan direktè jeneral lopital la, tout moun konn Idi. Gen plizyè rezon ki eksplike sa. Pami rezon sa yo, Idi se yon nèg ki janti anpil ; li toujou salye tout moun li rankontre sou chimen l epi li gen drèd (cheve rasta long). Kidonk, si yon moun pa ta konn non li, yo idantifye l pa entèprèt ki gen drèd la. Lòt rezon ki rann Idi popilè anpil se paske l se yon nèg ki toujou pre pou l ede tout moun, anplwaye kou pasyan. Gen anplwaye ki tèlman renmen Idi, yon jou yo mande l pou l al reprezante yo nan sendika lopital la. Li pase 6 ane kòm vis-prezidan sendika a. Men Idi pa renmen zafè chita nan reyinyon tout lasent jounen. Konsa, lè lè a te rive pou l ta

redouble pou yon twazyèm manda, li rele kèk nan anplwaye yo e di yo li p ap poze kanditati l ankò. Konsa Idi kite administrasyon sendika a.

Si tout anplwaye nan lopital renmen Idi anpil, kanta pou pasyan yo, jennmoun kou pèsonaj yo, se pa pale. Idi se yon moun ki gen bon kè anpil, li toujou pre pou l ede moun ki nan bezwen. Kote gwo pwofesyonèl yo pa gen solisyon pou yon seri pwoblèm, Idi toujou ap chache solisyon menm lè se pou l ede ak lajan nan pòch li, oswa mande madanm li pou l kite yon moun k ap pase yon moman difisil vin pase detwa jou lakay li. Pou jis jounen jodi a, twa ane apre l fin pran retrèt li, pasyan yo ak anplwaye yo toujou ap mande pou li.

Idi se yon potorik gason ki chaje ak konesans. Li pale yon pakèt lang. Kreyòl ayisyen an se lang manman l, li fè sa l vle ak li. Li pale fransè, anglè, panyòl ak pòtigè kou rat. Epi li konn detwa mo nan yon pakèt lòt lang tankou kreyòl kapvè, italyen elatriye. Idi gen anpil konesans nan domèn medikal tou. Anplis, li te prèske diplome kòm enfimyè, li toujou ap fè lekti sou sa doktè yo di lè l te konn ap entèprete pou yo.

Idi se yon defansè tout moun ki ba nan sosyete. Konsa, li pa t janm gen pwoblèm si l oblije twoke kòn li ak kèk zotobre k ap fè enjistis. Yo te mete Idi deyò nan mitan ane lè l te nan katriyèm segondè nan Seminè Kolèj Sen Masyal paske l te kase mèt nan men yon frè ki te fè yon frekan avè l. Manman Idi ki t ap viv New York te degaje l tankou mèt Janjak pou l te fè Idi antre nan peyi Etazini anvan tonton makout te manje l ann Ayiti paske li te aprann Idi te konn ap fè chòk avèk detwa ki te rete sou katye lakay li nan vil Pòtoprens. Yo te mete Idi deyò tou nan yon dènye semès yon pwogram enfimyè anrejistre nan Etazini paske te gen yon pwofesè ki te a cheval anpil e tout etidyan te konn ap plenyen de li. Yon bon jou konsa, Idi fè yon gwo chòk ak li epi klase l byen klase. Apre sa, li vin tounen yon gwo aktivis nan Boston ak Cambridge kote l defann koz imigran, an patikilye koz Ayisyen yo nan zafè lekòl ak lojman.

Pou m fini, an n di, Idi ontijan dezòd tou wi. M te toujou ap di l pou l mete yon ti dlo nan diven l. M panse laj met dlo nan diven Idi kounye a. L ap viv ann Ayiti konye a. Li kite m ap bwè fredi Masachousèt la pou kont mwen. Men nan chak peryòd ete li fè yon pase vin wè nou e nou toujou kontan pou n ka wè youn lòt.

Pa gen okenn Ayisyen ki ka ranplase Idi nan lopital Cambridge paske soulye sa a twò gwo pou nou.

—*Jean Adam*

Kouwè Jean raple nou, Idi toujou ap viv ann Ayiti pandan tout peryòd Kovid-19 la jiska ekri jounen jodi a (me 2021). Li toujou ret nan kè nou nan zòn Cambridge-Boston an e nou swete l bon retablisman.

Natirèlman, an tèm de posiblite lasyans medikal ofri, jwenn ak potansyèl rezistans kò yon moun genyen, toujou gen lespwa pou Idi ta vin reprann li nèt, antouka se sa tout fanmi l ak zanmi l espere.

Yon koudèy sou yon zèv Idi

Idi pa sèlman yon mizisyen, li se tou yon powèt totalkapital ki ekri nan plizyè lang. Nan piblisite pwogram kiltirèl kominote a, nou konn refere ak li kou yon « powèt-mizisyen. » De chante li aliyen nan CD mizik Idi te fè soti a, « The Pugilist » (« Boksè a »), montre kalite sa a. Genyen tou youn nan de mizik yo ki eksprime kote rebèl misye, yon dimansyon l ki rasinen nan opresyon li te viv e obsève nan anviwonnman l. Li ekri e konpoze « The Pugilist » alantou ane 2003–2004, kidonk nan mitan lanfè lagè Etazini t ap mennen kont Irak la. Lirik mizik la pale de yon boksè entimidatè ki reve pou l vin prezidan. Li imajine tout deblozay ak malfezans li ta ka koze avèk toutpwisans pouvwa l genyen an. Lirik la di boksè-prezidan an gen « *tout diskou ak drapo* » l byen planifye, viktim yo kòm « *manman kadav nan sak yo* » deja asepte kòm dega lagè ; se « *pou lanmou pou Bondye ak peyi* » belijeran mobilize yo dakò fè lagè, men lektè a oswa melomàn lan ka wè tou iwoni dezapwouvman anti-lagè lakay otè miziz la.

Kouvèti albòm mizik Idi Jawarakim "The Pugilist" («Boksè a») ki te soti nan Boston an 2003. Li gen yon dedikas pou otè tèks sa a ki di : « Monkonpè Tontongi, yonn nan ra moun ke m ta di ki konnen kote m kanpe sou kesyon yo. Mèsi anpil pou amitye w ak sipò w. Idi. »

Lè w konnen kontèks istorik mizik la, li klè lè Idi ap pale de yon « *bully* », yon entimidatè « *kareman deplezan* », se ak George W. Bush, prezidan etazinyen alepòk la, l ap fè alizyon. Li montre tou nan lirik la ke lagè se yon antrepriz enperyalis ki bay pèp yo fo lennmi ki ka tounen kont enterè yo. Li menm sigjere yon sòt de rezistans pasif, menm bò kote fezè lagè ki mobilize yo : « *Nan lagè li pi bon pou rive an reta / E lè w gen dout, kalewès ou.* »

Men yon tradiksyon nou fè de kèk nan estwòf lirik mizik "The Pugilist" (« Boksè a ») a, ke Idi Jawarakim alafwa konpoze e chante nan CD a :

Lè mwen grandi, mwen pral
Yon boksè, yon entimidatè reyèl,
Kalte moun kareman deplezan
Lè lòt moun pa dakò senpleman

Sa nan san mwen, se nati mwen
Rezondèt mwen, lavni mwen
Bondye ! M ka jis santi aplodisman
Fanatik fidèl m yo, ak eksitasyon an ?

***

M ap panse, apre ring lan, wi,
Lè djanmmite koutpwen an vin febli
Mwen pral kite sa san penitans
E lanse kanpay mwen a laprezidans

Prezidan ! kounye a sa se yon bèlte
K ap an chaj anpil lame miskle,
M ka bonbade peyi tyèsmond yo jan m vle
Pou popilarite m vin ranfòse

***

    Anndan pochèt CD a, li ekri yon dedikas ki di : « Pou pitit mwen yo, Pascale, Luciana, Sharif, Kamau, Musa, Damali, Arawon, ak Imamou, se pou nou pa janm jwenn tèt nou ap delibere si wi ou non n ap touye oswa yo touye n nan lagè yon lòt moun. Mwen espere n ap toujou fè jefò pou n ret lwen sitiyasyon kote touye yon konpayon chimen n ap jamè an konsiderasyon. »
    Anime ak gratitid e jenewozite, li tyen pou l remèsye non sèlman timoun li yo ak madanm li, DeAnn, men tou tout zanmi pwòch li nan moman an oubyen nan lepase : Andre Romain, Gerard Hilton, Tontongi, Atibon (Legba) Smith, Pierrot, Brother Rumas. Li pa bliye zanmi travay li, kouwè Isabel, Welton, Pape, Nadege, Henry, Zenith, Avlot, Kettly, Atika, Guy, Cira, Feroza, Gabriela, Aixa, Cassia, Andrea, Betsy, Filomena, Idyle, Vinod, Jean, Elsie ak Spike. San bliye Beto, ki ede l nan estidyo plak la

sòti a, Artdrums Studio. Lòt moun li remèsye se Berthe, Steve, Pierre ak Marco pou èd yo ba li nan enjinering, li di li vrèman apresye pwofesyonalism yo.

Li pa bliye menm Achero, « pi jèn ti vwazen m ki, nan eksploze zòrèy mwen ak estereyo l, ekspoze m ak yon jan mizik mwen pwobableman pa t ap koute pa chwa ».

Li remèsye paran l yo, Sylvestre ak Chimene, epitou, « in memoriam », Ezechiel Abelard, Lionel Mellon, Gasner Raymond, Miriam Bergman, pami yo zanmi li ki tonbe anba represyon divalyeris. Li fini remèsiman ak dedikas yo avèk Pope, Prez eYaambo, li di yo : « Ou se lidè ne ; dirije. »

Nan fen pochèt CD a, Idi mete fraz sila a (alamanyè Abbie Hoffman. ki titre yon liv li ekri an 1970 *Steal this book*, « Vòlè liv sa a ») : « Si ou reyèlman pa kapab peye pri detay senk dola demo CD sa a—tankou anpil nan zanmi m—mwen ba ou pèmisyon pou w fè yon kopi pou tèt ou e jwi li ak lòt moun. » Yon fraz trè Idièsk.

Lirik mizik sa a reflekte anpil trè tanperaman Idi. Dabò, santiman solidarite li te genyen avèk yon peyi tyèsmond lan (Irak) ke yon sipèpwisans (Etazini) t ap toupizi. Se menm santiman solidarite sa a avèk moun ki viktim enjistis ki fè l te al pwoteste kondanayon a mò Mumia Abu Jamal an 1999. Epitou, genyen atitid li vizavi lagè an jeneral ke l konsidere kou yon antrepriz rapasitè ki ale alankont enterè pèp peyi dominan agresè yo ansanm ak pèp peyi domine yo agrese yo : « Richès gaspiye nan ladefans / Lennmi yo ban n kont enterè n », li di nan chante a.

Ke se ankourajman li bay sou pochèt CD a pou nenpòt moun kopye l, ke se ti tchotcho li bay pasyan ki an difikilte yo, oswa ospitalite li bay moun ki gen pwoblèm kay, kouwè Jean Adam mansyone piwo a, tout bagay sa yo egzanplifye detachman Idi parapò ak byen materyèl, yo manifeste sitou jenewozite l ak santiman enpati pwofon li genyen pou moun.

***

Mwen te peze lepou e lekont lè m te pran desizyon ekri ti pwofil sila a. Mwen chache evite otan ke posib tout enfòmasyon ki klase nan domèn prive, eksepte sa yo m panse Idi p ap gen pwoblèm pou yo sikile eke limenm menm ap kontan m met deyò. Antan k atis limenm, li konnen enpòtans anekdòt nan literati, e lavi Idi se yon kontinuite anekdòt yon istoryen mizik e literati ka akeyi tankou yon ja richès. Mo sa yo, se sitou yon omaj, yon leve-chapo pou yon endividi eksepsyonèl, yon gran imanis, yon bon zanmi.

—*Tontongi*, me 2021

Kèk lòt foto Idi Jawarakim avèk zanmi Boston l yo

Ronald, Doumafis Lafontan, Patrick Sylvain, Idi Jawarakim e Pierrot Duchemin nan Boston vè ane 2010 yo. —*foto Tanbou*

De goch a dwat: **Brother Rumas, Idi Jawarakim, Steeve the Jazzman** nan Boston vè ane 2005–2010 yo. —*foto Tanbou*

Idi Jawarakim (dwat) avèk Patrick Lakwa nan Boston vè ane 2005–2010 yo.

Idi Jawarakim (goch) avèk Atibon Legba nan Boston vè ane 2005–2010 yo.

Vizit mwen ann Ayiti an jiyè 2016 : Yon memwa

—Premye pati—

Pwològ

Vwayaj nou ann Ayiti—mwen menm, madanm mwen ak pitit gason nou—tonbe nan yon konjonkti istorik nan Etazini, patikilyèman nan vil Dalas, nan Eta Tekzas, kote yon frantirè nwa anbiskade e tiye sèt polisye ki vin sipèvize yon manifestasyon moun nwa meriken ak sipòtè yo te lanse pou denonse lanmò moun nwa anba men polis blan rasis alawonnbadè nan Etazini.

Yon semèn anvan nou antre ann Ayiti, te gen de lanmò-moun-nwa-anba-men-polis-blan-rasis (oswa anba men polis nwa pwograme pa enstitisyon/anviwonnman rasis la) : lanmò Alton Sterling nan Baton Wouj, nan Eta Lwizyàn, jou 5 jiyè 2016, ak lanmò Philando Castile nan vil Sen Pòl, nan Eta Minoseta, jou 6 jiyè 2017. Te gen plis ke de zan depi militan mouvman *Black Lives Matter* a (Lavi Moun Nwa Konte) t ap denonse, pa vwa manifestasyon nan lari ak egzòtasyon nan medya, fasilite lapolis ap tiye moun nwa nan enpinite e ak konplisite sistèm jidisyè a.

Sèdike nou te atann nou, lè nou rive nan ayewopò Logan lan nan Boston, ak yon anbyans eta masyal ak Swat Team ak Uzi, kamouflaj, lans-grenad, elatriye. Okontrè, sa nou te wè nan ayewopò a se te yon anbyans kalm, pwofesyonèl, trè konpetan nan sèvis yo.t

Anpirikman palan, byenke mwen pa yon teworis, fason daji nou, mwen menm ak madanm mwen, nan ayewopò a (twa malèt chaje, difikilte pou nou avanse, fason evazif mwen, yon swetay ki pa janm rete goumen avèk mouchwa mwen, elatriye), tout sa te bagay ki ta ka fè siyale m kou sispèk.

Sa te fè m plezi wè zaksyon teworis 11 septanm 2001 an, ansanm ak lòt zak ki rive nan Kalifòni ak nan Florid, pa t fè travayè ayewopò nan Boston yo vin sinik et wè tout moun ki « diferan » kou yon menas pou sekirite, kouwè Izrayèl, e petèt lòt peyi e lòt Eta etazinyen yo, ap fè. Nan bwouhaha estrès tèt chaje vwayaj la ak mekanism sekirite yo, mwen bliye pran bous mwen ke m te plase nan yon ti panye pou woulo detektè sèvis sekirite yo. Mwen reyalize sa dis minit apre, kidonk asedtan pou yon movesije t a fofile bous mwen an nan pòch li. Mwen kouri prese retounen nan seksyon sekirite a, ki te yon distans de yon tyè kilomèt.

Erezman, e an lonè pwofesyonalism ofisyèl sekirite yo, ki te kenbe bous la pou mwen nan biwo youn nan sipevizè yo (ki sèlman apresye ke l te rann mwen yon sèvis), mwen te jwenn bous la, e sa te fè kè m kontan.

Mwen jwenn menm akèy pwofesyonèl sa a nan vwayaj-retou a nan ayewopò Logan lan. Apre tout pasaj preliminè yo, avan-dènye ajan sekirite a gade paspò mwen nan yon ton kazwèl, kòmsi deryennetè, e mande mwen ki rezon vizit mwen ann Ayiti. Mwen te ka reponn li *"This is not your business"* (sa pa konsène w), men ton kalm ak ekspresyon amikal sou vizaj misye asire m li pa t ap fawouche m. Akèy la fè mwen te kontan retounen nan Boston, yon rejyon o Zetazini mwen atache avè l pou karant an.

Natirèlman, yon moun ki nan swasantèn li pa jenere menm kriz nèvozite kou yon jenòm nan ventèn li...

Ann Ayiti

Mwen antre ann Ayiti an jiyè 2016, apre prèske nèf ane depi dènye fwa mwen te la, nan kad kolòk entènasyonal sou santyèm anivèsè lanmò Jak Roumen an desanm 2007, ki te òganize pa Inivèsite Deta d Ayiti. Vizit fwa sila a—sis lane apre tranblemanntè 12 janvye 2010 la ki te dekonstonbre yon bon pati nan Pòtoprens ak nan zòn sid la, pi patikilyèman Leyogàn ak Jakmèl—se yon vizit ki gen yon aspè plis yon pelerinaj, yon gran pwomnad kontanplatif, kote kè kase, apreyansyon, antisipasyon, sipriz ak eksitasyon melanje ak yon pwofon chagren mekontantman, anvayi tout nanm mwen.

Avrèdi, menm lè m abite aletranje, mwen toujou kenbe yon enterè nan tout enfòmasyon sou Ayiti, keseswa sou plan sosyal, edikatif, lengwistik, literè, oswa politik ; se fason pa m mwen chwazi, depi karant an, pou m viv alterite lavi m nan legzil an deyò Ayiti.

Kouwè m te fè apre patisipasyon m nan kolòk 2007 la kote mwen te fè yon kontrandi toudorizon sou tout sa m te eksperyanse diran sejou a, tout moun mwen te rankontre ak tout santiman mwen te santi, m ap eseye fè menm bagay la pou dènye sejou sa a, selon ke memwa mwen fasilite m.

Natirèlman, kou nou tout konnen, memwa se yon eleman ki selektif e ki fè sa priyorite emotif moun enpoze l. Ojis, mwen pa te konnen sa mwen t a pral santi devan temwayaj dega goudougoudou koze nan Pòtoprens mwen an, Pòtoprens vil nesans mwen nan Lopital Jeneral, apre manman m te deja fè m nan yon taksi bò Plas Sent Àn. Imaj detrès, dekontonbrasyon vil mwen an te koze m anpil lapenn, chak zòn, katye, komin ak lokalite jewografik ki te afekte yo se te tout anviwonnman ki te jwe yon gwo wòl nan jwisans emosyonèl mwen lè m te timoun nan Pòtoprens.

Natirèlman, pi gwo chok emotif ki te boulvèse m se lè m te wè eskèlèt katedral Pòtoprens lan, yon moniman ki te toujou rejwi m lè m te ti jèn jan. Fason kwòk mò moun nan ti « abita » mwatye tant, mwatye kalòj pou kretyevivan, ou t a di ki soti nan yon lòt mond. Mwen pa t renmen jan yo vle anvayi ti gwoup mwen an, ki te gen mwen menm, yon ti nèg Ayisyen, ak madanm mwen, yon blan Amerikèn, pitit mwen yon milat Ayisyen-Etazinyen, ak sè m yo Claudinette ak Sherlyne. Yo sanble yo te wè nou kou yon kado Lapwovidans pote ba yo, alòske nou te la pou n sèlman gade domaj goudougoudou koze nan katedral la, yon batis achitektirèl ki te fè fyète zanfans mwen.

Ansyen Kazèn Desalin lan apre tranblemanntè 2010 la, jiyè 2016.

Mwen sonje premye fwa mwen te wè katedral Pòtoprens la, lè manman mwen te mache avè m, de Pòtay Leyogàn, tou pre Matisan, pou rive nan lekòl primè mwen Tertulien Guilbeaud, ki te chita an fas tou de katedral yo, ansyen ak nouvo katedral yo, de katedral ki te kanpe anfas youn ak lòt, tou lè de enpozan, majesteryèl, ranpli ak venerablite e eksperyans istorik. Tout espas la te bèl, te gen yon bèl plas ak jedo ranpli ak divès flè bò balistrad lekòl la. Lekòl la li tou te enpozan, yon pati lès ki te Tertulien Guilbeaud, yon lekòl pou ti gason, ak yon pati lwès ki te gen ladann République du Venezuela, ki te yon lekòl primè pou tifi. Lè m te rewè mwen nan zòn lan, plis ke yon demi syèk apre, mwen te fache wè sa ki te ranplase bèlte majesteryèl plas la : yon layite ankonbreman machann lari k ap vann tout kalite saltenbank okenn moun p ap goumen pou achte. Bèl pak ki te sou kote lekòl la vin tounen yon mache sikilè kote tout moun ap chache vann yon komodite. Ant lonbray kadaverik katedral la ak liye machann-tout-bagay ki makonnen nan tout zòn lan, san retire pak la, pa t gen plas pou moun deplase. Pa t gen tou anyen ki rete pou konsole m.

Men mwen te kontan antre nan Mache-an-fè a, ke yo te rebati apre dekonstonbray goudougoudou. Lè mwen antre nan labirent koulwa mache a ki te aliyen ak machann ak machandiz, anpil nan yo zèv atizay ak atizana, mwen te genyen yon santiman nostalji lè m te la, jèn ti gason, ansanm ak manman m e matant mwen. Mwen sonje kouwè yè konvèsasyon yo t ap mennen an. Fwa sa a, m te plis ap reziste presyon machann yo ki t ap rivalize pou atansyon nou. Erezman, machann yo, malgre ke l te konble, te kenbe mache a pwòp, avèk yon kalm prèske mistik nan kèk kolòn rekile[1].

Seksyon vodou nan Mache an fè a, jiyè 2016.

Ti gwoup nou an pa t ret lontan nan zòn lan. Nou fofile sou Pòtay Sen Jozèf e lonje sou wout Dèlma a, nouvo wout yo bati a kote machin nou t ap kondui a tonbe an pàn jis devan Katye Jeneral CIMO (brigad espesyal lapolis la). Yon jandam soti deyò a e mande nou pou nou deplase machin nou an yon ti jan pi lwen antre kazèn lan. De sekouris benevòl ki te sou wout la rete e ofri nou èd yo. Yo ede nou chanje kawotchou a avèk zouti yo te genyen ak yo.

Vizit Akademi Kreyòl Ayisyen an

Fòk mwen di nou pi gwo sit « touristik » mwen te pi eksite pou m al vizite, se te lokal Akademi Kreyòl Ayisyen an, yon bèl bilding ak karaktè semi-ofisyèl ki enpoze l sou katye a. De semèn anvan, mwen te ekri yo e anonse yo vizit pwochen mwen. Sekretè egzekitif Akademi an, Luna Gourgue, te reponn mwen avèk jantiyès e envite m pou m rankontre Konsèy administratif Akademi a. Lè jou a rive, yon vandredi maten byen ansoleye, Madam Gourgue resevwa nou, mwen menm ak madanm mwen Jill, avèk alafwa chalè imen e pwofesyonalism. Li fè aranjman pou kèk Akademisyen te prezan, san retire vis-prezidan Akademi an, Rodney Esteus [ansanm ak Adeline Magloire, Rogeda Dorcé Dorcil, Marcelle Buteau Racine, elatriye]. Macky Jean-Pierre patisipe nan reyinyon an depi Lwizyàn, o Zetazini, pa vwa videyo Skyp. Mwen menm ak Macky fè yon rale sou souvenans premye fwa nou te rankontre nan vil Boston, lane anvan an, nan kad Premye Komemorasyon Anyèl Mwa Kreyòl Ayisyen nan Eta Masachousèt, ann oktòb 2014. Misye konplimante m pou yon tèks mwen ki titre « Itopi tankou posiblite : Ayiti e pwojè imen inivèsèl la », mwen te pibliye nan jounal ak nan liv mwen *Sèl pou dezonbifye Bouki,* yon esè m ekri apre tranblemanntè a pou mwen dekonstwi e demantibile « naratif » ke Ayiti se « peyi ki pi pòv nan emisfè oksidantal la ». Mwen reponn an patikilye ak pastè Pat Robertson ki di tranblemanntè a te rive

De goch a dwat : **Pierre-Michel Chéry, Marie Rodney Laurent, Roger Dorcé Dorcil, Luna Gourgues & Tontongi** nan Akademi Kreyòl Ayisyen, jiyè 2016.

paske Ayiti te fè yon pak ak Satan pou li pran endepandans li. Yon lòt otè meriken, David Brooks, bay misye repondonng pou l di se mank « kilti akonplisman » ki fè Ayiti an reta « an konparezon ak Repiblik Dominikèn ».

Mwen te raple yo ke, kontrèman ak imajinè pwodiktivis peyi oksidantal yo ki defini *richès* an tèm de posesyon materyèl ak resous itilizatris, richès ayisyen an repoze sou etadam peyi a, santiman diyite pou limanite ki anime lit pèp la, kapital defi li poze kont ejemoni kolonyalis e enperyalis peyi dominan nan Ewòp de lwès yo ansanm ak tandansyalite enperyalis Etazini. Mwen montre, avèk temwayaj Istwa kou prèv, ke Ayiti se manman Lamerik Latin, peyi ki bay solidarite l ak lòt pèp k ap goumen pou endepandans yo, menm opri izolasyon, represyon ekonomik, envazyon militè. Kont naratif sou yon Ayiti ki apovwi e mizerab, mwen montre yon defi ke Ayiti te kòmanse e ki bezwen kontinye. Ayiti se yon pwojè imen inivèsèl.

Tontongi avèk Luna Gourgues nan Akademi Kreyòl Ayisyen (AKA), jiyè 2016.

Mwen te santi mwen onore pa deklarasyon Macky Jean-Pierre ki di li anseye tèks mwen sa a nan klas li. Nou ka raple lektè yo ke Macky Jean-Pierre limenm devlope nan ansèyman li yon metodoloji pou li demistifye movèz kwayans sou lang ayisyen an. Se byen domaj nou pa t gen plis tan pou nou pale, men ti tan mwen te pase avèk Akademisyen yo ansanm ak Konsèy administrasyon an te konfime m Ayiti chaje ak moun ki briyan ak konesans e sajès politiko-egzistansyèl ki fè richès li. Konvèsasyon an, kwak kout, te dewoule dous ant noumenm yo ki pataje menm kwayans nan kapasite ak potansyèl lang kreyòl ayisyen an genyen, e nou te fyè nou tout te makonnen ak *kilti* ayisyen an, donk otantisite nanm pèp la.

Vizit kèk kolèg-zanmi

Anvan m antre ann Ayiti, mwen voye yon imèl bay plizyè moun mwen konnen e m ta renmen rewè. Pami kolèg-kanmarad mwen te rankontre, apa resepsyon nan AKA a, te genyen Robert Arisma. Li te sèl moun ki te ka vini nan yon envitasyon mwen te voye bay kèk zanmi kolèg pou yo te pase wè m nan otèl Le Plaza, kote mwen menm ak madan mwen te desann. Sèten nan lòt envite yo ki pa t kapab, te ban m randevou pou lòt lè. Natirèlman mwen te kontan wè Arisma ankò. Mwen te rankontre misye nan kolòk sou Jak Roumen an ki te fèt an 2007–2008 la, kote nou te fè yon bon ti tan ap pale. Anfèt mwen te konnen misye byen anvan kolòk la paske mwen site l nan liv mwen *Critique de la francophonie haïtienne,* an sipò pou bezwen tablisman enfraekstriti pedagojik pou kreyòl la : « Ansèyman kreyòl la ap bite tou devan mank manyèl eskolè, tèks ak lòt dokiman didaktik pou travay swa nan saldeklas, swa lakay », Arisma di.

Mwen te etone wè Arisma te kont Akademi Kreyòl Ayisyen an ; li reprann ide anpil lòt kritik ki di yon lang pa bezwen gen regilatè ki la pou « fikse » l, yo pran egzanp lang angle a ki jodi a se lang dominan e ki pa genyen yon Akademi pou regile l. Mwen di Arisma ke m dakò ak tout sa li di yo ; efektivman yon lang pa bezwen antrav enstitisyonèl ki

Tontongi avèk Robert Arisma, jiyè 2016.

pou anpeche l deplwaye zèl li e kwape enfinite potansyèl li. Men kote mwen pa t dakò ak moun ki kont Akademi Kreyòl la, se avègleman yo parapò enpòtans *senbolik* kapital yon gwo enstitisyon Leta genyen si l ap travay pou valorize lang ayisyen an, yon lang meprize, enferyorize.

Anfèt, apa « fikse » lang franse a, yon lòt jistifikasyon Académie Française la te bay tèt li, se te pou plase prestij Leta enperyal franse a osèvis valorizasyon lang nasyonal franse a ki te enferyorize pa elitism nan anplwa lang laten an Frans. Byenke li pale de « fikse » lang kreyòl la, atik 123 Konstitisyon ayisyen an ki mande tablisman Akademi Kreyòl Ayisyen an plis vle sifiyi yon enkyetid sou eta enferyè, non-reprezantatif, lang pèp ayisyen an nan mitan sosyete a. Akademi an se yon fason pou bay lang lan jarèt.

Mwen te pran plezi tande Robert Arisma pale de « *medyakrasi* » ann Ayiti, ki se selon li paladyolè nan radyo ak televizyon « k ap eksplwate yon vid pou pwòp enterè pa yo ». Misye di chak estasyon radyo gen jounalis « ki rele tèt yo direktè opinyon pou yo otorize tèt yo pou dikte bay piblik la mòd gouvènman yo vle pou yo ». Malerezman, medyakrasi Arisma denonse jodi a a egziste nan lemond antye, kote gwoup enterè ki kontwole medya kominikasyon de mas yo kontwole tou dyeksyon politik peyi yo.

Lòt nan moun mwen te kontan wè se te Fritz Deshommes lè finalman nou rive jwenn yon lè ki bon pou nou rankontre. Li fè m yon sipriz : li vin avèk Myrtha Gilbert, avèk ki m t ap eseye fè aranjman pou nou wè nan landmen. Mwen konplimante Deshommes pou materyalizasyon Akademi Kreyòl Ayisyen an ak travay lidèchip li pèsonèlman pou ede l met sou pye. Nou rememore sou lè nou te fè yon echanj lèt sou Entènèt sou sa nou panse yon Akademi Kreyòl Ayisyen ka ye e ka fè. Yon echanj ki te fèt apre m te bay repondonng ak yon apèl Fritz Deshommes te lanse pou nou egzekite demann Konstitisyon 1987 la ki mande pou gen yon Akademi Kreyòl Ayisyen. Mwen remèsye Deshommes pou lefèt ke li pran yon enjonksyon konstitisyonèl de estad konseptyalizasyon e vanse li nan estad estratejizasyon e finalman materyalizasyon. Se te yon viktwa pou volonte chanjman pou liberasyon èt imen, e pou liberasyon pèp aysyen an an patikilye. Misye pote pou mwen yon kopi liv li a *Ce pays qui s'ignore / Yon peyi ki pa konnen valè li* (2013), kote li repwodui echanj lèt nou te fè nan jounal *Alter Presse* la. Sa te fè m plezi wè li te apresye echanj la opwen pou l repwodui l nan liv li a.

Tontongi avèk Fritz Deshommes & Myrtha Gilbert, jiyè 2016.

Wè Myrtha Gilbert jou sa a te ogmante kontantman m lè m te wè Fritz Deshommes. Dènye fwa mwen te wè tou lè de se te diran Kolòk Entènasyonal sou santyèm anivèsè nesans Jak Roumen an, nèf ane oparavan. Myrtha gen yon ensten trè pwenti kantilsaji defann dwa travayè ak travayèz nan peyi d Ayiti. Li pote yon kopi dènye liv li a ban mwen, *Chronique d'une extravagante escroquerie* (2012), ki se yon gran ankèt ak kondanasyon ekspwopriyasyon tè peyizan ayisyen yo pou plante pyebwa kawotchou pou ede jefò lagè Etazini nan ane 1941–1944 yo. Nou konnen rès istwa a : peyizan yo viktimize yo desann nan Pòtoprens, anpil nan yo vin deklase e ogmante ran yon lupenn-pwoletarya ak sipè-pòv yo ki, jiska ane 1980 yo, te rete chita nan bòdmè ak kèk rekwen Pòtoprens yo, nan zòn tankou Lasalin bò lanmè a, oswa Bèlè, yon kilomèt de la. Sa k vin rive evantyèlman nan Pòtoprens ak zòn alantou l yo—menm anvan tranblemanntè 12 janvye 2010 la—, se yon *lasalinasyon* tout Pòtoprens, ki kòmanse nan zòn Bwouklin, Site Solèy, kontinye sou Bizoton, Kafou, atake Bwa-Vèna, e menm Tijo ak Petyonvil, elatriye.

Pou respè konoloji, fòk mwen di tou, anvan mwen te wè Fritz Deshommes ak Myrtha Gilbert, mwen te resevwa James Darbouze, youn nan sa mwen te rele « triumvirat » ki te mikwojere Kolòt Jak Roumen an an 2007–2008 (lòt de manm triumvirat la te Fritz Deshommes ak Yaïssa Arnaud-Bolivar). Darbouze se yon filozòf e enjenyè amenajman sosyojewografik ki enterese nan yon apwòch mwen ta ka rele « anpirisis » sou chanjman sosyetal. Mwen te trè kontan wè misye, espesyalman apre l fèk fin pase tan li pou li ekri yon revi sou liv mwen *La Parole indomptée / Memwa Baboukèt*, ke l pibliye nan revi *Haïti-Monde*. Mwen remèsye l e felisite l pou atik la, epitou sou travay li an jeneral nan peyi a. Avèk kiryozite mwen mande l ki santiman li sou Akademi Kreyòl Ayisyen an, li di m : « Fòk nou rann omaj ak sa yo ki goumen pou mete AKA sou pye. » Li nonmen Fritz Deshommes ak Komite pou tabli Akademi Kreyòl Ayisyen an kou moun pou yo kredite kreyasyon AKA.

Darbouze di li enpòtan e li dakò ak moun kouwè Robert Berrouët-Oriol ki mande pou ta genyen e met sou pye « yon apareyaj pou fè aplike » yon lwa sou amenajman lengwistik ann Ayiti. Yon lwa ki analize e ki jere rapò ant lang yo. Yon sosyete de dwa se yon sosyete ki respekte dwa moun. Yon dwa fondamantal ki egziste se dwa alapawòl, dwa pou w pale, pou w siyifye anviwonnman w avèk pwòp mo pa ou, avèk jayisman sovaj nanm ou, avèk tou eblouyisman ou ideyalize e fantasme pou tèt ou.

Jill, Jonah & Tontongi avèk James Darbouze, jiyè 2016.

Kouwè li prèske enposib pou yon machann esklav konprann e byen santi kondisyon lesklavay la, li prèske enposib tou pou yon lokitè (palan) yon lang dominan—avèk tout privilèj e etadam li ofri yo—konprann e santi santiman yon monolengwal kreyòl ke yo di lang li pale a pa yon lang nòmal e pa gen dwa o chapit.

An reyalite politik lang ann Ayiti rete jiska jounen jodi a yon kap fòs kote. Kote yon bò ap rale desann lòt bò a. Nan otèl Le Plaza kote nou te desann lan, nou remake dabò tout resepsyonis, sèvè ak sèvez yo adrese nou an franse, menm si yo pa janm ensiste e reponn ak plezi lè m reponn yo an kreyòl. Kofrefò sekirite nan chanm otèl mwen an (« safe deposit box ») bay enfòmasyon pou opere li nan dis lang (franse, angle, espayòl, alman, italyen, japonè, chinwa, ris, koreyen ak arabik), men pa an kreyòl ayisyen. Nan dizèn emisyon televizyon mwen te ka wè sou televizyon otèl la, sèlman youn ladan yo te gen emisyon an kreyòl ayisyen. Franse ak angle te domine tout pwogram emisyon yo. An verite, anplis de jefò endividyèl ak kèk batisman enstitisyon kouwè Akademi Kreyòl Ayisyen an, se tout yon revolisyon politik e kiltirèl an pwofondè ann Ayiti k ap vin tabli lang ak kilti pèp ayisyen an kou manifestasyon lejitim sa li ye otantikman.

Vizit mwen te fè devan e alantou katedral Pòtoprens lan te boulvèse m anpil. Mwen te deja wè nan televizyon e konnen kantite dega, degradasyon anviwonnman ak espas vivab yo tranblemanntè a te koze, men wè li ak pwòp zye m, se te yon lòt bagay. Pwosesis bidonvilasyon oswa lasalinasyon ki vin rive nan Pòtoprens ak zòn alantou l yo menase tout espas ayisyen an si pa gen jefò ki fèt pou kontrekare li. Se tip enkyetid sa yo ki fè mwen te mande James Darbouze : « Sa w panse ki ka fèt pou revèse kondisyon salte malouk ak povrete k ap ravaje tout Pòtoprens ak zòn alantou l yo ? » Darbouze di gen « yon dekalaj ant Ayiti ideyalize pa Dyaspora a ak Ayiti reyèl la ». Li bay egzanp yon kochon nan yon zòn ann Ayiti yo t ap tiye pou prepare manje. Okenn timoun nan zòn lan pa t twomatize pa espektak tiye kochon an : li te fè pati lavi òdinè yo. Alòske etranje ak moun ki sot nan Dyaspora a te ofiske.

Darbouze di li fè pati de yon kolektif ki rele « Assumer Haïti/Asime Ayiti », yon gwoup politiko-kiltirèl k ap chache kreye yon « sursaut », yon leve-kanpe, yon priz konsyans sou idantite Ayisyen an san retire kilti vodou a. Li di m kolektif la ap fokalize sou amenajman teritoryal Ayiti, sou pwoblèm lòjman, sekirite, elatriye. Dayè tèz doktora li, misye di, se sou rekonstwiksyon Ayiti li te fè l. Misye te fèk fin pèdi papa li lè mwen te wè l la, ou santi sa te chagrine li anpil, men sa te fè m plezi misye te pase vin wè mwen e ke l te kenbe djanm nan jefò l pou fè Ayiti miyò. Nou pale sou plizyè pwojè nou ka kolabore, youn ladan yo se fondasyon yon enstiti sou

Rès Katedral la apre tranblemanntè a, jiyè 2016.

ibanism ann Ayiti, ki t ap travay ak minisipalite yo pou met sou pye yon politik anbelisman vil yo ann Ayiti, patikilyèman Pòtoprens ak lòt gran vil yo.

Jonah Toussaint ak Claudinette Pierre-Toussaint : Pàn kawotchou devan kazèn CIMO nan Pòtoprens, jiyè 2016.

Vizit kay FOKAL

Nan lis moun madanm mwen Jill Netchinsky te gen nan tèt li pou li vizite, te gen Michèle Pierre-Louis, dyektris òganizasyon FOKAL la ke l te rankontre lè Pierre-Louis te vizite Inivèsite Harvard nan Masachousèt nan ane 1990 yo. Jill te toujou renmen jantiyès ak sans misyon pou byennèt Ayiti li te wè Madam Pierre-Louis te egzibe. Se konsa mwen menm, Jill ak Jonah fè yon desandelye sou FOKAL, nan lokal riyèl wa a, yon lendi mitan mwa jiyè kote Pòtoprens te cho kouwè chodyè sou dife. Menm lè nou pa t nan pwogram li, Madam Pierre-Louis te resevwa nou avèk kè kontan, li di wi li sonje Jill. Nou tou lè twa te renmen bèl akèy li ba nou a. Mwen ba l kèk kopi liv pa m ak liv nou pibliye nan Trilingual Press/Près Trileng e li ban mwen yon kopi yon tèks papa li Max U. Duvivier te ekri sou Okipasyon Ameriken, *L'occupation américaine d'Haïti (1915–1934)*. Li ede edite e pibliye liv la, yon gran memwa temwen sou kòmansman okipasyon an. Sa te fè Pierre-Louis vizibman plezi lè m te di l mwen te tande pale de papa li nan kontèks rezistans kont okipasyon an.

Jill & Tontongi vizite FOKAL & Michele Pierre-Louis, jiyè 2016.

Pou di franchman, mwen se yon kritik tout pwojè ki finanse pa bòn volonte yon gwo bacha ; trè souvan lè gwo bacha a pèdi enterè—e kèlke swa lakoz pèt enterè a—, tout pwojè a vin kaba, paske se pa t yon fòs kolektif ki t ap soutni li. Nan ka FOKAL nou wè yon bagay diferan, nou wè dabò yon ideyalizasyon ak yon santiman aspirasyon byennèt pou Ayiti ki wè nesesite finansman pa gwo bacha men ki pa kite kontinwite ak lejitimite pwojè a depann de bòn volonte bacha a. Li chache divèsifye sous finansman li. Michèle Pierre-Louis te pale de Pak Matisan sou Abitasyon Leklè a, ki bay popilasyon an ak vizitè Ayiti yo yon kad ekolojik vital ak yon repè istorik kote yo depiste bèl bagay Ayiti ofri moun.

Jill Netchinsky & Jonah Toussaint avèk Michèle Pierre-Louis, jiyè 2016.

Rekoneksyon mwen ak Pòtoprens

Tout lòt fwa mwen te al ann Ayiti yo, mwen te toujou desann swa nan Kafou, nan Petyonvil oswa Taba, men pa nan Pòtoprens, vil nesans mwen kote anpil katye m konnen yo te dechalbore anba laterè goudougoudou. Fwa sa a, mwen desann pou senk premye jou yo ak dènye jou a nan otèl Le Plaza, sou Channmas. Sa te fè m lapenn wè Pòtoprens nan eta dezolab sila a. Apremyè vi, ou ta di tout vil la se yon gwo mons wonjè w ap lese devore tèt li jiskaske l degrade konplètman e pase kou yon lafimen.

Natirèlman, e erezman, Pòtoprens pa sèlman dezolasyon, malgre kondisyon sib-imen anpil moun ap viv ladann. Malgre *lasalinasyon* l, vil la toujou ret anvi, katye yo, menm defigire, toujou gade cham yo, kouwè yon fi ki te bèl nan jenès li toujou gade yon bote anbachal. Men ou ta di tou, vil la se yon vil yo lese pou kont li, lese l deperi nan sipopilasyon, nan makonnen tout espas yo ak mache e machandiz, lese l tounen yon milyè prèske inabitab.

Yon vi Mòn Lopital la depi Channmas, jiyè 2016.

Anfèt, youn nan bagay ki te emèveye m se vitalite Pòtoprens, vitalite moun yo menm lè yo ap koegziste avèk lamizè, kawo ak demisyon bò kote otorite Leta yo, ki plis enterese nan chache « demele » pou tèt yo ak fanmi yo ke nan zafè bezwen lasosyete an jeneral.

Vitalite a, nou te wè l tou sou Channmas ki, menm nan defigirasyon l parapò ak bèlte pase li, toujou konsève yon cham, yon atirans kache. Sa te fè m plezi wè ke menm nan mitan dezolasyon ak sipopilasyon, Channmas kenbe yon elegans ki manifeste nan alafwa bèlte achitektirèl plas la, plasman li ki fè Mòn Lopital la parèt kou chapo l.

Yon bagay ki te patikilyèman enpresyone m, se rasanbleman chak jou sou Channmas, pandan prèske tout jounen an, gwoup moun—jèn, mwen jèn, fi kou gason—k ap diskite sou politik peyi a, ak sou tout sijè ki gen enpòtans pou avni peyi a. Pandan ti bout tant mwen pase nan zòn lan, mwen patisipe nan de deba sou Channmas, youn te gen awè ak enperyalism Etazini sou Ayiti, lòt la sou relijyon vodou a.

Mwen te enpresyone pa nivo entelektyèl deba yo e pa seryozite debatè yo. Diskisyon yo te fèt nan disiplin ak respè pou agiman debatè opoze a. Anfèt, nan dènye deba m patisipe a te gen yon eleman ki sou e ki pa t two kondyòm nan atikilasyon agiman l yo e ki t ap chache fè diskisyon pou sèlman fè diskisyon. Debatè opoze l la, ki t ap dirije deba yo, mande misye pou li trankilize l, men l pa t a oken moman trete misye kou lennmi, ni kou yon endezirab. Mwen espere diskisyon patriyòt sa yo k ap chache yon solisyon ak pwoblematik ayisyen an ap vin jèminen dyeksyon pou yon nouvo fason pou fè bagay yo mache ann Ayiti.

Menm si gwoup debatè yo te pou laplipa gason, te gen fi tou ki te la e ki patisipe nan diskisyon yo. Yon peyi ki gen moun k ap diskite sou sò li ak sou lavni li, se yon peyi ki gen chans pou l sove, sitou lè, kouwè nou te wè sou Channmas, gwoup moun sa yo te reprezante diferan gwoup daj, avèk yon majorite jèn ant dizwit a karant tan. Patisipan yo, sètadi tout moun ki te nan rasanbleman an, te la paske yo te vle patisipe nan yon diskisyon sou Ayiti, peyi yo. Se te pou mwen yon fòm elve sivism kote sitwayen ak sitwayèn peyi a desann sou plas piblik e diskite sou chanjman, mande pou gen chanjman nan jan sosyete a ap opere. Sa te rive nan epòk Revolisyon Fransèz la, e sa te rive tou nan epòk Revolisyon Ayisyen an. Se yon moman kote tout peyi a, omwen majorite sant entelektyèl, politik e afektif li, wè nesesite pou bagay yo chanje. Obsèvasyon sa a—sitwayen ak sitwayèn k ap diskite sou yon plas piblik sou oryantasyon peyi yo—te ranpli kè m ak lajwa paske li te montre m gen yon eleman kritik ki egziste e ki pa lese li kowonpi ni dekouraje pa zaksyon kontraryetan lennmi pwogrè pèp la, ni pa fo paradi peyi dominan, enperyalis yo ofri kou swadizan rekonpans pou mank satisfaksyon egzistansyèl nou. Kouwè nou di piwo a, yon peyi ki gen gwoup sitwayen ak sitwayèn k ap diskite sou pwoblèm ak sou avni li se yon peyi ki gen anpil chans pou l sove.

Fowòm diskisyon sou Channmas, jiyè 2016.

Obsèvasyon mwen fè sou Channmas la te ranpli m ak lespwa Pòtoprens ap yon jou reprann esplandè bèlte li, l ap vin reviv avèk yon nouvo vizyon sou sa li ye e sa li reprezante ; l ap retounen bèl Pòtoprens jenès mwen te konnen an, Pòtoprens kè mwen.

Chache repons pou keksyonnman lavi se yon keksyon ki alafwa *filozofik,* nan sans panse kou ideyalizasyon posiblite, men sèlman nan nivo vizyon, vizyon kou objektif iltim ideyalizasyon an. Men li se tou yon keksyon *pratik* sou kouman fòs ak resous objektif Leta yo, avèk sipò lasosyete tout ansanm, vin fòse anplwaye pou tablisman yon nouvo paradigm, yon nouvo orizon pou sa moun ye. Sou kouman yo ka konplètman chanje jan yo ap viv si yo vle angaje yo politikman pou chanje kondisyon politik lasosyete lè l jan l ye a p ap mache pou yo.

Vizit mwen ann Ayiti...

—Dezyèm pati—

Konpare ak kalm endiferansye mwen te eksperyanse nan ayewopò Logan lan nan Boston, kawo ayewopò Tousen Louvèti a nan Taba trè frapan pou tout moun ki mete pye yo nan li. Gen dabò dè dizèn ajan iregilye k ap ofri èd yo pou pri yon ti kraze pandan yo fè w konprann se bon kè ki motive yo.

Lè w soti deyò ayewopò a, ou ta di w vin tounen yon sib enterè entans delapa yon bann ofrè èd epapiye nan kat pwen kadino ayewopò a. Natirèlman, mwen senpatize ak konpatriyòt sa yo, viktim yon chomaj andemik ki frape majorite popilasyon moun ki gen laj pou travay yo. An jeneral, mwen twouve ajan iregilye sa yo trè itil : yo ede w jere kawo ayewopò a.

Nou te nan kategori moun ki gen chans gen fanmi pou rankontre yo nan ayewopò a. Se konsa neve m yo Jean-Eddy ak Mackensy Lafontant ak zanmi yo Charles Denis Jacques te vin rankontre nou ; Charles Deni te trè jenere pou kondui nou nan machin prive li. Apre nou anrejistre nan otèl Le Plaza, nou depoze chay matlèt nou yo nan chanm nou e kanale ale nan yon restoran nan yon paviyon sou plas Channmas la ki rezève esklizivman pou restoran ak lwazi, anpil ladan yo nan mi-chimen ant fritay sou Pòtay ak restoran nòmal. Manje a—griyo, bannann peze ak diri-kole—te bon, koupe-dwèt, men malerezman tmwen pa t jwenn menm kalite ekselans sa a nan lòt restoran mwen eseye lòt fwa yo m retounen nan paviyon restoran an.

Yon siy solidarite mwen remake : restoran nou chwazi a pa t gen diri-kole, kidonk nou di nou p ap ka rete danseka ; sèvez restoran an di, non, non, pa gen pwoblèm. Konsa l ale ka restoran vwazen sou kote a e pran diri nou kòmande a.

Tyaka Poetica

Nan paviyon restoran sou Channmas. De goch a dwat : **Jean-Eddy Lafontant, Ti-Jean-Eddy, Tontongi, Charles Denis Jacques ak Mackensy Lafontant**, jiyè 2016.

Flannay avèk John e Josiane Barnes e vizit lakay Bernard Diederich

Zannmi nou John Barnes ak madanm li Josiane Hudicourt Barnes te ban nou—mwen menm, madanm mwen ak tigason nou—kèk bon konsèy pratik konsènan lavi chak jou ann Ayiti, keseswa sou sekirite, ijyèn oswa prevansyon maladi. Tou lè de te viv plizyè dekad nan Kanmbridj (oswa Cambridge, tou pre Boston), nan Eta Masachousèt, anvan yo te deside pase majè pati tan yo ann Ayiti kote yo travay nan plizyè pwojè nan edikasyon ak sipò e pwomosyon atis ak atizay.

Yon konsèy mwen menm pèsonèlman te apresye delapa Josiane, se detèminasyon l pou l pa monte taksi motosiklèt yo, ki donnen kou djondjon sèdènye tan ann Ayiti. Depi jou yon zanmi jenès mwen te mouri nan yon aksidan motosiklèt, mwen toujou kenbe yon santiman « anbivalan » sou mwayen transpòtasyon sila a. Alafwa yon machin « seksi » ki glorifye maskilinite, yon mwayen transpòtasyon plizoumwen konvenab, e yon risk mòtèl aksidan, motosiklèt ban mwen anpil egzanp anpirik ki montre m li chaje ak risk. Plase sa nan kontèks ayisyen an kote pa gen okenn regleman ni respè pou regleman sekirite wout, ou wè monte motosiklèt se yon bagay ou pa jwe ak sa. Men malerezman, pou lebyen oswa pou lemal, li vin sèjousi yon mwayen transpòtasyon ki itil pou anpil moun.

Gras ak John Barnes, ke m konnen depi ane 1980 yo nan Kanmbridj, diran premye jou mwen pase nan Pòtoprens yo, mwen te gen yon ti chans wè Bernard Diederich lakay li, lavèy yon gwo gala fanmi li t ap òganize pou selebre 90èm anivèsè nesans li. Mwen te rankontre misye de fwa deja anvan, yon fwa nan yon konferans nan Miyami, an Florid, lòt la nan Boston lè li te vin prezante liv li, *Le prix du sang*, yon sòt swit liv misye ekri avèk Al Burt la, *Papa Doc et les tonton macoutes*.

Vizit lakay Bernard Diederich, apati de goch : **Josiane Hudicourt-Barnes, Jonah Toussaint, Phillipe Diederich, Tontongi, John Barnes** (dèyè) **& Ginette Diederich**, jiyè 2016.

Liv sila a te enpresyone m anpil lè m te fèk rive nan Bouklin, Nouyòk, nan fen ane 1970 yo. Se pou lapremyè fwa mwen te wè yon layitay ekspozisyon si konplè ak yon denonsyasyon si sistematik kont malfektasyon rejim sanginè divalyeris la. Misye te gen respè mwen depi lè sa a. Ojis, lè mwen te rankontre misye nan konferans Miyami an, se te mwen menm misye te admire (se John Barnes ki rakonte m sa), apre m te leve kanpe kont yon konferansye Inivèsite Harvard te envite ki t ap di yon pakèt bann pawòl fatra sou Ayiti. Pwofesè a te gen yon vwa ki vle di li gen otorite entelektyèl, jès li ak langaj kò li endike asirans yon nonm ki konsidere analiz li yo kou kategorik. Li di Ayiti ak pèp ayisyen kaba e kondane pou yo viv nan abjeksyon diktatoryal pou rezon pwofesè a di li pa t konnen. Mwen leve kanpe e mande lapawòl pou m di pwofesè a tout sa l ap di yo se jebede, pawòl van, eke li pa konn anyen de istwa d Ayiti ak enpòtans Ayiti nan emisfè oksidantal la. Se apre mwen vin aprann Diederich te renmen reyaksyon m lan e aplodi di.

Lè m vin li, kenzan apre konferans Miyami an, yon liv memwa misye ekri sou anpil ekriven ayisyen ki te zanmi li nan ane swasant ak swasanndis yo, mwen reyalize poukisa li te renmen sa m te di konferansye a : Diederich idantifye tèt li ak pwoblematik ayisyen an e li te santi menm endiyasyon avè m lè l te tande pawòl dwategoch konferansye a. Sa fè m plis plezi ankò lè m te aprann misye te marye avèk matant Josiane Barnes, Ginette.

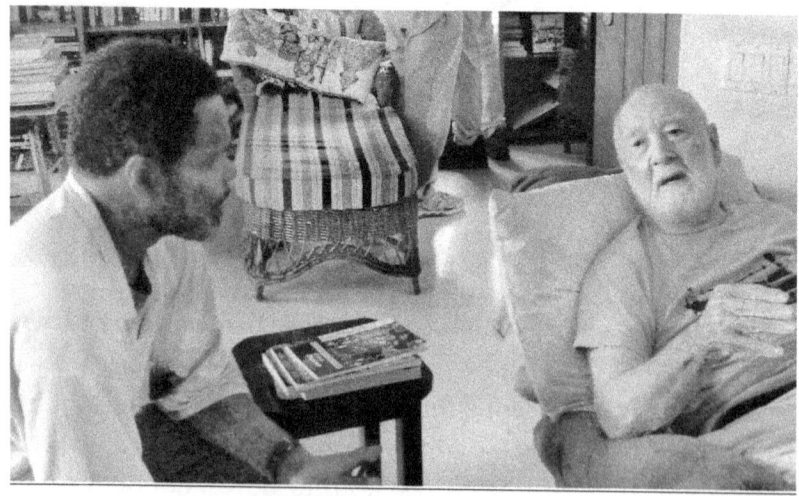

Tontongi avèk Bernard Diederich, jiyè 2016.

Diran vizit lakay Diederich la, mwen te kontan tande l di Lucien Daumec te zanmi li. Li pa t di twòp sou Lucien Daumec nan okenn nan liv li ekri sou Divalye yo menm si l mansyone misye nan kèk pasaj. Mwen te menm gen enpresyon misye te blame Daumec pou pwòp lanmò li petèt akoz de entimite Daumec avec Divalye yo (li te zanmi Divalye e li te marye ak yon sè madan Divalye). Men lè misye di mwen, avèk yon vwa tris, « Lucien te zanmi mwen », mwen santi li toujou gen yon chagren nan limenm ki koze pa trajedi lanmò Lucien Daumec la ki pa t janm kite l. Lucien Daumec se kouzen bò papa manman m, lè m te timoun mwen te eksperyanse doulè lanmò l ak frè li Dato Daumec te koze kay fanmi an, espesyalman manman yo, Madan Auguste, ki pa janm reprann li de chagren sa a.

Mwen te kontan wè Diederich ap pouse fèm nan travay ekriven li. Antanke yon egzile « volontè » ki kite peyi m pou m al viv aletranje, mwen toujou admire etranje kouwè Bernard Diederich ki pran desizyon pou y al viv nan peyi ki diferan de peyi yo, kouwè m te fè lè m te al viv an Frans ak o Zetazini. Natirèlman, ou ka jwenn ka vwayaj pou evazyon oswa legzilasyon nan tout sosyete oswa sivilizasyon. Lè li ka parèt se pa menm bagay ant yon Blan ki deside viv ann Ayiti ak yon « boat-people » oswa egzile ki oblije kite Ayiti akoz de kondisyon malouk politik e ekonomik yo, si ou mete eksperyans blan an nan pwòp kontèks egzistansyèl pa l, nan peyi pa l, ou ka vin jwenn anpil resanblans ak pwòp boulvèsman egzistansyèl pa w, menmsi se ta sèlman sou yon plan afektif.

Nan liv li *Un petit goût de goyave,* yon liv memwa li ekri sou plizyè ekriven ayisyen li te konnen lè l te fèk vin ann Ayiti, Bernard Diederich di li renmen Ayiti depi premye fwa li antre nan peyi a an 1949, antanke rezidan korespondan pou magazin *Time*[2]. « Mwen dekouvri, misye di, Ayisyen te moun ki invèsèlman amikal. Moun alantou m yo souri lè y ap akeyi mwen avèk yon "bonjou blan". » Li rakonte nan liv sa a lè yon sware nan mwa desann 1949 li te fè konesans yon « triyo powèt : nèg gran e mens Roussan Camille, bèl jènjan Jean Brierre ak Félix Morisseau-Leroy, yon nèg ki gen yon souri kontajye ». Yo t ap diskite mizansèn powèm Roussan Camille lan « Nedjé ». Yo te bezwen yon « Blan » sou sèn lan. Pèsonaj Diederich te reprezante a « pa t gen okenn liy pou l resite, si mwen sonje byen. Mwen te sèlman

Tontongi avèk Bernard Diederich, jiyè 2016.

bezwen gen lè yon "enperyalis", kouwè Morisseau-Leroy di mwen avèk yon ekla ri ». John Barnes di li jwe menm wòl la lè Papadòs t ap chache yon Blan pou jwe nan yon pyèsteyat li.

Vizit nou nan Jakmèl

Lè mwen te di John Barnes mwen menm ak fanmi mwen te konte vizite Jakmèl pandan n ann Ayiti, misye ofri nou tout lojistik nesesè yo : woulib pou n ale ansanm ak kote pou n abite. Gen kèk tan John ak Josiane deside pou yo pase anpil nan tan yo nan Jakmèl menm si rezidans prensipal yo te nan Petyonvil. Jenewozite John, fason janti li ye ak tout Ayisyen, e lefèt ke l pale kreyòl « kou yon rat », anpil moun te deja pale m de li anvan m te rankontre l lè m te fèk antre nan Kanmbridj, Masachousèt, an 1977. Limenm ak Josiane rankontre lòt kèk ane apre ; yo fòme yon koup fòmidab nan Kanmbridj kote yo goumen pou fè respekte dwa Ayisyen e pou revandikasyon pou edikasyon bileng—angle ak kreyòl ayisyen e nan sèten ka franse—nan lekòl piblik yo, sètadi bay timoun ayisyen yo yon edikasyon ki respekte konesans yo genyen deja an kreyòl ak franse e sèvi ak yo kou ekivalans lejitim parapò edikasyon nan lang angle. Politik ak zaksyon militan sa yo te ede pou lontan anpil Ayisyen nan lekòl o Zetazini paske yo te aprann yo nan lang pa yo (jiskaske yo pare pou aprann nan ansèyman anglofòn konvansyonèl la).

Nou pase yon bon tan nan kay John lan ki te tou pre plaj lanmè a, an konpayi Michel Télémaque, yon pwofesè lekòl ki te an vizit ann Ayiti, ak elèv li Rocky Cotard, yon jèn ti Ayisyen ki te pran plezi aprann listwa glorifye peyi d Ayiti a. Pandan n nan Jakmèl nou te gen chans rankontre anpil moun ki fè grann diferans nan kominote yo a. Rankont nou avèk dyektris Ciné Institute a, Paula Hyppolite, te yon konfimasyon de sa volonte ak detèminasyon moun ka akonpli. Manmzèl rantre ann Ayiti apre 25 kan ap viv o Zetazini. Li itilize fòs pèsonalite li ansanm ak bòn volonte e solidarite lòt moun ki vle ede l pou akonpli avèk David Belle fondasyon enstiti a, ki layite kò l bò bèl rad lanmè Jakmèl la, avèk yon ekip konplè, plis machin e òdinatè modèn pou anrejistreman miziz ak fim.

Mwen te rankontre tou moun òdinè k ap viv lavi moun ki pa privilejye nan yon pwovens ayisyen. Mwen te apresye wè ti jèn jan ki konn vizite John yo ak pèspektiv pozitiv yo genyen sou lavi. Mwen te kontan rankontre Madan Orel. Li pèdi mari li okòmansman nouvo syèk la ; yo gen senk pitit fi ansanm. Madan Orel di mwen, avèk fyète, kouman li travay tè l chak jou, grenpe yon montay apik pou l al pran pwodui tè yo pou l vin vann nan vil kmkmèl kote l ap viv la. li gen yon sal devan lakay li a ki sèvi kou yon famasi ki vann medikaman pou swen ijan ak swen kwonik. Li vann fèy tabak seche, li montre nou kouman li asenzonnen tabak la pou l ba li bon sant ; li di n, avèk entwisyon yon ekspè, ki tip kliyan ki renmen tabak fòtman asenzonnen, pa egzanp jèn yo ki souvan sèvi avè l pou woule sigarèt marijuana. John te prezante m Madan Orel kou modèl rezilyans ak imajinasyon peyizan yo. Yon lòt egzanp rezilyans ak enjenyozite peyizan yo John te montre m, te tip de ranfò peyizan yo konstwi, avèk tè ak wòch, pou anpeche inondasyon anvayi yo lè lapli tonbe.

Tontongi avèk Madan Orel ak premye pitit li Manilia Orel, jiyè 2016.

John te prezante m tou a yon jèn ti fi ki te anbarase paske l pèdi youn nan de dan anlè devan l yo. Li jennen pou l ouvri bouch li lè l ap pale. John di m l ap chache met sou pye, avèk èd yon bèlsè li ki dantis, swen dantè pou rekonstwi oswa ranplase dan ti jèn fi a pèdi a. Sa te fè m plezi tande sa. Sa te dwe toujou yon eskandal lè yon bagay ki aksesib a yon gwoup moun oswa nasyonalite pa aksesib a yon lòt gwoup moun oswa nasyonalite. Ti fi sila a te youn ki te chanse pami petèt dè milye ki pa gen yon bon samariten kouwè John pou ede yo.

Pandan m nan zòn Jakmèl ak Kay-Jakmèl la, mwen te gen opòtinite pou m rankontre kèk atis enpòtan nan kominote a, dabò Ismael Legacy Saincilus ki nòmalman abite nan Latibonit men ki pase anpil tan nan Kay-Jakmèl. John montre m kèk dodin misye desinen jan atis lontan yo te konn fè li. Lè m wè bèl estil penti atizay Ismael yo, e lè m aprann papa li, Ismer Saincilus, te yon gran atis rekoni nan tan li, ou di tèt ou misye gen bon avni nan kreyasyon atistik. Mwen te sèlman espere teren glise e enprevizid Ayiti a pa dechimennen misye. Yon bon ti mo Saincilus : « Si ou viv nan Pòtoprens ou ka vin nan lanfè. »

Mwen te gen chans tou rankontre Renold Laurent, yon jèn powèt e atispent k ap fè yon travay eklerasyon nan bouk l ap viv la. Li kòmanse kolekte liv pou yon bibliyotèk pou moun nan zòn nan. Mwen pote yon douzèn liv pou li ki pibliye pa Trilingual Press ansanm ak kèk kopi liv pa m ki pibliye pa L'Harmattan. Lè m te di John mwen pèdi nimewo telefòn Renold, li di m : « An n rele Rose-Marie Lamour ». Sito ke l tande rezon nou rele a, Rose-Marie di John : « O, se menm noumenm nan ! ». Se konsa nou fè aranjman pou nou wè ak Renold lelandemen nan galri Rose-Marie Petit Lamour a ki lokalize nan mitan vil Jakmèl, kote nou te gen chans rankontre Renold Laurent ansanm ak mari Rose-Marie a, Philippe Petit, yon blan Franse ki te vizite Ayiti, ki tonbe damou pou li e ki pa janm retounen.

John, ki pran gran plezi pou l fè tout moun ki vizite l ann Ayiti dekouvwi bèlte kache peyi a, fè nou vizite tou (mwen menm, madanm mwen ak Michel Télémaque, yon pwofesè atizay nan Boston Academy), Didier Civil, yon lòt gran atispent ayisyen, renome pou mask papye-kole (oswa papye-mache) li fè yo, ansanm ak divèsite estil atizay li. Mwen te konn misye anvan paske li te konn kolabore avèk yon kolektif atis ak ekriven nou gen nan Boston ki rele Asanble Atis Ayisyen Nan Massachusetts.

Mwen te gen plezi fè konesans Ronald Mews ki jwenn kalite ak konpleksite atistik li avèk yon kritik sosyete ayisyen an ki penetran. Li te montre yon pakèt jantiyès anvè mwen, madanm mwen ak pitit mwen. Lè mwen te fèk tande non « Mews » la, mwen bay yon min kontraryete ki poze yon keksyon ke Josiane Hudicourt Barnes konprann rapidman : « Non ! misye pa menm Mews ou konnen yo ! », li di m. Mews mwen

Nan otèl Florita nan Jakmèl. De goch a dwat : **Renold Laurent, Jill Netchinsky, Michel Télémaque, Rose-Marie Petit Lamour e John Barnes**, jiyè 2016.

konnen yo se yon fanmi voras ki domine nan biznis enpò-ekspò ann Ayiti, e ki eksplwate pèp la nan tout mwèl zo li pandan l ap anrichi tèt li nan vann pwodui ki fabrike oswa finalize pa fòs pèp la ke yo peye ak yon ti kichòy pou l pa mouri debou. Sa Josiane te vle di e ke m te konprann trè byen, sèke Ronald se yon eksepsyon. E lè mwen te rankontre l mwen wè li reprezante sa ki bon ann Ayiti, sa ki fè bèlte nou e li sanble li dedye lavi li pou l fè sa ki bon alafwa nan atizay li ak nan lavi prive li otan l kapab.

Sejou mwen nan Jakmèl te ede m wè lòt kote Ayiti ki te plizoumwen kamoufle anba pwosesyon dal kalamite ki akable peyi a pandan dènye senkant ane ki sot pase yo. Mwen te wè la yon santiman diyite pwofon ka chak grenn moun mwen te rankontre, gason kou fi, timoun kou granmoun, pov kou rich ak mwen rich.

Pandan m te kay John lan nan Kay-Jakmèl, mwen rankontre plizyè timoun ki konn pase vin wè l ; menm lè gen kèk nan yo ki vin ofri l bagay pou l vann pou yo, lòt sèlman vini pou ba l nan men e pran nouvèl li, men tout toujou montre, nan posti ak atitid yo, yon sans diyite ki te toujou enpresyone m. Nan jan timoun sa yo—ant laj 10 a 16 zan—apwoche e salye John, ou

Tontongi avèk Ronald Mews, jiyè 2016.

ta di yo vle montre John yo egal avè l nan yon sans metafizik, menm si, aparamman, John gen plis laj, mwayen, enfliyans ak otorite ke yo. E fason John tou aji avèk yo ankouraje yo pou yo kenbe fyète pwòp tèt pa yo. Mwen te rankontre santiman diyite sa a ka Madan Orel mwen mansyone anvan an. Wi sa fè m plezi wè Ayiti sa a, yon Ayiti ki kenbe sa zansèt yo te goumen pou li a : santiman yon moun ki egalego avèk tout moun sou latè menm si kondisyon sosyoekonomik li diferan de lòt moun yo.

Yon lòt moun mwen te wè yon trè espesyal lakay li se Enide Samdi, ki non sèlman te lwe John ak Josiane kay yo rete a, men tou ede yo kenbe alafwa yomenm e kay la djanm ak bèl kalite plat manje l yo ke nou tout degiste ak vant deboutonnen ! Li vin yon vedèt nan memwa mwenmenm ak Jill—e setennman John tou—pou savè tout bagay li prepare pou nou yo, youn ladan yo se te yon mayi moulen ak fèy e aransò sèvi ak zaboka, plis yon ji grenadye pou ranfò. Se te koupe dwèt ! Enide se yon madanm janti e nou apresye apò li te ajoute ak bèl eksperyans nou te fè nan zòn lan.

Atispent Ismir Saincilus (goch) avèk John Barnes, jiyè 2016.

    Eksperyans lavi m yo, keseswa ak moun rich oswa pov, moun blan, wouj oswa nwa, fè m tou gen retni pou m pale de « mantalite » moun. Keseswa moun k ap viv nan dyaspora, nan kapital la, « an deyò » oswa nan prizon. Kote lè gen sitiyasyon *mank,* kote lè pa gen twòp pou moun pataje, tout e chak grenn objè nesite vital (san pale de sa de liks yo), vin gen valè ki plizyè fwa pi elve ke valè reyèl yo. Mwen te fè eksperyans ak eksperimantasyon presèp sila a lè m t ap travay nan yon refij pou moun ki sanzabri nan Boston an 1986–1987. Mwen te remake nan etablisman an te gen yon kantite de objè, de valè oswa san valè, k ap plede pèdi prèske chak jou. Pafwa, pou amize tèt mwen, mwen konn mete yon pòch sigarèt ak kèlke grenn ladann oswa yon bwat alimèt sou yon kontwa e evalye konbyen minit l ap pran pou youn nan sanzabri yo *grape* li [mwen pa vle di « volè » paske tèm « volè » a gen yon asepsyon kriminèl, alòske sanzabri yo pa t kriminèl]. Souvan li pran mwens ke yon minit pou pwodui a disparèt !

    Pou moun ki ap viv lòt sikonstans e ki prese pou pote yon jijman « moral », an n di vèdik moun sa yo a p ap konte. Ou t a di obsèvasyon mwen an konfime yon presèp maksis ki di kondisyon ekonomik yo detèmine ideyoloji dominan an (oswa santiman moun), nan sans ke se pa degradasyon moral ki fè moun lan volè pòch sigarèt la, men pito yon adaptasyon nan yon milye rijid, malouk e demini.

Nan longè moman lavi yon moun, toujou genyen anpil evennman tanjansyèl ki rive à l'*improviste,* kouwè yo di an franse, ki parèt san okenn moun pa t atann li e ki antre nan lòd natirèl « moman » an. Diran sejou mwen ann Ayiti nan mwa jiyè 2016, mwen te eksperyanse anpil nan moman sa yo. Tout moun ak eksperyans mwen relate la yo fè pati moman nan lavi yo e yo te frape m ase pou make yo isit la 3.

Nan mitan moman sa yo genyen mini-moman ki ka alafwa rejwisan, sous estrès ak dezagreman, pafwa sajès pwofon. Sila yo ka kouwè moman lè mwen menm ak madanm mwen te fè konesans Jibé Liautaud, yon Ayisyen k ap viv o Kanada e ki t ap vizite apre l te pase yon tan ap mande tèt li si l dwe jamè retounen nan yon peyi kote zenglendo te kidnape li e l te pre pou l pèdi lavi li. Etandone pwofondè rasin li ak peyi zansèt li yo, li deside pou l pa kite twoma eksperyans sa a separe l avèk Ayiti. Lè w wè li nan Jakmèl, ou ta di li pa t janm kite Ayiti. Li te trè janti ak nou e ak pitit nou, Jonah. Li ede misye oryante l nan estaj li te fè nan Ciné Institute a nan Jakmèl.

Ti Mouyay nan Kay-Jakmèl, jiyè 2016.

Genyen moman tou lè m pa t rennen jan pitit gason m lan t ap viv kay Ronald Mews la apre yo te garanti l yon pi bon aranjman (yo ba l ak Rocky mitan salon an pou yo dòmi). Mwen deside manfout mwen de tout pwotokòl sosyal e adrese keksyon an dirèkteman ak Mews. Lwen pou l ta fache, Mews di m antanke papa tou limenm li konprann enkyetid mwen e ofri pou l plase Jonah nan yon lòt kay sou kote a ki te ba l plis vi prive. Epi Mews envite mwen, madanm mwen ak tiga-son mwen pou n al manje yon gwo kabrit li te boukannen pou okazyon vizit chantè Tito Maréchal ki te sot o Kanada. Alèd kabrit, wonm, byè, bannann peze ak lòt komodite, yon anbyans chanpèt te kreye akonpaye pa mizik, dans, rejwisans. Tito Maréchal chante pou nou kèk moso nan yon nou CD li te fèk soti.

Te gen moman yon chanpyona foutbòl nan Kay-Jakmèl kote kominote a te konn, chak aprèmidi, vini aplodi ekip foutbòl respektif li nan yon anbyans banbòch ak kè kontan. Malerezman chanpyona a fini nan goumen lè yon gwoup ki sot nan yon lòt zòn pete yon deblozay, kouto te rale, panik te pran asistans lan. Òganizatè yo sispann chanpyona a, e sa te fè m mal paske mwen te amize m anpil nan asiste foutbòl lokal la.

Yon moman ki te enkyetan pou madanm mwen se lè mwen menm ak John, akonpaye pa Ira Lowenthal (yon Blan Nò-Ameriken ki imigre ann Ayiti), tonbe nan yon diskisyon nan yon ba-restoran ki te sou kote kay John la. Diskisyon an te osijè atitid ak opinyon nou sou gouvènman Jan-Bètran Aristid la, ke nou tou lè de te sipòte pou prezidan an 1990. Dezakò nou te sou sa k rive Aristid an fevriye 2004 la.

Mwen toujou rann klas politik ayisyen an—ki gen tan-dans rejeksyonis e konspirasyonis—responsab de eskalad ak iredantism ki abouti a 29 fevriye 2004, kote peyi d Ayiti pèdi endepandans li pou premye fwa depi 1936. Dotanpli pèt endepandans sa a pa t nesesè si sèlman eleman opozisyon anti-Aristid yo te asepte yon solisyon kriz la ki akomode pou Aristid ret prezidan pou yon ti tan ankò. Yo te pito fè magouy e prefere yon mond enkoni san Aristid avèk tout potansyèl destabilizasyon li te gen pou nouvo demokrasi ayisyen an.

Nan yon moman nan diskisyon avèk John lan, mwen di li se enfliyans boujwazi ayisyen, ki te an majorite anti-Aristid, ki eksplike antipati li devlope pou Aristid la. John pa t renmen karakterizasyon sa a e montre li avèk ekspresyon fizik vwa li e li pa t kache mekontantman li. Menm lè madanm mwen te dakò ak opinyon m yo, li dezapwouve ke m montre dezakò mwen ak John avèk yon tèl fòs pandan ke m ap viv lakay li ! An reyalite sa pa t yon pwoblèm pou mwen. Mwen te toujou santi m trè alèz ak John. Mwen di Jill, John avè m gen prè de karant ane n ap diskite konsa. Kit pou John, kit pou mwen, diskisyon nou nan swaye sa a te kontinwite yon relasyon nòmalize—ant yon blan etazinyenn ak yon nwa ayisyen—nan reyalite ak imanite nou tou lè de pataje, menm si gen kèk nyans.

Sa ki enteresan an, apre nou kite ba-restoran an, e tout lòt moun al dòmi, mwen menm ak John nou pase rès sware a ap bwè e pale anba galri lakay li a. Li pale m de relasyon l ak papa li. Lè w tande istwa papa li, ou konprann kote li pran predispozisyon filantwopik ou wè lakay li a. Papa li te yon pastè pwotestan ki vin direktè mezon edisyon Doubleday. Li sèvi ak gwo ran li nan konpayi a pou l anplwaye moun nwa e defann yo lè rasis blan meriken atake yo, opwen yo te bal non jouman « Nigger's lover », ki vle di yon moun ki renmen moun nwa men ke rasis yo itilize kou yon jouman. Pozisyon papa John lan te riske e admirab lè w mete li nan kontèks mouvman pou dwa sivik nwa yo ki t ap anime sosyete Etazini an nan lane 1960 yo.

Kanta John limenm, byenke li gen anpil relasyon ak boujwazi ayisyen, li toujou kenbe yon pozisyon kritik anvè l, men sa li di sou li : « Boujwazi ayisyen an pa gen enterè oswa envèstisman ann Ayiti. Yo pase weekend yo aletranje, Ayiti se yon machin ATM pou yo. (…) Enjistis san pou san ann Ayiti. *No sense of solidarity. No one helps anyone.* »

Avrèdi, pozisyon anti-Aristid yon moun pa sèl paramèt pou mezire validite konsepsyon politik moun lan. Mwen menm tou mwen te yon senpatizan mouvman lavalas la ki vin tounen yon kritik apre Aristid asepte retounen ann Ayiti anba pwoteksyon marin meriken e anba kondisyon yon nouvo okipasyon Ayiti. Mwen te toujou panse pwoteksyon marin meriken yo te yon kado pyeje : Si w ba yon moun dwa pou l mete o pouvwa, ou ba li dwa tou pou l retire w lè l vle.

Mwen plis enterese jodi a nan sa Ayiti ye, sa li ka devni, ki moun ki gen entere l akè, ki leson listwa ki dwe retni. Mwen sèten, anpil nan ekriven e manm klas entelektyèl ayisyen yo ki te klewonnen pou Aristid ale, pa t renmen rezilta rejim semi-fachis ki te ranplase l la, san bliye sa ki vin bay sa nou gen kounye a. Se byen malere eksperyans Aristid la te vin gen derapaj pa l ki ede lennmi yo konfime pwòp pwofesi yo.

Tan pèsonèl

Fanmi m yo ak relasyon m yo ann Ayiti te toujou enpòtan pou mwen e kontak ak yo ede m kenbe yon kontinwite imajinè ant Ayiti m te kite a ak Ayiti kounye a ki egziste nan Reyèl. Sepandan, refizan tout diktati moralite sosyal, mwen pa enpoze sou tèt mwen okenn obligasyon anvè yo. Antanke viktim peyi-repouswa diktati divalyeris yo te vin fè Ayiti tounen an, mwen te toujou plis enterese nan mouvman pou sakaje l, destriktire l e reestriktire l nan yon pèspektiv revolisyonè. Mwen pa t janm vrèman enterese—malgre patisipasyon m nan kèk zèv filantwopik—nan pase pansman sou yon kansè ki bezwen yon entèvansyon pi rasinal.

Premye ane m yo aletranje, mwen pa t gen twop kontak ak Ayiti, menm si m toujou rete atache ak li e enterese nan praksis politik k ap mennen yo pou ede chanje l. Men m eseye otan ke posib pou m pa lese m kontamine pa mesyanism dyasporik ki afekte anpil nan diskou politik osijè pwoblematik ayisyen an.

Natirèlman, mwen te kontan rankontre tou fanmi mwen yo ak zanmi mwen yo ki ap viv ann Ayiti. Yo gen yon desten ki pi mal ke sa m ap viv kounye a, men mwen te deja viv menm desten sa a lè m te ann Ayiti e pandan premye ane mwen yo aletranje. Anfèt, menm lè mwen gen yon djòb kèlkonk e m gen mwayen pou m manje e peye kote m ap dòmi, sitiyasyon m pa pi anvye ke sa. Apre près karant tan m ap travay nan peyi a, ou t a di mwen t a sove ; men an reyalite, kouwè 99 pou san moun k ap viv o Zetazini, tranzisyon de yon moun ki gen kay pou l rete oswa ki gen ase pou l manje, ak yon sanzabri k ap domi nan lari e ki grangou oswa totalman demini, se yon zafè de de semèn pèyman nan yon travay. Otreman di, si ou pèdi yon travay ou ladann e vin yon chomè pou sèlman de semèn, ou ka twouve w nan lari, sanzabri, grangou, demini…

Sa pa t anpeche m wè m kou yon privilejye, ki gen yon alyennkat, yon djòb o Zetazini, kidonk yon nonm ki pa bezwen chaje tèt li sou malsite ann Ayiti. Se rezonnman sa yo ki fè mwen pa janm santi m siperyè okenn moun, e ki fè m kenbe yon anpati, yon senpati ansanm-ansanm, avèk vrè demini yo. Se nan pèspektiv rezonnman sa a ki fè mwen konprann remak James Darbouze la lè li pale de koutje papa-bon-sovè-ki-konnen-tout-bagay (tèm pa mwen) dyaspora ayisyen yo voye sou Ayiti lè yo vizite zile a : « Yon dekalaj [depamantasyon] ant Ayiti ki ideyalize pa dyaspora a ak Ayiti reyèl la », Darbouze di.

Mwen te pran plezi pase tan ak fanmi m yo, an patikilye sè m yo, Sherlyne, Claudinette e Yvrose, neve m ak nyès mwen yo Mackensy, Jean-Eddy, Ricardo, Matou, Bianca, pitit Claudinette yo. Yo tout montre yon grandè despri nan kalamite jeneral peyi d Ayiti, yo kenbe pèseverans pou fè lavi kontinye bat zèl li menm lè pa gen twòp van.

Mwen te kontan wè zanmi m yo, an patikilye Reginald ak Boulou Leroy ki fè de Ayiti yon nouvo refij apre yo retounen ladann apre anviwon ven tan o Zetazini. Mwen te fèk rankontre yo nan yon apatman nan Bouklin, nan Nouyòk, lè mwen te fèk vin o Zetazini. An jeneral, moun pa two chanje de yon laj adilt ak yon lòt e sa te fè m plezi wè sa kay Reginald ak Boulou : yo toujou kenbe menm penetrasyon ak pèspektiv filozofik yo sou lavi ke m te toujou renmen lakay yo. Lè youn ka pi « rasyonalis » ke lòt (Reginald) e toujou pran desizyon pou akonpli otasi (otonomi) nan sivivans, Boulou limenm toujou kenbe yon atitid pi egzistansyalis sou lavi. [Malerezman misye pèdi lavi l anba yon èni ki vin enfekte l an novanm 2018. Mwen pale de sa plis pi devan an.]

Se te twazyèm fwa madanm mwen ak ti gason m Jonah te vin ann Ayiti ; fwa sa a, pou Jonah, nan yon moman kote li ka pi konprann fonksyonnman jeneral peyi a (dènye fwa a li te gen sèlman nèf an). Madanm mwen toujou genyen yon afinite natirèl avèk pèp ayisyen an, e li alèz avèk moun rich kou moun pov. Li leve e elve nan yon fanmi kote papa l ak manman l te montre l enpòtans tout kretyenvivan epi sitou dwa egalego natirèl e politik yo tout genyen e dwe genyen. Fòmasyon sa a ede l wè Ayiti avèk yon rega senpatik, san l pa tonbe nan sendwòm patènalis, ni nan awogans etranje-bon-samariten-sovè-malere. Se atitid sa a, san konte bèlte natirèl li, ki te atire m avè l e m trè kontan li kontinye montre li nan relasyon l avè m, avèk fanmi mwen e avèk pèp ayisyen an.

Konklizyon

Mwen te apresye anpil, menm lè m te lwen Ayiti, santiman solidarite ak jefò sovtay reyèl anpil peyi nan lemond antye te manifeste anvè Ayiti apre tranblemanntè a. Mwen konnen pi grann pati kòb peyi bayè fon yo te ofri Ayiti a pa t janm debouse, e sa k te debouse yo pa t janm al jwenn moun ki te afekte yo. Men m rekonèt entèvansyon peyi kouwè Etazini, Kiba, Venezyela, Lafrans, Brezil, Repiblik Dominikèn ak Kanada, te ede anpil nan sivivans yon bon pati moun ki te viktim yo.

Sepandan, mwen te remake tou nan enterè kontinwite yon paradigm charitabilis, asistansis e depandantis, anpil moun nan demann èd yo, te fè parèt tankou se te *tout* Ayiti ki te

Panèl powetik piblik nan Jakmèl, jiyè 2016.

peri anba tranblemanntè a, alòske, ojis, an tèm de sipèfisi jewografik peyi a, se te yon kantite piti (yon pati Pòtoprens, Kafou, Leyogàn ak Jakmèl) ki te afekte. Tout lòt rès Ayiti pa t two oswa pa t ditou afekte pa tranblemanntè a. Men si w te koute pwopagann charitabilis la ou t a di se te fen Ayiti !

Se pwopagann sa a, ansanm ak bonsamaritanism anpil ONG yo, ki fè naratif sou Ayiti a—sou yon Ayiti apovri e san defans—, vin diskou dominan. Men, natirèlman, reyalite a se tout yon lòt bagay. Ojis, menm anvan okenn èd ONG oswa entènasyonal rive ann Ayiti, te gen anpil ti komite *ad hoc* ki te òganize espontaneman pa vwazen moun menm katye, san konte moun lòt komin oswa lòt bouk ki vini pot lamen nan jefò sovtay yo. Gen anpil egzanp ak temwayaj ki konfime fè sa yo.

Mwen te dezole lè m te wè eta dekonstonbray Pòtoprens ak Kafou, pi espesyalman kondisyon wout Kafou a plis ke sis ane apre tranblemanntè a. Malgre tout pwopagann gouvènman Michel Martelly a fè sou yon « Ayiti ki louvwi pou biznis », avèk tout anonsman nan wopalè dal malèt lajan « pwisans enpòtan de baz » *(« core countries »)* yo te klewonnen pou vin « rekonstwi » Ayiti, mwen wè nan Pòtoprens yon mank total enfrastrikti iben, yon layite salte, fatra, kondisyon delabre bilding apre bildin, moun sou moun nan chak mèt kare, mank ijyèn piblik, pòv k ap mande toupatou, brèf, mwen te gen sans yon nòmalite dyabolik ki makonnen tout espas lavi.

Anpil moun estime chomaj nan Pòtoprens (petèt nan tout Ayiti)—chomaj nan sans moun ki pa gen yon travay ki peye l ap fè—, plis ke 80 pou san nan popilasyon an. Se yon to elve ki montre pa gen yon politik piblik byen reflechi sou fason moun ap viv e sou kouman peyi a ap fonksyone kòm antite sosyo-antwopolojik rasyonèl. Nan sans sa a, gouvènman Martelly a ansanm ak sa anvan l yo, te yon grann echèk, paske yo kontinye e agrave konsepsyon fonksyon gouvènman Leta a kou poul ze dò w ap plimen.

Anfèt, sanble ke nòmalizasyon sitiyasyon malouk Ayiti a se yon prensip lelit ak klas dominan Ayiti yo—entelektyèl kou sosyoekonomik—adopte pou jistifye yon mank zaksyon ijan pa Leta pou chanje reyalite malouk la. Genyen yon sòt reziyasyon egzistansyèl oswa defetism ontolojik ki bwouye posiblite yon liy daksyon konsekan pou radilman chanje etadchoz yo.

Natirèlman, obsèvasyon nou fè nan memwa sa a pa depase fen jiyè 2016, lè nou te kite Ayiti e rantre o Zetazini. Apre sa, kouwè yo di, gen anpil dlo ki vin koule anba pon an.

Souvmans 17 oktòb 2018 ann Ayiti

Pwològ
Nan lavi gen tout kalte move malchans ki konn tonbe sou yon moun ki fè move bagay rive l, men genyen tou tout sòt bònchansman ki konn pave chimen w san w pa t atann. Se konsa yon jou nan biwo travay mwen, mwen di Kerline Vanyan an pasan, yon kanmarad travay, ke m konte al fè yon vizit ann Ayiti eke m poko konnen ki kote mwen pral rete pandan sejou a. Mwenmenm, madanm mwen ak pitit nou konte pase prè d de semèn ann Ayiti, e rete nan otèl pandan tout jou sa yo t ap mete nou nan dèt koupe kou. Twa jou pa pase, Kerline di m : « Oline Gracieuse di ou ka ret nan kay li gen ann Ayiti a. » Great! mwen reponn ann angle, kè kontan : « Èske l di w konbyen sa ap koute ? », mwen mande Kerline. « Ki afè lajan sa a », li reponn kòmsi se te enkonsevab.

Lè mwenmenm ak Jill al chita nan restoran Island Caribbean, nan Malden, avèk Oline Gracieuse pou nou pale sou aranjman ak detay osijè sejou n nan kay li a, mwen ofri l pou nou peye yon ti kichòy pou jenewozite ret lakay li a, manmzèl rejte òf la, prèske endiye m te menm soulve kesyon an.

Se konsa, mwenmenm ak fanmi m pase plizyè jou nan Laplèn, nan yon anbyans pezib, an konpayi plizyè neve Oline ki, menm lè se pa t obligasyon yo, fè tout sa yo kapab pou rann sejou nou an agreyab e memorab. Mwen di yo mèsi anpil.

Avrèdi jès jenewozite Oline Gracieuse la pa t yon gwo sipriz pou mwen, konesan devouman ak dondeswa li deplwaye nan sèvis li ak kominote Boston-Cambridge-Malden lan antanke doktè de fòmasyon e enfimyè pratisyèn osèvis byennèt kominote ayisyen an nan zòn Boston pou plizyè dekad. Mwen toujou santi anpil gratitid anvè jès Oline lan ansanm ak inisyativ sipòtif Kerline lan. Ankò yon fwa, mwen di yo gran mèsi.

Lè m rive nan Pòtoprens jou 16 oktòb 2018 la, pou m vin patisipe nan yon kolòk entènasyonal sou tèm « Kreyòl ayisyen nan etid kreyòl yo : bilan, avanse ak pès- pektiv » ki te òganize pa Fakilte Lengwistik Aplike (FLA) pou komemore e tabli bilan 40 lane angajman travay sou kreyòl ayisyen, te gen anpil bagay ki t ap bouyi. Jou ouvèti kolòk la, mèkredi 17 oktòb 2018, te tonbe menm jounen ak komemorasyon anivèsè lanmò Desalin, ansanm ak yon gran manifestasyon popilè pou mande dekiprevyen sou pakèt lajan Venezyela te favorize Ayiti ekonomize nan kad pwogram yo rele Petro Caribe la apati lane 2006.

Lespri m te anvayi ak yon dividal lide k ap brase sou kouman pou m entegre, dyalektikman, patisipasyon m nan yon kolòk akademik k ap konsantre sou teyori sou lang ak langaj—menm si ak aplikasyon potansyèl anpirik e pratik— avèk kondisyon malouk jeneral peyi a ak pèp la ap viv yo.

Seremoni ouvèti kolòk la te planifye nan otèl Le Plaza, sou Channmas, kidonk nan mitan pòs d ateresaj, nan nan- nan klimaks kokennchenn manifestasyon kont koripsyon klas politik la ki lanse nan kad mobilizasyon nasyonal ki te kòmanse 6 e 7 jiyè anvan an pou pwoteste ogmantasyon pri gaz ak lavi chè. Lidè Venezyelyen an alepòk la, Hugo Chavèz, te bay Ayiti—ak disèt lòt peyi—pri preferansyèl sila a sou gaz venezyelyen an pou ede l aleje povwete. An n remake tou se menm sò ki rive pi grann pati lajan peyi bayè fon yo te debouse pou ede nan swadizan rekonstwiksyon Ayiti apre tranblemanntè 12 janvye 2010 la. Yo detounen anpil nan lajan sa a bay yon ti gwoup ki gen ladann « ekspè ak konsiltan » etranje, minis ak prezidan kowonpi, ansanm ak konpayi-bidon ki leve yon maten kou djondjon e ki pretann yo gen tout sòt ekspètiz ak « kapabilite ».

Rive jounen 17 oktòb la, Renauld Govain, dwayen FLA a e manm komite òganizasyon kolòk la, voye yon imèl bay tout patisipan yo pou di yo seremoni ouvèti a p ap ka fèt akoz de manifestasyon an. Desizyon sa a, menm lè l te ka dezole kèk nan patisipan yo, te rejwi mwen. Lavèy manifestasyon an, lè m te fèk rive nan Pòtoprens, mwen deside fè yon ti flannen avèk pitit gason m Jonah e neve mwen Mackensy sou ri Kapwa pou n al chache yon ti kichòy pou n manje. Pwiske lapolis te simayen gaz lakrimojèn kote gwoup mini-restoran yo layite sou plas Channmas la pou rezon ki pa t klè pou nou, nou deside kontinye sou ri Kapwa pou n al chache lòt restoran. Se konsa, pase de oswa twa kwen lari, mwen tande yon moun ki rele « Tontongi ! » Sa te dabò etone m, paske m te apèn debake ann Ayiti e m pa t espere okenn moun ta rekonèt mwen nan yon lari chaje ak moun. Vwa ki rele m lan se vwa Coutechève Lavoie Aupont, youn nan nouvèl jenerasyon powèt ayisyen yo. Mwen te fèk rankontre misye kèk sis oswa sèt ane de sa nan vil Kambridj, nan Eta Masachousèt nan yon lekti pwezi òganize pa City Night Readings, e m toujou renmen kalite senp e konplèks pwezi li yo, alafwa nan lang ayisyen e franse. Nou echanje kèk plezantri e li di mwen l ap sou Channmas la le landmen 17 oktòb la a dis zè pou l al manifeste.

    Lespri m te anvayi ak yon dividal lide k ap brase sou kouman pou m entegre, dyalektikman, patisipasyon m nan yon kolòk akademik k ap konsantre sou teyori sou lang ak langaj—menm si ak aplikasyon potansyèl anpirik e pratik—avèk kondisyon malouk jeneral peyi a ak pèp la ap viv yo.

    Seremoni ouvèti kolòk la te planifye nan otèl *Le Plaza*, sou Channmas, kidonk nan mitan pòs d aterisaj, nan nannan klimaks kokennchenn manifestasyon kont koripsyon klas politik la ki lanse nan kad mobilizasyon nasyonal ki te kòmanse 6 e 7 jiyè anvan an pou pwoteste ogmantasyon pri gaz ak lavichè. Lidè Venezyelyen an alepòk la, Hugo Chavèz, te bay Ayiti—ak disèt lòt peyi—pri preferansyèl sila a sou gaz venezyelyen an pou ede l aleje povrete. An n remake tou se menm sò ki rive pi grann pati lajan peyi bayè fon yo te debouse pou ede nan swadizan rekonstwiksyon Ayiti apre tranblemanntè 12 janvye 2010 la. Yo detounen anpil nan lajan sa a bay yon ti gwoup ki gen ladann « ekspè ak konsiltan » etranje, minis ak prezidan kowonpi, ansanm ak konpayi-bidon ki leve yon maten kou djondjon e ki pretann yo gen tout sòt ekspètiz ak « kapabilite ».

Gwoup prezantatè ak prezantatèz nan konferans « Kreyòl ayisyen nan etid kreyòl yo : bilan, avanse ak pèspektiv » ki te òganize pa Renauld Govain ak Fakilte Lengwistik Aplike (FLA).

Rive jounen 17 oktòb la, Renauld Govain, dwayen FLA a e manm komite òganizasyon kolòk la, voye yon imèl bay tout patisipan yo pou di yo seremoni ouvèti a p ap ka fèt akoz de manifestasyon an. Desizyon sa a, menm lè l te ka dezole kèk nan patisipan yo, te rejwi mwen. Lavèy manifestasyon an, lè m te fèk rive nan Pòtoprens, mwen deside fè yon ti flannen avèk pitit gason m, Jonah, e neve mwen Mackensy sou ri Kapwa pou n al chache yon ti kichòy pou n manje. Pwiske lapolis te simayen gaz lakrimojèn kote gwoup mini-restoran yo layite sou plas Channmas la pou rezon ki pa t klè pou nou, nou deside kontinye sou ri Kapwa pou n al chache lòt restoran. Se konsa, pase de oswa twa kwen lari, mwen tande yon moun ki rele « Tontongi ! » Sa te dabò etone m, paske m te apèn debake ann Ayiti e m pa t espere okenn moun ta rekonèt mwen nan yon lari chaje ak moun. Vwa ki rele m lan se vwa Coutechève Lavoie Aupont, youn nan nouvèl jenerasyon powèt ayisyen yo. Mwen te fèk rankontre misye kèk sis oswa sèt lane de sa nan vil Kambridj, nan Eta Masachousèt nan yon lekti pwezi òganize pa *City Night Readings*, e m toujou renmen kalite senp e konplèks pwezi li yo, alafwa nan lang ayisyen e franse. Nou echanje kèk plezantri e li di mwen l ap sou Channmas la le landmen 17 oktòb la a dis zè pou l al manifeste.

Gwoup manifestan kont vòl Petro-Caribe la sou Channmas, 17 oktòb 2018. —*foto Tanbou*

Jwè domino kè poze

Jou 17 oktòb la, lè m kite papòt otèl la vè dizè dimaten, anba min dekonseyan ajan sekirite yo, mwen te yon ti jan dezapwente mwen pa t wè plis aksyon. Byenke te gen kèk gwoup moun ki regwoupe e epapiye nan plizyè seksyon sou Channmas la, pa t gen tip « rasanbleman » mwen te espere selon jan Coutechève Aupont te sigjere a. Nan youn nan seksyon Channmas la mwen remake yon gwoup jwè domino k ap jwe kòmsi anyen nan lemond pa t egziste e kòmsi gwo manifestasyon ki pral ateri a te yon okirans oswa rivesyon nòmal, òdinè. Malgre konsantrasyon jwè domino yo sou jwèt la ak detachman aparan yo montre anvè tout lòt bagay oswa kontenjans lavi ki ka rive, yo kenbe yon radyo tranzistò ouvri ki bay yo kantite detay sou nati ak dewoulman manifestasyon an ansanm ak itinerè li, minit apre minit.

Detanzantan youn nan jwè domino yo fè yon remak oswa yon plezantri sou manifestasyon an, nan yon sans senpatik ki fè m santi yo sipòte li. Selon repòtaj radyo a, m aprann « klimaks », pwen bouyisman manifestasyon an sou Channmas la, fikse pou l rive vè dezè aprèmidi. Mwen deside retounen nan otèl la pou m retounen lè michan gwoup manifestan pwojte k ap vini yo konvèje sou Channmas la, devan lokal ansyen Palè Nasyonal la.

Vè dezè edmi, anplifyasyon vwa manifestan yo endike pou mwen konvèjans divès gwoup manifestan yo pre pou rive. E m deside ale jwenn yo. Anvan m deside jwenn manifestan yo, anpil lide pase nan tèt mwen : Èske m ap siviv apre m kite papòt sekirite otèl la ? Apre manifestasyon an, madanm mwen di mwen lide sa a te pase nan tèt li tou, men li di tèt li se yon bagay li wè ki trè enpòtan pou mwen e li pa t vle fè anyen pou l anpeche l.

Bò kote fas nò papòt otèl la, vè wout Lali a, ou ka wè yon dividal moun ki tonbe ap vini, soti de Petyonvil, anpil ladan yo te pati de ayewopò a. Mwen jwenn avèk manifestan yo. M deside jwenn ak yo paske mwen kwè nan jistès koz yo a, e lè w fè yon kondèy jeneral sou konpozisyon sosyo-ekonomik grann majorite moun k ap manifeste yo, mwen remake plis ladan yo se « gwo pèp » la, sila yo lavi ap pi toumante, sila yo pou ki Ayiti se yon kochma chak jou Bondye mete, yon konfwontasyon chak jou ak kawo, ak pwobablite reyalistik malè, e menm tantasyon lanmò a chak enstan akoz absans e lakin enfrastrikti yo, san retire rate resous medikal disponib yo.

Vyolans bò kote fòs polis makoutik yo

Alafen, antisipasyon vyolans bò kote manifestan yo anpil moun te redoute a pa t konkretize ; sa m te wè nan plas li se te yon kolè òganik kont malsite peyi a ak malvèsasyon dirijan politik yo ak klas posedan yo ki manifeste nan lajwisans, kamaradri, nan yon rivyè emosyonèl kolektif kowalize pou mande pou lavi chanje. Alaverite, vyolans mwen te obsève nan mitan klimaks manifestasyon an sou Channmas la, se bò kote fòs polis yo li te soti, espesyalman fòs CIMO yo ki te vini nan teni lagè pou entimide manifestan yo. Òganizatè manifestasyon yo te ensiste mach la t ap pasifik e yo te egzòte manifestan yo pou yo ret kalm e fokalize sou demann yo an : prensipalman remèt kòb Petro-Caribe ki vòlè yo e pini vòlè yo. Natirèlman demann kolateral ki entegre nan demann prensipal la se pou Ayiti gen yon gouvènman pèp la menm mete e ki reprezante e defann enterè li ak enterè nasyonal peyi a.

Tontongi (goch) avèk powèt Coutechève Lavoie Aupont / Channmas, Pòtoprens, Ayiti, 2018. —*foto Tanbou.*

Anfèt, mwen vin youn nan viktim vyolans fòs polis makoutik yo lè yo lanse sou nou plizyè kapsil gaz lakrimojèn, efè youn ladan yo frape m nan mitan souf ak sèvo m. A yon sèten moman mwen panse mwen ta pral pèdi tout souf mwen e tonbe nan mitan lari a. Erezman, mwen te ka kouri distans li pran pou m retounen nan otèl la e reprann souf nòmal mwen.

Vyolans mwen te wè lè m te ann Ayiti nan jounen 17 oktòb 2018 la, se yon vyolans ki soti bò kote gouvènman Jovenel Moïse la ki lese fòs polis li yo aji tankou Nazi oswa

Izraelyen nan peyi okipe. Mwen santi m fyè mwen te patisipe nan manifestasyon 17 oktòb 2018 la ; grann majorite moun mwen te wè ki te desann nan lari yo pou mande transparans gouvènay peyi a se pitit pèp la yo ye. Yo te desann nan lari, malgre ke yo konnen yo ka pa retounen lakay yo, pou mande Leta pou li pran desizyon ki ka fè peyi a avanse, e pa gonfle bous eksplwatè.

Manifestasyon e mobilizasyon popilè ki kontinye 18 novanm epi plizyè jou apre yo, avèk grèv jeneral e blokaj jeneral la, te montre detèminasyon manifestan yo pou wè demann yo vin materyalize nan reyalite, san retire demann pou gouvènman ilejitim Jovenel Moïse la al fè wout li. Malerezman jouk pandan m ap ekri la a, sa poko janm fèt.

Batèm esklavajis ak dominasyon « anviwonnmantal » neokolonyalis

Sejou m sila ann Ayiti pa t sipoze antrekwaze ak politik : se te pou m ede leve drapo kreyòl ayisyen an kou lang lejitim. Kouwè mwen di nan yon editoryal sou jounal *Tanbou* : « Lè m t ap leve nan Pòtoprens nan lane swasant yo, yon kolòk syantifik entènasyonal sou kreyòl ayisyen senpleman pa t konsevab. Epi, lè w gade moun ki layite pou pale sou li yo, se ankò pi enkonsevab : manm lakrèm intelligentsia ayisyen an ak etranje nan diferan domèn konesans imanis. Soti de epòk—ki pa two lontan de sa—kote lekòl te konn pini elèv ki pale kreyòl menm nan lakou rekreyasyon, rive nan òganizasyon michan kolòk sou fè valè lang ayisyen an, genyen yon gwo pwogrè ki fèt, menm si n ap ret tann ankò lè tout prezantasyon kolòk yo ta fèt nan lang kreyòl ayisyen, antouka plis kòm règ ke eksepsyon règ la.[1] »

Jou ouvèti retade kolòk la, jedi 18 oktòb, yon otobis Inivèsite d Eta Ayiti vin pran nou menm konferansye yo ki desann nan otèl *Le Plaza* a e mennen nou nan youn nan lokal Inivèsite a kote kolòk la t ap fèt la. Dwayen Fakilte Lengwistik Aplike a, Renauld Govain, ouvri kolòk la e swete byenvini ak tout moun. Antanke prensipal kowòdonatè kolòk la, Govain te jere desepsyon premye jounen kolòk la avèk yon si bon pwofesyonalism ke pèsonn pa t viv li kou yon kontrefason. Anfèt li pase majorite jounen 17 oktòb la nan demach ak demèlman pou l ede kèk nan patisipan kolòk la ki te vwayaje de yon peyi etranje jou sa a, an menm tan li te gen plan li menm pou l al patisipe nan manifestasyon an.

Grann majorite patisipan kolòk yo te lengwis ak pwofesè espesyalis nan langaj ki montre sibtilite lang yo rele « *kreyòl* » yo pale nan lemond yo—Ayiti, Gwadloup, Matinik, Lil Moris, Reyinyon, Kap-Vè, elatriye—, ansanm ak resanblans e diferans yo genyen ant yo[2]. Mwen pa t patisipe nan kolòk la antanke lengwis, men antanke pratikan lang kreyòl la nan domèn literati ak edisyon.

De goch a dwat : **James Darbouze, Juliette Factum-Sainton, Tontongi, John Barnes, Robert Arisma & Lemete Zephyr**. —*foto Tanbou*

Mwen prezante nan kolòk la yon resi tematik an kreyòl ayisyen mwen titre « Maryaj Belizè Dyedone ak Jezila Lamatinyè : Nanm desounen kont rasyonalism kritik ». Mwen montre nan resi a yon dram ki rive nan seremoni yon maryaj nan yon vilaj ayisyen kote antagonis yo, moun prensipal yo, ap viv filozofi vodou ayisyen an nan kontèks lavi chak jou yo. Yon sèten sans, se jan fason Jean-Paul Sartre te konn glise sibtilman nan nouvèl, woman ak pyèsteyat li yo, postila filozofi

Tyaka Poetica

Egzistansyalism la, kouwè nou ka wè nan liv li *Le Mur, La Nausée, Les chemins de la liberté,* elatriye.

Mwen panse lavaj sèvo ki kòmanse o moman *ensklave* yo rive sou rad nan kontinan Amerik yo[3], patikilyèman nan batèm kretyen inisyal yo resevwa a, se moman ki pi enpòtan nan pwosesis dominasyon sistèm kolonyal la, menm si lòt aspè yo, kouwè kontwòl mache finansye yo konbine ak pwisans militè e teknolojik yo enpòtan tou. Menm lè sistèm neokolonyal la kontinye itilize e enpoze fòs brital detanzantan e chak fwa li nesesè—kou nou wè nan istwa resan kouwè envazyon Irak la an 2003, ranvèsman Jean-Bertrand Aristide an 2004 oswa bonbadman Libi e ranvèsman Mohamed Kadafi an 2011—, sistèm neokolonyalis la itilize pi souvan mwayen ki pi sibtil, pi « anviwonnmantal » pou ranfòse e mentni kontwòl li.

Youn nan lòt mwayen sa yo se simayen koripsyon nan sen klas dirijan yo, nan sans ki konpwomèt yo, kidonk fè moun doute de kredibilite yo, donk netralize kapabilite yo. Estrateji kontwòl sa a dotanpli fasil yo elabore l nan yon sosyete ki gen mank, yon sosyete kote lit pou lavi a entans, di, ostil, maltretab...

Fòk nou remake tou genyen de sòt de koripsyon ki an je nan pwosesis kontwòl neokolonyal la. Genyen dabò koripsyon ki andemik e ki fè pati de sistèm konfigiratif neokolonyal an vigè a (chwa sou mòd pwodiksyon yo, sistèm echanj finansye a, mekanism regilasyon rapò entènasyonal yo, elatriye). Epi, genyen tou koripsyon anviwonnmantal sistèm sa a kreye ki manifeste an patikilye nan rapò ant sitwayen yo ak administrasyon Leta yo, nan rapò entè-endividyèl yo, ak nan motif visye, sinik e manipilatif pou pran avantaj de yon sitiyasyon oswa yon moun kèlkeswa domaj li koze sistèm an plas la oswa moun lan.

Rityèl, pratik e senbolik batizasyon *ensklave* a chapote chanjman fondamantal sistèm esklavajis la enpoze lakay *ensklave* oswa *ensklavèz* la. Byenke pwosesis *demounizasyon* an (daprè bèl ekspresyon Patrick Sylvain an) kòmanse nan kapti epi plasman kou pwovizyon nan bato negriye a, se apre batèm kretyen an (katolik oswa pwotestan, anvan sa, mizilman)—avèk tout fòs espirityèl yo konfere li a—ke *enklave/ ensklavèz* la vin rejwenn fòmèlman ran yo rezève pou li a nan sistèm esklavajis la. Anfèt, daprè prensip primote espirityèl sou materyèl la, sistèm esklavajis la fè an sòt ke l monopolize, pa vwa swadizan siperyorite mòd panse li a, tout sistèm edikatif la, san retire enpozisyon yon lang inik—lang franse a, nan ka pa nou—ki se sèl kòk k ap chante e sèl konferatè lejitimite, dwa a lapawòl e reprezantasyon.

Tout yon vil an delabreman

Apre kat jou pase nan Laplèn kote bidonvilizasyon oswa lasalinizasyon an ap fè ravaj, men kontrèman ak Lasalin ou wè la bèl mansyon ak bèlte natirèl barikade dèyè gwo miray devan wout menm 4-pa-4 pa ka pase, mwen menm ak madanm mwen deside retounen nan otèl *Le Plaza* pou n al pase twa dènye jou sejou nou an ann Ayiti.

Yon aprèmidi, mwen deside fè yon ti mache nan mitan plizyè nan katye ak ri mwen te konnen e kote mwen te viv tou lè m te nan kòmansman adolesans. Pou asire m anbigwite anonima konplè, mwen foure yon gwo chapo Zaka nan tèt mwen ke m te fèk achte nan mache *ad hoc* ki djondjonnen an fas otèl la. Jwenn ak lòt pyès rad ki te konpoze abiyaj mwen, chapo a ban m yon lè bòzò, sofistike, vwa menm mistik. Tou dabò lè mwen pase bò kote ansyen Depatman Sante Piblik te ye a, anfas fasad lwès ansyen Palè Nasyonal la, mwen reyalize Depatman Enteryè ki te nan ekstrèmite lwès bilding lan pa la ankò, yo rekonstwi l nan yon bilding modèn ki tou pre ansyen lokal la.

Mwen desann nan ri Antèman kote lè m te timoun tout antèman te konn pase. Atitid respektye e silansye rezidan ri Antèman yo alepòk la ansanm ak aspè solanèl rityèl pwosesyon antèman an te antoure espektak la ak yon majeste ki te alfwa ekspresyon mèvèyman sansoryèl, ideyèl ansanm ak yon sòt tristès nivana prèske mistik.

Lè m desann nan ri Channmas, transfòmasyon total ri a, salte li, sipopilasyon li, dezè iben ki ranplase tout ansanm kay pezib ak moun kalm mwen te konnen yo, pa t fè kè m kontan. Nan plas kay ki te nan kwen ant ri Antèman ak ri Channmas la, kote nou te konn reyini, lè m te ti jènjan, pou nou pale, diskite, viv ansanm kominalite lavi nou, vin tounen yon plas vid. Nan entèseksyon ant ri Antèman ak ri Channmas kote ki te gen kay fanmi Maignant yo, Baron yo, Hanssy yo, fanmi Rodolphe Hérard ak ekriven René Piquion, ki te vin fè lapè li ak Divalye yo, tout kay sa yo disparèt tou. Kay marenn mwen Andrea ak kouzen m yo Manno, Jean-Claude, Evans, Marie-Fedna, kote mwen te konn pase tan avèk yo anpil, vin ranplase pa yon lekòl ki fè pòt dantre l ranplase tout anplasman kay marenn mwen an te ye a. Mwen te wè mal kouman lekòl sa a te ka ranplase l e ki lojik ki fè yo entèchanjab.

Apre sa, mwen desann nan ri Disant, tou pre ansyen Penitansye Nasyonal la (mwen pa sèten si l toujou la, ni si lokal la okipe) ; mwen pa t etone wè yon kòdon sekirite polisye ak gwo zam ki estasyone devan li. Sito m pase plasman Penitansye a, mwen te kontan wè bèl lèt women non « *Le Nouvelliste* » la plase nan tèt miray dantre jounal venerab la, ki egziste depi 1898. Mwen te kontan wè yo vin lokalize l nan mitan yon ri ki nan sant mas popilè iben pòtoprensyen an. Mwen mande de mesye ki te kanpe tou pre a si yo panse jounal la ouvri toujou paske li te pase senkè aprèmidi. Mesye yo di m li efektivman fèmen. Selon jan yo reponn mwen an, avèk yon sètennte inebranlab nan vwa yo, mwen gen yon vag enpresyon jounal la te ouvri e ke mesye devan papòt li yo pa t vle ban m okenn enfòmasyon antanke yon enkoni mwen ye pou yo a. Se te yon ide estantane ki te pase nan tèt mwen pou m al di « alo » a redaktè an chèf la, Frantz Duval, ki gen yon zanmi komen avè m : powèt e lodansyè Charlot Lucien, gran admiratè e eritye Maurice Sixto.

Mwen deside desann sou Granri pou wè dega dife ki ravaje Mache-an-fè a sèlman yon ane de sa. Mwen te yon ti jan mwatye rejwi lè m wè dega yo pa t pi mal mwen te panse a. Sa ki te fè m mal anpil, se non sèlman neglijans jeneral anvè dega jeneral tranblemanntè 2010 la te koze yo, men tou kouman se pa sèlman tou lè de bò lari ki gen machann k ap vann men se tout ri a menm ki vin tounen yon mache nan plizyè ri nan santvil Pòtoprens lan. Pou yon lòt fwa ankò, mwen te fache wè otorite minisipal e nasyonal yo lese kapital peyi a tounen yon depotwa mache pou tout jan machandiz. Mwen lamante mepri vizib yo montre pou byennèt vil la. Mwen fache sistèm lan ak dirijan yo pa gen okenn santiman sou obligasyon sivik ak devwa moral yo genyen anvè peyi a ; mwen fache yo pa gen okenn sans angajman egzistansyèl pou ede lavi chanje pou byen tout moun, pou mèvèyman tout lasosyete.

Mache-an-fè nan Pòtoprens an jiyè 2018, anvan dènye dife ki dekonstonbre l la.

Mistè yon rankont inatandi nan Laplèn

Yon mistè pou mwen se lè machin nou te ladann lan sou yon wout nan Laplèn te tonbe nan yon anbouteyaj koze pa yon antèman ki te an pwosesyon nan yon mitan aprèmidi. Antèman an li menm te remakad difèt ke l te adopte tradisyon selebrasyon antèman Afrik-di-Sid yo pandan tan Apartheid la lè w wè moun yo selebre lavi moun ki mouri a e ba li yon sans sakrifis pou yon koz jis. Pandan n nan anbouteyaj antèman an, mwen te etone wè fason liberal moun yo te abiye, pami yo yon grann majorite jèn. Youn nan patisipan pwosesyon antèman an apwoche bò pòt machin nou an e di nou, a wot vwa : « Defen an se yon jèn moun ki te gen yon èni e ki pa t al wè doktè pou li. Si nou konnen nenpòt moun ki gen èni, silvouplè di li ale nan lopital. »

M ta rezime mistè a nan iwoni oswa koyennsidans sila a : lefèt ke chofè machin nou an, zanmi m Reginald Leroy, te gen frè li Boulou ki te gen yon èni depi plizyè mwa li pa t janm al wè doktè pou li. Anvan m te ale ann Ayiti mwen te ale wè manman l, Huguette Leroy, ki te konplenn de neglijans misye pou l al fè swenyen èni an. Frè li Reginald di mwen menm bagay manman an te di : « Jan de vi Boulou, depandans li de alkòl pou l viv nan lavi chak jou fè li pa gen volonte fò ase pou l al chache swen medikal nan yon peyi kote li pa disponib ak moun ki bezwen li. »

Natirèlman kesyon sila a se yon kesyon ki plis politik ke metafizik paske l enplike chwa ak desizyon yon kominote moun oswa yon Leta pran pou li tabli enfrastrikti medikal kou yon bagay enpòtan nan obligasyon travay Leta, oswa nan tablisman yon kolektivite ki konsekan e operan. Se konsa kesyon sa a panse nan plizyè peyi oksidantal ak menm kèk peyi nan tyèsmond lan, kouwè Kiba, kote kesyon swen medikal se yon keson de dwa. Devwa pou vin ann èd oswa pou sèvi yon èt imen ki nan bezwen se yon obligasyon moral pou anpil sosyete afriken e pou Ayisyen tou, kou nou wè nan tradisyon *koumbit* la. Se yon praksis solidarite pou ede lòt ; a yon sèten moman Ayisyen yo te fè l yon etik enkoutounab. Ki sa ki esplike neglijans dirijan politik e administratif yo de etik sa a ?

Malerezman mwen pa t ka wè Boulou pandan sejou m lan, li pa t disponib sou telefòn lè m te ka wè l yo e m te okipe nan lòt bagay. Men mwen te pote yon ti kado ak yon ti tchotcho pou li. Lè m te pale ak li nan telefòn, mwen reyitere enkyetid manman l ak frè l la, e rekòmande pou l al lopital touswit. Mwen sigjere pou l ale nan lopital Mibalè a. Li di wi li pral panse fè sa, men l pa t janm fè li. Li mouri apeprè yon mwa apre. Sa te fè m mal anpil lè m pran nouvèl lanmò li. Mwen toujou panse kouman Boulou te ka gen yon lòt desten, yon nonm si konble ak yon vizyon filozofik pwofon sou lavi, se petèt iwoni a.

Panse yon panse ot

Lè m wè Pòtoprens ak vil nan anviwon l yo nan eta lamantab yo ye a, fasad delabre lavi, lari yo, ansanm ak dezolasyon kay ak bilding yo, fason anba-kout-baton lavi mete anpil nan moun yo, sitou menas anbyan e konstan degradasyon anviwonnman an ye pou tout moun k ap sibi l yo, jwennasyon tout bagay sa yo rann li enperatif pou gen yon *panse ot,* yon panse nouvo, yon panse diferan ki chache yon fason inedi pou chanje gwo bidonwil kawo e menas monstriyan Pòtoprens tounen an.

Se nan pèspektiv chache nouvo panse ot sa a ki fè m te byen kontan rewè James Darbouze, yon jèn filozòf neo-maksis ayisyen ki enterese sou amenajman iben ann Ayiti e ki li menm tou gen lapenn pou kondisyon delabreman Pòtoprens e vle chache solisyon *pratik,* anpirikman pwouvab, pou rezoud li. James kwè nan yon apwòch entegre oswa *totalize* sou yon ibanism ki enkli alafwa patisipasyon Leta minisipal ak Leta nasyonal yo, men tou angajman pwòp kominote konsène yo, e edikasyon pou montre moun enpòtans fondamantal yon anviwonnman iben nourisan e sen-e-sof genyen nan byennèt yon kominote.

Men kesyon ki te *aktyèl* mwen menm ak Darbouze poze se : Nan absans yon Leta konsyan, refòmis oswa revolisyonè ki vle chanje trajedi Pòtoprens lan, ki sa aktivis politik ak entelektyèl piblik yo ka fè pou chanje sitiyasyon Pòtoprens lan yon fason sibstansyèl ?

Yon fason ankò pi pratik kesyon an ka poze se : Nan absans totalite resous Leta, kouman nou ka fè pou jwenn resous endispansab yo ? Mwen menm ak James Darbouze te kite youn ak lòt avèk pwen d entèwogasyon sa a.

Pou reponn ak kesyon an, mwen ta renmen pran egzanp *Partners in Health/Zanmi Lasante* kòm eleman sipòtif. Istwa òganizasyon sila a kòmanse lè yon ti jèn ideyalis Ilandè-Ameriken, Paul Farmer, te vle depase non-materyalism papa li e montre yon ideyalism ka non sèlman bon pou ògèy liberatif yon endividi, men tou pou tout yon gwoup e kategori moun k ap soufri. Farmer jwenn ansanm ak Pè Fritz Lafontant, yon prèt ki t ap viv nan vilaj Kanj toupre Pelig (nan zòn Latibonit) ak kèk ideyalis etazinyen e ayisyen e fonde *Partners in Health/Zanmi Lasante*. Konsèp kle ki te dèyè pwojè a, daprè Paul Farmer, se : *Fè grès kochon an fri kochon* an. Sètadi itilize resous materyèl e imen ki egziste nan peyi rich yo, Etazini pa egzanp, pou ede ti peyi non rich yo. Antouka, egzanp siksè *Partners in Health/Zanmi Lasante* a—ki vin tounen yon gwo òganizasyon èd imanitè nan lemond—montre posiblite praksis endividyèl kou deklennchè chanjman korektif oswa posiblite chanjman.

Natirèlman, pwojè asosyatif sa yo, menm lè yo ka ede ak kèk ti chanjman sibstansyèl nan jerans aktyèl yon pati yon gwo pwoblèm, moun pa dwe konsevwa yo kou yon solisyon jeneral gwo pwoblèm yo.

Fòk nou dakò nan ka pa nou an, nou p ap pale de yon NGO ki gen fasad « ayisyen » men ki kontwole e detèmine finansyèman pa yon gwo bacha filantwopik etranje, men pito de yon praksis militan pou byennèt e bèlte ann Ayiti ki se inisyativ Ayisyen e ki detèmine pa desizyon Ayisyen, menm si resous entelektyèl, materyèl e imen yo ap soti alafwa ann Ayiti e aletranje. Genyen sètennman ka kote filantwopi etranje ka bon, kou nou wè nan travay Fokal yo pa egzanp, men si yon pwojè pou yon byennèt lokal oswa nasyonal depann inikman oswa prensipalman de finansman etranje, li p ap gen yon avni ki asire paske l ap depann sou yon antite etranje—ki soti deyò—e ki pa gen okenn afinite ni kominalite ak eksperyans egzistansyèl moun ak peyi yo.

Pouse pou jefò sitwayen met men nan men pou rezoud oswa aleje yon pwoblèm se yon bagay ki konplimantab, men si w panse sa se solisyon pwoblèm Ayiti, la ou pèdi yon fèy, paske se kòmkwa w ta di bay yon malad ki fè kansè pansman pou yon egratiyi sou po li oswa aspirin pou maltèt, ou rezoud pwoblèm li. Ou sètennman ede li e soulaje li, men ou pa rezoud pwoblèm fondamantal malad sa a.

Nan ka Ayiti a, rezoud pwoblèm malad la ap ka fèt sèlman pa yon operasyon, trètman radyasyon oswa chimoterapi, sètadi, pou n kite kad metaforik la pou antre nan kad reyèl, yon revolisyon politik e sosyal ki egzije pou Leta ak lasosyete tout ansanm rebrase kat la, repanse wòl ak obligasyon yo, panse byennèt tout moun ak byennèt nasyon an.

Pou rezime, jenewozite san konkòdans enterè ak kominalite afektif moun jenere ki bay la pa soutenab, ankòmwen san aksyon kolektif e kontinyèl moun ki benefisye yo de jenewozite a. Otreman, se yon ekwasyon demonik ant bezwen, charite, satisfaksyon, depandans, kontwòl e dominasyon.

Nan ka pwojè James Darbouze la, nou ka repoze kesyon an konsa : Kouman pou nou fè pou yon pwojè « Ayisyen » jwenn grès kochon ann Ayiti e aletranje menm kont movèz fwa sa yo ki pa vle byen Ayiti ? Lòt kesyon ki pi enpòtan ankò a se : Kouman òganize yon mouvman politik, nan kad mobilizasyon pèp la kounye a, ki ka pote chanjman estriktirèl ann Ayiti ? De kesyon sa a yo pa kontradiktwa youn ak lòt, yo ka menm konplemantè e mache men nan men.

Chanje lavi : Pledwari pou yon apwòch otojèn ann Ayiti

Kou lektè ak lektris yo ka wè, chanje lavi nan yon sosyete tyèmond ki te kolonize oubyen ki kontinye ap sibi anpriz enperyalis, se pa yon antrepriz ki fasil. Etandone sistèm dominasyon jewopolitik ki tabli apre Konferans Yalta an 1945 e ki vin renouvle apre fayit Linyon Sovyetik ak demantibilasyon Repiblik popilè demokratik nan peyi Lès Ewòp yo an 1989-1990, peyi oksidantal yo—avèk alatèt yo Etazini, Lafrans ak Angletè—vin tabli ejemoni yo konplètman sou rès mond lan. Avèk Lachin, End, Pakistan, Afrik-di-Sid, Brezil, Kiba, Meksik, Ejip, Iran, Kongo, elatriye, angoufwe swa nan kriz politik enteryè, swa nan kriz fwontalyè, ekonomik oswa entènasyonal, okenn peyi an patikilye, ni okenn gwoup peyi—jiska resamman anvan fondasyon Group 20 an—te genyen mwayen ni dispozisyon pou yo defye pwisans peyi oksidantal dominan yo. Se esansyèlman sa yo te vle di lè yo di yo genyen Lagè Fwad la (1946-1989).

Chanje lavi, pou pèp ayisyen an, sanble li se yon rèv ki toujou ap kontinye, *an deveni*, ki souvan reveye nan kochma men ki toujou ap kontinye. Malgre sanblans lit la ak yon pwosesis ki p ap janm bay satisfaksyon, gen anpil pwogrè ki deja fèt nan sans liberasyon, kou nou wè pa egzanp nan manifestasyon anti-pwotektora e anti-pouvwa defakto yo ki kontinye mobilize pèp la jouk jodi a (2021).

Goumen pou chanje lavi, se pa sèlman fè lagè, enzireksyon ak revolisyon pou chanje yon gouvènman pa yon lòt. Goumen pou chanje lavi se dabò yon opsyon pou oprime yo, yon patipri pou redrese sistèm inegalite ak enjistis ki fè gen moun k ap gaspiye resous lavi kan menm gen miltitid majorite mas pèp nan lemond ki pa genyen aksè a resous vital e fondamantal pou soutni lavi yo.

Finalite tout sosyete rasyonèl e vrèman demokratik se pou korije, redrese, demokratize rapò dominasyon/eksplwatasyon sa yo pa lòt rapò pi imen ant moun ak moun, nan sans pou ede mentni bèl kalite lavi ak bon jan jwisans lavi. Goumen pou chanje lavi se tou enplantasyon non sèlman bon jan sipèestrikti entelektyèl e kiltirèl pou kore oryentasyon imanis sosyete a, men tou, e sitou, tabli enfrasestrikti (enfrastrikti), zouti ak mekanis materyèl pwodiksyon (yon izin ki pwodui traktè oubyen yon enprimri ki pwodui liv ak jounal, elatriye) ki met sou pye pou ede reyalize sistèm oubyen « modèl sosyete » pèp la oubyen sosyete a vle tabli (e li vle ki reprezante li, paske trè souvan ou gen sitiyasyon kote reprezantasyon pèp la, izipe, sibstitye, grape pa antite ki pa gen enterè li akè).

Youn nan pi gran danje ki rann difisil reyalizasyon yon opsyon « otojèn », sètadi santre sou pwòp resous ak fòs ayisyen yo, se mistifikasyon ki deja opere o nivo premis ki adopte e asepte pou anvizaje pwoblematik la. Sa mwen vle di pa la, se yon kritik sistematik sou prekonsepsyon ki di Ayiti dwe konte sou charite ak « èd etranje » pou li devlope oubyen pou li ka tabli yon sistèm politik ki jis. Nou twouve « paradigm charite » sa a se kou yon opresyon entelektyèl ki kenbe peyi a sou depandans. Si *ensklave* Sen Domeng yo pa t adopte premis libète se yon bagay ou pa ka negosye, yo pa t ap janm vin kapab gen laviktwa 1.

Yon pèp toujou gen plizyè opsyon. Li ka deside valè lavi l se ap viv nan lanati, toutouni, san libreri, ni ray chemendfè, ni faktori machin, kreye yon senbyòz òganik e radikal ak tradisyon zansèt li yo te toujou ap viv e siviv. Apre lanmò Saul Bellow jounal *New York Times* te ridikilize nan yon atik lefèt ke misye te mande tèt li, sou yon ton rize, èske Zoulou Afrik yo gen Sheakspeare, nan sans sivilizasyon yo a pa avanse konpare avèk sivilizasyon ewopeyen an.

Tip ideyoloji sa yo neglije lefèt ke yon Zoulou gen konesans sou anpil bagay Ewopeyen yo pa konnen, menm jan Zoulou yo pa metrize konesans liv ak teknoloji aplike kouwè Ewopeyen yo. Pa egzanp, kote yon Ewopeyen envante yon machin ki pou detekte e detèmine si e ki lè lapli pral tonbe, oubyen si solèy pral leve e ki lè li pral kouche—metewoloji—, Zoulou a oubyen Amazonyen an li menm ka ba ou menm enfòmasyon sa yo san l pa gade nan yon machin. Zoulou yo sètennman gen pwòp Sheaspeare pa yo, panse a « griyo » yo ki ede sosyete a mentni memwa l, pa sèlman pa mwayen oral. Sivilizasyon pa yo a sèlman pa enterese nan anrejistre e kodifye eksperyans yo nan liv ak òdinatè. Kondisyon materyèl e ekolojik moun viv souvan detèmine *karaktè* yo, sètadi tou anbisyon ak ideyalizasyon yo.

Nou itilize *digresyon* (diskisyon òdesijè) sa a pou ouvri panorama teyorik e epistemolojik sou kesyon ak pwoblematik pèp domine yo ap sibi nan relasyon jeneral yo avèk fòs kolonyalis e neokolonyalis yo. Tip relasyon patènalis e kliyantelis peyi dominan yo tabli pou *perenize*, kontinye etènèlman, kontwòl yo sou richès ak oryantasyon politik peyi domine yo. Dominasyon sa a ekonomik pi patikilyèman paske kontwòl politik la souvan detèmine pa enperatif ak nesesite ekonomik yo, pi patikilyèman enterè klas dominan peyi dominan yo ansanm ak klas dominan peyi domine yo (ki kokine ansanm sou do klas popilè yo nan tou de peyi yo—nan ka yon kokinaj boujwazi/milye konsèvatè meriken avèk boujwazi/milye reyaksyonè ayisyen yo ki kouvri boujwazi konpradò, gran pwopyetè teryen latifundis, tchoul finansye Wall Street, tiboujwa opòtinis yo, elatriye).

Konte sou pwòp resous ak fòs pa nou

Nan anpil nan atik mwen pibliye sou Ayiti mwen souliye bezwen pou nou chwazi yon oryantasyon « otojèn » nan pwojè devlopman nou adopte pou Ayiti. Oryantasyon otojèn vle di konte sou pwòp fòs ak resous pa nou e refize similak « nesesite » ak premis *sine qua none* « bezwen » atifisyèl dominasyon enperyalis la met sou pye pou dekouraje opsyon otojèn lan e pwomouvwa byenveyans relasyon dominasyon yo, donk swadizan nesesite endispansab ki, yo, ede mentni depandans anvè fòs kolonyalis, neokolonyalis oubyen neoenperyalis yo.

Yon oryantasyon « otojèn » se refi tout yon premis gouvènman ak paradigm entelektyèl ki di yon pèp blije depann de yon lòt pèp pou li siviv, espesyalman kan nou konnen relasyon kolonyalis ak enperyalis yo toujou pwofite peyi dominan yo, o depan de enterè peyi domine yo.

Nan yon trajè mwen te fè an 2001 ann Ayiti ant Pòtoprens ak Kanj (Cange) nan Plato Santral, mwen te twomatize pa kondisyon wout ak mòn yo. Se kòmsi depi tan Arawak yo anyen pa t janm fèt pou amelyore trajè woutye nan yon rejyon ki si enpòtan pou echanj kòmèsyal, entelektyèl e imen ant de rejyon yo (Pòtoprens-Plato Santral). Yo rele wout la « Wout Nasyonal Nimewo 3 », kòmsi ou ta vle di se yon jwèt yo t ap jwe ak entelijans moun. Depi lendepandans Ayiti an 1804 rive janvye 2002, sètadi pou 198 ane, ou ta espere gouvènman ki pase yo fè kèk ti jefò pou bati/konstwi wout san danje pou non sèlman prevni lanmò initil moun k ap vwayaje yo, men tou pou pote plis benefis ak pwofi ekonomik bay rejyon konsène yo e Leta santral ayisyen an, ki ta ka kolekte plis taks nan tranzaksyon yo fè.

Mwen te fè trajè Kanj lan nan kad yon delegasyon Inivèsite Harvard Etazini te voye ann Ayiti pou wè kouman yo ka « ede » Ayiti, sètadi gwo pansè ak desidè nan Harvard vizyone yon « èd » pou yon « repiblik bannann fig » ki pa konsevwa sa li vle. Iwonikman, youn nan gwo tèt prensipal Harvard yo ki te andose e ede òganize delegasyon Harvard la, se te Pwofesè Jeffrey Sachs. Pwofesè Sachs te pami ti gwoup pwofesè ekonomi nan Harvard kouwè Andrei Schleife, Larry Summers, elatriye, ki te dèyè vag « liberalizasyon » ak « privatizasyon » gangstè milye kapitalis e anti-sosyalis yo te met sou pye pou demantibile sistèm pwoteksyon sosyal sovyetik la apre disolisyon Linyon Sovyetik an 1991. Yo eksplwate pwoblèm peyi a e fèmen zye yo sou zaksyon anti-dwadelòm gouvènman Boris Yeltsin lan. Zaksyon asoufa atoufè gouvènman kowonpi Yeltsin lan, anba bèl konsèy ak envestisman gwoup pwofesè sa yo, retabli yon sistèm « kapitalis dezas » ki fè nivo povwete Larisi soti de 2% anba sistèm sosyalis la a rive 40% sou gouvènman Yeltsin lan. Pwodui Nasyonal Brit (PNB) peyi a tonbe a 50% ansanm ak to lanmò ak swisid ki ogmante sevèman.

Pwofesè Sachs li menm pa t manm delegasyon an, men enfliyans li, pa lavwa yon reprezantan li, te sèten. Enferans la se te : Si Etazini te ka ede yon sipèpwisans defayi tankou Linyon Sovyeyik fè tranzisyon de stalinism a « demokrasi », li ka ede yon peyi kou Ayiti pase de papadokism a yon sòt de aristidism eklere. Eksepte ke demokrasi anonse pou ranplase sistèm sosyal Linyon Sovyetik la vin pwouve li te yon fwòd pou devalize richès yon peyi ki te eseye kwè nan pataj richès kolektif ak jistis sosyal (menm si li te enpafè nan anpil lòt kote).

Menm lè li te senpatik ak Ayiti e te swadizan vle pouswiv enterè fondamantal pèp ayisyen an, delegasyon Harvard la te pyeje pa prekonsepsyon pwoblematik èd peyi rich oksidantal yo bay pèp ayisyen oswa lòt pèp tyèmond yo, anpil ladan yo ansyen koloni oswa ansyen peyi kliyan peyi dominan nan Nò ak Lwès yo.

Natirèlman, kouwè delegasyon Harvard la te montre, genyen tou anpil Etazinyen de bon kè ki ta renmen ede Ayiti, e gen plizyè mwayen kanmarad sa yo ka ede ki pa bezwen nesesèman se *sèvis dirèk* ki gen yon konotasyon patènalis e rasis ki vle di peyi tyèmond yo se « repiblik bannann fig » enkapab ki toujou bezwen « gran blan » avanse, sivilize, fonksyonèlman kapab, ki pou la pou sove yo de yon eta lamantab enferyè.

Premis charite a se yon premis ki bliye a yon sèten moman koloni franse Sen Domeng lan (Ayiti) te pwodui plis richès ke tout premye trèz (13) koloni meriken yo konbine ; li te tou kontribye nan levasyon Lafrans kou grann pwisans dominan nan lemond e gonfle vant ak kòfrefò aristokrasi e, pita, boujwazi franse a ki t ap layite nan liks yo te prèske tout tire de koloni a. Resous reyèl e potansyèl sa yo toujou egziste ann Ayiti.

Anpil Ayisyen ap dakò pou yo laboure latè e travay pou epapiye sikilasyon dlo, konstwi wout ak pon, bati lopital ak lekòl pou anseye timoun yo si travay sa yo bay fanmi yo mwayen pou yo manje, pou yo viv pi byen, pou yo gen mwayen pou yo al nan sinema, nan teyat, li liv nan yon bibliyotèk ki aksesif, elatriye. Sa vle di donk, mendèv la egziste e li ka mobilize si avantay ak benefis yo klè pou echanj travay yo.

Lè mwen te vizite Lopital Zanmi Lasante nan Kanj, nan Plato Santral, mwen te gen enpresyon, kouwè Tracey Kidden di, se tankou w ta di se ekstraterès ki depoze lopital la nan mitan yon anviwonnman ki meprize. Achitekti ak estrikti lopital la te solid, modèn e ekip medikal la—doktè, enfimyè, edikatè lasantè yo, elatriye—te gen akè bezwen malad yo. Konstwiksyon lopital la te soti de jefò pèsonèl yon Blan Ameriken, Paul Farmer, ansyen etidyan Inivèsite Harvard, nan Etazini, ak yon monpè nan zòn lan, Pè Fritz Lafontant. Kèk fondasyon meriken, patikilyèman filantwòp Tom J. White, ki depanse grann pati richès li nan ede finanse Parners in Health (Zanmi Lasante), ak anpil lòt volontè ak konsiltan, kouwè otè liv sila a, met lamen nan lamen. Bidjè lopital la pa t plis ke kèk milyon dola, men li sèvi moun ki sot nan tout rejyon an ak lòt rejyon ann Ayiti. Mwen te rankontre moun ki te sot Jakmèl, nan Sid, pou vin pran swen nan lopital la. Swen yo te gratis men administratè yo te ankouraje moun yo bay donasyon lajan oubyen tan yo si yo kapab.

A premyè vi fondasyon lopital sila a se yon siksè ekstraòdinè. Pa pwòp volonte oubyen volisyon pèsonèl etidyan doktè Paul Farmer e kèk asosye l nan Etazini e ann Ayiti, yo te rive met sou pye yon lopital ki enpòtan pou rejyon an [lopital sa vin segonde e kore pa yon lòt michan lopital modèn nan vil Mibalè ki kontwole pa menm fòs finansye sa yo ak lòt trik envantif].

Genyen anpil leson ki ka tire de egzanp batisman lopital Kanj lan. Premye leson an montre nou ke bay malad swen ki nesesè ka fèt nan yon bidjè ki ka relativman piti si gen yon politik sante piblik ki envite anpil mann piblik la ak fòs viv nasyon an vin patisipe (oubyen konplemante) pou ede yon byennèt sen, otantik, e dirab. Yon dezyèm leson se, lè nou wè li nan kontèks sa a, nou wè tou li pa ase se gwoup endividi e charite prive sèlman ki vin bay swen medikal nesesè nan yon rejyon done, kidonk li endispansab pou genyen yon jefò nasyonal delibere ki bay byennèt piblik priyorite. Anplis, nan yon sitiyasyon neokolonyal kote anpriz senbolik enperyalis yo fò—kouwè relasyon Ayiti-Etazini oswa relasyon Ayiti-Lafrans ye kounye a—, yon pwojè sante piblik bati sou volontarya endividyèl ak charite prive oubyen « èd etranje » fè pati jisteman de angrenaj sistèm kapitalis mondyal la pou kenbe peyi domine yo sou dominasyon ak depandans.

Restitisyon lajan « endemnite » a ak reparason domaj kont Ayiti

Mwen rele nan yon lòt tèks an franse pou Ayisyen met sou pye yon politik rekonsilyasyon nasyonal ki baze sou yon konsansis *(consensus)* sou twa pwen fondamantal : 1) nesesite pou met fen nan okipasyon oubyen sistèm pwotektora defakto a e ranvwaye tout fòs militè etranje yo ; 2) konsansis sou yon pwojè rekonsilyasyon nasyonal avèk objektif presi de sovtaj nasyonal ; 3) opsyon pou yon pwojè devlopman « otojèn », sètadi ki konte sou pwòp mwayen ak resous fizik, natirèl, entelektyèl e imen peyi ak pèp ayisyen an. De san ane enstabilite mete nou kote nou ye jodi a. Kiyès enstabilite a ak *anvlopman* Ayiti sèvi, sa se kesyon ki dwe reponn. Antouka nou konnen li pa sèvi koz peyi ak pèp ayisyen an.

Travay entelektyèl mwen se temwayaj jefò ak kontribisyon pa m nan rezolisyon pwoblematik aktyèl e istorik ayisyen an. Chak jenerasyon ak endividi gen pwòp responsablite ak devwa pa yo. Obligasyon pa nou, jenerasyon jounen jodi a, se ede peyi a simonte pas sa a l ap sibi a e refòmile yon pwojè liberasyon nasyonal sou baz ki pi solid ke jan nou te konsevwa l diran de san disèt ane ki sot pase yo. Li klè opsyon kliyantelis e neokolonyalis ki enpoze sou Ayiti apati 1915 lan se yon gwo echèk sou plan pwojè devlopman Ayiti. Rezilta politik kliyantelis e neokolonyalis la se yon peyi delabre e domine k ap viv nan kawo e ke ansyen mèt li yo ak imilye.

Yon chanjman nesesè e endispansab. Pèp la ak fòs motris peyi a dwe òganize yo pou mande e enpoze yon sistèm nèf, yon fason diferan pou fè bagay politik yo ann Ayiti, kouwè defen zanmi Franck Laraque te renmen di.

Epitou, menm lè yon pwojè devlopman Ayiti dwe konte sou resous « otojèn » yo, sa pa vle di nou pa dwe solisite *solidarite* entènasyonal pami peyi-zanmi nou yo, ansanm ak endividi e enstitisyon ki sipòte koz liberasyon-devlopman nou an. Sa pa vle di nonplis pou nou pa reklame sa zòt dwe nou. Sa pa vle di tou pou nou pa mande ansyen kolon, esklavajis ak dominan enperyalis yo pou yo restitye, repare, korije, retounen tout byen yo te dilapide nou yo, retounen lajan nou yo te vòlò yo, opri tribilasyon ekonomik nou ak degrenngolad nan pwosesis poperizasyon.

Lafrans, pa egzanp, dwe retounen bay Ayiti 19 milya dola li te fè l peye kou « endemnite » pou li rekonèt endepandans Ayiti, yon « endemnite » pou swadizan byen ansyen mèt *ensklave* yo te pèdi akoz lit pou delivrans yo. Nan yon esè mwen ekri an 2010, mwen rele « endemnite » sila a yon « eskwokri » paske li pa t baze sou okenn lwa, e paske sitou se anba menas envazyon militè Lafrans te fè demann lan : jou 17 avril 1825, Lafrans layite sou waf Pòtoprens lan yon flòt de 14 bato degè, ki la ap ret tann. Donk, se avèk itilizasyon menas vyolans li enpoze « endemnite » a, e non pa daprè yon trete oswa daprè deliberasyon yon tribinal entènasyonal. Dappiyan sa a kontinye pou prè de yon syèk-e-ka (1825–1947) e vin tounen yon michan koz nan soudevlopman Ayiti ak nan angrenay depandans-asistans peyi a tonbe ladann lan.

Apre okipasyon Ayiti pa Etazini an 1915, Franse yo pase dèt « endemnite » a bay okipan yo, yo transfere sèvis pèyman li bay National City Bank of New York (yo rebatize l jodi a sou non Citi Bank). Bank sa a piye Ayiti ak sa yo rele Trezò ayisyen an nan tout mwèl yo jiskaske l vin ranplase pa Banque Nationale de la République d'Haïti, yon bank ki kontwole pa National City Bank.

Nan jefò mwen pou m te konprann pwoblematik dèt « endemnite » a—pi patikilyèman enpòtans kapital restitisyon l genyen an tèm de jistis e dwa entènasyonal, an tèm tou de *mwayen* reyèl li ka ofri Ayiti pou devlopman sèten resous li yo—, mwen te konsilte defen Franck Laraque, otè liv *Défi à la pauvreté*, pibliye an 1987, yon nonm ki te toujou fokalize sou ekonomi ayisyen nan travay li e ki prekonize yon apwòch « otojèn » (devlopman resous ak kapabilite lakay) pou devlopman ekonomik Ayiti. Men sa misye panse sou sa : « *Mwen san pou san dakò avèk agiman solid e konplè w yo ki montre byenfonde ranbousman "dèt orib" ki mennen nan rèy grangou ak pèt souverènte nasyonal la. Sepandan, ranbousman an soulve lòt pwen enpòtan : responsablite gouvènman ayisyen yo anvan dèt la ak apre ranbousman li nan soudevlopman peyi a ; demann restitisyon pa negosyasyon bilateral avèk gouvènman franse a oswa rele yo nan tribinal ; vèsman lajan kontan pa etap oswa ba nou yon sòm global, oswa tou envestisman nan enfraestrikti (pon, wout, pò, ayewopò, enèji, elatriye) ; restitye lajan an bay yon rejim kowonpi, diktaktoryal, devalizè, oswa remèt li bay òganizasyon peyizàn, popilè e pwogresis ayisyen yo ki sou teren an e ki deja angaje nan konstwiksyon peyi a ; oswa tout lòt solisyon ki apwopriye.*[2] »

Bò kote pa m, mwen prefere opsyon èd ak enfraestrikti (enfrastrikti) a, etandone enpak katastwofik pèyman endemnite a genyen sou devlopman enfrastrikti Ayiti, donk sou devlopman li—san bliye enpak chèn dega ekonomik yo genyen sou degradasyon anviwonnman ekolojik peyi a. Ranbousman/restitisyon an ka pran fòm finansman ak pataj ekspètiz pa Lafrans nan konstwiksyon pon, wout, pò, eyewopò, lekòl ak prezèvasyon anviwonnman an pa vwa reforestasyon, pwoteksyon rivyè yo, plaj yo, elatriye.

Natirèlman, gen kesyon dèt Etazinyen yo anvè nou tou, pati lajan yo tire de endemnite franse a, eksplwatasyon ak dechalborasyon anviwonnman tè Ayiti yo (pa egzanp destwiksyon tè arab ayisen yo pa kiltivasyon pit/sizal nan ane 1940 yo). Genyen tou, dappiyan Bank Nasyonal d Ayiti avèk zam alamen an 1914, san bliye kontwòl dwàn Ayiti a pandan tout dire okipasyon an. Tout sa yo se yon seri pwosè nou ka fè pou mande restitisyon. Men, ka dèt endemnite a dwe yon reklamasyon prensipal paske li pi fasil pou n detèmine non sèlman kantite lajan nou ba yo a, men tou enpak negatif dèt sa a ak sèvis li genyen nan *anvlopman* Ayiti a.

***

Dis ane ki sot pase yo se yon seri swit eprèv ekstraòdinè pou Ayiti ansanm ak fòs sosyal yo ki ta renmen chanjman kalitatif nan peyi a. Nou konnen lis litani pwoblèm ak katastwòf natirèl dis ane pase yo te pote bay peyi a, men kou nou konnen, trè souvan nan istwa dimond, advèsite yo konn tounen opòtinite oswa okazyon pou eksplore lòt opsyon, afwonte baryè ak entèdiksyon, ekspann, elaji orizon.

Dis ane apre dekonstonbray goudougoudou, dis ane apre fòs entènasyonal yo—ki pa gen enterè pèp ak peyi d Ayiti nan kè yo—manevre yon Koudeta elektoral opwofi kolokyèl yo ; dis ane kote magouy la kontinye jiska gouvènman Jovenel Moïse ki kontinye politik gansterik predesesè l la te matonnen an.

Depi ete 2016, e ranfòse pa seri mobilizasyon ki kòman 6–7 jiyè 2018 yo, òganizasyon popilè yo ansanm ak fòs sosyete sivil pwogresis yo antamen yon faz mobilizasyon pou demantibile rejim Moïse-Martelly a. Malgre tout jefò yo, rejim lan rete la pi rèd kat ane pita, menm si se opri destabilizasyon jeneral peyi a, opri ranfòsman pretandan seyè lagè yo ki pi enterese nan ravitayman pou fyèf gansterik yo ke nan anyen ankò ; opri pouvwa pou jwè zo ki pa gen pwoblèm pran ipotèk sou avni peyi a, opri mennen nan gouvènman vakabon ki pi enterese nan soudwaye peyi a olye de liberasyon ak devlopman li. Se la nou ye kounye a. Byenn antandi, eta estasyonè sa a vin anpire lo lamizè ak lavi chè ak eta dekontonbray peyi a an jeneral, e vinisman kowonaviris la an mas-avril 2020 vin rann tout bagay pi mal.

Men, erezman, menm anba kalamite Kovid-19, fòs popilè yo kenbe flanm lespwa a djanm, yo kenbe rèv chanjman an pa yon praksis mobilizasyon kontinyèl e toujou latan, malgre tout obstak, trayizon ak demisyon.

Nou espere ankò yon fwa—kouwè jan n te espere an 2010 pou trajedi goudougoudou te ouvri okazyon ak opòtinite pou chanjman—, òganizasyon popilè yo ansanm ak tout fòs miltijenerasyonèl e sosyomiltidisiplinè k ap goumen pou chanjman yo, san retire òganizasyon defans travayè ak dwa peyizan, ap pran avantaj de opòtinite ak chan angajman pwochen dis ane yo ap ofri pou fè chanjman ann Ayiti. Bagay yo ka chanje nan praksis angajman ak kesyonnman, kouwè nou wè nan Etazini kote mouvman Black Lives Matter a rezone kay tout pati ak kategori etnik e sosyoekonomik peyi a ak nan lemond antye.

Bref, nan Etazini kou ann Ayiti a ak kou tout lòt kote, lit pou chanje lavi a se yon lit kontinyèl jiskaske baz reyaksyonè ak pilye ki kore sistèm lenjistis, eksplwatasyon ak opresyon yo vin demantibile.

Post-Scriptum : Sou asasinay Jovenel Moïse la

Nan lannwit madi rive mèkredi 7 jiyè 2021, kouwè nan yon fim Francis Coppola, yon pwosesyon djip 4x4 fofile silansyezman nan riyèl katye Pelerin 5 ki mennen nan rezidans prive fanmi Moïse yo nan Petyonvil. Daprè yon anrejistreman odyo Martine Moïse pibliye pita sou Twitter ak enfòmasyon li bay FBI, lè koup Moïse la tande kout tire mitrayèt yo, Jovenel di l : « *Cheri nou mouri.* » Konsa yo ale kache anba kabann lan, apre yo òdone de pitit yo ki te nan kay la pou y al kache nan twalèt la. « *San nou pa ba t zye nou, mèsenè yo antre nan kay mwen e krible mari mwen ak bal* », manmzèl di[1].

Lapolis ayisyen di 26 nan 28 mèsenè ki patisipe nan asasinay prezidan an se Kolonbyen, de ladan yo Ayisyen-Ameriken. Daprè nimewo 11 jiyè jounal *New York Times* la, Kolonbi konfime ke 13 nan sispèk yo arete yo se ansyen manm lame kolonbyen, lapolis ayisyen touye de ladan yo. Jounal la di tou kèk nan mèsenè kolonbyen yo rive ann Ayiti depi mwa d me ; yo vwayaje al Panama, pase nan Repiblik dominikèn e finalman tabli yo ann Ayiti. De Ayisyen natiralize Ameriken, James J. Solages, 35 an, e Joseph Vincent, 55 an, fè pati de ekip mèsenè ki akonpli zak la. Yo di yo te sèvi senpleman kòm entèprèt pou konplotè yo[2].

Imaj deplwayman sa a—plis lefèt ke pa gen okenn lòt moun ki ni grafouyen ni twomatize—fè anpil kritik panse ke se yon aksyon ki soti nan sen rejim lan menm. Kritik Raoul Noster Etienne, ansyan manm PHTK, di sou WhatsApp fòk nou « *pa chache lanmò Jovenel lwen, se rat kay ki manje pay kay* », li bay yon long lis rezon ki fè sa.

Direktè jounal *Haiti Times* la, Gary Pierre-Pierre, di kareman se yon frap moun nan kay : « *Gen kèk moun k ap gade asasinay la daprè yon optik politik pwiske, aprè tou, Moïse te prezidan.*

Evalyasyon sa a ap fo. Daprè mwen zak sa a te yon frap mafya. Li te pèsonèl. Asasen yo krible nonm lan ak bal, yo kraze zye li e kase bra l ak kou l—prezimeman anvan yo rafle yon fiziyad kont li ak madanm li Martine Moïse. *Li toujou ap goumen pou lavi li nan lopital Jackson Memorial nan Miyami pandan m ap ekri liy sa yo. Se te klèman yon* mesaj. »

Pierre-Pierre menm sigjere gouvènman etazinyen an te ka o kouran de li paske « *li absoliman enposib ke ajans lan [CIA] pa t o kouran de konplo a, paske youn nan bagay nou klèman aprann pandan rejim orib Trump lan sè ke yo woutinman siveye chak dirijan etranje ak alye yo* »³.

Gen tandans pami sèten moun pou fè aksyon an pase tankou se yon frap « mèsenè » oswa atak pwisans etranje ki pa renmen Ayiti. Se pa nesesèman kòrèk paske yon mèsenè se sèlman sa yo rele ann angle yon *"hired hand"*, yon mendèv ou anplwaye pou ede akonpli yon pwojè militè espesifik. Li nòmalman enplike e siyifye ke gen yon moun, yon gwoup oswa yon òganizasyon oswa yon peyi ki dèyè e otè pwojè a. Kiyès yo ye ? Se sa yon ankèt serye dwe montre.

Daprè jounal *New York Times*, gen yon twazyèm Ayisyen, Doktè Christian Emmanuel Sanon, 63 an, otorite ayisyen arete kòm sispèk nan asasinay prezidan an. Chèf lapolis la, Léon Charles, penn misye kou yon konplis enpòtan nan konplo a. « Li r*ive pa avyon prive en jen avèk objektif politik e kontakte yon ajans sekirite prive pou rekrite moun yo ki komèt zak la* », jounal la site chèf lapolis ayisyen. Ajans sekirite a se yon konpayi venezyelyen ki rele CTU ki baze o Zetazini, jounal la di.

De Ayisyen yo arete yo di jij la objektif aksyon an se pa t pou touye prezidan an, men mennen l nan palè a (men yo pa bay plis detay poukisa). Chèf lapolis la di « *misyon inisyal yo te bay atakan yo se te pwoteje moun yo rele Emmanuel Sanon an, men apre sa misyon an chanje* », jounal la rapòte⁴.

CNN jounen 16 jiyè a site chèf Lapolis Nasyonal Kolonbi a, jeneral Jorge Vargas, ki deklare ke yon ansyen ofisyèl Ministè Lajistis ayisyen an, Joseph Felix Badio, se « *yon aktè kle nan asasinay prezidan Ayiti a (…) Nou panse kat ofisye lapolis te travay ak Badio pou netralize polisye ki alantou kay prezidan an pou fasilite aksè. Yo arete youn nan ofisye yo, twa lòt yo nan mawon* ». Jounal la di tou biwo pwokirè Pòtoprens lan te pibliye yon manda d arè kont Badio pou « *asasinay ak vòl ame kont Prezidan Moïse* »[5].

Natirèlman, enfòmasyon sa yo—ke moun pa nesesèman oblije fè konfyans—se pwent tèt isbè a, pi gwo rès pati li kache anba dlo…

Yon asasinay repiyan

Menm si mwen te opoze ak politik gouvènman l lan e siyen lèt pou li demisyone lane anvan an, se avèk yon kè mare e yon santiman apreyansyon mwen te resevwa nouvèl lanmò Jovenel Moïse ak tantativ asasinay madanm li anba men asasen. Sepandan asasinay Jovenel Moïse lan pa fè m sipriz ditou ; anfèt nan plizyè okazyon mwen te gen entwisyon posiblite sa ka rive etandone blokaj konplè misye koze nan peyi a, etandone tou asosyasyon li—aktif oswa tasit—avèk gwoup gangstè k ap teworize popilasyon an depi yon sèten tan.

Misye sanble tou li t ap fè lanmò filalang, antouka se enpresyon mwen te genyen lè mwen te wè l sou videyo nan kanaval Pòdepè a an fevriye 2021, ansanm ak madanm li, Martine. Cha youn nan djaz yo an patikilye estope devan estand ofisyèl komite òganizasyon kanaval la, kote Jovenel ak Martine Moïse kanpe, ak atitid moun an banbòch. Chantè prensipal djaz la, depi cha a, fè echanj salitasyon avèk Jovenel sou wopalè, li pwofese bay prezidan an lanmou patriyotik li toujou genyen pou li. Si yo te ret la, pa t ap gen anyen nan sa. Men, apre sa, chantè a mande prezidan an pou li kite estand kote l ye a pou vin ba l yon akolad. Misye menm egzije l, daprè egzòtasyon vwa li. E Jovenel, kou yon timoun ki pa ka reziste presyon admiratè l, desann estand lan e al monte sou cha a pou l al jwenn chantè a e yo bay youn ak lòt akolad. Nan yon lòt okazyon, nan yon videyo sou YouTube, ou wè l k ap lwanje tèt li pou kòman li pa pè al pase tan ak sipòtè l yo menm si sa menase sekirite l.

Se te sètennman yon jès imilite bò kote prezidan an lè l te desann estand lan pou l al monte sou cha chantè djaz la, men se te tou yon trivyalizasyon fonksyon prezidan an, e yon enpridans initil pou sekirite pèsonèl li. Te gen yon kote nan mwen ki te admire mank lespri serye jès la revele a, men lè w mete l nan kontèks Ayiti nan moman an, li te petèt siyifi tou misye gen kontwòl sila yo ki ka fè laterè yo e ke li pa pè ekspoze tèt li si sa nesesè.

Pa respè pou soufrans fanmi Moïse la ki t ap viv yon doub trajedi difèt zak orib sa a, mwen pa t di kouwè Malcolm X te di apre asasinay John F. Kennedy an 1963 : « *Poul ki retounen vin repoze sou branch lakay yo pa janm fè m tris* ; *yo toujou fè kè m kontan* », nan sans sa w fè se li w wè⁶. Non, mwen p ap di sa paske nou dwe kondane asasinay ak malfezans pou sa yo ye, endiferamman de non moun ki viktim ak moun ki lakoz yo. Sepandan, mwen ka di, si w kreye yon sitiyason eksplozif pa etone w si eksplozyon an atenn ou tou.

Natirèlman, odela pozisyon opoze mwen menm ak Jovenel Moïse genyen sou kesyon politik yo—e san chache fè l tounen yon sen toudenkou kouwè anpil moun fè—, mwen rekonèt genyen tou yon trajedi familyal e imen ki rive jou 7 jiyè 2021 an ; mwen rekonèt genyen yon fanmi ki teworize e twomatize pa zak ekzekrab yon bann sanginè komèt kont lòt èt imen, e m senpatize ak soufrans sa a.

An jeneral kriz politik yo toujou jwenn yon fason pou yo rezoud tèt yo oubyen jwenn yon kanal pou yo koule pi fò, keseswa pa vwa koudeta, demisyon, destitisyon, kowalisyon, oswa eleksyon. Pafwa tou se vwa asasinay oswa egzekisyon opozan kanalizasyon an pran : Janjak Desalin, Cincinnatus Leconte, Vilbrum Guillaume Sam, Chalmay Peralt, Jovenel Moïse.

Anplis de repiyans moral li fè m santi, mwen ret kwè asasinay politik pa repons ak kriz politik e souvan anpire pwoblèm yo. Asasinay Jules César an 44 avan Jezikri presipite pwosesis abolisyon Repiblik Romen an ; asasinay Abraham Lincoln an 1865 o Zetazini vin mennen ak siksesyon l pa Andrew Johnson, yon reyaksyonè ki mande pou asepte Eta sidis yo nan Inyon an san ni rekonèt ni pwoteje dwa moun ki te nan esklavaj yo ; asasinay achedik otrichyen Frantz Ferdinand Ludwig an jen 1914 nan Sarajewo, an Bosni e Herzegovin, te presipite premye Lagè Mondyal la ; asasinay Vilbrum Guillaume Sam an jiyè 1915 te itilize kòm jistifikasyon pou okipasyon Ayiti pa Etazini.

Ojis, sou yon plan pèsonèl, sanble se plis moun nan kan politiko-ideyolojik mwen senpatize ak yo a ki plis viktim asasinay politik : Dutty Boukman, Jean-Paul Marat, Janjak Desalin, Patrice Lumumba, Martin Luther King, Malcolm X, Gasner Raymond, Antoine Izméry, Jean Dominique, Marielle Franco, Diego Charles, Antoinette Duclair, elatriye.

Kiyès asasinay la benefisye

Lè yon asasinay politik rive kesyon ki pou poze se kiyès ki benefisye de li. Se sèten se pa pèp ayisyen an ki benefisye de krim kont fanmi Moïse yo, paske se plis kawo, enstabilite ak ensekirite l ap koze nan peyi a. Anfèt, nan woulawoup vyolans peyi d Ayiti tonbe a depi dènye twa ane yo, se plis pèp ayisyen ak sa ki pi pov yo ki viktim de li, paske vyolans la koze ensekirite e ensekirite koze lavi chè, fèmti travay, fèmti lekòl, mank ravitayman, rarite resous, elatriye. Epitou, li ankouraje sila yo ki ta renmen pou yon rejim fò, san manman e krazezo vin pran pouvwa (alamanyè vyolans ak enstabilite nan ane 1910–1915 ak ane 2001–2004 ke fòs anti-pèp yo te itilize kòm jistifikasyon pou entèvansyon enperyalis ann Ayiti).

Benefisyè imedyat asasinay Jovenel Moïse la se ansyen premye minis Claude Joseph, ki itilize absans Moïse pou l ret o pouvwa alòske misye te deja revoke l e ranplase l pa Ariel Henry (ki t ap tann ratifikasyon). Sa pa vle di ditou se misye ki otè zak la, men li endike gen yon sèten sektè politik asasinay la favorize pa yon sòt de benefis kolateral.

Byenke se sèten peyi a bezwen yon deblokaj apre senk ane enpas politik, asasinay Jovenel Moïse la siseptib pou l rann sitiyasyon sosyal, ekonomik e politik la pi malouk, pi destabilize, donk pi pwoblematik pou moun san mwayen yo.

Estad entèmedyè ankèt la

Twa semèn apre asasinay la, pa gen okenn pis kredib ankèt la devwale. Chèf lapolis la, Léon Charles, di yo arete yon total 26 sispèk, pami yo 18 ansyen sòlda Kolonbyen ; yo arete tou 7 ofisye polis wo grade ki fè pati sekirite prezidan an, men yo pa chaje yo fòmèlman. Gouvènman de dwat Iván Duque Márquez nan Kolonbi lonje dwèt sou Christian Emmanuel Sanon ak Joseph Felix Badio kou otè entelektyèl e finansye zak la ; lòt sektè lonje dwèt sou Claude Joseph, ki finalman demisyone anba presyon, men yo ba li pozisyon minis zafè etranje nan nouvo gouvèn Ariel Henry a.

Avèk entwodiksyon FBI ak CIA nan envestigasyon an, sanble Core Group la, ki gen vokasyon pran Ayiti an chay, prezante tèt li kou jij ak desidè desten peyi a. Men genyen tou fòs popilè yo ak yon pati enpòtan klas entelektyèl la ki mande pou yon gouvènman pwovizwa ki reprezantatif, sètadi ki regwoupe fòs popilè yo k ap goumen depi lontan yo pou yon Ayiti miyò.

Soupson ki te plane sou Joseph Claude alantou asasinay Moïse la san dout amwendri rezistans misye kont presyon lwayalis kan Moïse la, pwiske mwens ke yon semèn apre l deklare tèt li premye minis toujou an fonksyon, li retire tèt li. Men jan Kim Ives, redaktè nan *Haïti Liberté*, karakterize chanjman ki fèt de Claude Joseph a Ariel Henry a : « *Etazini, segonde pa lòt nasyon «Core Group» yo kouwè Lafrans, Kanada, Almay, Espay, ak Brezil, te pouse deyò Premye Minis Ayiti a Claude Joseph an favè Doktè Ariel Joseph, 71 an, ke yo enstale madi 20 jiyè. (...) Claude Joseph ak Ariel Henry toulè de se alye Etazini.* » Kim Ives raple piblik la wòl Claude Joseph ak Ariel Henry nan dènye kou d men "Core Group" sa a ann Ayiti : « *De konsè avèk wòl Joseph [ladan li], Henry te fè pati de* « *Conseil des sages* » *Etazini te konkòkte a ki te founi fasad pou fasilite transfè pouvwa a de Aristid a Premye minis defakto a Gérard Latortue apre koudeta 29 fevriye 2004 la.*[7] »

Evantyèlman ankèt la pran yon touni James Bond, grahamgreenèsk, reyalis-majik alafwa. Li montre chèf sekirite palè prezidansyèl la, Dimitri Hérard, te fè plizyè vwayaj nan Bogotá, kapital Kolonbi a, nan mwa yo ki vin anvan asasinay la. Lapolis aysyen arete misye. Pantagon konfime li te antrene kèk nan veteran lame kolonbyen yo nan kad kowoperasyon militè ant de peyi yo, men l di li pa gen anyen awè ak asasinay la.

Envestigasyon CNN fè sou plas la revele ke kadav de Kolonbyen lapolis ayisyen touye yo misteryezman deplase de kote yo te ye orijinèlman an. Pyès d idantite yo jwenn sou yo nonmen yo kou Mauricio Javier ak Giraldo Duberney, dènye a yon ansyen ofisye nan lame kolonbyen ki te sèvi kòm rekritè kèk nan mèsenè yo. Okenn nan pwosedi nòmal pa t swiv, anpil evidans te kite dèyè pa otorite ankèt yo. Grefye tribinal yo ak jij d enstriksyon an resevwa menas lanmò nan telefòn e pa tèks, youn ladan yo trè espesifik : « *He, grefye, prepare w pou w mouri ak yon bal nan tèt ou, yo te ba w yon lòd e w kontinye ap fè tenten.* » Daprè CNN, Jij-de-pè Carl Henry Destin, ki te fè konsta ofisyèl sa l te wè nan kay ak sou kadav Moïse la sito apre asasinay la, al nan kache. Sa ki pi enkyetan pou anketè yo se lè menas yo rive a, ki sanble endike menasè yo se moun anndan yo ye. Youn nan de grefye yo, Marcelin Valentin, resevwa yon tèks anonim ki di : « *Mwen wè w ap kontinye fè ankèt sou zafè prezidan an, yo te di w pou w retire de non moun e ou refize. Mwen rele w e ou refize, men m konnen tout mouvman w.*[8] »

Tout siyal sa yo sigjere gen konfli enterè nan sen lapolis la ak nan sen moun ki anchaj ankèt yo. Yo sigjere konplisite moun anndan e sa ka rann ne gòdyen an pi difisil pou demakonnen. Deplizanpli, mistè dèyè pasivite « sekirite » prezidan an ap eklèsi.

Pou sa ki konsène ankèt la limenm, mwen gen enpresyon otè veritab asasinay la ap pwopaje lafimen pou kreye nwaj pou byen kache pis ak endis yo ki ka mennen ak yo. Mwen dakò ak kritik Gary Pierre-Pierre ki di Etazini konnen plis ke l fè sòti : li itilize privilèj enfòmasyon li posede yo pou l kenbe tout moun ak tout sektè politik yo anba sispektasyon—kidonk, sou kontwòl.

Yon ideyal chanjman

Pandan kat ane edmi prezidans Jovenel Moïse la dire a, peyi a anfonse e mangonmen nan enstabilte, ekonomi an nan resesyon konstan, inegalite yo ak soufrans pèp la anpire. Daprè òganizasyon Centre d'analyse et de recherche des droits de l'homme (CARDH), yon pakèt krim e ensandi kriminèl pwopaje nan peyi a, kidnaping ogmante de 27 an mas ak 91 an avril jiska 200 an jen 2021 (yon mwa anvan asasinay Jovenel Moïse). Depi 2018 tout yon layite seri manifestasyon kontinye mande gouvènman an pou l remèt lajan fon PetroCaribe yo, rele an jistis koupad koripsyon yo ansanm ak demisyon prezidan an. Nan dènye de lane yo Leta rekile toupatou e pratikman refize fè travay yon sosyete nòmal t ap atann li de yon gouvènman. Alafen Jovenel Moïse efektivman fèmen Palman an e refize òganize eleksyon lejislatif, avèk sèlman dis senatè ki rete an fonksyon. Gouvènman l lan te dèyè (e koule dlo frèt sou envestigasyon) plizyè masak inosan ak opozan. Se pa dekrè li t ap gouvène, souvan pou pran desizyon an favè klan ak klas ki sipòte l yo.

Alaverite, se pa Jovenel Moïse sèlman ki responsab de pwoblèm Ayiti yo, se tout yon klas e sektè de voryen san etik e san konsyans ki otè degradasyon an. Sitiyasyon kriz kawotik ak enpwisans Leta Ayiti tonbe jodi a se rezilta akimilasyon koudeta militè an seri, envazyon etranje, okipasyon onizyen, restorasyon divalyeris ak rejim banditis peyi a viv dènye senkant ane ki sot pase yo. Se aboutisman yon pwosesis pourisman ak degradasyon ki kòmanse depi 1957, depi avènman Divalye yo. E li se konsekans negatif aksyon reyaksyonè boujwazi parazit la ki jwenn avèk milye enperyalis entènasyonal yo pou fè echwe tout pwojè liberasyon ak devlopman pèp la ak peyi a konsevwa e chache met sou pye.

Se defi sa a ki poze kounye a, yon defi pou deside chwazi ant, yon kote, rete nan kawo banditis la oswa retonbe nan yon fachism ki aliyen ak pwojè neokolonyalis yo—oswa, yon lòt kote, fòmile yon reyaliyman estratejik pou yon nouvo pwojè politik liberasyonèl, nan sans deklarasyon yon kowalisyon patriyòt fè soti kote yo mande pou inite fòs demokratik yo : « *Nou lanse yon apèl ak tout fòs chanjman yo pou òganize yon blòk solid, detèmine e angaje nan konstwiksyon yon peyi kote n ap kapab viv nan diyite, nan respè youn pou lòt ak respè pou lavi, an sekirite.* »[8]

Finalman, an n espere krim sa a sèvi kòm motivasyon pou chache yon solisyon politik, sètadi non-militè e non-entèvansyonis, nan kriz politik ayisyen an. Se yon eta de dwa ak lajistis ki te dwe jije krim Jovenel Moïse ak asosye l yo koze kont peyi a ; se pa ni asasen, ni mèsenè, ni frè-lennmi ganstè, ni bon-papa enperyalis ki gen otorite sa a.

Yon nesesite pi imedyat se òganizasyon yon gouvènman de sovtay piblik pou remèt peyi a sou yon vwa rasyonèl pou l ka reprann kap li e òganize eleksyon lib e demokratik—sètadi non kontwole pa ni sektè anti-pèp yo ni parennaj enperyalis—kote pèp la ka, veritableman, fè tande vwa li.

(Jiyè 2021)

Anèks franse
Annexe française

Rezime yon istwa sosyolengwistik opresif

Byenke tou lè de lang yo—franse ak ayisyen ke yo rele abityèlman kreyòl—te rekonèt pa konstitisyon 1987 la kou de lang ofisyèl Repiblik d Ayiti, izaj franse kontinye domine kreyòl nan laplipa aktivite ak domèn sosyal enpòtan yo, tankou edisyon, lekòl, ekriti, inivèsite, finans, administrasyon Leta yo, elatriye. Popilasyon an, pou yon grann pati, itilize franse (e pi resamman angle tou, patikilyèman nan mitan dyaspora ayisyen an o Zetazini) nan sa li konsidere kou okazyon ki gen grann valè afektif e senbolik : antèman, seremoni maryaj, gradyasyon, premye kominyon, elatriye. Lelit politik e entelektyèl yo vle sa konsa depi nesans nasyon an an 1804, menm si li te pran nesans anba siy antikolonizasyon apre yon long lagè liberasyon kont Lafrans.

Klas boujwa yo ki gwoupe ansyen jeneral ak pwopyetè grandon nwa, posedan milat, sitaden eklere ak entelektyèl tout espès ki te pran pouvwa a apre dekwapman Franse yo te antann yo sèlman sou yon bagay : kenbe preponderans monopolistik franse a, kont enterè lang kreyòl la ki poutan pale pa vas majorite popilasyon an lelandmen endepandans lan. Yo rive met sou pye, ankouraje pa ansyen mèt la—Lafrans—yon reyalite malouk kote yo eskli yon lang nasyonal nan diskou piblik ofisyèl, tandiske y ap sèvi ak yon lòt, anfèt lang franse, non pa pou kominike kòm sa ta dwe, men pou epate entèlokitè a, trase yon baryè imajinè, make yon sèten ran sosyal, e sitou eskli Zòt.

Genyen tou miltiplisite enplikasyon ak konsekans kolateral ki lye ak politik lang ann Ayiti. Dwa a lapawòl makonnen ak dwa posesyon. Kouwè m di pi wo a nan chapit « Les États-Unis, la crise permanente d'Haïti et son projet d'être », privilèj ki dekoule de dominans lengwistik yo transfere nan jwisans lavi chak jou ; lòt kote a, « sila a ki eskli o nivo lang ak kilti, eskli tou o nivo sosyoekonomik : se yon totalite twomatik ki deranje pwofondeman alafwa konfò materyèl li, antandman li ansanm ak sans li de limenm ».

Pou byen lontan, ekriven ayisyen yo te anplwaye lang vènakilè ayisyen an (ki pale pa totalite popilasyon an konpare ak sèlman 10%–15% moun ki pale franse) kou sa m rele yon lòt kote « *matyè premyè* » oswa tou yo *filannen* l nan tèks yo pou yo ekri bèl chelèn liv franse.

Se akoz de aryèfon abi lengwistik sa a ke m pran desizyon pou m ekri egalman ann ayisyen, anplis franse. Anfèt, lektè yo ka konstate ke m anplwaye tou de lang yo ansanm-ansanm nan prèske tout liv mwen pibliye jiska mentnan, souvan nan edisyon bileng oswa trileng, nan lòt fwa nan sa m rele a *reprezantasyon afimatif* (sètadi enklizyon l nan liv ki ekri majoritèman an franse), pou m montre ke yon moun kapab ekri « bagay serye » nan lang sa a, kontrèman ak fos afimasyon moun frankofil yo.

Sepandan, kou lektè ak lektris yo ka konstate, liv n ap li a—*Tyaka Poetica*—, mwen ekri l antyèman ann ayisyen, epi m ajoute yon « Anèks / Annexe » nan fen an ki gen kèk tèks chwazi an franse alafwa tradui e non tradui. Mwen fè tou lekontrè nan liv mwen ki soti menm ane ak sila a, *Le Regard inversé* (Tontongi, 2021), sètadi m ekri l antyèman an franse, epi m ajoute yon « Annexe / Anèks » ki ekri ann ayisyen.

Pou mwen, li toujou enpòtan pou m demontre *fòs pèfòmatif* lang popilè a, non pa pou m fè l antre nan pòt sou lakou a, kouwè yo te konn fè nan disnevyèm syèk la nan sa yo te rele « *encrustation* » oswa « *incrustation* » an (*filannen* kreyòl nan franse), men pou m anonse egzistans li ak kapasite paritè l avèk franse. Se nan lespri sa a ke m enkli Anèks sila a an lang ayisyen. Natirèlman, sa ta ret enkonplè si m ta rete la sèlman : mwen ekri egalman liv totalman ou an majorite ann ayisyen—kou nou ka wè nan liv sila.

Mwen trè rekonesan anvè editè ak editris mwen yo pou lefètke yo akomode m egzijans sa a.

—*Eddy Toussaint Tontongi*, mas 2021

Résumé d'une histoire sociolinguistique oppressive

Bien que les deux langues—le français et l'haïtien communément appelé le créole—soient reconnues par la constitution de 1987 comme les deux langues officielles de la République d'Haïti, l'usage du dernier continue d'être dominé par le premier dans la plupart des activités et sphères sociales importantes, telles l'édition, l'école, l'écriture, l'université, la finance, les administrations de l'État, etc. La population, pour une large part, utilise le français (et plus récemment l'anglais aussi, notamment parmi la diaspora haïtienne aux États-Unis) dans ce qu'elle considère comme des occasions de grande valeur affective et symbolique : les funérailles, la cérémonie du mariage, la graduation, la première communion, etc. Les élites politiques et intellectuelles l'ont voulu ainsi depuis la naissance de la nation en 1804, même si elle fut née sous le signe de l'anticolonisation suite à une longue guerre de libération contre la France.

Les classes bourgeoises composées d'anciens généraux et de propriétaires terriens noirs, de possédants mulâtres, de citadins lettrés et d'intellectuels de toutes espèces qui ont pris le pouvoir après le départ des Français ne s'entendaient qu'à une seule chose : maintenir la prépondérance monopolistique du français, à l'encontre du créole pourtant parlé par l'écrasante majorité de la population du pays le lendemain de l'indépendance. Ils arriveront à mettre sur place, encouragés par l'ancien maître—la France—une réalité sociolinguistique absurde où toute une langue nationale est exclue du discours public officiel, tandis qu'on sert d'une autre, en l'occurrence le français, non pas pour communiquer proprement dit, mais pour épater l'interlocuteur, tracer une barrière imaginaire, marquer un certain rang social, et surtout exclure l'Autre.

Il y a aussi la multiplicité d'implications et de conséquences collatérales liées à la politique de langue en Haïti. Les droits à la parole sont corollaires des droits à la possession. Comme je le dis plus haut dans le chapitre « Les États-Unis, la crise permanente d'Haïti et son projet d'être », les privilèges tirés de la dominance linguistique sont transférés dans les jouissances de la vie quotidienne ; à l'opposé, « l'exclu au niveau de la langue et de la culture, l'est aussi au niveau socioéconomique : c'est une totalité traumatique qui dérange profondément à la fois son confort matériel, son entendement et son sens de lui-même ».

Pour longtemps, les écrivains haïtiens employaient la langue vernaculaire haïtienne (parlée par la totalité de la population en comparaison à seulement 10%–15% de locuteurs francophones) comme ce que j'appelle ailleurs une « *matière première* » ou l'*inséraient* çà et là dans leurs textes pour écrire des chefs-d'œuvre français.

C'est à cause de cet arrière-fond d'abus linguistique que j'ai pris la décision d'écrire également en haïtien, en plus du français. En fait, les lecteurs et lectrices peuvent constater que j'emploie conjointement les deux langues dans presque tous les livres que je publie jusqu'ici, souvent en édition bilingue ou trilingue, d'autres fois en ce que j'appellerais une *représentation affirmative* (inclusion dans des ouvrages écrits majoritairement en français), pour montrer qu'on puisse écrire des « choses sérieuses » dans cette langue, contrairement aux insinuations des francophiles.

Toutefois, comme les lecteurs et les lectrices peuvent le constater, j'écris le présent livre—*Tyaka Poetica*—majoritairement en haïtien et j'y ajoute une « Anèks / Annexe » à la fin alignant des textes choisis à la fois traduits et non traduits. J'ai fait tout le contraire dans mon livre qui sort la même année, *Le Regard inversé* (Tontongi, 2021), c'est-à-dire je l'écris entièrement en français, puis j'ajoute une « Annexe / Anèks » écrit en haïtien.

Pour moi, c'est toujours important de démontrer la *force performative* de la langue populaire, non pas pour la faire entrer par la porte de la cour, comme ce fut le cas au dix-neuvième siècle dans ce qu'on a appelé l'« *encrustation* » ou « *incrustation* », mais pour annoncer son existence et sa capacité paritaire avec le français. C'est dans cet esprit que j'inclus cette présente Annexe en langue haïtienne. Naturellement, ç'aurait été incomplet si j'en restais là : j'écris également des ouvrages totalement ou en majorité en haïtien—comme on peut le voir dans ce présent livre.

Je sais gré à mes éditeurs et éditrices de m'avoir accommodé cette exigence.

—*Eddy Toussaint Tontongi,* mars 2021

Chronique d'une fenêtre ouverte sur le règne du pseudo-Néron*

L'affaire « Ukrainegate » et le premier impeachment de Donald Trump

—Quelques extraits—

Quand on croyait que Trump avait dépassé son record d'actions outrageuses, « il a fait quelque chose qui a été jugé si scandaleux, si alarmant, qu'un responsable du renseignement a estimé qu'il devait agir », pour employer la formule du CNN du 20 septembre 2019. Le responsable en question, l'inspecteur général du National Security Agency, Michael Atkinson, employé dans la position par Trump, a été approché par un *whistleblower*—un dénonciateur public ou lanceur d'alerte—, qui l'a informé d'un incident que lui a confié à quelqu'un qui l'a observé en personne, et il a trouvé l'information suffisamment inquiétante et crédible qu'il a alerté l'officiel en charge de ce département, le directeur par intérim Joseph Maguire. D'après la loi sur les lanceurs d'alerte, la désignation de la plainte comme « urgente » exige que l'officiel alerte le Congrès. Il ne l'a pas fait. Il l'a rapporté de préférence à… William Barr, le ministre de la Justice et protecteur de Trump. Cette histoire reste dans les tiroirs pendant quatre semaines, jusqu'à ce que l'inspecteur général en avise le chairman de la commission du renseignement de la Chambre des représentants, Adam Schiff, qui demande au directeur de partager le contenu de la dénonciation avec le Congrès comme la loi le prescrit.

Comme rapporté par les grands quotidiens tels le *New York Times*, le *Washington Post*, le *Wall Street Journal* et CNN le 24 septembre 2019—et confirmé par Trump lui-même—, Trump a offert au nouveau président d'Ukraine, Volodymyr

Zelensky, en échange du déblocage de 400 millions d'aide financière, d'« investiguer » le fils de l'ancien vice-président Joe Biden, Hunter Biden, en relation avec l'association de celui-ci avec une entreprise ukrainienne quand son père était dans le gouvernement. Le *Wall Street Journal* a rapporté que Trump avait d'abord dépêché à Kiev son avocat personnel Rudy Giuliani pour présenter ses requêtes ; cela ayant échoué, il a appelé Zelensky huit fois au téléphone pour le pressurer de lui donner des informations dommageables sur Hunter Biden dont les sondages placent son père à la tête de la compétition pour l'investiture démocrate, donc l'adversaire présumé de Trump dans l'élection présidentielle de 2020.

À la suite d'une réunion du groupe démocrate de la Chambre des représentants tenue durant l'après-midi du 24 septembre 2019, la présidente de la Chambre, Nancy Pelosi, a finalement décidé de donner son aval à l'appel—de plus en plus irrésistible—pour l'*impeachment*. Dans un discours, elle dit que le Congrès ouvre désormais, officiellement, une « enquête de destitution » (*impeachment inquiry*). Apparemment, le dernier défi de Trump rendait cette décision inévitable. Pour les démocrates, c'est désormais la traversée du Rubicon (…)

Durant la même journée du dimanche 29 septembre, dans une autre émission—sur CNN cette fois—, le professeur Laurence Tribe revient à la charge. À la question de savoir combien parmi les 53 sénateurs républicains du total des 100 qui vont voter pour l'*impeachment* de Trump (20 d'entre eux sont nécessaires pour constituer la majorité de deux tiers stipulée par la constitution), Tribe a répondu : « Quelques-uns d'entre eux pourraient être patriotes [et votent pour *l'impeachment*]… Mais beaucoup des sénateurs républicains pourraient bien ne pas être réélus s'ils acquiescent à ce qu'un criminel dangereux demeure dans la fonction publique. »

Quand dans une autre émission sur CNN le même jour, son interlocuteur, Brian Stelter, demande à l'acteur Robert de Niro, fameux pour ses rôles personnifiant les grands gangsters au cinéma, s'il pense que Donald Trump est un gangster, il lui répond : « Oui, il est un gangster, [mais] il fait mal paraître les gangsters parce que les gangsters tiennent leur parole, contrairement à Trump. »

La défense préférée de Trump et ses défenseurs contre les nouvelles révélations, c'est de mentir, mentir pour un tout et pour un rien, mentir à tout bout de champ, au point qu'il devient un reflexe et un rituel que les médias, spécialement la télévision, acceptent comme allant de soi dans le but de maintenir la fiction que le plateau est équitable et gracieux envers tout le monde, créant ainsi une fausse équivalence d'acceptabilité entre les faits et les fabulations, entre la dénonciation des méfaits gouvernementaux et la narration mensongère du pouvoir, entre victimes et agresseurs, entre ceux-là qui méprisent l'humanité et semblent sortir tout droit de l'école maléfique du Diable, et les autres-là qui cherchent à sauver ce qui peut être encore sauvé.

C'est, en fait, la fameuse mise en équivalence par Trump entre les dévoyés du Ku Klux Klan qui venaient à Charlottesville, en Virginie, en août 2017 pour instiller leur poison haineux dans la population, et les citoyens et citoyennes conséquents, militants pour l'inclusion, la tolérance et la fraternité entre les humains, qui y venaient pour les contrer. Bref, on a affaire ici à une semblance d'équité distordue par les partisans de Trump pour créer la confusion conceptuelle et mieux faire accepter et *normaliser* leur conception abusive, autocentrée et matérialo-acquisitionniste de la vie et de notre passage sur Terre.

À bien considérer les démentis rituels automatiques et instinctuels des républicains, qui sont devenus entre-temps ce que les Haïtiens appellent des *je-chèch,* des yeux asséchés (ou gens effrontés) et cyniques qui peuvent vous regarder droit dans les yeux et vous mentir, on sent tout de même un certain embarras à le faire au service d'un homme qui est loin d'être le parangon de la vertu.

S'ajoutant à tout cela est venue la cascade de révélations complémentaires et corroboratives sur l'affaire l'« Ukrainegate ». On a appris qu'en fait le secrétaire d'État Mike Pompeo était à l'écoute durant la conversation téléphonique entre Trump et Zelensky. Au cours de moins d'une semaine de la publication de la transcription sélective de cette conversation—qui a étalé et confirmé, noir sur blanc, les inquiétudes soulevées par le lanceur d'alerte quant à la compromission de la sécurité nationale des États-Unis—, l'inspecteur général du département d'État, soit l'organisme indépendant en charge de surveiller la légalité et l'éthique des décisions gouvernementales relatées à ce département précis, envoie en catastrophe une lettre à trois commissions du Congrès leur demandant de le rencontrer pour des communications urgentes.

Les sessions ont eu lieu le jeudi 3 octobre 2019 au Capitol Hill. Kurt Voker, l'envoyé spécial étatsunien en Ukraine, a procuré aux parlementaires des informations supplémentaires qui révèlent une véritable conspiration qui implique outre le secrétaire d'État Mike Pompeo et l'avocat personnel de Trump, Rudy Guiliani, ancien « maire des États-Unis » devenu un sycophante et un irrédentiste défenseur de Trump, mais aussi le ministre de la Justice Bill Barr, le vice-président Mike Pence, le chef de cabinet Mick Mulvaney (le remplacement de John Kelly), l'envoyé auprès de l'Union européenne Gordon Sondland et le ministre de l'Énergie Rick Perry. Il est reporté dans les médias que ce dernier faisait partie d'une délégation qui se rendait à Kiev pour pressurer le nouveau président ukrainien Volodymyr Zelensky à changer le comité directeur de l'organisme en charge du gaz naturel en Ukraine, NJSC Naftogaz. Cette démarche a ouvert un autre sujet d'enquête pour les démocrates au Congrès.

Le représentant étatsunien auprès de l'Union européenne, Gordon Sondland, a gagné sa position grâce à un don d'un million de dollars à la campagne présidentielle de Trump, donc un trumpiste bien disposé à exécuter les instructions du président. Nous devons toujours tenir à l'esprit que dans ce monde-là—le monde trumpien—, la frontière entre la vérité et le mensonge est fluide, voire effacée, conséquence de la confusion manufacturée entre les *faits,* c'est-à-dire les incidents et données qui existent et qui ont eu lieu dans le réel—tels la tombée de la pluie dans une localité particulière ou un ticket pour une infraction routière—, soit des choses et incidents que presque l'ensemble des humains reconnaîtra pour ce qu'ils sont, et le mensonge ou la fabulation.

Le Congrès a aussi interrogé, le vendredi 13 octobre 2019, Fiona Hill, ex-conseillère du président Trump pour les affaires russes, concernant le rôle de Rudy Giuliani, l'avocat personnel de Trump, dans les controverses touchant l'Ukraine. Elle a déclaré aux commissions parlementaires qu'elle était témoin de certains « actes répréhensibles ayant à voir à la politique ukrainienne [des États-Unis] et les a signalés » au bureau des avocats de la présidence. Citant sa propre source et le *New York Times,* CNN a rapporté que Madame Hill a révélé que l'ancien conseiller à la sécurité nationale, John Bolton, aurait désigné Giuliani comme une « grenade à main [qui] allait faire sauter tout le monde ». Elle a également confirmé la participation d'autres membres de l'administration, tels le chef de cabinet par intérim Mick Mulvaney et l'ambassadeur étatsunien auprès de l'Union européenne, Gordon Sondland. Celui-ci, lui aussi, a confirmé dans une comparution devant les mêmes commissions du Congrès, les simulations que la Maison Blanche avaient concoctées pour masquer la conspiration.

Hill a rapporté aux parlementaires que Bolton lui avait confiée qu'il refuse d'être impliqué dans les transactions de types « trafic de drogue » concoctées par Pompeo, Giuliani, Scondland, Mulvaney et d'autres larrons de la Maison Blanche. On se rappelle que Bolton était parti avec l'amertume après qu'il a démontré son opposition à la politique de Trump envers l'Iran et l'Ukraine, et il était d'autant plus disposé à révéler les linges sales de Trump que celui-ci continue à l'attaquer dans ses tweets après sa démission. La commission du renseignement du Congrès, qui poursuit à présent l'enquête sur l'affaire l'« Ukrainegate », recevra probablement très prochainement les dépositions de Bolton, devenu tout d'un coup un élément important dans le scandale.

C'est ce que nous vivons aujourd'hui aux États-Unis dans les efforts délibérés venant de la plus haute sphère du gouvernement étatsunien pour fabriquer des mensonges présentés comme des faits dans le but de brouiller l'esprit des citoyens et citoyennes. Pourquoi cela serait-il normal pour un pays normal ? « Normal » ici est pris dans l'acception commune du terme en relation à une situation spécifique vécue dans l'expérience collective de la population.

Non, il n'est pas normal qu'un président dénigre en public ses citoyens ou collègues pour le moindre signe d'irrespect dont il se croit l'objet. Mais, il est également « normal » si nous le voyons comme continuation, aux États-Unis, d'une double relation avec la *réalité*—qui a rendu possible l'esclavage, l'époque Jim Crow, l'exclusion des minorités raciales et aussi des femmes dans les affaires du pays en leur refusant pendant longtemps même le droit de voter. En effet, il a mis plusieurs décennies après que la république libre d'Haïti se débarrasse, à l'issue d'une longue lutte de libération, à la fois du système esclavagiste et de la colonisation, pour que les États-Unis la suivent en 1863 (à l'issue d'une longue guerre civile de sécession qui remettait la destinée de la nation étatsunienne en jeu).

À la fin, en analysant les divers angles et associations d'implications mis en branle dans les sujets déclencheurs de la crise étatsunienne du moment—entre autres l'immixtion russe dans l'élection présidentielle de 2016 et l'affaire « Ukrainegate »—, on comprendrait, espérons-le, combien dangereuse est l'actuelle situation où les forces de l'horreur, de la haine de l'Autre et de la dénigration de l'être humain sont encore au pouvoir, contrôlant les rênes de la puissance étatsunienne…

Mais l'espoir est permis parce que le pays résiste toujours.

La ligne d'arrivée du processus de l'*impeachment*

En ce moment (17 octobre 2019), Trump semble s'emballer dans ce que la présidente de la Chambre des représentants, Nancy Pelosi, appelle l'auto-inculpation *(self-impeachment)* de lui-même. À vrai dire, elle avait utilisé cette expression en espérant qu'elle ne serait pas amenée à initier un processus d'*impeachment* formel contre Trump, mais Trump lui-même et les événements lui ont forcé la main. L'information du lanceur d'alerte sur la conversation téléphonique entre Trump et le président d'Ukraine aura été l'étincelle qui a fait allumer le feu.

La fuite de cette conversation au cours de laquelle Trump sollicite ouvertement l'aide du nouveau président ukrainien pour enquêter sur ses opposants politiques a en effet déclenché à la fois un nouveau et additionnel front d'investigation pour les démocrates et aussi un nouveau phénomène de défiance chez ses propres acolytes, comme si, tout d'un coup, le courage du lanceur d'alerte avait insufflé leur âme. Tout d'abord, le mur de silence instauré par l'administration Trump et l'interdiction qu'elle ordonne à ses membres de collaborer avec les commissions parlementaires qui mènent l'enquête de l'*impeachment* ont été de moins en moins respectés par les concernés, beaucoup d'entre eux des fonctionnaires directement en charge de la politique ukrainienne de l'administration. L'un après l'autre, on voit ainsi un long défilé de diplomates et de hauts fonctionnaires de l'État qui paradent dans les couloirs du Congrès, révélant des secrets sur Trump, Giuliani, Pompeo, Pence, etc. Dans bien des cas ils le font à leur carrière défendant, encourant la vindicte du président et de ses supporters (…)

Après la dissolution de l'Union soviétique, la Russie rêvait d'être invitée au club exclusif des décideurs du Nouvel ordre international. Avec l'offensive de ce qu'on appelait pudiquement l'« élargissement » de l'OTAN que le président étatsunien Bill Clinton conduisait avec un discours pacifiant trompeur et arrogant, la Russie devait vite déchanter.

Le *Monde Diplomatique* d'octobre 2019 l'a bien dit : « L'expérience fondamentale du pouvoir russe est de devenir co-gestionnaire des affaires internationales et d'être reconnu comme tel. Une ambition amèrement frustrée. (...) Libéré de la menace idéologique et militaire de l'Union soviétique, l'ordre libéral prit la forme d'une doctrine Monroe universelle sous la houlette des États-Unis. La sphère d'influence américaine s'élargissait à l'ensemble du monde, sans laisser de place pour les sous-ensembles indépendants du centre hégémonique.[1] »

Oui, quand les États-Unis s'abêtissent dans les combats passés qu'ils avaient déjà dépassés et gagnés, le reste du monde cherche une autre voie. Vivant aux États-Unis depuis plus de quarante ans, j'ai développé un amour pour le pays, pour ses peuples divers, pour son unicité, mais la politique de ses gouvernants m'écœure parce qu'ils n'ont même pas l'habileté de cacher leur cynisme. À tout autre pays, et aux communs des mortels, même les plus abrutis parmi eux, l'image de Trump à la télévision, ses invectives contre d'autres êtres humains, ses initiatives qui sont clairement faites pour faire souffrir les plus démunis et malchanceux d'entre nous, auraient causé des alarmes. Sa propension à mentir et à clamer des faits inexistants l'aurait disqualifié d'autant : le 9 octobre 2019 l'organisation Fact Checker a dénombré 13 435 instances où Trump a soit menti soit énoncé des allégations fausses et trompeuses !

Naturellement, à l'instar de tout autre régime fasciste, l'administration Trump a aussi un soutien « populaire » qui se dégage parmi un certain segment socioéconomique de la population qui est prêt à le soutenir jusqu'au bout, quoi qu'il fasse. Même si le propre sondage de Fox News—le réseau de télévision câblée qui soutient inconditionnellement Trump—fait état d'une majorité d'électeurs en faveur de l'*impeachment,* pour l'instant (22 octobre 2019), l'écrasante majorité des républicains au Congrès et ailleurs continue de le soutenir. Ce que font Fox News et les intellectuels de la droite fascisante, c'est d'exploiter un problème réel—l'appauvrissement de la petite bourgeoisie et de la classe ouvrière étatsunienne au profit de la grande finance internationale et de la haute technologie associées aux grands clercs de l'Université—pour faire avancer des objectifs idéologiques racistes discutables motivés par la haine des pauvres et des immigrants non blancs. C'est une idéologie atavique qui est un congénère de la civilisation étatsunienne née de la rencontre-confrontation avec l'Autre. Ça explique à la fois sa *binarité* conflictuelle et son ambivalence fondamentale, et aussi, ironiquement, son ouverture aux autres, à l'extérieur, son impérialisme bon samaritain.

La lâcheté comme pratique de gouvernement

En observant et voyant se déployer sous mes yeux la gymnastique mentale qu'entreprennent les parlementaires républicains pour trouver des excuses même aux plus outrancières et inhumaines actions de Trump, y compris ses propos les plus vils et les plus méchants envers les immigrants, les femmes, les Noirs et les pauvres, j'en sors avec l'idée que les politiciens et les *pundits* des médias qui soutiennent Donald Trump ne sont pas dissemblables de ceux-là qui avaient soutenu Hitler en Europe ou les Duvalier en Haïti.

Les républicains ont renié même leur foi patriotique—qu'ils exhibaient jadis si tant bien quand il s'agissait de combattre et de héler contre les « communistes » qui menaceraient la forteresse capitaliste—, même s'ils savaient bien que c'était en réalité un exutoire pour à la fois justifier et masquer des richesses douteuses ramassées au prix du sang et de l'exploitation des masses trop contentes d'être candidats de bonheur au grand rêve américain dont Malcolm X a dit qui est en fait un cauchemar.

À les entendre, ces gens-là ont souvent l'air d'imbéciles qui n'ont rien compris sur comment la vie réelle marche, ni en politique ni en quoi que ce soit. Et puis vous lisez les grands diplômes qu'ils ont obtenus dans les prestigieuses universités de leur État, les grandes familles d'où ils proviennent, les investissements financiers dont ils attendent des dividendes ou leurs astucieuses remarques sur l'actualité, alors vous comprenez que tout était une question de faire semblant, une idéologie de l'illusion, de l'apparence, de ce que Jean Baudrillard appelle la simulation.

L'*ordinarité* ou la normalité de l'horreur dont a parlé Hannah Arendt est un phénomène rencontré non uniquement dans les rangs de l'armée nazie, mais aussi, comme l'a démontré Daniel Goldhagen dans son livre *Hitler's Willing Executioners* (« Les Bourreaux volontaire d'Hitler », 1996), dans presque toute la société allemande des années 1933–1945. Cette corruption des élites politique, économique et culturelle n'a pas eu lieu seulement en Allemagne. Même la France, la terre des droits de l'homme dans sa formulation occidentale, n'a pas échappé à ce sort. Le régime de Vichy en témoigne. Je suis de la conviction qu'aucun pays du monde n'est immunisé contre le poison fasciste et totalitaire. Heureusement, cependant, les expériences de Trump aux États-Unis, du Brexit au Royaume-Uni ou de Viktor Orbán en Hongrie n'ont pas changé ces pays en des enclaves fascistes. La résistance populaire et l'avenir de la démocratie représentative resteront encore en vie dans les idéaux de changement de ces pays—en tous cas nous l'espérons bien.

Il y a eu probablement des études consacrées à la lâcheté humaine en plus de celles sur l'*ordinarité* des horreurs sociopolitiques. Il faudrait étudier aussi comment les dominés et les victimes d'oppression contribuent—à leur insu sans doute—au système d'iniquité, comment ils rendent facile aux démagogues et dictateurs tels Napoléon, Mussolini, Hitler ou Papa Doc, d'abord d'instituer leur système de contrôle et de domination, puis de le consolider, finalement de l'*ordinariser* par la manipulation des ambitions, et surtout de la peur qui est la réponse normale des humains face à l'horreur. Ils sont arrivés ainsi à mettre sur place un système d'oppression qui ruine le droit de la population à la jouissance de la vie. C'est cela notre mal existentiel : notre tendance à nous laisser séduire par l'offre de la prise en charge par des forces extérieures—les empires, les dictatures, les fascismes—à nos valeurs communes (…)

***

En un sens, je me sens redevable aux folies de Trump et de son administration pour m'avoir procuré un si vaste trésor anthropologique dans mon regard critique sur la vie de chaque jour ici aux États-Unis et sur les agissements d'autres pays occidentaux en général. À quelque chose malheur est bon, dit-on…

Le régime de Trump se sera caractérisé dans deux dimensions particulières : le gangstérisme au niveau souterrain et l'autoritarisme au niveau visible de l'agissement étatique. Pour fonctionner à ce second niveau, il doit montrer—souventes fois ouvertement outrepasser—les institutions qui fondent l'État de droit étatsunien.

L'enquête de Mueller, qui avait déjà un mandat bien restreint et ne concernait que l'immixtion de la Russie dans la présidentielle de 2016, n'avait pas touché la dimension souterraine de l'agissement de Trump et son administration, malgré l'apparence du contraire qu'elle donnait au public. La question qui était posée dès le début de l'enquête au milieu de 2016, à savoir si oui ou non la Russie exerce une influence secrète sur Donald Trump et le manipule, n'a jamais été répondue ni éclaircie par l'enquête Mueller. Les menaces de Trump à Mueller l'enjoignant à respecter ses finances ont plus ou moins amolli sa résolution, même si celui-ci, en bon agent du FBI qu'il avait jadis dirigé comme directeur, a sournoisement référé certaines de ses trouvailles à d'autres branches du département de la Justice.

Glenn Simpson et Peter Fritsch, auteurs d'un nouveau livre qui parait sur le marché de la nouvelle industrie des livres occasionnée par le tourbillon trumpien—*Crime in*

Progress: Inside the Steele Dossier and the Fusion GPS investigation of Donald Trump—, sont allés là où Mueller ne voulait pas s'aventurer : les finances souterraines de Trump. Rachel Maddow, animatrice vedette de MSNBC, applaudit le livre très fortement et l'introduit comme une lecture indispensable pour comprendre cet aspect de la problématique trumpienne. Quelques citations prises dans le spot publicitaire en indiquent l'intérêt : « D'abord, la leçon principale de Watergate n'a pas été apprise. Mueller n'avait pas—ou n'était pas autorisé—à suivre la voie de l'argent (…) Il n'y a aucune indication dans son rapport que l'enquête concernait les taxes de Trump, ses énormes dettes, sa relation curieuse avec la Deutsche Bank, ni sa longue histoire de financement des projets immobiliers avec l'argent étranger de provenance inconnue. Précisément le genre de situation que l'influence des efforts russes a plus de chance d'occasionner. » Les auteurs se posent la question et viennent à la conclusion que « cette question cruciale—si oui ou non la Russie a Trump sous son contrôle—était le point de focalisation d'une secrète enquête contre-espionnage qui était très tôt, selon Mueller, écarté de ses responsabilités ». Les conclusions de cette partie du rapport de Mueller, se lamentent les auteurs, « sont encore enterrées dans la profondeur des labyrinthes de l'unité anti-espionnage du FBI où elles demeurent probablement encore »[2].

Je demeure toutefois sceptique quant au récit épistémique à la fois des démocrates, des médias de masse en quête de scoops sensationnels et des russophobes manipulés par le complexe militaro-industriel qui trouve à gagner dans un monde en crise et apeuré. Cependant, même si cette possibilité existe et est aussi en fonctionnement dans la présente conjoncture politique étatsunienne, je sais également et je suis conscient que je vis dans un temps historique où les mafias existent bel et bien et que les gouvernements cherchent à s'influencer et prendre avantage les uns des autres. Quand on a vécu les épopées burlesques et tragiques des

Papa et Bébé Doc, des Marcos, des Sesse Seko, des Reagan ou des Martelly ; quand on sait que l'administration Reagan avait armé des bandits en Amérique centrale pour lancer une guerre de « basse intensité » contre le gouvernement légitime des Sandinistes au Nicaragua en 1979–1990, vendant des armes aux deux parties de la guerre entre l'Iran et l'Irak et usant secrètement les profits pour financer cette guerre, oui, cette expérience empirique de la réalité étudiée selon le cheminement du temps historique m'aide à mettre en perspective et mesurer la validité des allégations contre Donald Trump.

Si vous maquillez un cochon, ça ne le rend pas moins un cochon. Les républicains cherchent à maquiller Trump et le rendre acceptable à la normalité politique. Trump, lui, joue sur la réalité de la théâtralité de la télévision, qui a sa propre logique de validation. Il demeure toutefois un mystère qu'après les révolutions antiroyalistes en Europe, après 1789 en France, 1776 aux États-Unis, 1804 en Haïti ou 1917 en Russie, on est aujourd'hui encore, en 2019, dans au stade de l'obéissance à un homme fort, un homme de surcroît mythomane, égocentrique, raciste et adhérent de l'idéologie de la suprématie blanche. Certains critiques ont fait remarquer que le Parti républicain, spécialement ses représentants au Congrès, opèrent comme dans un culte religieux dont la parole du prêtre charismatique est sacrée et fait acte de la loi qui punit toute transgression par le bannissement, sinon la mort politique, comme dans le cas des élus républicains qui prennent position contre Trump. Et ça explique leur régimentation et zombification intellectuelle au point où ils répètent à tout bout de champ les mensonges et affabulations de Trump sachant très bien qu'ils répètent des conneries (…)

Le vote pour refuser les témoins—que certains considéraient comme le vote de la honte—a signifié clairement que le Sénat n'était pas disposé à voter pour la destitution de Trump. Accepter d'entendre des témoins directs ne saurait qu'apporter davantage de couverture pour tous ceux ou toutes celles parmi les républicains qui entendraient voter pour la destitution. Il n'est dès lors pas une surprise quand, le mercredi 5 janvier 2020, le Sénat acquitte Donald J. Trump des crimes d'obstruction au Congrès et d'abus du pouvoir. Une majorité de 53 républicains contre 45 démocrates et deux indépendants, et 52 républicains contre 45 démocrates, deux indépendants, et un républicain, Mitt Romney, respectivement, ont voté contre ces deux articles. Ce vote a distingué Romney comme le premier sénateur de l'histoire qui ait voté pour la destitution du président de son propre parti.

Le vote de Mitt Romney pour la destitution de Trump avilit la lâcheté des 52 autres républicains qui n'ont pas eu le courage de le faire malgré leur conviction, dans leur for intérieur et dans leur conscience, qu'il [Trump] est coupable des forfaits allégués et que le pays serait bien servi s'il **était** destitué.

Romney a invoqué Dieu comme l'inspiration qui instruit sa décision de voter pour la destitution de Trump. Je ne doute pas de cette assertion, bien que je sache d'expérience que Dieu n'est jamais l'arbitre suprême pour les politiciens—étatsuniens ou autres—toujours fidèles à leurs ambitions. En tout cas, quelle que soit sa motivation, l'acte solitaire de Romney, dans la marée des pairs qui acceptent de s'*imbéciliser* au service de Trump, est bien judicieuse parce qu'il témoigne de la survivance de l'indépendance d'esprit—quelque minoritaire qu'elle soit—dans l'assortiment de soumission automatisée et généralisée qu'est devenu le Parti républicain.

Un coup d'œil sur ma poésie

(Un petit résumé)

Les lecteurs et lectrices s'apercevront que nous faisons dans ce livre un mélange de genres et de thématiques qui puisse à temps paraître fort étourdissant. Je regrette de leur dire que c'est un style que j'ai recherché d'une manière délibérée. Je l'appelle le style *tyaka*, que j'ai plus ou moins adopté depuis un certain temps et que j'ai appliqué déjà dans deux de mes précédents ouvrages : *Poetica Agwe* (2010) et *La Parole indomptée / Memwa Baboukèt* (2015).

Le premier est un livre trilingue (français, anglais, haïtien) qui inclut de courts essais, sur la géopolitique, le néocolonialisme, des poèmes, quelques souvenances mémorielles, etc. Le second renferme deux livres dans un même volume, avec croisement de thématiques et de genres (essais, poèmes, des profils d'auteurs, des thématiques de l'engagement de la littérature, de la consistance idéologique, du musèlement de la parole, etc.)

En effet, tout comme le *tyaka*—un mets haïtien qui se fait du mélange de maïs, des haricots, du velouté de potiron *(joumou)*, du lait de coco, de la viande, des épices, etc., pour donner un aliment final délicieux—, je veux ici mélanger des ingrédients différents et apparemment insolites pour concocter un produit final d'une saveur et esthétique variées, qui met en valeur chacun de ses éléments tout en projetant une complexité qualitative de l'ensemble.

***

Dans ce présent livre, j'essaie de cerner les problématiques existentielles, socio-économique, politique et morale qui saccagent notre temps et qui empêchent la réjouissance empirique de notre vie. Et aussi chercher la profondeur des racines qui nous lient les uns aux autres et qui nous identifient en tant qu'êtres pensants, créateurs d'utopie et capables de la réaliser. (...)

N'en déplaise la disqualification de la poésie par Sartre dans l'engagement de la littérature, elle demeure le plus révolutionnaire des genres littéraires de par l'altérité propre à sa nature. Comme je l'ai dit dans l'introduction de mon livre *Poetica Agwee* : « *Le radicalisme politique de ma poésie est la résultante des abus sociopolitiques et des traumatismes de l'environnement que j'ai observés et rencontrés tout au long de ma vie. C'est le sous-produit d'une expérience empirique.* »

Ma poésie s'exprime d'une profondeur de l'être qui inclut toute la dimension de l'expérience de vivre, l'entière réalité du vécu, recouvrant tous les coins et recoins du monde. Elle est inspirée de l'histoire d'Haïti, l'île où les plus démunis et damnés de la terre non seulement se donnèrent assez de force pour résister l'une des plus meurtrières répressions colonialiste que l'Histoire ait jamais connues, mais utilisèrent aussi les ressources recueillies dans la résistance pour aider d'autres peuples du monde à se libérer de l'oppression. (...)

Ça m'a rempli de beaucoup de fierté quand j'ai appris qu'Haïti avait aidé jadis les autres peuples du monde qui combattaient pour leur libération. Elle a certainement payé pour cette insolence, mais j'en restais toujours fier, et son exemple généreux a jailli sur ma poétique qui inclut une critique sévère de l'oppression coloniale et impérialiste. (...)

***

Sur le plan personnel, j'ai toujours entretenu un rapport *organique* avec la littérature. C'est vers l'époque où je fus refusé la royauté * que j'ai fait connaissance de Carl Brouard, le grand poète de l'école littéraire haïtienne dite indigéniste. J'avais six ou sept ans quand ma mère me l'a désigné du doigt : « Tu vois celui-là là-bas, c'est Carl Brouard, un poète important. » Elle le disait avec un ton qui indiquait un grand respect pour l'homme. La générosité de sa remarque me sautait aux yeux à l'instant même, parce que l'image que projetait Carl Brouard était en réalité celle d'un soulard qui titubait. Mais la sorte de révérence religieuse qui sortait de la voix de ma mère a sauvé Brouard de la contingence crasseuse et l'élève au rang de la sublimité existentielle, comme Jean Genet l'a pu faire avec le personnage de Divine dans *Notre-Dame des Fleurs,* et aussi avec sa propre odyssée existentielle.

Cependant, je crois que je deviens poète une ou deux années plus tard, vers l'âge de sept ou huit ans quand j'ai écrit à proprement parler mon premier poème. Je ne me rappelle plus ni le thème ni le sentiment exprimés dans le poème, mais je me réjouis toujours, même aujourd'hui encore, de l'image de ma mère tenant à la main la feuille de papier scolaire où je griffonnais le poème, le montrant à la criée à tout le monde du *lakou* (la rangée de maisonnettes à l'entour de la nôtre) : « Regardez ! Regardez ! Ce poème est de mon fils Eddy ! », s'écrit-elle, fière, excitée. Les voisins et voisines me congratulaient fortement, un sourire de fierté s'épanouissant sur ses lèvres.

Le geste de ma mère a instillé en moi le respect de la littérature à cause du grand intérêt qu'elle manifestait dans ce qu'elle percevait comme un attribut important de son fils : aptitude ou talent à écrire un poème. Ma mère était lettrée bien qu'elle ne dépassât pas le niveau moyen de l'instruction primaire. Son appréciation de mon poème avait donc, dans mon jeune émoi, une grande valeur. Je ne faisais naturellement pas alors une si élaborée analyse de cet incident, mais c'est certain qu'il ait beaucoup influencé, non pas tant ma prédisposition à l'écriture, mais au moins un encouragement à la pousser de l'avant.

Les lecteurs et lectrices peuvent se délecter d'une floraison de poèmes et textes inédits qui supportent la thématique *solidaritaire* du présent ouvrage. En conclusion, je dirais que j'ai adopté dès le départ une conception ou prédisposition *engagementielle* vis-à-vis de la poésie. Tout auteur a certainement le droit de choisir ou d'adopter sa propre conception ou usage de son art écriturel, mais il est logique dans ce cas de distinguer les œuvres d'art ou de la littérature qui poursuivent le grand questionnement de tous les âges sur la nature, les conditions et la destinée du genre humain, et ceux qui simplement, côté positif, servent à amuser, décorer, béatifier la laideur d'être ou, côté négatif, à adoucir et domestiquer l'esprit critique. Comme exceptions, il existe bel et bien des œuvres d'art ou littéraires qui n'adoptent ni l'une ni l'autre des deux possibilités ou qui poursuivent toutes les deux. Celles qui se veulent « neutres », il faut leur rappeler le mot de Sartre qui a dit, être neutre, c'est encore une autre manière de choisir.

*Consulter l'Introduction à la deuxième partie de la version en haïtien.

***

En observance du dixième anniversaire de la mort de Paul Laraque

Le suivant poème est dédié à Paul Laraque, je l'ai écrit en 2017 pour marquer le dixième anniversaire de sa mort survenue le 8 mars 2007, à Mount Vernon, New York. Le poème est une remémoration d'une visite que je lui ai rendue au Centre de convalescence à Queens, New York, où il séjournait suite à la deuxième d'une série de crises médicales qui l'amènera éventuellement au trépas. Il me manque encore et il manque à nous tous qui admirions sa combativité inébranlable contre l'oppression du tiers-monde et celle d'Haïti en particulier, pour la libération de laquelle il avait consacré—avec son frère et alter ego Franck Laraque—la plus grande partie de sa vie.

Finalité et coups de la décrépitude

Tu voulais t'en aller
et puis le miracle s'accomplit
tu refusais de vivre
et on t'offrait la vie sans refus
tu voulais rejoindre le grand drame
revivre ta rencontre de jadis avec ta Mamour,
ce cœur tendre pour lequel tu vivais.

Tu voulais t'en aller
et on t'offrait la contingence
les rêves perdus dans l'ennui ;
tu voulais t'en aller
rejoindre Lorca, Roumain et Éluard
et on t'offrait la vie dans un cimetière
ou dans un coin de Queens perdu.

Tu voulais t'en aller
et voulais aussi rester
pour déconstruire l'impensable
dire la vérité de l'être
le grand défi pour sauver l'humanité.

Tu voulais t'en aller
et les camarades te disent qu'il faut rester,
parce que c'est pas un bon moment de t'en aller ;

rester un tout petit moment encore
pour faire entendre ta voix de clameur téméraire
trublion des temps dits révolus
tu demeures un grand acquis pour vaincre
des millénaires d'angoisse accablante.

Pourtant nous bénirons ton départ
parce que demain l'éclosion s'amènera
avec une nouvelle vivacité,
la joie sera récréée même dans la peine
et la lutte renouvelée pour changer la vie.

Tu peux t'en aller
et nous te reverrons pas trop longtemps
le rendez-vous au grand large est à l'aube
même après la déchéance du corps.

Il est difficile de s'en aller, je le sais,
et ce n'est pas ta faute mon ami ;
vas t'en jusqu'au bout de la route
tu as déjà conçu l'aurore
et posé la question nécessaire
—oui, tu peux t'en aller
le rendez-vous est à demain.

(Mars 2017)

La mort de Papa Doc

C'était une de ces matinées
Du printemps des Antilles.
Matinée chaude ? Matinée froide ?
Peu importe. Dans les Antilles,
Ces changements ne font pas de saison !
C'était le printemps de l'automne,
L'été de l'hiver.
Tout le temps on est chez soi.
Et le soleil est toujours présent au rendez-vous.
Pourtant un beau matin… Bigre !
Quoi ? C'est l'hiver !
Mais… on est au cœur des Pyrénées !
Et un cri sourd, comprimé mais urgent
De « Mets ton manteau! Allume le chauffage ! »
Se fit entendre.
Hélas ! Nous étions plus dépourvus que le vide !
Le tyran nous paraissait aussi immortel que nos maux.
Or le glas de la mort atteint les oreilles les plus sourdes,
Fussent-elles celles de Gengis Khân.
—« Hé, hé, chut! Tu te réveilles, Eddy ? »—
Je sentis encore sous ma peau
Les touches hésitantes et interdites
Des doigts de ma mère me réveillant:
—« Il… lui… on dit.… chut !
Tu sais?… lui… Papa Doc, on dit…
On dit qu'il est parti… parti !—»
Par ces mots j'ai compris
Que la galaxie avait perdu une étoile,
Son étoile avait filé, « zetwal li te file ! »
C'en était bien ainsi
Papa Doc se trouvait bel et bien
Dans son Fort-Dimanche naturel !
Oui, enfin, « Il » était mort.
Haïti n'a de son histoire vécu une journée aussi terne,
On dirait que ce peuple n'eût jamais existé.
Nous vivions par routine.
(La mort d'un tyran a ce paradoxe

Qui la rend semblable au paradis perdu :
Elle nécessite une nouvelle existence).
Ah ! Que l'Histoire est capricieuse !
Le vautour a accouché d'un monstre.
La mort de Papa Doc nous fut ressentie
Comme une délivrance dénudante.
C'était un bourreau. Un de nos bourreaux.
Une sorte de père sadique.

En un vingt-quatre avril la nation se déphasait
Par une transsubstantiation profonde;
Le peuple tout entier devient un cimetière
Pour recueillir les dépouilles de son tourmenteur.

Ah! Papa Doc, notre grand papa caca,
Tu avais oublié qu'un peuple
Ne se rend jamais avec son tyran,
Fût-il ce père ou ce complice
Que tu prétendais être.
Nous ne mourons point avec toi
Mais reçois nos larmes
Elles sont chaudes et sincères
Nous pleurons en toi l'homme qui pouvait être mieux
Que ce qu'il était.
Faute de l'autre moitié de ton âme
Qui inspire encore les choses,
Nous te disons : Que ton corps repose en paix !
La paix de la damnation éternelle !

(Paris, février 1976)

Le terrorisme de l'esprit
(Dédié à Mahmoud Darwish, le grand poète palestinien)

Pour près d'un mois, du 8 juillet au 5 août 2014, Israël a lancé une attaque continue, systématique, féroce sur la bande de Gaza, en Palestine, tuant 1 900 personnes, 80% d'entre elles des civils, y compris un grand nombre d'enfants. Le nombre des blessés dépasse 9 000 d'après les Nations unies. La destruction causée par l'offensive est infernale, l'infrastructure de la ville totalement dévastée. La souffrance totale. L'ampleur de l'agression la qualifie comme crime contre l'humanité pour lequel Israël doit être poursuivi et puni. Ce poème s'inspire de cette tragédie.

Il fait de la vérité un non-dit sacré
et du silence une vertu tel le civisme
et la force brute, bras droit de l'impératif
sécuritaire ou d'autres saloperies et vaudevilleries
qui empêchent l'esprit de s'étendre.

C'est la rigidité du Cosmos, dit-on,
la Bible l'annonçait il y a un certain temps
et le Torah, les missiles et le *Iron Dom*,
le Dôme de Fer qui empoigne les roquettes de Hamas
depuis le ciel et tout le reste.
Je m'essouffle ! Je m'essouffle !

Avec ces *Batteries Patriots* détourneuses de terreur
avec vos blindés qui soufflent du malheur
avec vos grandes voix éloquentes à Harvard
avec vos énormes investissements à Wall Street et à Londres
avec votre alliance avec l'Unique Superpuissance du monde
qui plane au-dessus de nos têtes comme un aigle furieux
comme une ombre englobante, fluide et atmosphérique ;
avec vos grandes prouesses technologiques,
éblouissantes tel un carnaval de l'orage ;
avec vos symposiums par AIPAC interposée*
et les illuminés qui vous acclament comme la Providence
et vos rapiècements de Gaza à la manière d'un fromage suisse

et le détournement de l'eau vers votre seul village
avec vos grands accomplissements
et vos médailles d'or, votre architecture
de l'enclosure—le Panopticon
qui se ferme sur la Méditerranée—,
avec tous les honneurs que le destin vous comble,
pourtant vous tuez des enfants innocents
et condamnez des veuves à la pauvreté.

Il fait de la décence un inconnu
et de la conscience un interdit ;
il dicte la marche du processus
de la guerre et de la paix
et du recommencement,
parfait, telle la récurrence des saisons,
les hôpitaux, les estropiés et les villages aplatis
sont une autre chose. Vos illusions.

Il fait sonner à vos oreilles
les alarmes terroristes à perdre le sommeil
EIIL leur donne raison, ils disent,**
c'est la prophétie de la clairvoyance bien guidée.
Nous pouvons même nous aimer, je le sais
mais ce n'est nullement un jeu, vous savez ?

Et même nos douleurs et nos cris
notre sang épandu qui coule sous les débris
les guerres victorieuses que vous aviez lancées
ne pouvaient arrêter votre voracité, ils disent,
et toujours vous tuez des enfants
et envoyez vos Autres indésirables dans l'agonie.

Vous avez le pouvoir de détourner la logique,
et ça vous a réussi à merveille, même nos pleurs,
ils disent, vous ont servi pour atteindre la grandeur
pour votre peuple et la désolation pour le nôtre.

Tout comme les tempêtes et les tornades
vous détruisez la vie à volonté et jetez
la moitié de la nation dans la rue,
quand de l'autre côté du mur
vous rayonnez dans la splendeur
vos bombes pleuvant comme des étincelles
sur Gaza qui s'assombrit dans le noir.

Vous avez le pouvoir divinement sacré
d'empêcher l'œil de voir les horreurs
ni l'ouïe d'entendre les gémissements
ni la bouche de parler à grande voix,
pourtant vous tuez des enfants au grand jour.

J'ai honte de mes contemporains, lâches
zombies des champs ou opportunistes de la grand-rue
aliénés des conditionnements de l'âme sécurisée ;
vous laissez nos filles disparaître, violées et vendues,
vos prétendez condamner l'aventure iraquienne de Bush
et complimentez le pacte Obama-Nantanayu sur Gaza.
Vous faites de l'horreur une routine quotidienne
qui ne dérange personne certainement pas le marchand d'armes
ni le McDonald du coin *of course not*.

Il fait de vous un lâche reporter du CNN
un trompeur du MSNBC qui condamne Rula Jebreal
pour avoir dit tout haut ce qu'on pense tout bas ; ***
il fait de vous un faux objectivateur de l'État
il vous retourne à l'état d'animalité pure,
crasseux cadavre de chair qui vit pour l'instant
il vous retourne à l'état sanitaire
qui refuse d'être contaminé par la connaissance.

Avec les menaces environnementales, le boulot
en péril, le châtiment de l'exclusion,
la contemplation de la géhenne des sans-abri,
le réflexe est autorégulé, la conscience muselée,
vous avez trop à perdre désormais.

Ah ! Les petits enfants de la non-chrétienté
que leur mort serve à vaincre le terroriste local,
l'autojustification obéit à la règle,
le mal est représenté comme l'attribut du bien
—et le débat est clos, parlons donc de l'Ukraine
et de la Coupe du Monde. Un peu d'amusement
et de divertissement dans l'auto-infligée myopie.

Tout est bien sous le soleil
jusqu'à l'autre rendez-vous
avec Gaza indignée de son *baboukèt*,****
indignée du sort réservé à un peuple honorable,

indignée de l'hypocrisie des Grands Dominants
et de la logique d'accommodation des méfaits
de leurs amis et alliés victorieux de la guerre
menée dans une grande prison d'âmes souffrantes
qu'Anderson Cooper puisse vertueusement ignorer,
l'outrage est sélectif, vous savez, parce que c'est Gaza,
Gaza la rebelle, Gaza qui refuse de mourir en silence.

(Juillet 2014)

*AIPAC : American Israel Public Affairs Committee. Groupe de soutien *(lobby)* pro-israélien.
**EIIL : État islamique en Irak et au Levant, groupe sunnite djihadiste en Irak.
***CNN et MSNBC (respectivement Cable News Network et Microsoft National Broadcasting Company, réseaux télévisuels de câble étatsuniens). MSNBC a terminé ses relations avec la journaliste palestinienne Rula Jebreal parce qu'elle a critiqué les biais pro-israéliens des médias étatsuniens dans une émission du 21 juillet 2014. Personne du staff ou du personnel n'a protesté contre cette violation outrageuse de la liberté journalistique.
****Baboukèt : Muselière en haïtien.

L'osmose de la proie et l'ombre

La proie et l'ombre
l'ennui et l'élan
le faux et le vrai
le laid et le beau
le fer, la rage, la pluie
la nostalgie de la tyrannie ;
l'ombre qu'on prend pour la proie
la proie qui se fait l'ombre ;
la dialectique et l'osmose
et la dialectique de l'osmose
qui s'entremêlent au point
que les extrêmes se rencontrent
et s'embrassent à l'unisson
et même les anciens ennemis
combattants qui s'entrégorgeaient
il n'y a pas si longtemps déjà
se font conjurés pour le futur réveil ;
c'est le glas de l'ancien régime,
la revanche de l'indésirable
le chameau qui entre dans l'aiguille.

L'osmose des deux camps retranchés
qui dépasse l'apartheid de la mort,
c'est la conquête de la vie
sur les endurcis du cynisme
sur les vendeurs de vie à la liquidation
sur les courtiers de l'Apocalypse.

L'osmose de la proie et l'ombre
c'est la transcendance des contraires
au mépris des malices des faux-fuyants ;
c'est la victoire de la perception
sur les faux-semblants de l'illusion,
c'est la proie qui devient l'ombre
et l'ombre qui s'identifie à la proie ;

c'est le grand saut de l'intelligence
vers les sommets inexplorés,
c'est la révolution au niveau du cerveau
et au niveau du ventre ;
c'est les grandes idées
articulées dans le nettoyage des ordures
dans la nourriture accessible au quartier,
c'est la chambre à coucher bien meublée
accaparée par les sans-abri régalés
qu'on avait chassés des grandes rues.

Simbi dans les eaux*

Caressé par le lent, frais vent
un dimanche ensoleillé,
rajeuni
revigoré
animé par l'élation d'être
le long de la vague tranquille de la plage
amoureusement aveuglé
par les yeux doux de Simbi
soudain un coup de foudre :
On ne vous reverra jamais plus
sur Terre ou n'importe où ;
avec son charme et un mouvement rapide,
mystérieux et chargé Simbi vous a séduit
et conquis à la fois votre corps et votre âme,
maintenant évaporés dans le monde nébuleux
elle prend en charge toutes vos émotions
maîtresse de votre espace et temps.

Vous venez d'être repris par Simbi
un nouveau *retourné* dans le monde éthérique
placé au fond de la matrice de l'océan
Simbi est maintenant votre seule amie
votre *nanm*, votre esprit est laissé derrière**
vous êtes l'invité des eaux
prisonnier provenant du monde passé
vous êtes le nouvel invité d'Agwe***
l'héritier du mantra
dans la profondeur sub-océanique du Trou Noir
les esprits voyageant au pas des humains.

Simbi dans les eaux
élégante, majestueuse et jolie
frappe rarement le temps de la vie d'une personne,
puis quand le glas sonne
souvent quand on s'y attend le moins

dans un tourbillon d'actions
le sacrifice doit être total
on doit inventer une nouvelle façon d'être ;
une nouvelle conscience sub-océanique
maintenant pénètre l'émoi du genre humain
Agwe et Simbi et les humains se joignant ensemble
dans les espaces perdus et interdits
dans le tréfonds de l'océan
pour se réjouir des plaisirs de la vie.

* Simbi est la déité vodou de la mer, des eaux, de la chanson, qui habite dans les profondeurs de la mer. La version anglaise de poème a été publiée dans l'anthologie *Ocean Voices* (« Voix de l'océan »), éditée par Everett Hoagland, éd. Spinner Publications, New Bedford, Massachusetts.

***Nanm* = Âme, clairvoyance, konsyans en haïtien.

***Agwe est la déité vodou de la mer et aussi du voyage, de l'exil.

Nòt pou chapit ak tèks yo

Yon fenèt louvri sou rèy Neron Tèt Mato

I. De premye ane administrasyon Trump lan (2017–2019)

1. *Moron* siyifi enbesil, idyo, « yon moun ki soufri de yon retadasyon mantal leje », diksyonè Merriam-Webster di. Kalifikatif sa a vin pran notoryete lè pwòp sekretè d Eta Trump, Rex Tillerson, te itilize li pou Trump. *Dotard* se yon epitèt ra lidè Kore-di-Nò a, Kim Jong-Un, te itilize pou kalifye Trump, li siyifi « yon moun aje ki pèdi fòs nan fakilte mantal li yo ; yon moun fou oswa fèb despri », sit Dictionary.com di.

2. Tcheke Frantz Fanon, *Les Damnés de la terre,* prefase pa Jean-Paul Sartre, Edisyon Maspero, 1961.

3. Voir « Nous défendons une liberté d'importuner, indispensable à la liberté sexuelle », nan yon tribin sou jounal *Le Monde* jou 10 janvye 2018, pa yon kolektif de 100 fanm, pami yo Catherine Deneuve.

4. Michael Wolff, *Fire and Fury: Inside the Trump White House* [« Dife ak firè anndan Mezon Blanch la »], Edisyon Henry Holt, 2018.

5. Tcheke Egar Morin, *Connaissance, ignorance, mystère,* Edisyon Fayard 2017.

6. Tontongi « De Barack Obama à Donald Trump : Une succession schizophrène aux États-Unis », revi *Tanbou,* fevriye 2017 ak *Haïti Liberté,* fevriye–mas 2017.

7. Arno Bertina, « Au-delà de l'épouvantail », *Le Nouveau magazine littéraire,* nimewo 3, mas 2018.

8. Alizyon ak woman ekriven ekosè Robert Louis Stevenson la *The Strange Case of Dr. Jekyll and Mr. Hyde* pibliye an 1896 ki met an sèn bon pwotagonis Dr Henry Jekyll ak pwotagonis dyabolik Edward Hyde.

9. Soti de vèb angle *to game,* ki siyifi jwe, manipile, pran avantaj de yon moun oswa yon bagay.

10. Chris Cillizza, "Can the Republican Party survive Donald Trump?" [« Èske Pati repibliken an ka siviv Donald Trump ? »], CNN 21 out 2018.

11. Tcheke Jean-François Steiner, *Treblinka,* Edisyon Fayard 1966. Premye liv la se *Le commandant d'Auschwitz parle,* de Rudolf Hoess, ed. La découverte, Pari, 2005.

12. Apre Ronald Reagan nomine Robert Bork nan Lakou siprèm lan an 1982 pou l ranplase jij Lewis Powell, demokrat yo leve yon opozisyon fawouch kont misye akoz konplisite li nan abi pouvwa Nixon yo ak opinyon reyaksyonè l yo sou dwa sivik Nwa yo. Nominasyon an evantyèlman defèt nan Sena a nan yon vot majoritè 58 senatè sou 100. Se jij Anthony Kennedy ki vin okipe syèj la.

13. An 2001, avèk gran sezisman tout moun, Lakou siprèm lan, ki te gen yon majorite konsèvatè, vote 5 kont 4 pou diskontinye kontay bilten vot yo nan Eta Florida ki t ap vin pwouve san dout ke se Al Gore ki genyen eleksyon an kont George W. Bush.

14. Etazini te pran avantaj de feblès Larisi apre disolisyon Linyon Sovyetik la an 1991 pou l pouse alyans militè Otan devan papòt fontyè ris la.

15. Tontongi « De Barack Obama à Donald Trump : Une succession schizophrène aux États-Unis », revi *Tanbou,* fevriye 2017 ak *Haïti Liberté,* fevriye-mas 2017. (Ale nan chapit « Aboutisman e rekòmansman » an pou jwenn yon rezime evennman ki vin aprè yo jiska yon dat pi resan).

II. Zafè « Ukrainegate » lan ak pwosesis destitisyon an (impeachment)

1. Richard Sakwa, « Le monde vu de Moscou », *Le Monde diplomatique,* oktòb 2019.

2. Tcheke Anonyme, *A Warning, a senior Trump administration official* [« Yon Avètisman pa yon gwo ofisyèl administrasyon Trump lan »], Edisyon Twelve Books, 2019.

3. Jill Lepore, *"You're Fired"* nan *The New Yorker,* mwa novanm 2019. Pami liv ak atik li site yo, genyen : *Impeachment : A Citizen's Guide* pa Cass Sunstein, *High Crimes and Misdemeanors : A History of Impeachment for the Age of Trump* pa Frank Bowman, ak *The Impeachers : The Trial of Andrew Johnson and the Dream of a Just Nation* pa Brenda Wineapple.

III. Etazini anfas yon doub kriz KOVID-19 ak kontestasyon kont rasism sistemik

1. Tcheke Nicolas Martin, « Virus créé en laboratoire : les théories fumeuses de Luc Montagnier », *France Culture,* jou 20 avril 2020.

2. Tcheke kominike Intelligence Community sou kowonavirus la jou 20 avril 2020. [Tradiksyon pa nou] : https://www.dni.gov/index.php/newsroom/press-releases/item/2112-intelligence-community-statement-on-origins-of-covid-19

3. Keenga-Yamahtta Taylor "The Black Plague", *The New Yorker,* 16 avril 2020 : https://www.newyorker.com/news/our-columnists/the-black-plague

4. Pami kat polisye yo, te gen de Blan, yon Birasyal ak yon Azyo-Ameriken. An n remake pou yon moun rasis oswa pou l akonpli yon zak rasis, li pa bezwen Blan oswa yon koulè rasyal an patikilye : li ka andoktrine e pwograme pa sistèm rasis ki alantou l la kèlkeswa « ras » oswa koulè po li.

5. *Ensklave* se yon neolojism otè a envante ki derive de angle « *enslaved* » ki rann kont de yon « kondisyon » kote yo plase yon moun nan lesklavaj, non pa « nati » ni kalite moun lan, jan mo « esklav » la sigjere a.

6. Pou plis enfòmasyon sou lenchaj, konsilte dokiman òganizasyon Equal Justice Initiative "Lynching in America: Confronting the Legacy of Racial Terror" [« Lenchaj nan Etazini : afwonte eritaj laterè rasyal la »], konpile pa Bryan Stevenson, 2017 : https://lynchinginamerica.eji.org/report/

7. Tcheke Thierry Lentz ak Pierre Brenda, *Napoléon, l'esclavage et les colonies* (Edisyon Fayard, 2006).

8. Masha Gessen, "Donald Trump's fascist performance", le *New Yorker*, New York, 3 jen 2020. Tradiksyonpa nou de angle.
9. Tcheke Alexis Clark, "Tulsa 'Black Wall Street' Flourished as a Self-Contained Hub in Early 1900s", *History.com*: https://www.history.com/news/black-wall-street-tulsa-race-massacre
10. Tcheke Deneen L. Brown, "Remembering 'Red Summer,' when white mobs massacred Blacks from Tulsa to D.C.", *National Geographic*, 19 jen 2020.
11. Patrick Chamoiseau, ekstrè nan « Traces-mémoires », Edisyon CNMHS, 1993. Sous : Mémoires & Partages : http://memoiresetpartages.com/chamoiseau-contre-les-statues-les-traces-memoires/
12. Òganizasyon Equal Justice Initiative "Lynching in America: Confronting the Legacy of Racial Terror" [« Lenchaj nan Etazini : afwonte eritaj laterè rasyal rasyal la »], konpile pa Bryan Stevenson, 2017 : https://lynchinginamerica.eji.org/report/
13. Tcheke Thomas Frank, « Aux États-Unis, "rien ne changera fondamentalement" », *Le Monde diplomatique*, jen 2020.
14. Nou tire tout sitasyon nan pasaj sa yo de esè Nikole Hannah-Jones lan, "What is owed?" [« Ki sa yo dwe ? »] ki parèt nan nimewo *New York Times* 20 jen 2020 an [nou tradui nou menm pasaj sa yo de angle]: https://www.nytimes.com/interactive/2020/06/24/magazine/reparations-slavery.html

IV. « Yon fayit lidèchip fenomenal e katastwofik »

1. Site nan liv Carol Anderson lan *One Person, No Vote*, edisyon Bloomsbury, N.Y. 2020.
2. Tcheke History.com, "Voting Rights Act of 1965", nov. 2009, mizajou, out 2020: https://www.history.com/topics/black-history/voting-rights-ac
3. Jeffrey Goldberg, Trump: Americans Who Died in War Are "Losers" and "Suckers", revi *Atlantic*, 3 septanm 2020.

4. Kèk nan liv endistri sa a sòti : *Fire and Fury: Inside the Trump White House*, pa Michael Wolff, ed. MacMillan, 2018. Rès nan liv nou fè alizyon yo se : *Too Much and Never Enough* pa Mary Trump, ed. Simon & Schuster, 2020 ; *The Room Where It Happened: A White House Memoir*, pa John Bolton, ed. Simon & Schuster, 2020 ; *Compromised: Counterintelligence and the Threat of Donald J. Trump*, pa Peter Strzok, ed. Houghton Mifflin Harcourt, 2020 ; *Disloyal: A Memoir: The True Story of the Former Personal Attorney to President Donald J. Trump*, pa Michael Cohen, ed. Skyhorse Publishing, 2020 ; *Rage*, pa Bob Woodward, ed. Simon & Schuster, 2020 ; misye se tou otè liv, *Fear: Trump in the White House*, ed. Simon & Schuster, 2018.

5. Tcheke Bob Woodward la, *Rage*, ed. Simon & Schuster, 2020.

V. Toubiyon kawo : Kriz kòm posiblite pou rekòmansman

1. Tcheke atik "Long-Concealed Records Show Trump's Chronic Losses and Years of Tax Avoidance" (« Dosye ki kache byen lontan montre defisi kwonik Trump ak anpil ane evitasyon taks », *New York Times*, 27 septanm 2020.

2. William Haseltine nan yon entèvyou sou CNN ak John Berman nan emisyon *New Day*, mèkredi 15 oktòb 2020.

3. Liz Plank, "Trump loves white men. These 'recovering Republicans' no longer love him back" (« Trump renmen gason blan. "Repibliken rekipere" sa yo pa renmen misye ankò »), Msnbc.com, 16 oktòb 2020.

4. Tcheke atik CNN "Most drive-thru voting locations to close for Election Day in Houston-area county at center of legal drama" (« Pifò kote pou vote sou volan ap fèmen jou eleksyon an nan zòn Houston lan ki nan sant dram legal la »)—by/pa Kara Scannell, Brian Todd, Ashley Killough, Ed Lavandera, Devan Cole e Samira Said, madi 3 novanm 2020.

5. Referans : www.wspa.com: https://www.wspa.com/news/washington-dc/fired-dhs-cybersecurity-official-honored-to-serve/, 18 novanm 2020.

6. Sous : U.S. District Court for the Middle District of Pennsylvania / Tribinal federal Etazini pou Middle District Pennsilvani.

7. Lis la vin genyen 73 padon ak 70 komitasyon, san retire padon Steve Bannon. Pa gen okenn manm fanmi li nan lis la. Li pa padone tèt limenm, omwen daprè sa nou konnen, paske padon prezidansyèl la ka fèt an sekrè, jiskaske benefisyè a deside jwi privilèj la.

8. *Ranvèse* se vrè mo a pou defini bagay sa a paske se jisteman yon tantativ koudeta kont lòd demokratik elektoral la li ye, yon ofans kont ideyal soverennte popilè a kou li eksprime pa mwayen bilten vot (menm si, se vre, li pa toujou reyèlman reprezante nan aranjman lòd politik la).

9. Nonb egzat 11 780 bilten vot Trump mande a koresponn ak nonb 11 779, avèk yon majorite yon grenn vot diferans, ant Biden ak li nan eleksyon nan Jòji a.

10. Peter Wehner, "The Unbearable Weakness of Trump's Minions" [« Feblès ensipòtab malandren Trump yo »], *The Atlantic*, 31 desanm 2020.

VI. Sou Koudeta enzireksyonèl rate 6 janvye 2021 an

1. Eric Foner, "The Capitol Riot Reveals the Dangers From the Enemy Within" [« Revòlt nan Kapitòl la revele danje lennmi enteryè »], *The Nation*, 8 janvye 2021.

2. « Covid-19 : la lourde responsabilité de Donald Trump dans l'hécatombe américaine », editoryal *Le Monde*, 16 janvier 2021.

3. Olivia Waxman "'Alarmingly Similar': What the Chaos Around Lincoln's First Inauguration Can Tell Us About Today, According to Historians" [« Yon resanblans alaman » : sa kawo alantou premye inogirasyon Lincoln la ka di nou jodi a, selon istoryen yo »], *Time*, 15 janvye 2021.

4. Amanda Gorman, "The Hill We Climb" [« Mòn n ap grenpe a »], powèm li resite nan inogirasyon Joe Biden ak Kamala Harris, jou 20 janvye 2021.

5. Noam Chomsky, "Coup Attempt Hit Closer to Centers of Power Than Hitler's 1923 Putsch" [« Tantativ koudeta a touche pi pre sant pouvwa yo ke putsch Hitler a an 1923 »], yon entèvyou avèk C.J. Polychroniou sou *Truthout*: https://truthout.org/articles/chomsky-coup-attempt-hit-closer-to-centers-of-power-than-hitlers-1923-putsch/

6. Tcheke "77 Days: Trump's Campaign to Subvert the Election" [« 77 jou : kanpay Trump lan pou l sibvèti eleksyon an »], jounal *New York Times*, pa Jim Rutenberg, Jo Becker, Eric Lipton, Maggie Haberman, Jonathan Martin, Matthew Rosenberg e Michael S. Schmidt ; ilistrasyon pa Najeebah Al-Ghadban, 31 janvye 2021.

7. Atak pa avyon de gè nan Siri jou 25 fevriye 2021 òdone pa Joe Biden yo se move siy « restorasyon » sa a. Lòt la se chanjman atitid asoupli li montre toudenkou vizavi prens eritye Arabi Sawoudit la, Mohammed bin Salman, ke yo akize nan asasinay jounalis Jamal Khashoggi.

Dezyèm pati

Simbi nan dlo

Powèm sa a se vèsyon ayisyen powèm orijinal ann angle a "Simbi in the water" pibliye nan antoloji *Ocean Voices* (« Vwa oseyan an »), edite pa Everett Hoagland, Edisyon Spinner Publications, New Bedford, MA, 02013.

Manno Charlemagne nan lavi kou lanmò

1. Webert Lahens, « Michel Soukar revisite Manno Charlemagne », *Le Nouvelliste*, 8 desanm 2017. Tradiksyon pa nou de franse. Tcheke liv-albòm li site a tou : Michel Soukar, *Manno Charlemagne : Pou lavi fleri*. Ed. C3 éditions, Port-au-Prince, 2016, 109 p.

2. Frantz Duval, « Manno Charlemagne meurt et rejoint la lumière », *Le Nouvelliste*, 11 desanm 2017. Tradiksyon pa nou de franse. Duval felisite videyo Frantz Voltaire ak Jean-François Chalut te soti sou Manno a ki rele « Konviksyon » ke nou ka wè sou Youtube
3. Alain Saint-Victor, « Pour saluer la mémoire du chanteur progressiste Manno Charlemagne », *Potomitan* 13 desanm, 2017. Tradiksyon pa nou de franse.
4. Paskal Adrien, « Quel Manno pleurez-vous ? », *radiotelevisioncaraibes.com*, 13 desanm 2017. Tradiksyon pa nou de franse.
5. Charlot Lucien, « Quand Manno refusa d'accepter son tableau portrait ». *Le Nouvelliste*, 19 desanm 2017.
6. Kim Ives, "Manno Charlemagne, Haiti's Iconic Troubadour: 1948–2017", *Haïti-Liberté*, 13 desanm 2017.
7. Tontongi « Un témoignage sur Manno » in *La Parole indomptée / Pawòl an mawonnaj*, éd. L'Harmattan, Paris 2015.

Vizit mwen ann Ayiti an jiyè 2016 : yon memwa

1. Malerezman mache a vin devaste nan lannwit 12 a 12 fevriye 2018 pa yon dife ki ravaje tout manbràn li. Jounal *Nouvelliste* rapòte ke kamyon ponpye yo rive nan mache k ap anflame a san okenn dlo pou tiye dife a, e se apre anpil lè pase lòt kamyon ponpye vin finalman ede tiye dife a. Menm mache sa a te angonmen pa yon lòt dife nan mwa d me 2008, epi totalman detwi pa tranblemanntè janvye 2010 la. Konpayi Digicel ede rekonstwi li, e fòme yon sosyete anonim miks pou jere l.
2. Bernard Diederich, *Un petit goût de goyave*, 2015. Tradui de angle an franse pa Ketly Mars.
3. Tcheke seri « Les visuelles » ki nan liv mwen *Le Regard inversé*, la kote mwen elabore sou *moman* sa yo plis an detay.

Souvnans 17 oktòb 2018 ann Ayiti

1. Tcheke revi *Tanbou*, « Shakespare an kreyòl ayisyen : tradiksyon *Romeo ak Jilyèt* pa Nicole Titus », http://tanbou.com/2018fall/ShakespeareAnKreyolAyisyen.htm

2. Non patisipan kolòk la yo : Enoch O. Aboh, Saliko S. Mufwene, Rochambeau Lainy, Viviane Deprez, Anne Abeille, Shrita Hassamal, Karen Tareau, Ulrike Albers, Anne Zribi-Hertz, Bartholy Pierre-Louis, Herby Glaude, Winder Tannisma, Patricia Cabredo, Junior Fils Rene, Frédéric Torterat, Viviane Deprez, Patricia Cabredo, Ulrike Albers, Michel Degraff, Moles Paul, Louivael Valaubrun, Renauld Govain, Jocelyn Otilien, Anne Zribi-Hertz, Frenand Leger, Anne Abeille, Guillaume Fon, Darline Alexis, Guerlande Bien-Aimé, Bonel Oxine, Taylor Smith, Arnaud Richard, Max Belaise, Jean-Marie Théodat, Lemete Zephyr, Frantz Gourdet, Monferrier Dorval, Max Belaise, Arnaud Richard, Martineau Nelson, Juliette Facthum-Sainton, Tontongi (Eddy Toussaint). Plizyè manm Akademi Kreyòl Ayisyen an (aka) te patisipe tou kouwè Pierre-Michel Chery, Marie Rodney Laurent, Roger Dorcé Dorcil, Luna Gourgues ; Fritz Deshommes te fè alokisyon fèmeti kolòk la. Anpil lòt pwofesè kouwè Michel Acacia ak Robert Arisma te patisipe nan asistans lan.

3. *Ensklave* oswa *ensklavèz* = neolojism ki soti de mo angle *"enslaved"* otè a envante pou endike ke se pa yon kondisyon karakteryèl, men pito yon sitiyasyon esklavajis yo enpoze sou moun yo plase ann anklavaj yo.

Chanje lavi : Pledwari pou yon apwòch otojèn ann Ayiti

1. M ap raple lektè yo ke m prefere itilize mo « *ensklave* » a, yon neolojism mwen konpoze ki soti de mo angle *"enslaved"* ki deziyen yon « kondisyon » yo te mete Afriken sila yo, men non pa yon bagay ki te fè pati « nati » ni kalite yo.

2. Tcheke remak Franck Laraque la nan atik mwen, « La France doit restituer à Haïti la rançon de l'indemnité », *Alter Presse,* 24 août 2010 : https://www.alterpresse.org/spip.php?article9913#.XyLyA_hKgkg

Post-scriptum : Sou asasinay Jovenel Moïse la

1. Haiti president's assassination, What we know so far: Bbc.com: https://www.bbc.com/news/world-latin-america-57762246
2. Colombia says 13 of its ex-soldiers are among suspects in Haiti, *New York Times*, 11 jiyè 2021.
3. Gary Pierre-Pierre, "Mourning Haiti's Moise, who stood alone on an island", *Haiti Times*, 9 jiyè 2021, tradui de angle pa noumenm.
4. Tcheke Catherine Porter, "Haiti's police chief suggested a Florida-based doctor arrested in the president's killing was plotting to assume the presidency", *New York Times*, 11 jiyè 2021.
5. Former Haitian justice official emerges as alleged key figure in President's assassination, CNN, 16 jiyè 2021 : https://www.cnn.com/2021/07/16/americas/colombia-police-haiti-intl-hnk/index.html
6. *"Chickens coming home to roost never did make me sad; they've always made me glad."* Malcolm X te petèt t ap panse ak lagè Vyetnam lan, antouka metafò Malcolm X lan te enplike genyen yon sòt jistis imanan ki toujou posib menm lè moun toupwisan yo sanble kraze-brize nan enpinite.
7. Kim Ives, "Washington chooses Ariel Henry for PM as more details about Moïse murder emerge", *Haïti Liberté*, 14–21 jiyè 2021, tradiksyon pa nou de angle.
8. Tcheke "Exclusive: Leaked documents reveal death threats and roadblocks in Haiti assassination investigation" (« Eksklizif : Dokiman ki fwite yo revele menas lanmò ak blokaj nan ankèt sou asasinay ann Ayiti a »), sit CNN, 26 jiyè 2021.
9. « Rencontre de concertation entre la société civile organisée et les secteurs politiques / Communiqué N°1 » (8 juillet 2021), yon apèl trileng ki pibliye tou nan revi *Tanbou* jou 11 jiyè 2021. Tradiksyon pa nou de franse, chapit sa a pibliye egalman kou atik sou revi *Tanbou ak Potomitan*, mwa jiyè 2021.

Annex / Anèks

Chronique d'une fenêtre ouverte sur le règne du pseudo-Néron, l'affaire « Ukrainegate » et le premier impeachment de Donald Trump (extraits).

1. Richard Sakwa, « Le monde vu de Moscou », le *Monde Diplomatique,* octobre 2019.
2. Glenn Simpson et Peter Fritsch, *Crime in Progress* : *Inside the Steele Dossier and the Fusion GPS investigation of Donald Trump* (« Crime en progression : à l'intérieur du Dossier de Steele et de l'enquête de Fusion GPS de Donald Trump »), Éditions Random House, 2019.

Profil de l'auteur

Tontongi est le nom de plume d'Eddy Toussaint, né à Port-au-Prince, Haïti, et vivant aux États-Unis depuis plusieurs décades. Poète, critique et essayiste, Tontongi écrit en haïtien, en français et en anglais. Ses derniers livres comprennent *The Beast's Alley* (2013), une collection de ses « poèmes de conscience » et *La Parole indomptée / Memwa Baboukèt* (2015) publié chez L'Harmattan à Paris, France. Tontongi a développé dans ses œuvres l'approche méthodologique qu'il a appelée l'*anthropologie inversée* où il retourne le regard critique de l'Autre sur l'Occident, un regard du Sud au Nord. Tontongi est l'éditeur de la maison d'édition Trilingual Press et de la revue politico-littéraire trilingue *Tanbou :* (en ligne, www.tanbou.com)

Pwofil otè a

Tontongi se non de plim Eddy Toussaint ki te fèt nan Pòtoprens, Ayiti, e ki ap viv o Zetazini depi plizyè dekad. Antanke powèt, kritik literè e eseyis, otè a ekri ann ayisyen, an franse e ann angle. Pami dènye zèv li pibliye genyen *In the Beast's Alley* (2013), yon koleksyon « powèm konsyans » li yo, e *La Parole indomptée / Memwa Baboukèt* (2015), pibliye lakay L'Harmattan a Pari, Lafrans. Tontongi devlope nan zèv li yo yon apwòch metodolojik li rele *antwopoloji revèse*, kote li retounen yon *rega kritik* moun zòt sou Oksidan, yon rega de Sid sou Nò. Tontongi se editè mezon edisyon Trilingual Press ak revi politik e literè an twa lang *Tanbou :* (sou liy www.tanbou.com)

Tablo kontni (dyakout liv la)

Remèsiman 5
Entwodiksyon 7
Anvan-koze 15

Premye pati
Ane Trump yo nan Etazini

Kwonik tan an 17
  I. De premye ane administrasyon Trump
     lan (2017–2019) 19
  II. Zafè « Ukrainegate » lan ak
     pwosesis destitisyon an (impeachment) 83
  III. Etazini anfas yon doub kriz KOVID-19 ak
     kontestasyon kont rasism sistemik 118
  IV. « Yon fayit lidèchip fenomenal e katastwofik » 147
  V. Toubiyon kawo :
     Kriz kòm posiblite pou rekòmansman 154
  VI. Sou koudeta enzireksyonèl rate 6 janvye 2021 an . 181

Dezyèm pati

Entwodiksyon 207
    Simbi nan dlo 211
    Teworism sou Nanm moun 213
    Ayiti de kriz an kriz men lavi ap kontinye 217
    Goudougoudou pa dous ni dou 220
    Yon pèp anvi 222
    Mizikal pou Mirabo 223
    Ayiti se pa sa ou di a, Misye Tèt-Mato 225
    Pou sa ki twomatize yo ak sa ki ale yo 230
    Orevwa, Matant Lili 232

Manno Charlemagne nan lavi kou lanmò........ 234
Vizyèl..250
Vizit mwen ann Ayiti an jiyè 2016 : Yon memwa... 269
Vizit mwen ann Ayiti............................. 289
Souvmans 17 oktòb 2018 ann Ayiti............. 309
Chanje lavi : Pledwari pou yon apwòch otojèn ann Ayiti 326
Post-Scriptum : Sou asasinay Jovenel Moïse la 337

Anèks franse
Annexe française

Rezime yon istwa sosyolengwistik opresif......... 349
Résumé d'une histoire sociolinguistique oppressive 351
Chronique d'une fenêtre ouverte sur
le règne du pseudo-Néron..................... 354
Un coup d'œil sur ma poésie................... 369
   En observance du dixième anniversaire
   de la mort de Paul Laraque................... 373
   Finalité et coups de la décrépitude............. 373
   La mort de Papa Doc......................... 375
   Le terrorisme de l'esprit..................... 377
   L'osmose de la proie et l'ombre................ 381
   Simbi dans les eaux......................... 383
Nòt pou chapit ak tèks yo..................... 385
Annex / Anèks 395
   Profil de l'auteur........................... 396
   Pwofil otè a................................ 396

www.ingramcontent.com/pod-product-compliance
Lightning Source LLC
Chambersburg PA
CBHW031312160426
43196CB00007B/499